二十一世纪普通高等院校实用规划教材·经济

电子商务实验教程

柴天姿　主　编

周顺奎　副主编

清华大学出版社

北　京

内 容 简 介

本实验教程共 6 章，对电子商务实践中的主要操作模块进行讲解，包括电子商务应用、电子商务环境实践、网络营销实践、电子支付实践、电子商务安全实践和电子商务物流实践这 6 大模块。在该实验教程的指导下，学生能够分别从买方、卖方和第三方服务商的角度，进行电子商务 B2B、B2C、C2C、G2B、网络广告交易、招投标、CA 认证、信用认证等电子商务操作，克服了电子商务交易过程中一般只承担买方角色的局限。

本书既可作为经济管理类专业本科、专科及高职高专电子商务实验课程的教材，又可作为广大电子商务爱好者的自学用书。

图书在版编目(CIP)数据

电子商务实验教程/柴天姿主编. —北京：清华大学出版社，2016
(二十一世纪普通高等院校实用规划教材　经济管理系列)
ISBN 978-7-302-45013-9

Ⅰ.①电…　Ⅱ.①柴…　Ⅲ.①电子商务—实验—高等学校—教材　Ⅳ.①F713.36

中国版本图书馆 CIP 数据核字(2016)第 218511 号

责任编辑：李春明
封面设计：刘孝琼
责任校对：周剑云
责任印制：沈　露
出版发行：清华大学出版社
　　　　　网　　　址：http://www.tup.com.cn, http://www.wqbook.com
　　　　　地　　　址：北京清华大学学研大厦 A 座　　　邮　　编：100084
　　　　　社 总 机：010-62770175　　　　　　邮　　购：010-62786544
　　　　　投稿与读者服务：010-62776969, c-service@tup.tsinghua.edu.cn
　　　　　质量反馈：010-62772015, zhiliang@tup.tsinghua.edu.cn
　　　　　课件下载：http://www.tup.com.cn, 010-62791865
印 装 者：清华大学印刷厂
经　　销：全国新华书店
开　　本：185mm×230mm　　印 张：26.75　　字　数：584 千字
版　　次：2016 年 8 月第 1 版　　　　印　次：2016 年 8 月第 1 次印刷
印　　数：1～3000
定　　价：49.80 元

产品编号：069412-01

前　言

这是一个移动互联的时代，这是一个电子商务的时代。人人都可以开网店、做微商，过把创业瘾，说不定第二个马云、马化腾会从你、我、他中产生。电子商务的发展速度太快了，快得已经超出了大部分人的想象。不管你接受也好，抵触也罢，我们都必须认真对待电子商务快速发展的潮流。电子商务的发展已经影响了每个人的学习、工作和生活，同时也对国民经济的发展产生了重要的影响。为此，电子商务已经成为国家"互联网+"行动计划的重要组成部分。中央政府在"国家十三五规划纲要"中强调要实施创新驱动发展战略，持续推动大众创业、万众创新，大力培养创新型人才。高校作为人才培养的主阵地，担负着为国家培养既懂理论，又具备实践技能的综合型人才。

综合型创新人才的培养需要新的理念和方法。我国明代心学集大成者王阳明强调学习过程要"知行合一"。电子商务应用软件就是这样的一个"知中有行，行中有知，知行合一"的仿真实践平台。本书有机地将"理论式学习"与"体验式学习"统一起来，让学生在高度仿真的实践环境中将书中学到的电子商务理论知识融于实践操作，锻炼其操作、决策、应变等能力。因此，越来越多的学校高度重视这门课程及这种教学形式，将其列入必修课程。

本书使用南京奥派信息产业股份公司出品的奥派电子商务应用软件为教学工具，主要面向经济管理类专业开设电子商务课程的专科、本科学生，引导学生了解电子商务的网站构建、运营、维护等相关基本理论与方法。本书内容分为 6 个部分，分别为：电子商务应用实践、电子商务环境实践、网络营销实践、电子支付实践、电子商务安全实践和电子商务物流实践。

本书由唐山师范学院经济管理系柴天姿、周顺奎两位老师共同完成，其中第 1～第 3 章由柴天姿老师编写，第 4～第 6 章由周顺奎老师完成。南京奥派信息产业股份公司对本书的编写给予了大力支持，在此表示感谢。

由于编者水平有限，书中难免有疏漏或不妥之处，敬请广大读者批评指正，以便编者修改完善。

编　者

目　　录

第1章　电子商务应用实践

1.1　注册与基础实践

【实践情景】

李想是达益科技有限公司的法人，王成是成名科技有限公司的法人。2016年朋友王成和张菲因扩展业务向李想借钱，李想采用转账形式给他们汇款；达益科技有限公司与成名科技有限公司素有生意往来，因业务需要，需要开通网上银行进行企业付款。

1.1.1　基础信息设置

在服务器上安装奥派电子商务应用软件，完成后在浏览器地址栏输入服务器 IP 地址，弹出软件登录接口，如图 1-1 所示。

图 1-1

教师以管理员的身份登录，进行实验的后台设置，包括设置教师账号、添加班级和学生。退出管理员账户，教师以教师身份登录，制定实验、导入实验学生名单，并发布实验开始命令。

学生用教师分派的账号(一般是学号)和密码，以学生身份登录系统，单击右侧【进入】链接，进入实验，如图 1-2 所示。

图 1-2

进入实验后，需要为该实验创建空间。单击【我也要建实验空间】按钮，创建实验空间，如图1-3所示。

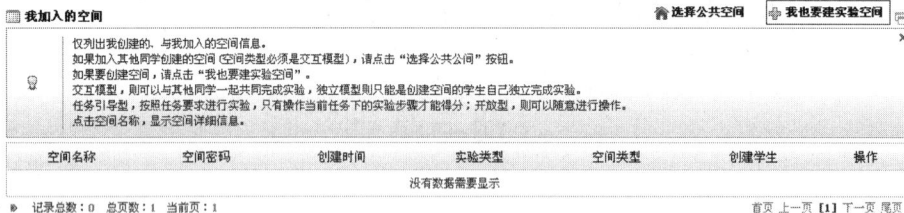

图 1-3

在弹出的对话框中输入空间名称，选择空间类型和实验类型，单击【创建】按钮，如图1-4所示。

图 1-4

空间创建成功后，单击【进入】按钮，开始实验。

李想和王成以及张菲分别申请开设中国工商银行的个人账户。达益科技有限公司和成名科技有限公司各自在工商银行注册一个企业账户。

1. 申请个人账户

(1) 选择【电子支付实践】模块，如图1-5所示，可见该模块中有两个选项卡：网上银行和支付通。

图 1-5

(2) 李想要在中国工商银行开设个人账户，首先就要在【网上银行】选项卡下的【角色选择】下拉列表框中选择【中国工商银行】选项，然后单击【个人账户申请】链接，如图 1-6 所示。

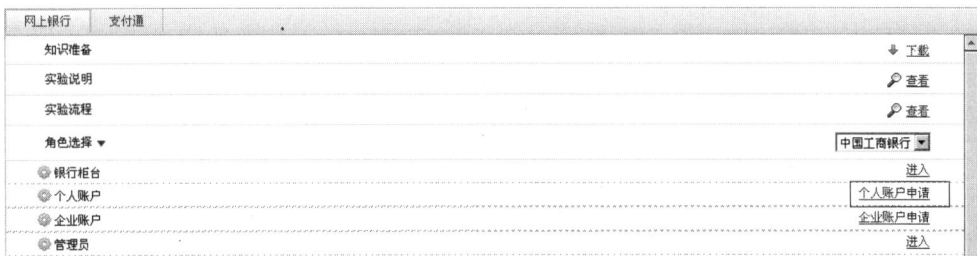

图 1-6

(3) 在弹出的【个人账户申请】中填写注册信息，然后单击下方的【申请】按钮，如图 1-7 所示。

图 1-7

(4) 单击右下角的【切换用户】按钮(见图 1-8)，退出界面，单击银行柜台后的【进入】链接(见图 1-9)，进入银行柜台，对申请的账户进行审批。单击【操作】下方的【审批】链接，审批通过，李想的这个账户申请成功，如图 1-10 所示。

图 1-8

图 1-9

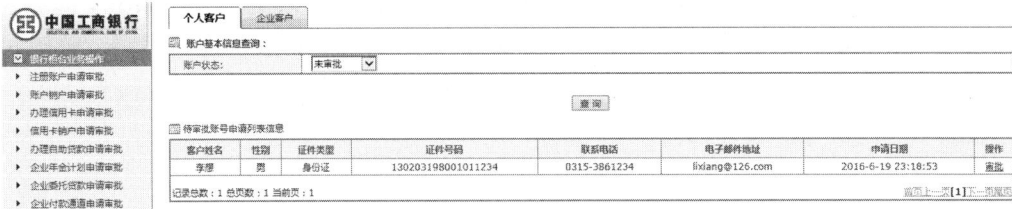

图 1-10

按照以上方法，在中国工商银行申请王成和张菲的个人账户。如果需要在其他银行申请账户时，需要在【电子支付实践】模块的【网上银行】选项卡中的【角色选择】下拉列表框中选择相应的银行。

2. 申请企业账户

(1) 在图 1-5 显示的界面中，单击【企业账户申请】链接，进入企业账户申请界面，如图 1-11 所示。切换到【企业账户申请】选项卡，按照申请要求，填写申请表。填写完成后，单击【申请】按钮，等待银行柜台审核。

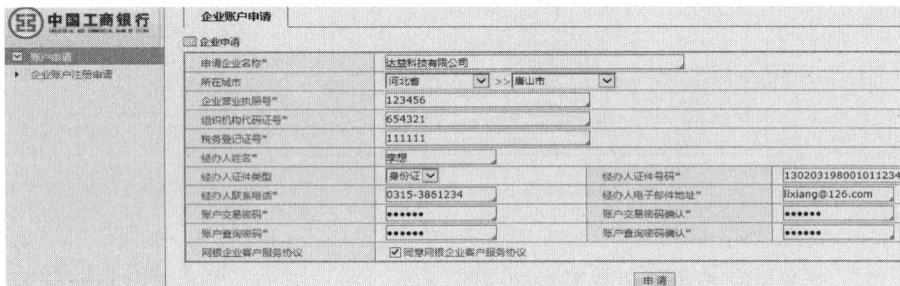

图 1-11

(2) 在主页面上单击银行柜台后的【进入】链接，在弹出的界面中，在【注册账户申请审批】中切换到【企业客户】选项卡，如图 1-12 所示。

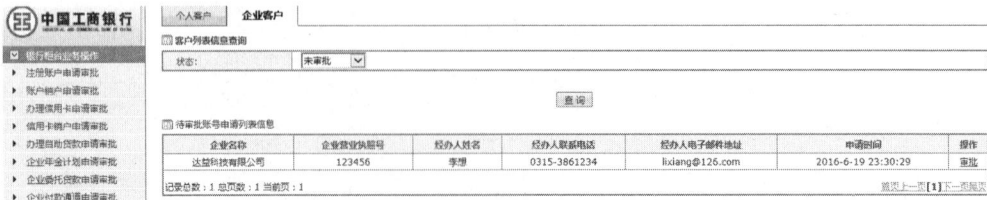

图 1-12

(3) 单击操作下方的【审批】链接，审批通过，账户申请成功。按照以上方法，申请成名科技有限公司的银行账户。

1.1.2 网上银行支付

1. 个人银行存款

存款：李想要在自己的账户中存入 10 万元。在【个人账户】页面单击【进入银行柜台】链接，如图 1-13 所示。

图 1-13

在存款金额中填入所要存入的金额，然后单击【确定存款】按钮完成存款操作，如图 1-14 所示。

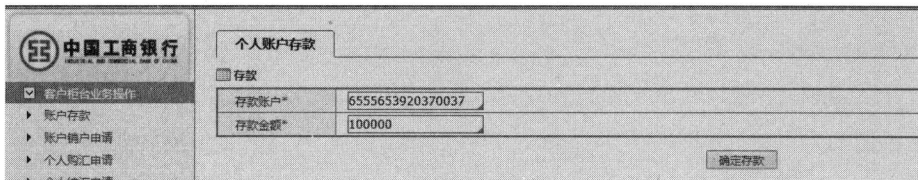

图 1-14

按照以上操作，其余两人也可在自己的账户中都存入 10 万元。

2. 企业账户开通付款通道

(1) 在【电子支付实践】模块主页面下，进入达益科技有限公司的企业银行柜台，单击账号后的【进入银行柜台】链接，如图 1-15 所示。

图 1-15

进入界面后，选择【客户柜台业务操作】下拉列表下的【企业付款通道申请】选项，填写申请表。其中的【实时反馈 URL】是指网页地址，是互联网上标准资源的地址。填写完成后，单击【申请】按钮，等待银行审批，如图 1-16 所示。

(2) 切换用户，进入【电子支付实践】模块主页面，单击【银行柜台】后的【进入】链接，如图 1-17 所示，进入【银行柜台】页面，选择【企业付款通道申请审批】选项，单击【审批】链接，如图 1-18 所示。

图 1-16

图 1-17

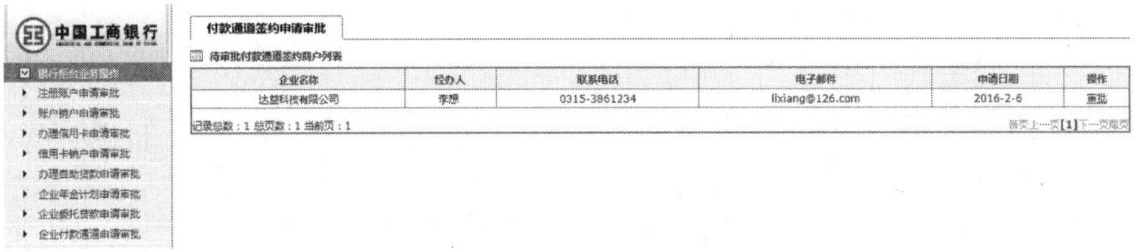

图 1-18

进行审批，单击【审批通过】按钮完成审批，如图 1-19 所示。

图 1-19

1.1.3　支付通支付

【实践情景】

为支付通服务商申请企业银行账户并开通企业付款通道。支付通服务商企业名称可以自己拟定，比如"凤凰科技有限公司"。张菲的网站要集成支付通，就得向支付通服务商凤凰科技有限公司交纳使用费，支付通服务商会将费用收入存入自己的企业银行账户。张菲需要在支付通网站申请账户，并通过网上银行进行充值。支付通账户里面的钱也可以用来提现。在电子商务应用模型网络营销实践、电子支付实践、电子商务安全实践中，服务商要设置支付通账号。张菲在申请支付通账号之后，必须开通商家服务才会有商号以及密钥；商号和密钥在服务商绑定支付通账号时会用到。

1. 支付通服务商绑定企业银行账户

前提条件：要给服务商申请企业网上银行并开通企业付款通道。

服务商绑定网上银行的步骤如下。

(1) 申请网上银行，并且审核通过。在【电子支付实践】模块主页面下，单击【企业账户】后的【企业账户申请】链接，如图 1-20 所示。在【账户申请】选项下填写企业相关信息，单击【申请】按钮完成申请，如图 1-21 所示。

图 1-20

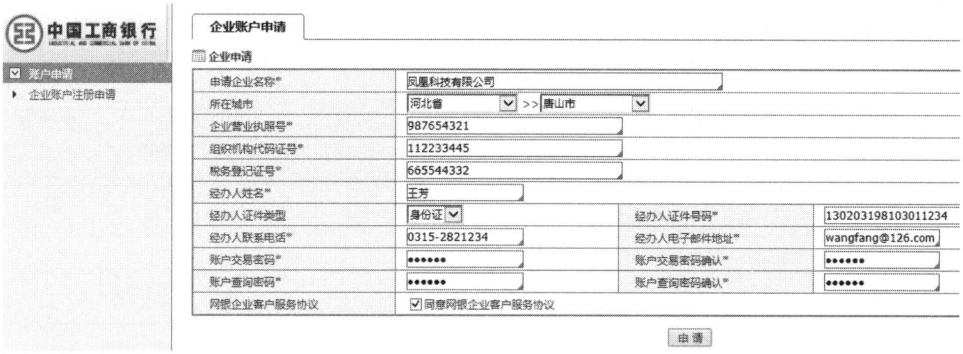

图 1-21

切换用户，在【电子支付实践】模块下，单击【银行柜台】后面的【进入】链接。在【银行柜台业务操作】下拉列表中，选择【注册账户申请审批】选项。在右侧界面中，切换到【企业客户】选项卡，审核信息，并单击【审批通过】按钮通过审核，如图 1-22 所示。

(2) 进入凤凰科技有限公司企业银行柜台，申请开通企业付款通道，步骤同 1.1.2 节中的达益科技有限公司企业付款通道申请。

(3) 进入银行柜台，通过企业付款通道的申请。

(4) 在【电子支付实践】模块的主页面下，切换到【支付通】选项卡，单击【服务商平台】后的【进入】链接，进入服务商平台，如图 1-23 所示。在弹出的页面中，单击【新增账户】按钮(见图 1-24)，选择【银行名称】下拉列表中的【中国工商银行】选项，选中【银行账号】后对应的凤凰科技有限公司的银行账号，系统会自动弹出对应的企业名称和所在银行商户编号(见图1-25)。单击【添加银行账户】按钮，成功绑定。

图 1-22

图 1-23

图 1-24

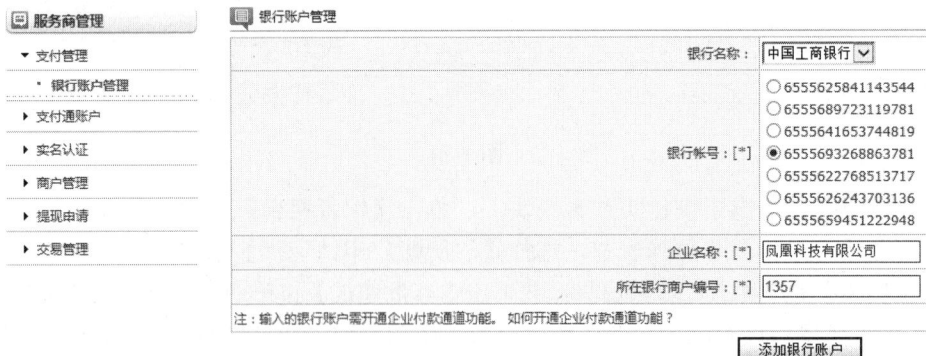

图 1-25

💡 **注意：** 实验时，为支付通服务商开通的企业账户信息，如银行商户编号、账户号、申请企业名称等都不一样，请根据自己实验的实际信息填写，不要盲目抄写图中的银行商户编号、账号号、申请企业名称等信息。

2. 注册支付通账户

(1) 注册支付通账户。在【电子支付实践】模块下，切换到【支付通】选项卡，单击【支付通平台】后面的【进入】链接，如图 1-26 所示。

图 1-26

在弹出的页面中，单击【免费注册】按钮，如图 1-27 所示。注册支付通账户有两种方法：可以使用手机注册，也可以使用邮箱注册。此实验中李想以个人身份注册，选择用手机注册。单击【手机号码注册】下的【进入】按钮，如图 1-28 所示。

图 1-27

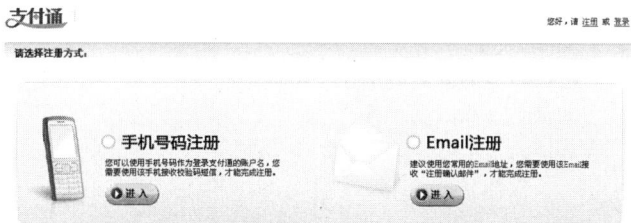

图 1-28

(2) 在弹出的页面中输入手机号码和校验码，单击【同意并确认注册】按钮，如图 1-29 所示。

(3) 这时，注册手机会收到一条包含校验码的短信。单击页面右下方的 按钮，查看校验码。

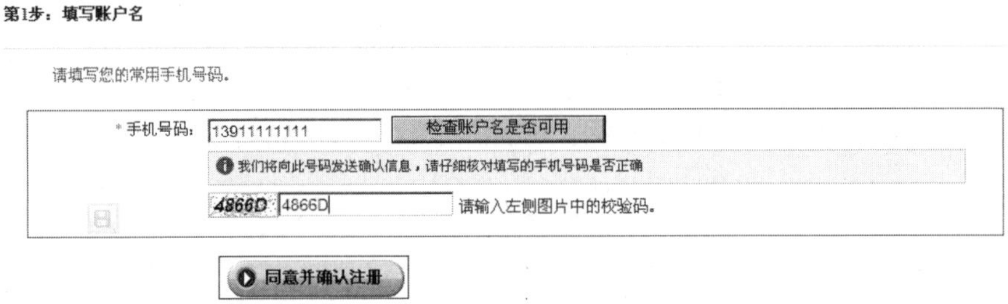

第1步：填写账户名

请填写您的常用手机号码。

* 手机号码： 13911111111   [检查账户名是否可用]

> ⓘ 我们将向此号码发送确认信息，请仔细核对填写的手机号码是否正确

4866D [4866D]   请输入左侧图片中的校验码。

[► 同意并确认注册]

图 1-29

(4) 在弹出的页面中，输入校验码，单击【下一步】按钮，如图 1-30 所示。填写相关信息，单击【同意以下条款，并确认注册】按钮，如图 1-31 所示。这样，李想就成功注册了他的支付通账户。

用邮箱注册账户的方法与此相似。请用邮箱注册其余两个角色的账户：王成和张菲。

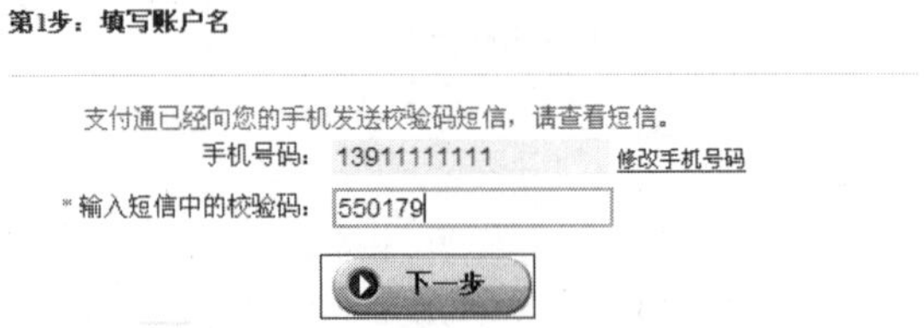

第1步：填写账户名

支付通已经向您的手机发送校验码短信，请查看短信。

手机号码： 13911111111   修改手机号码

* 输入短信中的校验码： 550179

[► 下一步]

图 1-30

用户类型： （信息提交后将无法修改）

⦿ 个人
以个人姓名开设支付通账户。

○ 公司
以营业执照上的公司名称开设支付通账户。开设此类账户必须拥有公司类型的银行账户。

* 真实名字： 李想

证件类型： 身份证 ∨

* 证件号码： 130203198106011234

* 手机号码： 13911111111

联系电话： 0315-3861234

[► 同意以下条款，并确认注册]

图 1-31

💡 **注意：** 使用邮箱注册的支付通账户，需要进入邮箱进行激活。进入邮箱阅读邮件，单击激活链接即可，如图 1-32 所示。

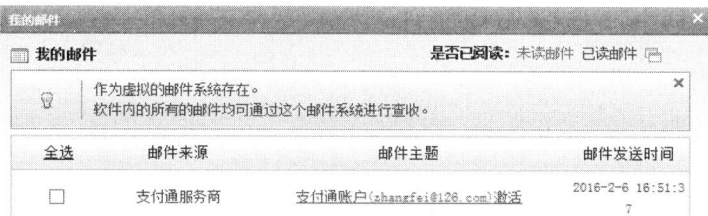

图 1-32

3. 支付通账户充值

张菲要使用支付通，其账户需要充值，以方便后期的付款。进入张菲个人的支付通账户，在【我的支付通】下拉列表中选择【充值】选项。张菲是要给自己的账户充值，其开户银行是中国工商银行，所以选择中国工商银行，充值 10 000 元。输入充值金额，单击【下一步】按钮，如图 1-33 所示。

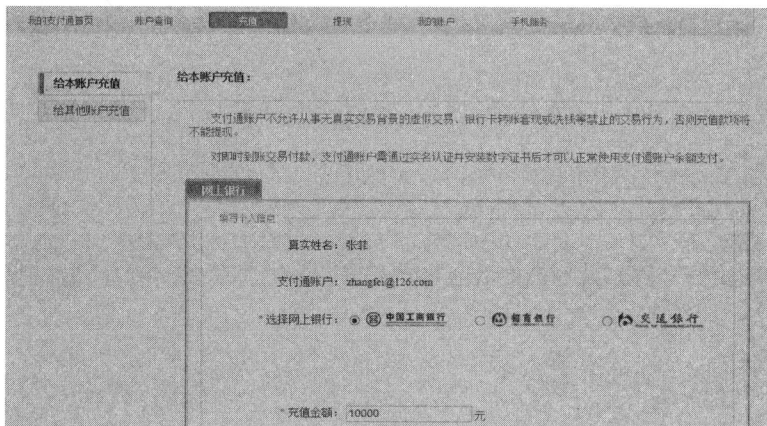

图 1-33

接着，单击【去网上银行充值】按钮，如图 1-34 所示，出现充值的订单，按要求输入自己的银行账号、密码以及附加码，单击【确定】按钮，如图 1-35 所示。

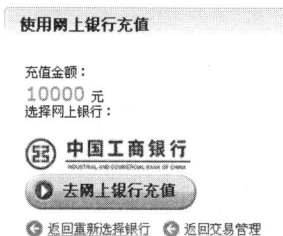

图 1-34

图 1-35

充值成功后，系统给出提示，表示张菲为自己的支付通账户充值成功，如图 1-36 所示。

图 1-36

张菲用邮箱申请的支付通账户可作为 B2B、B2C、C2C 以及网络广告交易市场的服务商支付通账户。

4. 支付通账户开通商家服务

现在我们以张菲刚才申请的支付通账号为例，开通商家服务。

(1) 在【电子支付实践】模块下，切换到【支付通】选项卡，进入张菲的支付通账户。选择【商家服务】选项，申请网站集成支付通，单击【点此申请】链接，如图 1-37 所示。

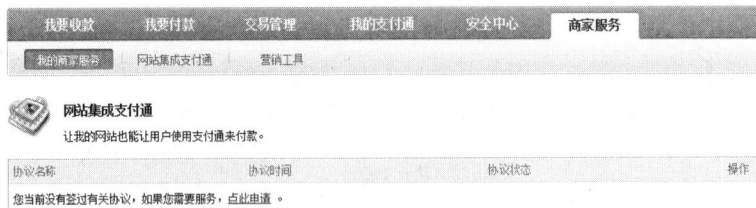

图 1-37

(2) 进入申请单，填写所有带*号的申请信息后，单击【下一步】按钮，如图 1-38 所示。

(3) 仔细阅读支付通合同后，单击【同意协议并付款】按钮，如图 1-39 所示。

图 1-38

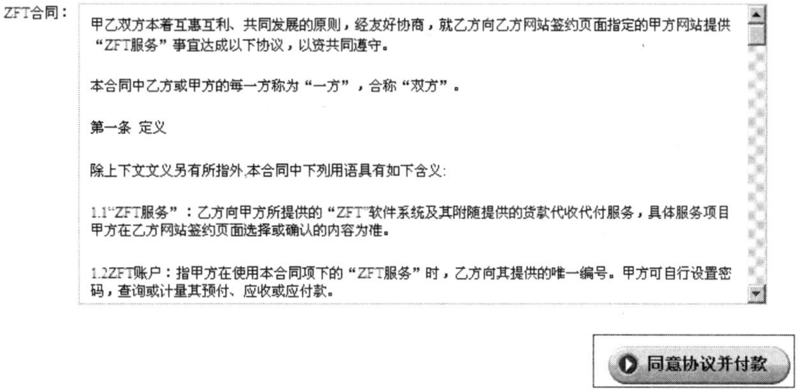

图 1-39

（4）如果使用网上银行付款，付款的操作程序和为支付通账户充值的操作一样。在这里，我们选择使用【余额付款】。单击【确认付款】按钮，如图 1-40 所示。

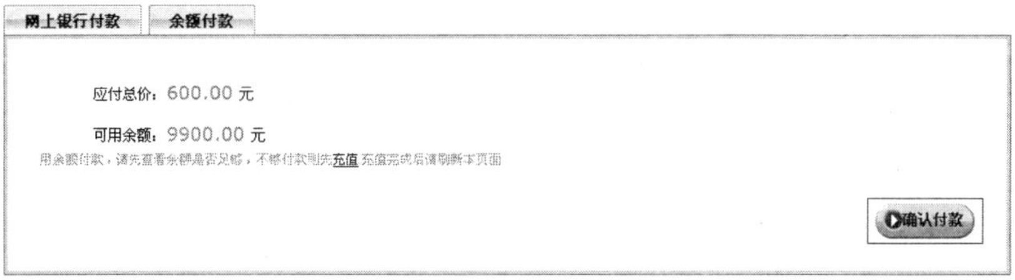

图 1-40

(5) 申请之后需要支付通的服务商审批。切换用户,进入服务商平台,选择【商户管理】下拉列表中的【商户信息管理】选项,开通商家服务功能。单击【确认付费,开通功能】链接,如图 1-41 所示。

图 1-41

(6) 回到张菲的支付通账户,再次切换到【商家服务】选项卡,可以看到一个【交易安全校验码】和【合作者身份】,如图 1-42 所示。这两个号码都需要备份,在之后的 B2B、B2C、C2C 以及网络广告交易市场实验中将会用到。

我的商家服务:

签约网站:唐山贸易(www.tsmaoyi.com)

签约状态:已签约 查看协议

交易安全校验码(key):006p6d6jp24h8lt0r8I8t2xntlpbp60t

合作者身份(partnerID):2375

请上传您的 LOGO 图片

上传图片

注记:支付通安全交易校验码用来验证某网站的一个支付请求是否是从该网站经过购物行为发起的,传递给支付通的卖家账户和商品相关信息的是否真实可靠。

图 1-42

1.2　B2B 实践

B2B 是 Business-to-Business 的缩写,是指企业与企业之间通过专用网络或 Internet 进行数据信息的交换、传递、开展交易活动的商业模式。它将企业内部网,通过 B2B 网站与客户紧密结合起来,通过网络的快速反应,为客户提供更好的服务,从而促进企业的业务发展。

【实践情景】

达益科技有限公司需要采购一批联想笔记本电脑,于是在互联网上查找相应的供应信息,发现成名科技有限公司有一批笔记本在出售。达益科技有限公司通过询价了解产品更多的信息,最后购买该产品。

1.2.1　B2B 交易前期准备

💡 **注意：** 服务商绑定支付通应满足的条件是：开通商家服务。在开通商家服务中，切记支付通服务商一定要审核商家服务的申请。买家和卖家也需要绑定支付通，但是所绑定的支付通不一定需要开通商家服务；服务商、买家以及卖家各自绑定的支付通不能相同。

1. 服务商账户绑定

在【电子商务应用模型】模块中切换到【B2B 实践】选项卡，单击【服务商平台】后的【进入】链接，进入服务商平台，如图 1-43 所示。

图 1-43

在弹出的页面中，选择【支付管理】下拉列表中的【支付通账户管理】选项，选中张菲的支付通账号，这里要用到之前申请商家服务时给出的数据。单击【确定】按钮，就绑定成功了，如图 1-44 所示。

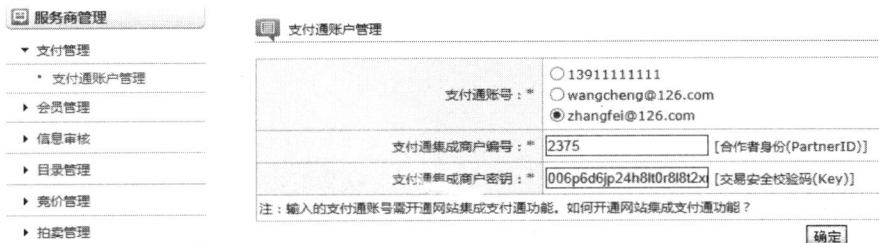

图 1-44

(1) 采购商注册。李想要为达益科技有限公司采购产品，所以应作为采购商注册。

① 在【电子商务应用模型】模块下，切换到【B2B 实践】选项卡，单击【B2B 平台】后的【进入】链接，进入 B2B 平台，如图 1-45 所示。在弹出的页面中，单击【免费注册】按钮，免费注册账号，如图 1-46 所示。

② 填写注册信息，确认信息填写无误之后，选中【接受服务协议】复选框，单击【同意服务条款，提交注册信息】按钮，如图 1-47、图 1-48 所示。

图 1-45

图 1-46

图 1-47

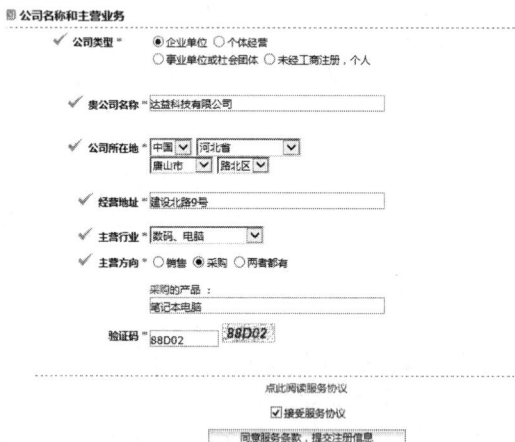

图 1-48

③ 提交成功后，需要到邮箱里进行激活。单击右下角邮箱按钮，在弹出的页面中，单击【点击进入申请成功页面】链接，如图 1-49 所示。

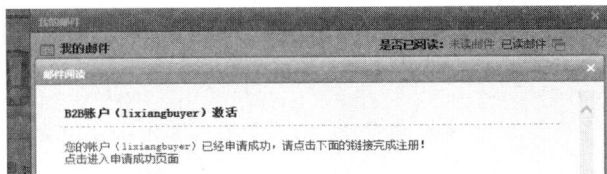

图 1-49

④ 回到【电子商务应用模型】主页面，在【B2B 实践】选项卡下，单击 lixiangbuyer 后面的【进入】链接，进入买家，如图 1-50 所示。

图 1-50

⑤ 打开链接后单击右上方的【发布信息】按钮，如图 1-51 所示。

图 1-51

⑥ 进行支付通绑定。单击左侧页面【支付通账户】选项下的【支付通账户】链接，在右侧页面中单击【进行设置】按钮，输入支付通账号，然后单击【确认】按钮，如图 1-52 所示。在新弹出来的窗口中输入支付通登录密码。

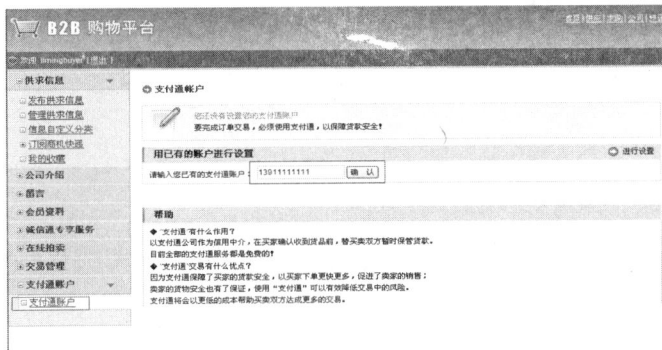

图 1-52

⑦ 在弹出的对话框中输入相应信息,单击【登录】按钮,会弹出登录成功的提示框,如图 1-53 所示。

💡 **注意:** 一定要在新弹出的窗口中输入相应信息,弹出确认绑定成功的提示。

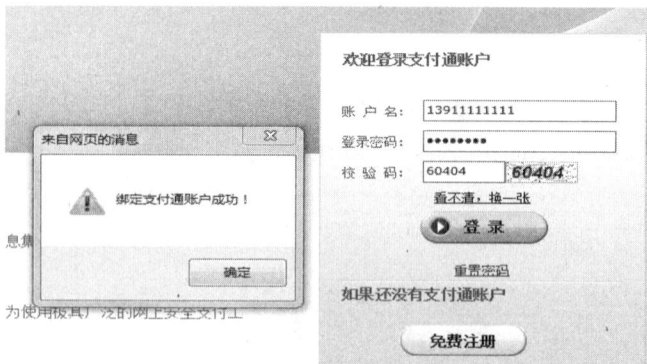

图 1-53

⑧ 在 lixiangbuyer 主页面下,刷新软件,显示绑定的信息,如图 1-54 所示。

图 1-54

(2) 供应商注册。申请供应商。王成要为成名科技有限公司销售产品,因此应作为销售商注册,同时绑定支付通。相关信息如图 1-55、图 1-56 所示,可供参考,步骤同上。

图 1-55

图 1-56

2. 服务商后台添加商品类别和商品属性管理

(1) 商品类别管理。在【电子商务应用模型】模块主页面下，切换到【B2B 实践】选项卡，进入服务商平台。在【目录管理】下拉列表中选择【目录信息添加】选项，在右侧界面中添加目录信息。若现有的目录没有所选内容(如鞋类)，可以从一级目录开始添加。填写目录名称，单击【添加一级目录】按钮，如图 1-57 所示。

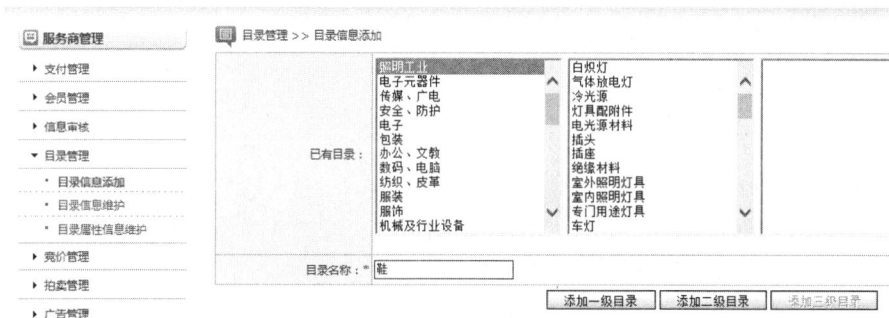

图 1-57

接下来添加二级目录，鞋又可以分出女鞋一类，如图 1-58 所示。最后添加三级目录，如图 1-59 所示。

如果刚才添加的目录有不完善的地方，还可以进行修改。在左侧选择【目录信息维护】选项。凉鞋可以再分类，现在我们就把刚才添加的"凉鞋"修改成"细跟凉鞋"，如图 1-60 所示。

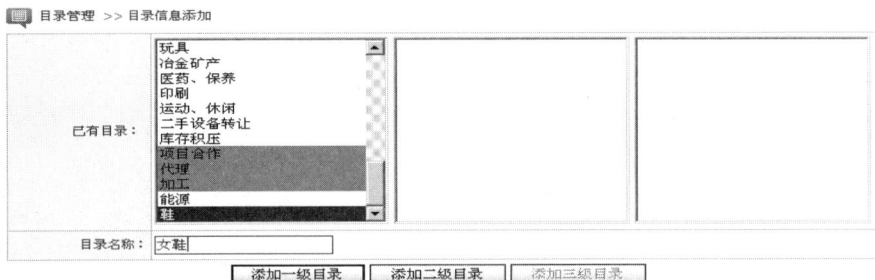

图 1-58

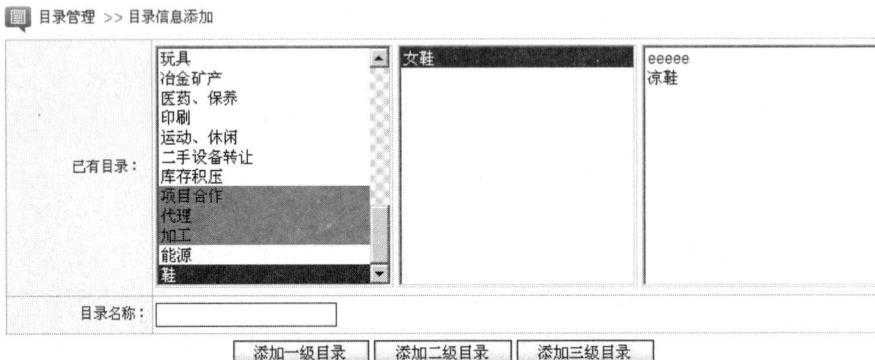

图 1-59

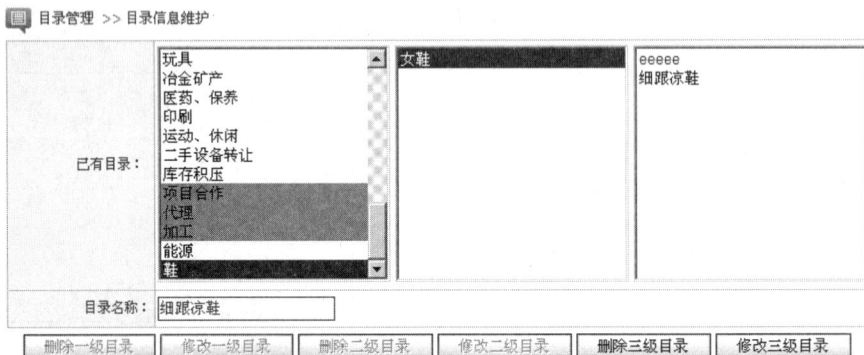

图 1-60

(2) 商品属性维护。给商品添加属性，供应商可以更好地描述商品。对于已有目录的属性也可以维护。以笔记本电脑为例，选择【笔记本电脑】选项后单击【添加目录属性】按钮，如图 1-61 所示。

单击图 1-61 中【添加目录属性】按钮，在弹出的页面中填写完属性信息之后，单击【添加目录属性】按钮。这样，对商品属性的维护就完成了，如图 1-62 所示。

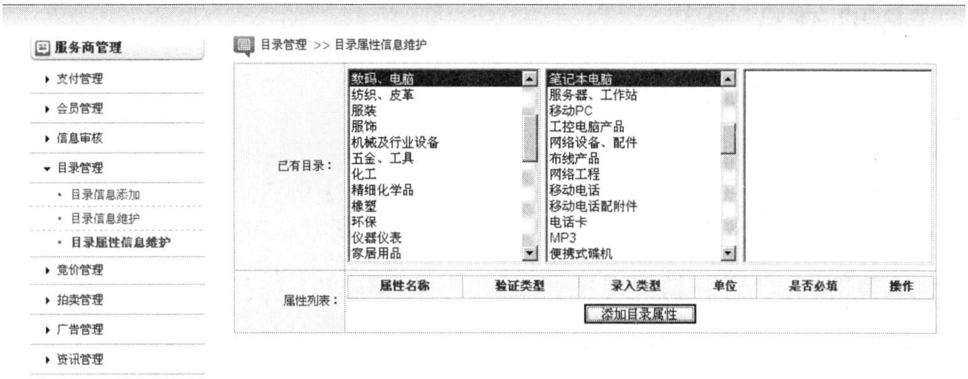

图 1-61

图 1-62

对于已经添加的属性列表，可以通过单击【操作】下方的【预览】链接或【删除】链接，分别进行预览或删除，如图 1-63 所示。

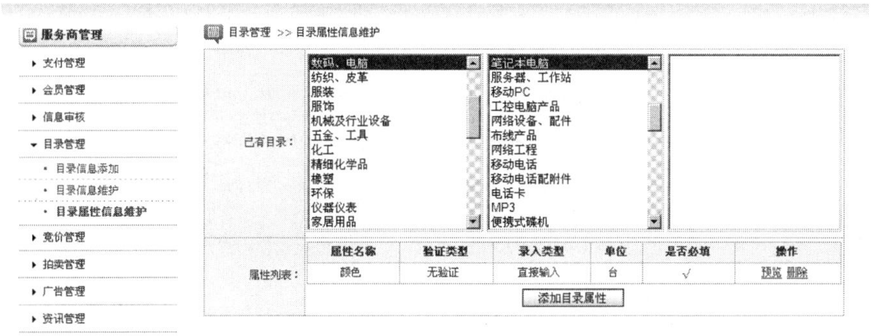

图 1-63

1.2.2　B2B 交易流程

1. 供应商发布商品，申请诚信通，管理网站

(1) 供应商发布产品信息。

① 在【电子商务应用模块】主页面中，在【B2B 实践】选项卡下，单击 wantchengseller 后的【进入】链接，进入成名科技有限公司，如图 1-64 所示。在弹出的页面中，单击【发布供应信息】按钮，如图 1-65 所示。单击【供求信息】下拉列表中的【发布供求信息】链接，在右侧界面中选择【产品信息】选项，单击【选好了，继续】按钮，如图 1-66 所示。填写相应的产品信息，填写完毕，单击【选好了，继续】按钮，如图 1-67 所示。

图 1-64

图 1-65

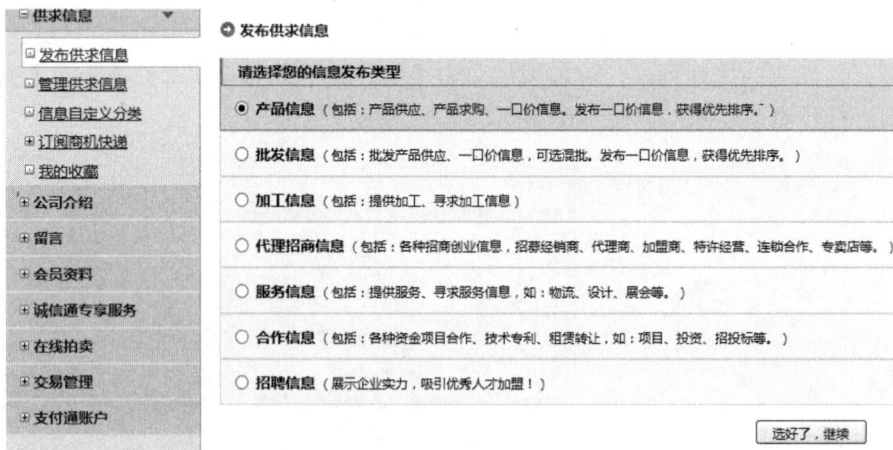

图 1-66

图 1-67

② 填写基本信息，注意在信息类型中选择【供应】选项(见图 1-67)。填写产品的详细信息，并确认发布，具体详细信息可参考图 1-68 至图 1-70。

图 1-68

③ 管理供应信息。如果觉得刚刚发布的供应信息有问题，在 wangchengseller 主页面中，单击【供求信息】下拉列表下的【管理供求信息】链接，右侧页面中，可以再修改。单击【修改】链接进行此项操作，如图 1-71 所示。

详细说明：	保修政策:全国联保,享受三包服务 (整机1年,主要部件2年,1年免费上门取送机服务) 客服电话:800-810-3888(周一至周五:8:30-18:00;周六和周日:8:30-17:30(节假日休息)) 具体内容:售后服务由品牌厂商提供,支持全国联保,可享有三包服务。如出现产品质量问题或故障,您可查询最近的维修点,由厂商售后解决。也可凭厂商维修中心或特约维修点所提供的质量检测证明,享受7日内退货,15日内换货。超过15日又在质保期内,可享受免费保修等三包服务政策。惠普笔记本不同型号产品保修年限不同,以保修卡为准,可拨打客服电话具体查询。
上传图片：	图片1:　图片2:　图片3: [上传] [删除]　[上传] [删除]　[上传] [删除] 诚信通会员可以上传3张图,面渣会员为1张; 图片格式jpg或gif,大小不超过200k。 C:\Documents and Sett [浏览...]
✓信息有效期:*	○ 10天 ○ 20天 ○ 一个月 ○ 三个月 ● 六个月

图 1-69

交易条件:	
✓计量单位:*	台
✓产品单价:*	4599　元/台
✓最小起订量:*	100　台
✓供货总量:*	10000　台
✓发货期限:*	自买家付款之日 1 ▼ 天内发货
✓供应商类型:*	我是该产品的 自主生产厂商 ▼

图 1-70

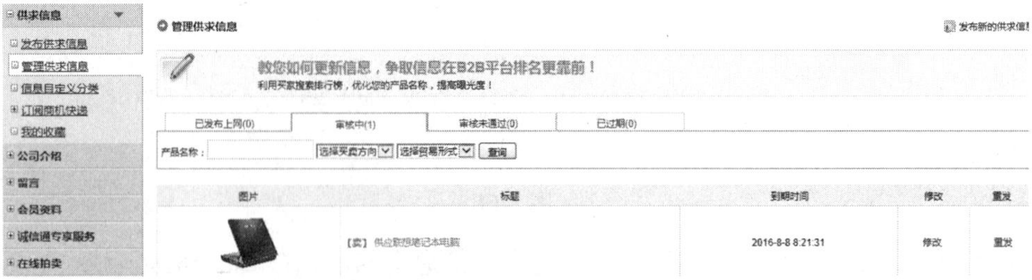

图 1-71

系统会弹出提示对话框，单击【确定】按钮确定修改，如图 1-72 所示。

王成在笔记本的详细信息说明处进行了修改，并再次发布。

④ 供应信息发布成功，接受服务商审核。切换用户，在【电子商务应用模型】模块主页面中，切换到【B2B 实践】选项卡，进入服务商平台。选择【信息审核】下拉列表中的【供求信息审核】选项，如果服务商认为可以发布，就单击【通过】链接；如果服务商有异议，单击【不通过】链接，如图 1-73 所示。

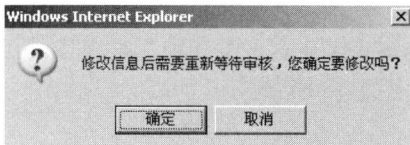

图 1-72

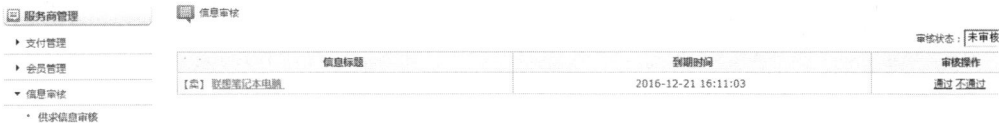

图 1-73

服务商选择通过后，系统会弹出提示对话框，如图 1-74 所示。王成发布的供应信息在 B2B 网站上就可以看到了。

(2) 供应商申请诚信通。

① 卖家进入 B2B 购物平台主页面，在【诚信通专享服务】下拉列表中，选择【网站管理】下拉列表中的【页面设计】选项，然后填写相应资料，提交后单击【网上在线支付】按钮，如图 1-75 所示。接下来就是付款的过程，这个步骤和支付通申请商家服务中的付款流程一样，不再赘述。

图 1-74

图 1-75

② 付款成功后，需要第三方验证。切换用户，在【电子商务应用模型】主页面中，切换到【B2B实践】选项卡，单击【第三方认证】后的【进入】链接，进入第三方认证平台，如图1-76所示。

图 1-76

进入链接平台后，在【会员认证】下拉列表的【第三方认证】选项中，单击【操作】下方的【认证】链接，如图1-77所示。

图 1-77

查看认证申请人信息，通过认证。

(3) 供应商管理网站。

在【电子商务应用模型】主页面中，切换到【B2B实践】选项卡，进入供应商页面。【诚信通专享服务】下拉列表下的【网站管理】下拉列表包括页面设计、公司介绍、公司相册、搜索浏览分析及橱窗布置。

① 页面设计：可以对页面进行风格的选择和LOGO的上传。其中，【风格设计】选项卡下提供了4种色调的风格模板供用户选择，选择所要的模板即可，如图1-78所示。

图 1-78

在【当前 LOGO】选项卡下，可以更换网站的 LOGO 和 Banner，如图 1-79 所示。

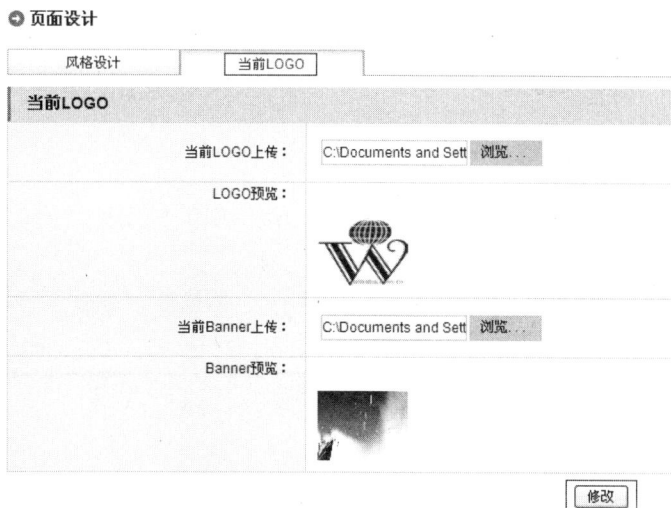

图 1-79

单击【浏览】按钮选择要上传的图片，完成后，单击【修改】按钮就可以了。

② 公司介绍：与前面的公司简介类似。公司的新闻简讯等可以在【公司动态】选项卡中添加，如图 1-80 所示，添加完成后若发现有错误还可以修改。

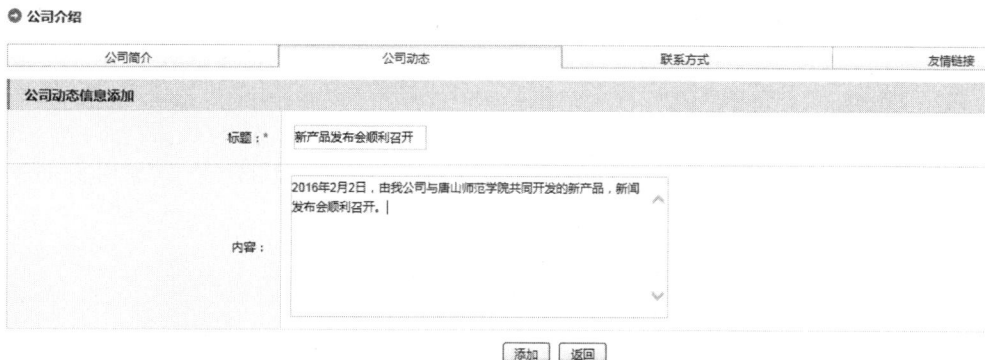

图 1-80

对于一些友好往来公司，可以在【友情链接】选项卡里面添加，添加完成之后也可以修改。链接分为文字和图片两种，下面演示的是图片链接。切换到【公司的友情链接】下的【图片】选项卡，单击【添加】按钮，如图 1-81 所示。

公司简介	公司动态	联系方式	友情链接

公司的友情链接

文字	图片

全选	友情链接名称	友情链接图片	友情链接地址	编辑

添加　删除

图 1-81

在弹出的页面中，填写相应的信息，填写完毕，单击【添加】按钮，完成友情链接添加，如图 1-82 所示。

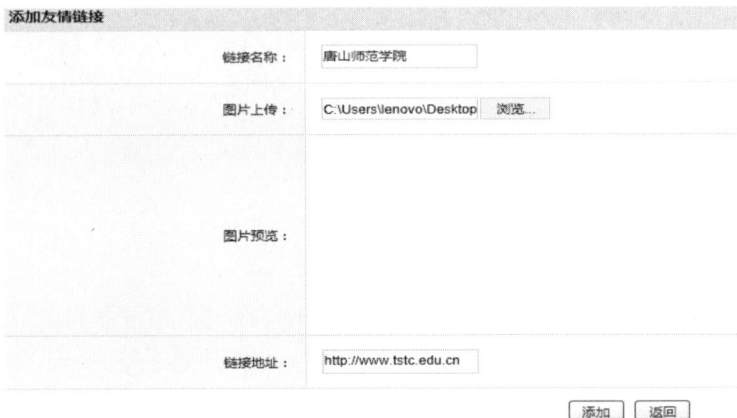

添加友情链接

链接名称：　唐山师范学院

图片上传：　C:\Users\lenovo\Desktop　浏览...

图片预览：

链接地址：　http://www.tstc.edu.cn

添加　返回

图 1-82

③ 公司相册。公司的一些图片资料可以上传到相册，并进行管理。在【诚信通专享服务】下拉列表中，单击【网站管理】下拉列表中的【公司相册】链接，右侧页面中，在【类别管理】选项卡的【类别名称】中输入相关内容，单击【添加】按钮，添加相册类别，如图 1-83 所示。

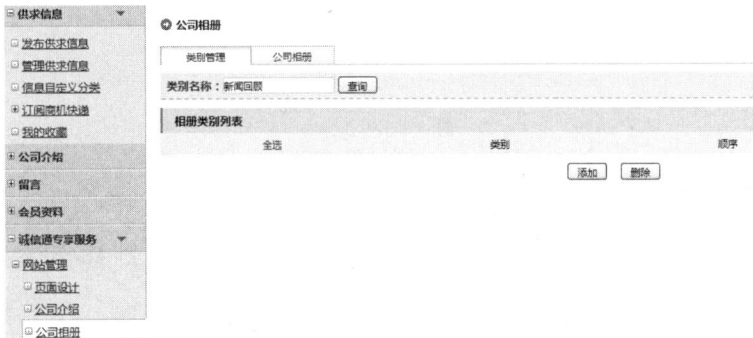

- 供求信息　▼
  - 发布供求信息
  - 管理供求信息
  - 信息自定义分类
  - 订阅客机快递
  - 我的收藏
- 公司介绍
- 留言
- 会员资料
- 诚信通专享服务　▼
  - 网站管理
    - 页面设计
    - 公司介绍
    - 公司相册

◎ **公司相册**

类别管理	公司相册

类别名称：新闻回顾　　查询

相册类别列表

全选	类别	顺序

添加　删除

图 1-83

接下来，切换到【公司相册】选项卡，添加相册，如图 1-84 所示。

图 1-84

④ 搜索浏览分析。在供应商 B2B 购物平台页面下，单击【诚信通专享服务】下拉列表，单击【网站管理】下拉列表中的【搜索浏览分析】链接，对于本公司产品被关注的情况，在这里都可以一一体现出来，如图 1-85 所示。

图 1-85

⑤ 橱窗布置。在供应商页面下，单击【诚信通专享服务】下拉列表，单击【网站管理】下拉列表中的【橱窗布置】链接，在右侧页面，可以修改橱窗标题，添加橱窗产品，如图 1-86 所示。操作方法同上，不再赘述。

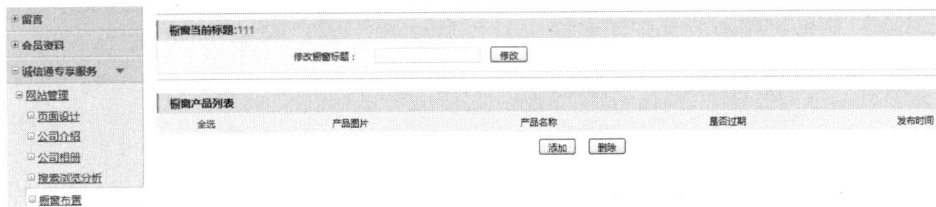

图 1-86

(4) 供应商管理诚信通档案。

在供应商 B2B 购物平台页面下，单击【诚信通专享服务】下拉列表中的【诚信通档案】链接，单击右侧页面的各个选项卡，可以看到公司的企业身份认证信息、证书及荣誉交易至今的客户评价、资讯参考、资信参考人、诚信通指数，如图 1-87 所示。同时，可以添加本公司的证书及荣誉、资信参考人。添加这些资料，可以增加公司的信誉度，如图 1-88 至图 1-91 所示。

💡 **注意：** 资信参考人需要申请并开通诚信通，并且在填写资信参考人信息时姓名和公司名称一定要正确，否则无法确认。

图 1-87

图 1-88

资信参考人可以添加一些与本公司有交易往来的联系人资料，当然，这需要联系人审核确认，如图 1-89 所示。

图 1-89

资信参考人需要审核通过的，审核时需要进入对方的账户，在【资信参考人】选项卡下，确认无误后，单击【审核通过】链接，如图 1-90 所示。

图 1-90

再回到供应商的账户，在【资信参考人】选项卡下，可以看到状态变成了【已确认】，添加完毕，如图 1-91 所示。

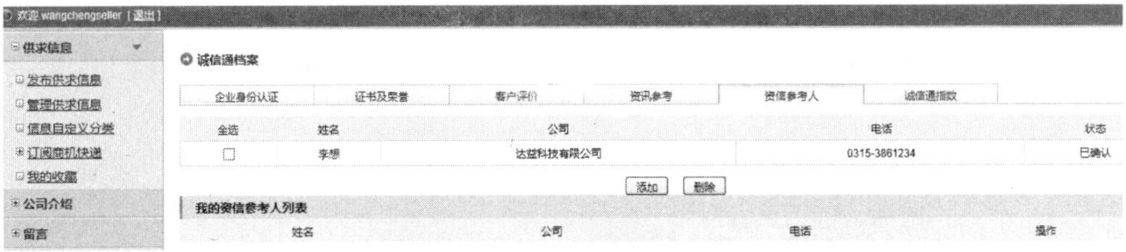

图 1-91

2. 采购商和供应商进行买卖交易

(1) 在【电子商务应用模型】模块中的【B2B 实践】选项卡下，采供商(lixiangbuyeer)进入【B2B 购物平台】。达益科技有限公司在【最近供应信息】栏下看到商品供应信息，单击产品名称链接，如图 1-92 所示，在弹出的页面中能够看到具体产品信息，若对这批笔记本电脑比较满意，就可以下单购买。在供应信息左侧单击【点此订购】链接，如图 1-93 所示。

图 1-92

图 1-93

进入链接后，填写需要购买的数量及检验码后，单击【确认订购】按钮完成订购，如图 1-94 所示。

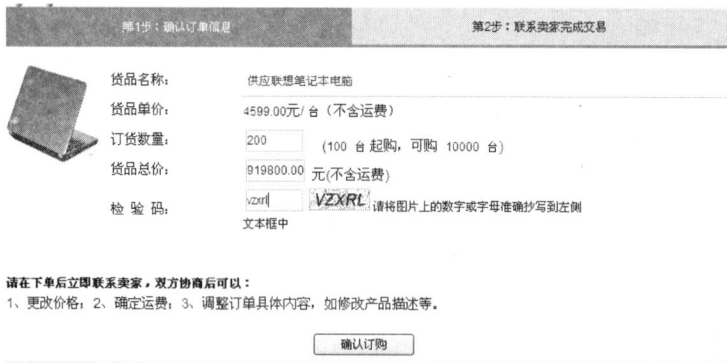

图 1-94

(2) 提交订单后，等待卖家(成名科技有限公司)补充运费。切换用户，在【电子商务应用模型】模块的【B2B 实践】选项卡下，进入供应商(wangchengseller)的【B2B 购物平台】控制主页面，单击左侧【交易管理】下拉列表中的【我是卖家】链接，在右侧界面中单击

【补充运费】按钮，如图 1-95 所示。

图 1-95

因为达益科技有限公司这次订购的量比较大，成名科技有限公司决定给达益科技有限公司 100 元的优惠，如图 1-96 所示。

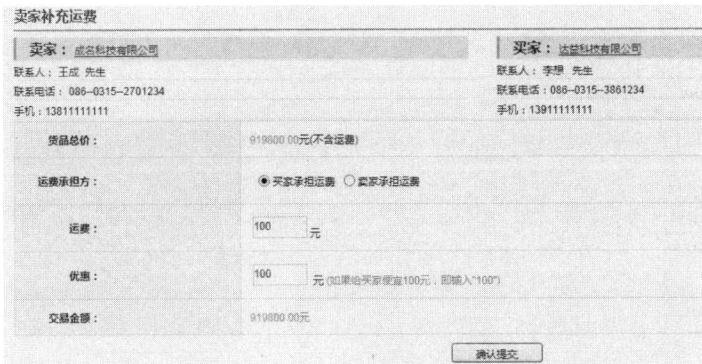

图 1-96

(3) 卖家补充运费后达益科技有限公司就可以付款了。切换用户，进入采购商(lixiang-buyer)【B2B 购物平台】控制主页面，单击左侧【交易管理】下拉列表中的【我是买家】链接，在左侧页面【进行中的交易】选项卡下，单击【付款】按钮进行付款，如图 1-97 所示。

图 1-97

在弹出的页面中，输入采购商付款的支付通账户信息进行登录，如图 1-98 所示。

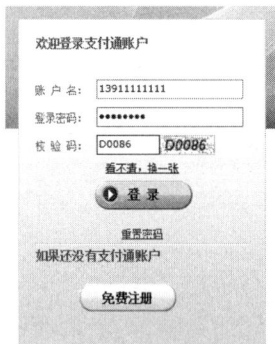

图 1-98

登录后，切换到【网上银行付款】选项卡，单击【下一步】按钮，如图 1-99 所示，然后单击【去网上银行付款】按钮，如图 1-100 所示。在弹出的窗口中输入采购商付款银行账号进行付款，单击【确定】按钮，如图 1-101 所示。

图 1-99

图 1-100

图 1-101

付款成功，等待卖家发货，如图 1-102 所示。

图 1-102

(4) 切换用户，进入供应商(成名科技有限公司)【B2B 购物平台】账户，单击左侧【交易管理】下拉列表中的【我是卖家】链接，在右侧页面【进行中的交易】选项卡下，单击【发货】按钮进行发货，如图 1-103 所示。

图 1-103

在弹出的页面中，填写有关物流方面的相关信息，单击【确定】按钮，完成发货，如图 1-104 所示。

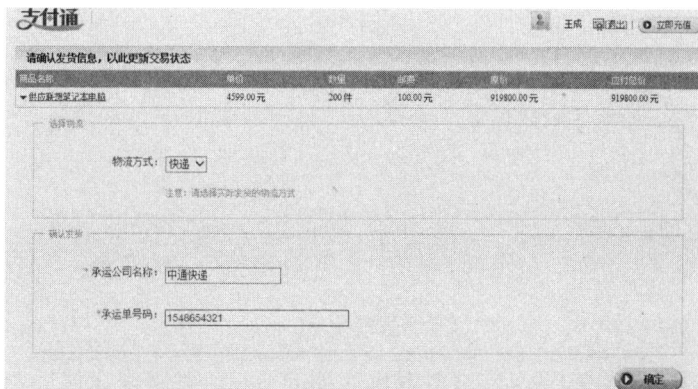

图 1-104

(5) 接下来买家确认收货，卖家才能获得这笔货款。这也是一个确保买卖双方安全交易的保障。切换用户，进入采购商(达益科技有限公司)【B2B 购物平台】控制页面，单击【交易管理】下拉列表中的【我是买家】链接，在右侧页面中，在【进行中的交易】选项卡中，单击【确认收货】按钮确认收货，如图 1-105 所示。

图 1-105

在弹出的页面中，输入采购商支付通账户支付密码，单击【确认收货】按钮，如图 1-106 所示。

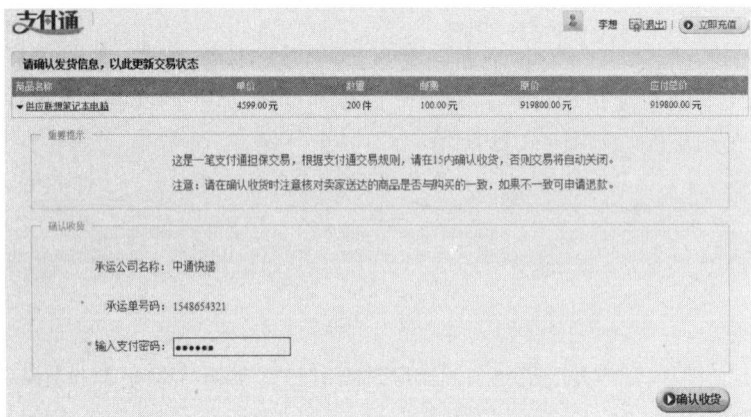

图 1-106

(6) 至此，双方交易完成。买卖双方可以给对方评价。切换到【已结束的交易】选项卡，单击【评价】按钮，如图 1-107 所示。

图 1-107

采购商对于购买产品的意见，或者对供应商的意见，都可以在这里表达，如图 1-108 所示。对于供应商，也可以做同样的评价操作。

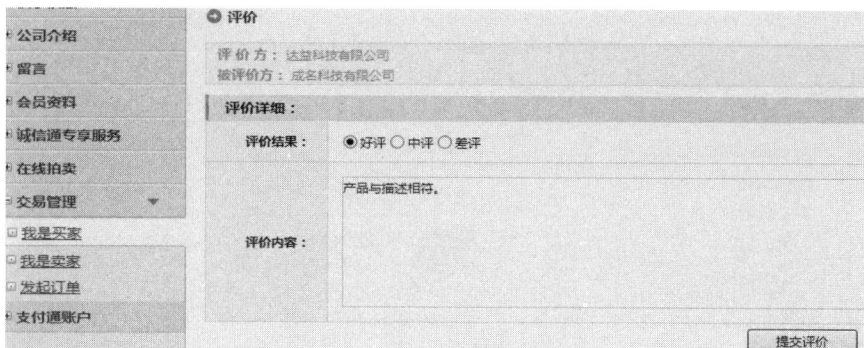

图 1-108

1.2.3　拍卖交易流程、交易保障

1. 采购商收藏商品、询求商品信息

(1) 采购商收藏供应商的商品。

采购商(lixiangbuyer)进入【B2B 购物平台】首页，在【最新供应信息】栏目下，单击产品后，显示相应产品的详细信息，并在右下方可以看到【收藏此信息】链接。如图 1-109 所示。

图 1-109

单击【收藏此信息】链接，在弹出页面中，可以看到在【供求信息】下拉列表中的【我的收藏】链接里，右侧页面【供应信息】选项卡中，可以看到该条收藏信息。对于已经收藏的商品，可以进行移除操作，如图 1-110 所示。

图 1-110

(2) 采购商商品询价。

采购商可以询求价格优惠以及产品更多信息。进入采购商(lixiangbuyer)的 B2B 账户，在【B2B 购物平台】首页可以看到供应商以及采购商发布的信息，单击【最新供应信息】一栏下的【供应联想笔记本电脑】文字链接，如图 1-111 所示，进入产品详细信息页面。

查看这条信息，单击【点此询价】按钮，如图 1-112 所示。

供应联想笔记本电脑

当前价：4599.00 元/台　点此订购

最小起订：100 台

供货总量：10000 台

点此询价

发货期：1 天内发货

所在地：中国 河北省市辖区路北区

有效期至：2016-8-8

最新供应信息　　发布供应信息
供应联想笔记本电脑　08:25 [河北省市辖区]

图 1-111　　　　　　　　　　　　　　　图 1-112

采购商对该产品有什么想了解的信息，可以通过发送询价单来完成，供应商将收到这张询价单。如图 1-113 所示。

切换用户，进入供应商(wangchengseller)的【B2B 购物平台】控制页面，单击左侧的【留言】下拉列表中的【我收到的留言】链接，在右侧页面中【所有留言】选项卡下，可以看到采购商发来的询价单留言。如图 1-114 所示。

对收到和已发送的留言，可以进行删除、回复和转为垃圾留言处理。通过【留言】平台，供应商可以和采购商进行协商，共同商讨出一个合适的价位。

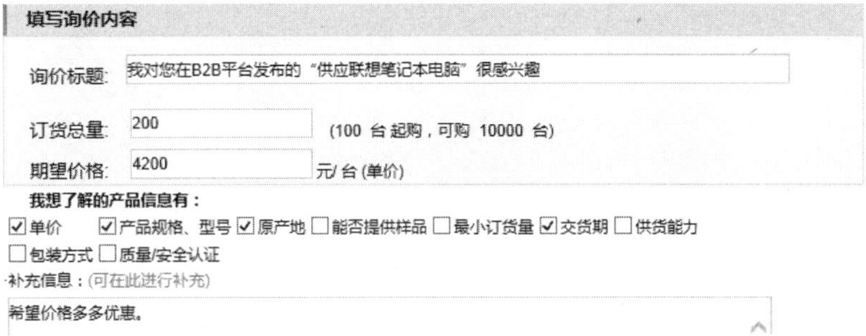

图 1-113

图 1-114

如果询价成功，供应商可以主动发起订单。在供应商【B2B 购物平台】控制页面中，单击【交易管理】下拉列表下的【发起订单】链接，在右侧页面中输入买家的会员名及附加码，单击【下一步】按钮，如图 1-115 所示。

注意：　供应商需要开通诚信通后才可以进行【发起订单】的功能操作。

图 1-115

确认买家信息，单击【下一步】按钮，如图 1-116 所示。

填写订单内容并提交订单，如图 1-117、图 1-118 所示。

发起订单

❶ 选择买家　　❷ 确认买家信息　　❸ 填写订单内容

买家信息：	
买家的会员登录名：	lixiangbuyer
公司名称：	达益科技有限公司　李想　先生
联系电话：	086--0315--3861234
手机：	13911111111

下一步

图 1-116

供求信息
公司介绍
留言
会员资料
诚信通专享服务
在线拍卖
交易管理
　我是买家
　我是卖家
　发起订单
支付通账户

发起订单

完成这一步，新增订单就成功啦！
目前只有卖家才可以发起订单！买家必须为B2B平台中国网站注册会员！
为了确保您的订单是有效的，请务必与买家确认后，再使用该服务给您的买家发起订单。如未经过买家同意就发送订单，引起的投诉将由卖家负责。

❶ 选择买家　　❷ 确认买家信息　　❸ 填写订单内容

货品名称：	供应联想笔记本电脑　选择供应信息	
图片：	图片1：　图片2：　图片3： 暂无图片　暂无图片　暂无图片	
计量单位：	台	请填写与单价相符的计量单位，如只、件、箱等
货品单价：	4200	元/台(不含运费)
购买数量：	200	
货品总价：	840000元（不含运费）	

图 1-117

发货期限：	自买家付款之日 1 ▾ 天内发货
货品所在地：	河北省 ▾　唐山市 ▾
详细描述：	联想笔记本电脑，型号t540p，4G内存，320G硬盘，独立显卡，CPU主频Ghz，Inter酷睿i5。 详细描述必须填写。
运费承担方：	○买家承担运费　◉卖家承担运费
优惠：	100　元（如想给买家便宜100元，则输入"100"）
交易金额：	839900元

提交订单

图 1-118

提交订单后，采购商付款、供应商发货、双方评价等都与"采购商和供应商买卖交易"雷同，不再赘述。

2. 供应商参加竞价关键词，广告购买

💡 **注意：** 此项操作需要服务商进行竞价时间设置。时间设置的范围一定要包括当前时间。当供应商竞价关键词竞价好后，可以把竞价时间设置到当前时间之前。例如当前正常时间为 17 号，竞价时间可以设置为 13 号到 19 号。用户出价后，可以把竞价时间调为 13 号到 16 号。这样竞价就结束了，供应商就可以进入购买关键词环节。

(1) 服务商进行竞价时间设置。

① 在【电子商务应用模型】模块中的【B2B 实践】选项卡中，单击【服务商平台】后的【进入】链接，进入服务商平台，如图 1-119 所示。选择【竞价管理】下拉列表中的【竞价设置】选项，在右侧页面中，输入相关信息，单击【保存】按钮，完成竞价设置，如图 1-120 所示。

图 1-119

图 1-120

② 供应商进入【B2B 购物平台】控制页面，在【诚信通专享服务】下拉列表中，单击【竞价排名】下拉列表中的【参加竞价】链接，在右侧页面中，输入关键词"笔记本"，单击【查找】按钮，如图 1-121 所示。

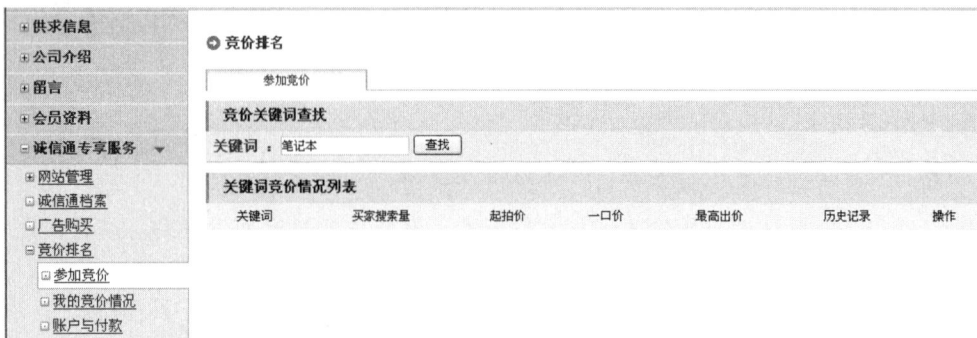

图 1-121

③ 查找后会显示相应信息，供应商可以对关键词进行出价来购买关键词。单击【出价】按钮，如图 1-122 所示。在弹出的页面中，选择【一口价】选项进行购买，单击【确定出价】按钮，确定出价，如图 1-123 所示。

图 1-122

图 1-123

确定出价后，就可以等待竞价时间结束，去付款购买关键词。

注意：　一定要在竞价时间结束后才可以购买关键词，或者修改服务器时间。

④ 在供应商【B2B 购物平台】控制页面中，在【诚信通专享服务】下拉列表中，单击【竞价排名】下拉列表中的【账户与付款】链接，右侧页面中，在【付款方式】选项卡下，单击【付款】链接，如图 1-124 所示。付款的过程与"采购商和供应商买卖交易"相同，不再赘述。

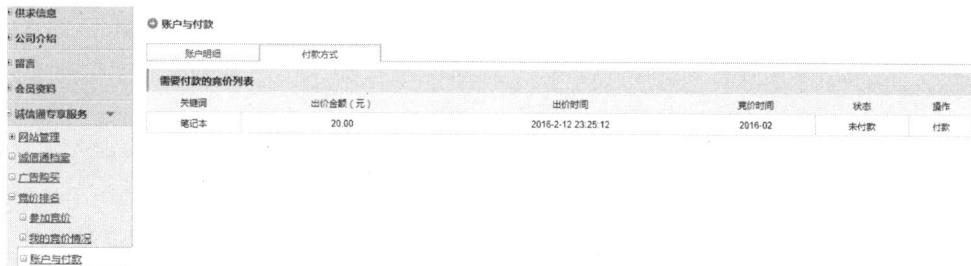

图 1-124

⑤ 供应商对竞价信息进行投放，下个月投放中就能看到信息。在供应商(wangchengseller)【B2B 购物平台】控制页面中，在【诚信通专享服务】下拉列表中，单击【竞价排名】下拉列表下的【竞价信息投放】链接，右侧页面中，切换到【下月投放】选项卡，能够看到该条信息，如图 1-125 所示。

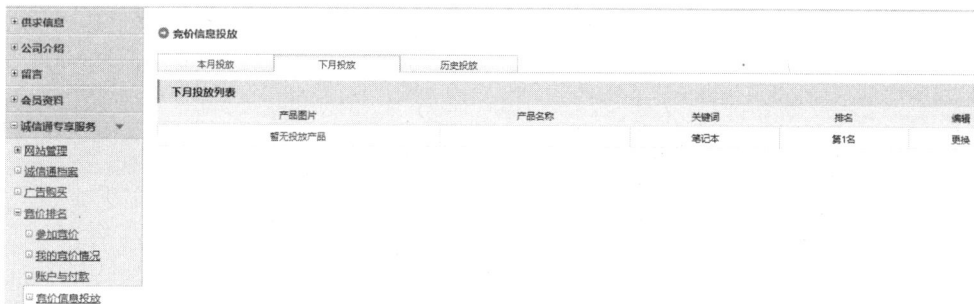

图 1-125

单击【更换】链接，弹出页面中，选中该条信息，单击【添加】按钮，可以把商品和关键词绑定，如图 1-126、图 1-127 所示。

(2) 供应商广告购买。

服务商进行广告位的设置。注意：必须要在关键词购买后，才有广告的购买过程，并且关键词一定要在已有产品名称中包含。

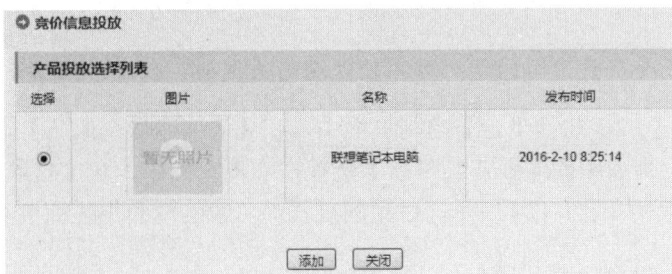

图 1-126

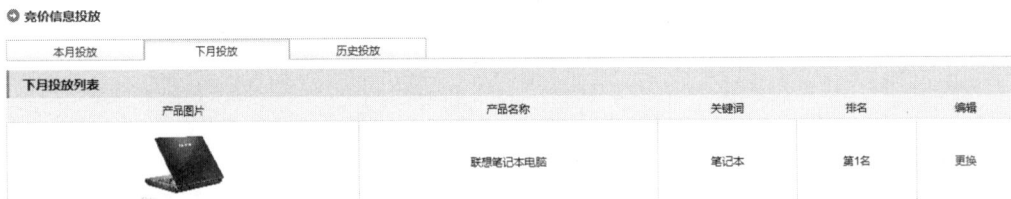

图 1-127

① 在【电子商务应用模型】模块下，切换到【B2B 实践】选项卡，进入服务商平台。选择【广告管理】下拉列表中的【广告位设置】选项，右侧页面中，单击【编辑】链接，设置展位价格，如图 1-128 所示。

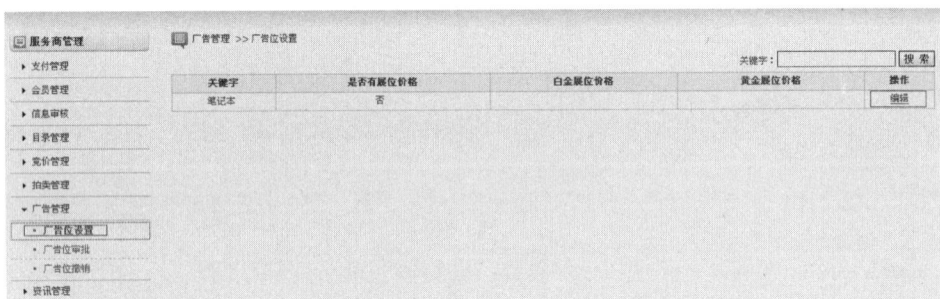

图 1-128

在弹出的页面中，输入相应信息，单击【修改】按钮，如图 1-129 所示，价格设置成功。

② 供应商进入，【B2B 购物平台】控制页面，在【诚信通专享服务】下拉列表中，单击【广告购买】链接，在右侧页面中，【广告购买】下拉列表中，单击【购买】链接，购买广告，如图 1-130 所示。

在弹出的页面中，填写信息，如图 1-131 所示。填写完毕，单击【确定】按钮。

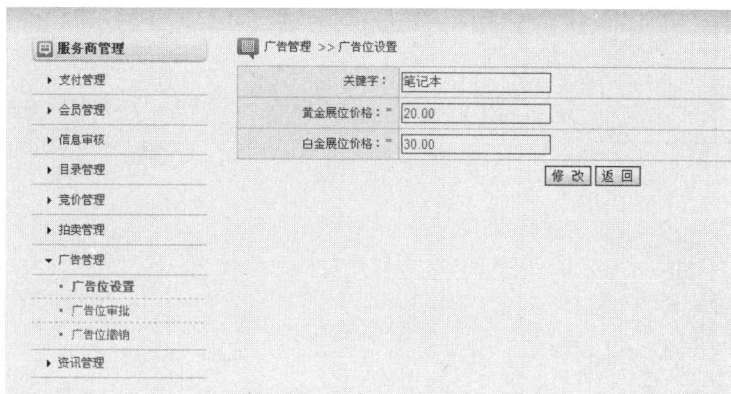

图 1-129

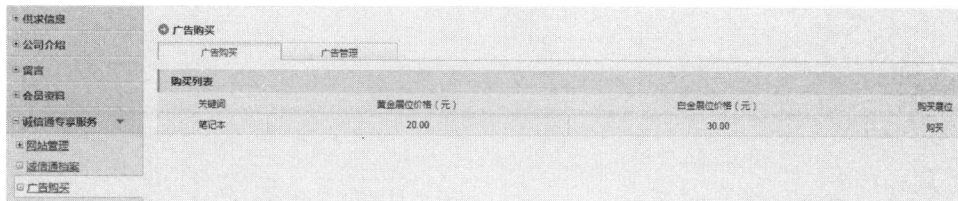

图 1-130

图 1-131

③ 服务商对供应商购买的广告进行审核。进入服务商平台，选择【广告管理】下拉列表中的【广告位审批】选项，右侧页面中，单击【审核通过】链接，如图 1-132 所示。

④ 供应商进入【B2B 购物平台】控制页面，在【诚信通专享服务】下拉列表中，单击【广告购买】链接，右侧页面中，单击【广告管理】下拉列表，单击【付款】链接，对购

买的广告进行付款。如图 1-133 所示。付款过程与"采购商和供应商买卖交易"相同，不再赘述。

图 1-132

图 1-133

这样，关键词和广告就可以联系在一起了。当采购商在【B2B 购物平台】主页面通过关键词搜索商品的时候，同时广告也会出现。单击广告图片就可以链接到供应商的网站，如图 1-134 所示。

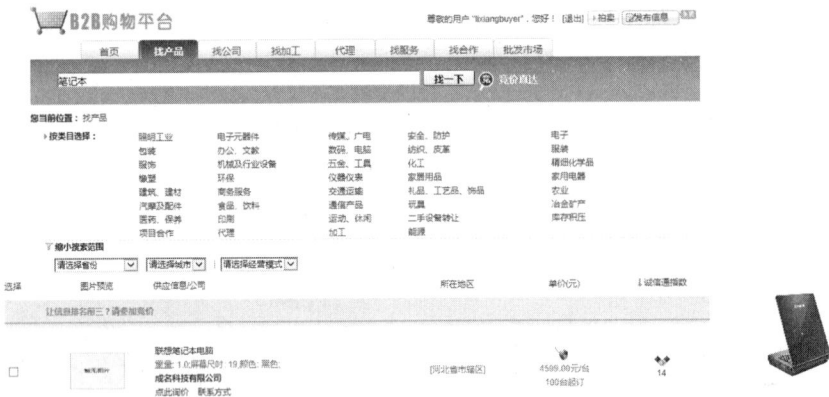

图 1-134

3. 买卖双方进行拍卖交易

(1) 单拍交易。

① 供应商进入【B2B 购物平台】主页面，单击右上方的【拍卖】按钮，如图 1-135 所示。

图 1-135

进入后，再单击【马上发起我的拍卖】按钮，如图 1-136 所示。

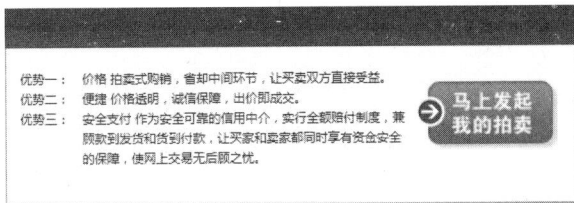

图 1-136

在弹出的页面中，填写相应的拍卖商品信息，如图 1-137 至图 1-142 所示。注意，图 1-139 中的【拍卖类型】选择【单拍】。

图 1-137

货品属性：	防护等级：	
	灯头型号：	E14
	*额定功率：	15-60W
	*额定电压：	110-240V
	中心光强：	
	碳壳外径：	
详细说明：*	球形灯泡（透明，磨砂，彩色） 型号　电压　　功率　　灯头　　规格 G45　110-240V　15-60W　E14/E27/B22　45*73mm	
上传图片：	图片1： 	

图 1-138

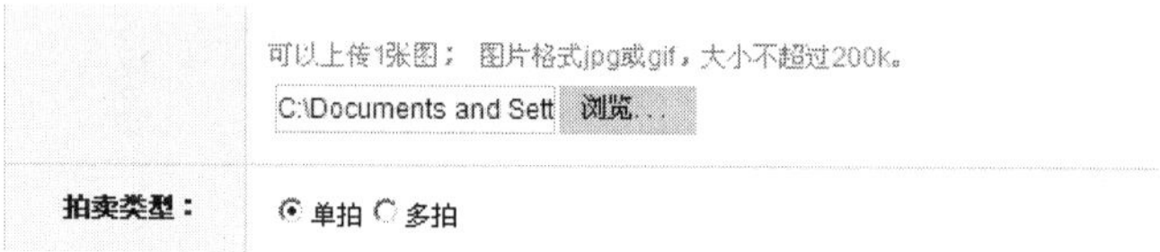

	可以上传1张图； 图片格式jpg或gif，大小不超过200k。 C:\Documents and Sett 〔浏览...〕
拍卖类型：	⊙单拍 ○多拍

图 1-139

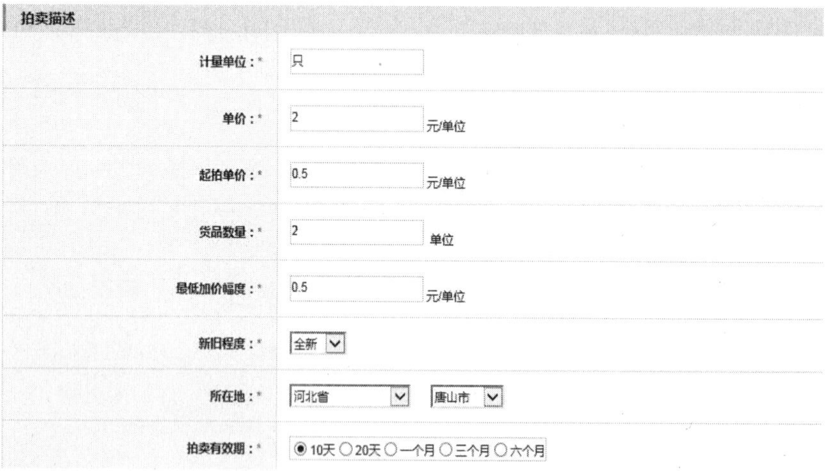

拍卖描述		
计量单位：*	只	
单价：*	2	元/单位
起拍单价：*	0.5	元/单位
货品数量：*	2	单位
最低加价幅度：*	0.5	元/单位
新旧程度：*	全新 ▾	
所在地：*	河北省 ▾　唐山市 ▾	
拍卖有效期：*	◉10天 ○20天 ○一个月 ○三个月 ○六个月	

图 1-140

交易条件	
货款支付期限：*	自收货之日 [1 ▼] 天内付款
发货期限：*	自买家付款之日 [1 ▼] 天内发货
运输：*	[买家承担运费 ▼]
发票类型：*	⊙ 增值税发票　○ 普通发票　○ 双方协商

图 1-141

联系方式的确认：	若有误，您发布的信息将无法通过审核！
公司名称：	成名科技有限公司
姓　名：	王成 先生
联系电话：	086--0315--2701234
手　机：	13811111111
传　真：	086--0315--2701234
电子邮件：	wangcheng@126.com

我要发布

图 1-142

单击【我要发布】按钮，发布成功，如图 1-143 所示。

待审核的拍卖	进行中的拍卖	已结束的拍卖		
待审核的拍卖：				
货品名称	拍卖结束日期	总额	状态	操作
彩色灯泡	2016-2-23 14:58:40	4.00	审核中	取消拍卖

图 1-143

② 服务商审核。在【电子商务应用模型】模块下，切换到【B2B 实践】选项卡，进入服务商平台。选择【拍卖管理】下拉列表中的【拍卖管理】选项，右侧页面中，单击【审核】按钮，将供应商发布的拍卖信息审核通过，如图 1-144 所示。

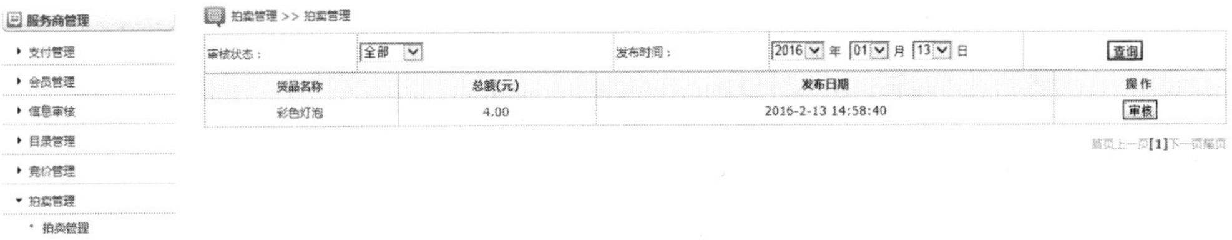

服务商管理	拍卖管理 >> 拍卖管理			
▶ 支付管理	审核状态： [全部 ▼]		发布时间： [2016▼]年[01▼]月[13▼]日	查询
▶ 会员管理	货品名称	总额(元)	发布日期	操作
▶ 信息审核	彩色灯泡	4.00	2016-2-13 14:58:40	审核
▶ 目录管理				首页上一页[1]下一页尾页
▶ 竞价管理				
▶ 拍卖管理				
· 拍卖管理				

图 1-144

③ 回到供应商的【B2B 购物平台】控制页面，单击【在线拍卖】下拉列表中的【我发起的拍卖】链接，右侧页面中，切换到【进行中的拍卖】选项卡，可以看到拍卖状态已经改变，如图 1-145 所示。

图 1-145

④ 进入采购商的 B2B 购物平台主页面。在首页的右上角可以看到有一个【拍卖】按钮，单击其进入，如图 1-146 所示。

采购商达益科技有限公司要购买的是灯泡，可以在【类目导航】一栏下的【照明工业】链接里面查找，如图 1-147 所示。

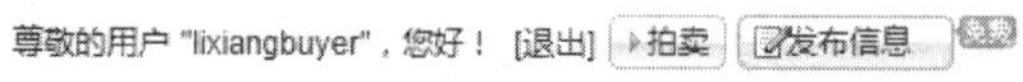

图 1-146

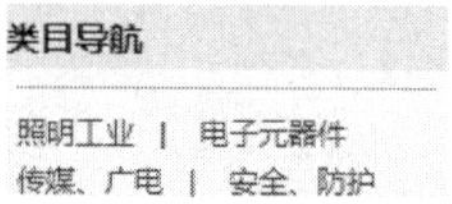

图 1-147

这时可以看到供应商成名科技有限公司发布的拍卖信息，单击产品名称【彩色灯泡】链接，如图 1-148 所示。

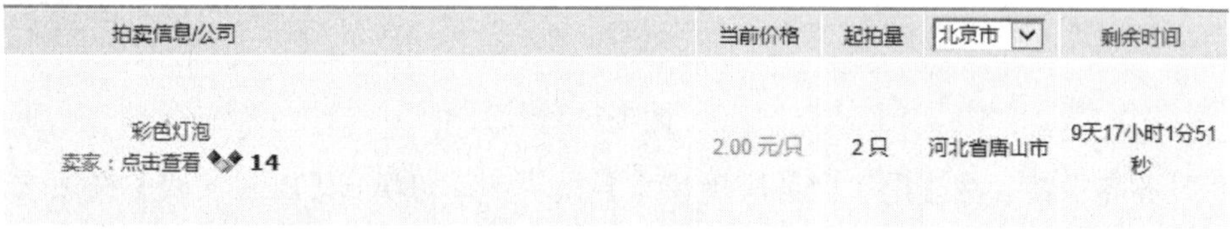

图 1-148

浏览产品详细信息后，采购商达益科技有限公司对这个产品比较满意，所以参与拍卖。首先单击【出价】按钮，如图 1-149 所示。

在弹出的页面中，填写好愿意给出的价格以及要购买的数量，单击【确认出价】按钮，如图 1-150 所示。

拍卖时间结束的时候，如果达益科技有限公司是唯一的出价者，就会以 3 元的价格成交。

当前价：2.00 元/只　出价

加价幅度：0.50元/只

起拍数量：2只　可拍数量：2只

剩余时间：9天17小时0分8秒
拍卖结束时间 2016-2-23 14:58:40

货品所在地：河北省唐山市

新旧程度：全新

图 1-149

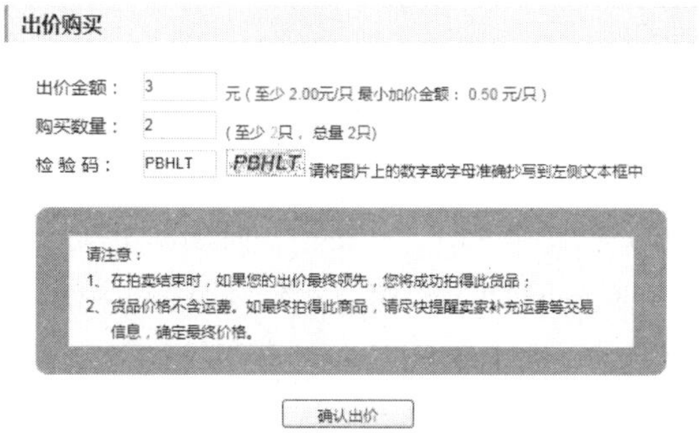

出价购买

出价金额：3　元（至少 2.00元/只 最小加价金额：0.50元/只）

购买数量：2　（至少 只，总量 2只）

检验码：PBHLT　*PBHLT* 请将图片上的数字或字母准确抄写到左侧文本框中

请注意：
1、在拍卖结束时，如果您的出价最终领先，您将成功拍得此货品；
2、货品价格不含运费，如最终拍得此商品，请尽快提醒卖家补充运费等交易信息，确定最终价格。

确认出价

图 1-150

⑤ 张菲所在的唐山贸易也看中了这批灯泡，于是也参与拍卖，给出的价格如图 1-151 所示。

注意：　唐山贸易的出价操作步骤同达益科技有限公司。但首先要在【电子商务应用模型】模块中，【B2B 实践】选项卡下，给唐山贸易注册用户，注册方法前面已经介绍，这里不现赘述。

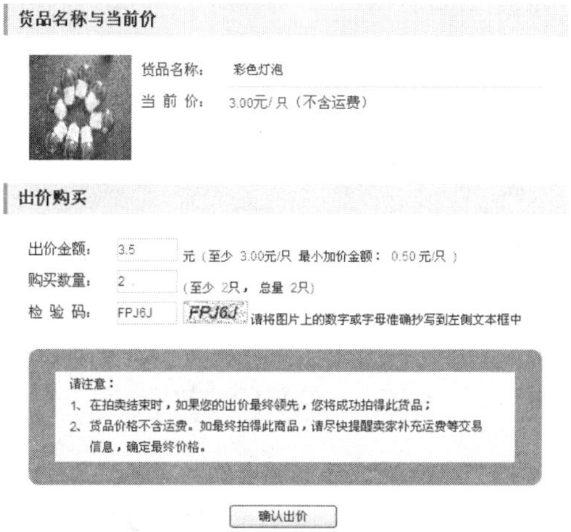

货品名称与当前价

货品名称：彩色灯泡

当前价：3.00元/只（不含运费）

出价购买

出价金额：3.5　元（至少 3.00元/只 最小加价金额：0.50元/只）

购买数量：2　（至少 2只，总量 2只）

检验码：FPJ6J　*FPJ6J* 请将图片上的数字或字母准确抄写到左侧文本框中

请注意：
1、在拍卖结束时，如果您的出价最终领先，您将成功拍得此货品；
2、货品价格不含运费，如最终拍得此商品，请尽快提醒卖家补充运费等交易信息，确定最终价格。

确认出价

图 1-151

因为唐山贸易的出价比达益科技有限公司的出价要高，所以达益科技有限公司暂时出局了。如果达益科技有限公司觉得不能再出高过 3 元的价格，可以选择退出。但是达益科技有限公司结合目前市场行情，发现这批灯泡相较于市场价还是划算的，所以选择重新出价。

⑥ 重新出价的具体方式和出价相似。达益科技有限公司这次的出价是 4 元每只，共购买 2 只灯泡。出价完毕，可以重新看到拍卖状态目前处于领先地位。

如果没有再高出 4 元的价格，拍卖时间结束后，达益科技有限公司就拍得了这批灯泡。达益科技有限公司就可以付款购买这批产品，付款的过程和"采购商和供应商进行买卖交易"雷同，在此就不重复了。

(2) 多拍交易。

① 用同样的方式发起一个新的拍卖。在拍卖类型中选择【多拍】选项(图 1-139 中的【拍卖类型】)。这次的商品是彩色灯泡 10 只，底价是 2 元。达益科技有限公司出价 2.5 元，购买 2 只。唐山贸易出价 3.0 元，购买 5 只。如果拍卖时间结束后，只有它们两家公司参与了拍卖，由于它们要购买的总量不足 10 只，所以它们都可以按照起拍价格每只 2 元的价格拍得该产品，如图 1-152 所示。

买家	出价	要求数量	实际获得数量	出价时间	状态
zhangfeibuyer	3.00	5	5	2016-2-13 22:22:57	领先
lixiangbuyer	2.50	2	2	2016-2-13 22:22:14	领先

图 1-152

② 用同样的方式再次发起一次拍卖。在拍卖类型中选择【多拍】选项(图 1-39 中的【拍卖类型】)。这次的商品是彩色灯泡 10 只，底价是 2 元。达益科技有限公司出价 2.5 元，购买 8 只。唐山贸易出价 3.0 元，购买 5 只。如果拍卖时间结束后，只有它们两家参与了拍卖，由于它们要购买的总量大于 10 只，而唐山贸易的出价高于达益科技有限公司，所以最后的拍卖结果是唐山贸易可以获得 5 只灯泡，达益科技有限公司可以获得剩下的 5 只灯泡。因为达益科技有限公司最后可以购买的灯泡数和它的预期不符，可以选择放弃购买，如图 1-153 所示。

买家	出价	要求数量	实际获得数量	出价时间	状态
zhangfeibuyer	3.00	5	5	2016-2-13 23:17:23	领先
lixiangbuyer	2.50	8	5	2016-2-13 23:16:43	领先

图 1-153

1.3 B2C 实践

B2C 是 Business-to-Customer 的缩写，其中文简称为"商对客"。"商对客"是电子商务的一种模式，也就是通常说的直接面向消费者销售产品和服务的商业零售模式。这种形式的电子商务一般以网络零售业为主，主要借助于互联网开展在线销售活动。B2C 即企业通过互联网为消费者提供一个新型的购物环境——网上商店，消费者通过网络在网上购物、网上支付等消费行为。

【实践情景】

达益科技有限公司在 B2C 平台上发布了一批连衣裙，李想作为消费者想要在网上看看有没有符合意向的，在闲逛中看到了达益发布的这款裙子。于是进行了发起订单等一系列操作，成功交易。

1.3.1　B2C 交易前期准备

1. 服务商绑定支付通和企业银行

(1) 支付通账户管理。在【电子商务应用模型】模块下，切换到【B2C 实践】选项卡，单击【服务商平台】后的【进入】链接，进入服务商平台，如图 1-154 所示。在弹出的页面中，左侧【综合管理】下拉列表中选择【支付通账户管理】选项，选择支付通账号、输入商户编号及商户密钥，单击【保存】按钮，如图 1-155 所示。

💡 **注意：**　这里的支付通账户，需开通商家服务功能。开通后，即可查看到商户编号以及商户密钥信息。

图 1-154

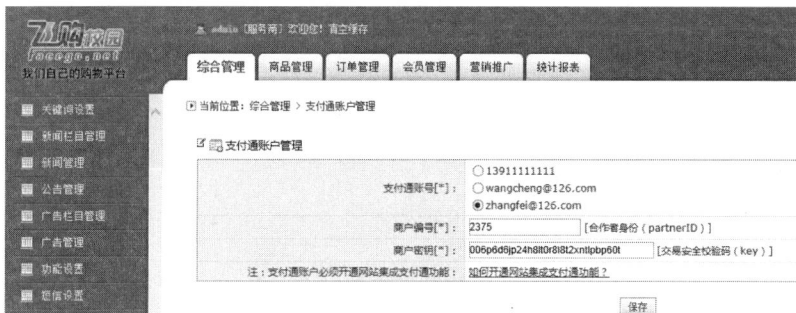

图 1-155

(2) 银行账户管理。同样，在【B2C 实践】服务商平台，在【综合管理】下拉列表下选择【银行账户管理】选项，在右侧页面中单击【添加】按钮，如图 1-156 所示。

图 1-156

选择相应的银行名称，银行账号，输入申请企业名称和银行商户编号，单击【保存】
按钮，添加银行账户，如图 1-157 所示。

💡 **注意**：银行商户编号在进入企业网上银行时可见。该处添加的企业银行账户，必须
已开通企业付款通道。

图 1-157

2. 消费者注册 B2C 平台会员

(1) 会员注册。在【电子商务应用模型】模块下，切换到【B2C 实践】选项卡，单击【B2C
平台】后的【进入】链接进入 B2C 平台，如图 1-158 所示。

在进入的页面上方，单击【注册】链接，如图 1-159 所示。

在弹出的页面中，填写注册信息，单击【完成注册】按钮，如图 1-160 所示。

注册成功后，系统将自动转入个人信息完善页面。填写个人信息，单击【确认修改】
按钮，如图 1-161 所示。

图 1-158

图 1-159

图 1-160

图 1-161

(2) 绑定支付通。将李想的会员账号(lixiang@126.com)绑定支付通，在【电子商务应用模型】模块下，切换到【B2C 实践】选项卡，单击【用户】下 lixiang@126.com 后的【进入】链接，进入李想的 B2C 账户，如图 1-162 所示。

B2B实践	B2C实践	C2C实践	G2B实践	网络广告交易市场	
知识准备					下载
实验说明					查看
实验流程					查看
角色选择 ▼					
服务商平台					进入
B2C平台					进入
用户					
lixiang@126.com					进入

图 1-162

在网站首页单击账户名称 lixiang@126.com 链接，进入账户控制页面，进行账户管理，如图 1-163 所示。

飞购校园 [仙林]
facego.net

我的飞购(lixiang@126.com)您好，欢迎来飞购！

首页

图 1-163

在控制页面中，单击左下方的【绑定支付通】链接，在右侧页面中，单击【绑定】按钮，如图 1-164 所示。

我的飞购

暂无照片

✉ 您有(1)封站内信

账户管理

· 我的订单
· 我的积分
· 我的优惠券
· 我的赠品
· 我的收藏
· 我的评论
· 我的咨询
· 我的晒单
· 我要求购
· 售后服务
· 个人信息
· 收货地址
· 建议反馈
· 绑定支付通

支付通绑定

会员名:	lixiang@126.com
当前支付通账号:	暂未绑定

绑定

图 1-164

在弹出的支付通登录页面中，输入支付通账户的账户名、密码以及验证码，单击【登录】按钮即可，绑定成功，如图 1-165、图 1-66 所示。

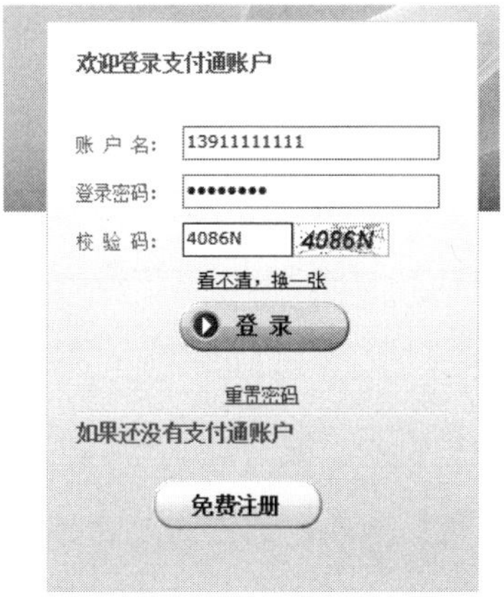

图 1-165

图 1-166

1.3.2　服务商管理

1. 综合管理

(1) 送货时间设置。在【电子商务应用模型】模块下，切换到【B2C 实践】选项卡，进入服务商平台。在【综合管理】下拉列表下，选择【送货时间设置】选项，在右侧页面中单击【添加】按钮，如图 1-167 所示。

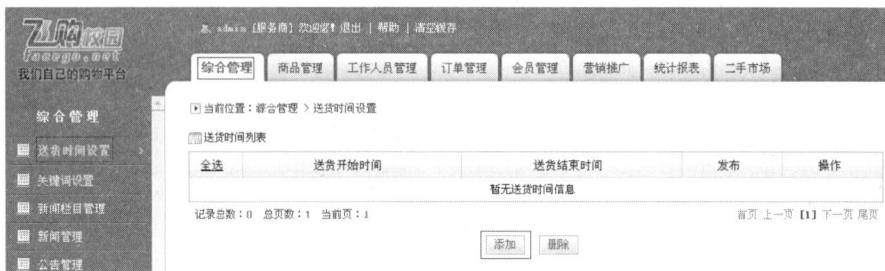

图 1-167

在弹出的页面中，勾选【发布】选项，选择送货开始和结束时间，单击【保存】按钮，如图 1-168 所示。

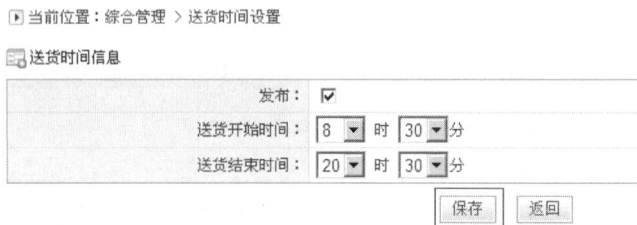

图 1-168

(2) 关键词设置。进入【B2C 实践】服务商控制页面，在【综合管理】下拉列表下选择【关键词设置】选项。关键词设置有两种方式：第一种为手动添加，第二种为搜索列表添加。

① 手动添加。在【关键词名称】后的空白栏输入关键词名称，单击后面的【添加为关键词】按钮，成功添加关键词，如图 1-169 所示。

图 1-169

② 列表选择添加。单击【从搜索列表中添加】按钮，如图 1-170 所示。

图 1-170

此时，搜索词将会按照单击量的多少进行排列。选择需要添加的关键词，单击后面的【设为关键词】链接即可，在此出现的关键词是由会员在 B2C 平台上搜索商品功能所输入的商品名称的记录。如图 1-171 所示。一段时间之后，如果该关键词的单击次数下降，可以将其删除。选中该关键词，单击列表下方的【删除】按钮即可，如图 1-172 所示。

图 1-171

图 1-172

（3）新闻栏目管理。进入【B2C 实践】服务商控制页面，在【综合管理】下拉列表下选择【新闻栏目管理】选项，在右侧页面中单击【添加】按钮，如图 1-173 所示。

图 1-173

填写新闻栏目的名称和栏目简介内容，单击【保存】按钮，如图 1-174 所示。

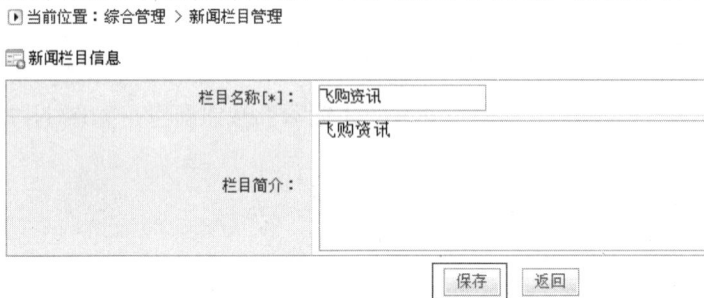

图 1-174

（4）新闻管理。进入【B2C 实践】服务商控制页面，在【综合管理】下拉列表下选择【新闻管理】选项，在右侧页面中单击【添加】按钮，如图 1-175 所示。

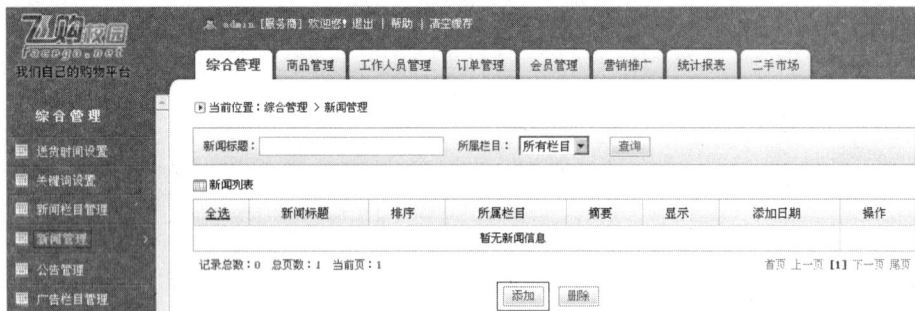

图 1-175

在弹出的页面中，填写新闻信息，完成后单击【保存】按钮。注意：单击浏览按钮选择图片之后，要单击【上传】按钮，才会显示图片；【新闻设置】选项中勾选【显示】选项，该条新闻才会在 B2C 平台首页显示，如图 1-176、图 1-177 所示。

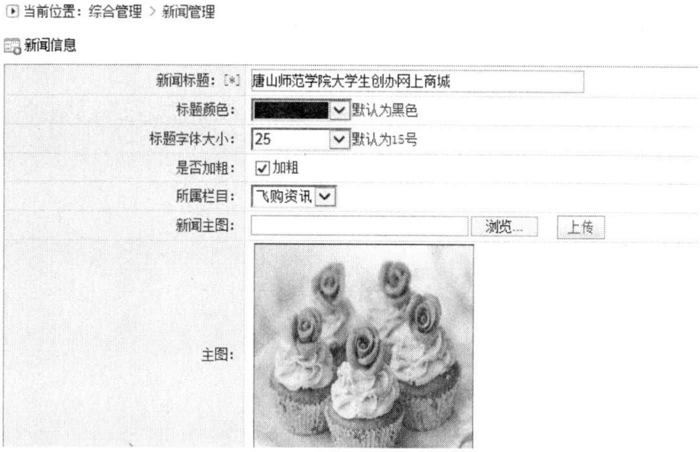
当前位置：综合管理 > 新闻管理
新闻信息
新闻标题：[*]
唐山师范学院大学生创办网上商城
标题颜色：
默认为黑色
标题字体大小：
25
默认为15号
是否加粗：
加粗
所属栏目：
飞购资讯
新闻主图：
浏览...
上传
主图：

图 1-176

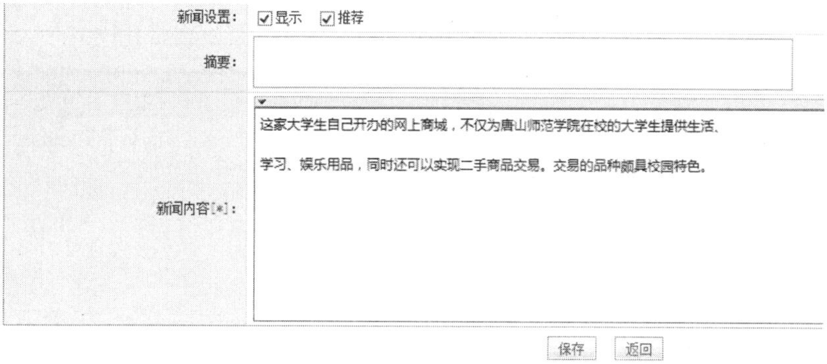
新闻设置：
显示
推荐
摘要：
新闻内容[*]：
这家大学生自己开办的网上商城，不仅为唐山师范学院在校的大学生提供生活、
学习、娱乐用品，同时还可以实现二手商品交易。交易的品种颇具校园特色。
保存
返回

图 1-177

(5) 公告管理。进入【B2C 实践】服务商控制页面，在【综合管理】下拉列表下选择【公告管理】选项，在右侧页面中单击【添加】按钮，如图 1-178 所示。

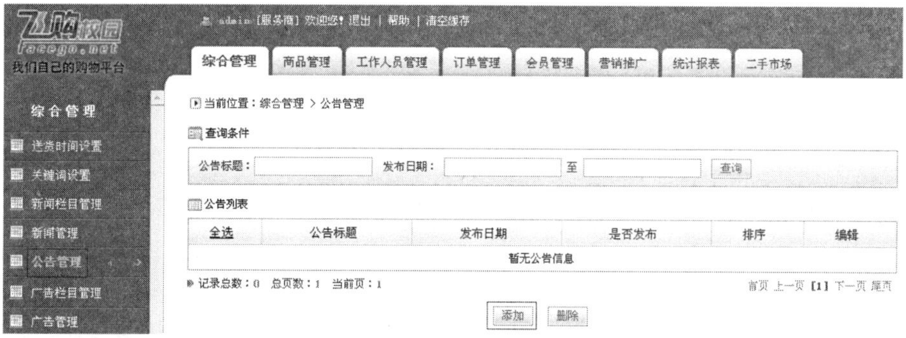
飞购校园
我们自己的购物平台
综合管理
商品管理
工作人员管理
订单管理
会员管理
营销推广
统计报表
二手市场
综合管理
送货时间设置
关键词设置
新闻栏目管理
新闻管理
公告管理
广告栏目管理
广告管理
当前位置：综合管理 > 公告管理
查询条件
公告标题：
发布日期：
至
查询
公告列表
全选
公告标题
发布日期
是否发布
排序
编辑
暂无公告信息
记录总数：0 总页数：1 当前页：1
首页 上一页 [1] 下一页 尾页
添加
删除

图 1-178

编辑公告信息，完成后单击【保存】按钮，如图 1-179 所示。

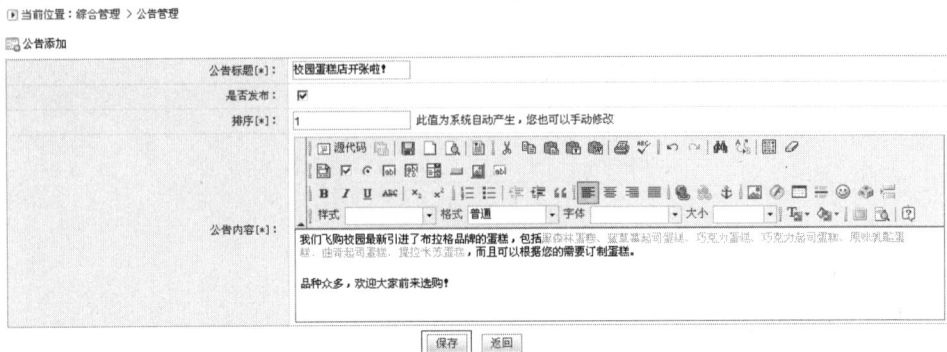

图 1-179

(6) 广告栏目管理。进入【B2C 实践】服务商控制页面，在【综合管理】下拉列表下选择【广告栏目管理】选项，在右侧页面中单击【添加】按钮，如图 1-180 所示。

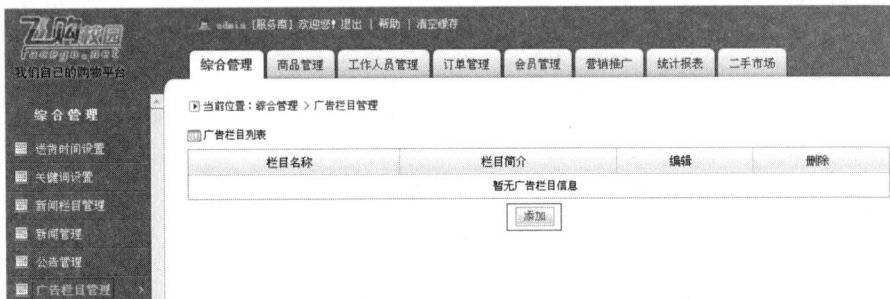

图 1-180

在弹出的页面中，编辑广告栏目信息，单击【保存】按钮，如图 1-181 所示。

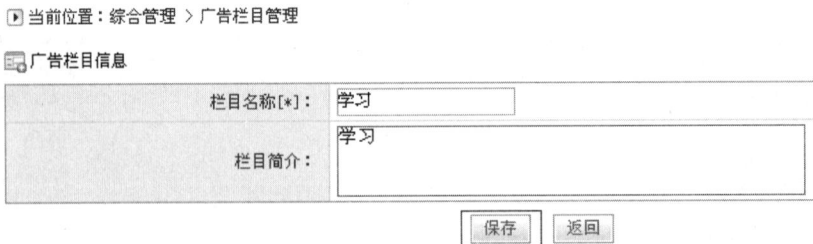

图 1-181

(7) 广告管理。在添加广告之前，需要先添加商品类型。进入【B2C 实践】服务商控制页面，右侧页面中切换到【商品管理】选项卡，左侧页面中，在【商品管理】下拉列表下选择【商品类型】选项，在右侧页面中单击【添加】按钮，如图 1-182 所示。

图 1-182

编辑商品分类信息，完成后单击【保存】按钮，如图 1-183 所示。

图 1-183

在该类别下还可以添加子类，在已添加的商品分类名称后，单击【添加子类】下的【添加】文字链接，如图 1-184 所示。

图 1-184

在弹出的页面中，编辑商品类别名称，选择所属分类，单击【保存】按钮，如图 1-185 所示。

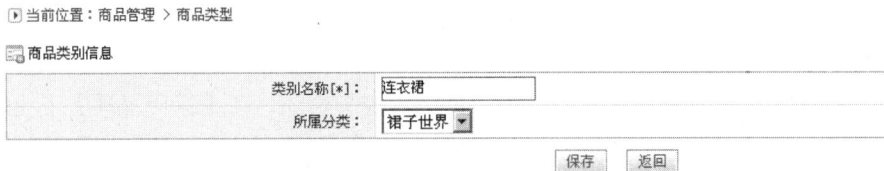

图 1-185

回到广告管理。单击右侧页面【综合管理】选项卡，在左侧【综合管理】下拉列表下单击【广告管理】选项，在右侧页面中单击【添加】按钮，如图 1-186 所示。

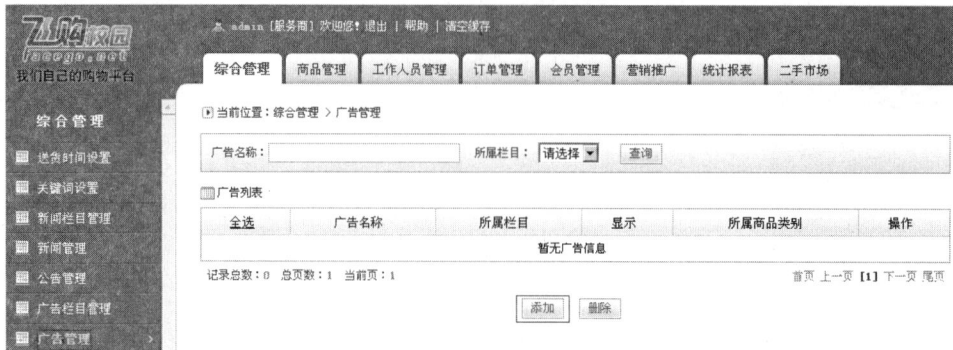

图 1-186

在弹出的页面中，编辑广告信息，完成后单击【保存】按钮。注意：这里要勾选【显示】选项，广告才会在 B2C 平台首页显示。单击【广告图片】后的【浏览】按钮，选择图片后需要单击【上传】按钮，图片才能显示，如图 1-187 所示。

图 1-187

(8) 功能设置。进入【B2C 实践】服务商平台控制页面，在【综合管理】下拉列表下选择【功能设置】选项，右侧页面中，填写功能信息。这里，如果选择会员注册赠送积分，还需填写赠送的积分数。填写完成后，单击【保存】按钮，如图 1-188 所示。

(9) 短信设置。进入【B2C 实践】服务商平台控制页面，在【综合管理】下拉列表下选择【短信设置】选项，在右侧页面中单击【添加】按钮，如图 1-189 所示。

图 1-188

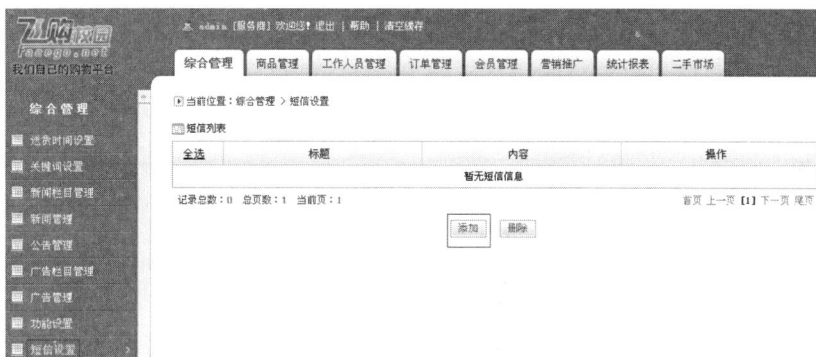

图 1-189

编辑短信标题及内容，完成后单击【保存】按钮，如图 1-190 所示。

图 1-190

(10) 网站信息设置。进入【B2C 实践】服务商平台控制页面，在【综合管理】下拉列表下选择【网站信息设置】选项，在右侧页面中单击【添加】按钮，如图 1-191 所示。

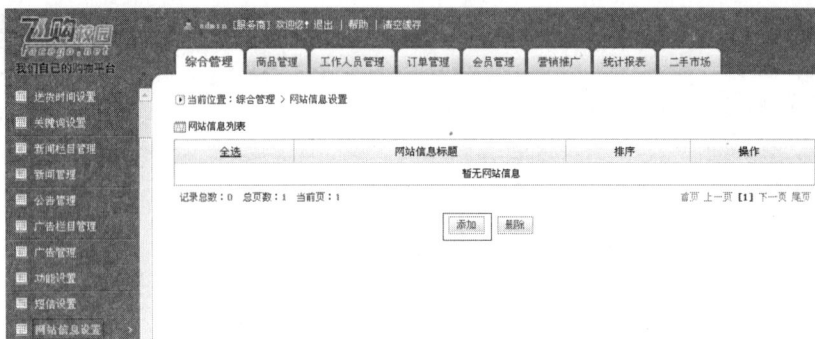

图 1-191

在弹出的页面中，编辑网站信息，并为其排序，完成后单击【保存】按钮，如图 1-192 所示。

图 1-192

(11) 网站帮助类别设置。进入【B2C 实践】服务商平台控制页面，在【综合管理】下拉列表下选择【网站帮助类别设置】选项，在右侧页面中单击【添加】按钮，如图 1-193 所示。

图 1-193

在弹出的页面中，编辑类别信息，完成后单击【保存】按钮，如图 1-194 所示。

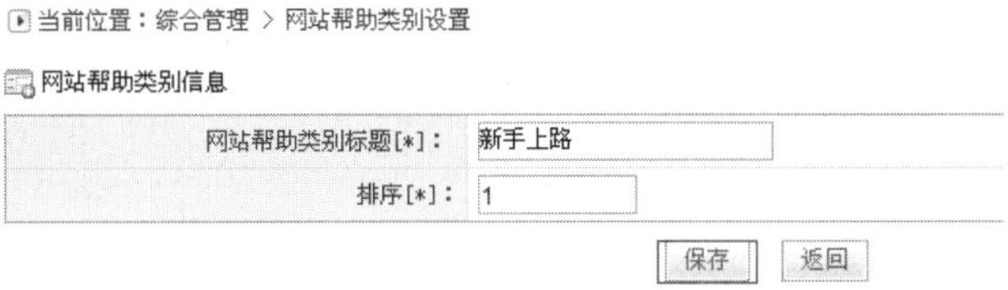

图 1-194

若需要对某项帮助类别进行修改，单击标题后的【编辑】链接即可。若要删除，则选中该项类别，单击列表下方的【删除】按钮，将其删除，如图 1-195 所示。

图 1-195

(12) 网站帮助设置。进入【B2C 实践】服务商平台控制页面，在【综合管理】下拉列表下选择【网站帮助设置】选项，在右侧页面中单击【添加】按钮，如图 1-196 所示。

图 1-196

在弹出的页面中，编辑类别信息，完成后单击【保存】按钮，如图 1-197 所示。

(13) 投票管理。进入【B2C 实践】服务商平台控制页面，在【综合管理】下拉列表下选择【投票管理】选项，在右侧页面中单击【添加】按钮，如图 1-198 所示。

图 1-197

图 1-198

在弹出的页面中，编辑投票的基本信息，完成后单击【保存并添加投票选项】按钮，如图 1-199 所示。

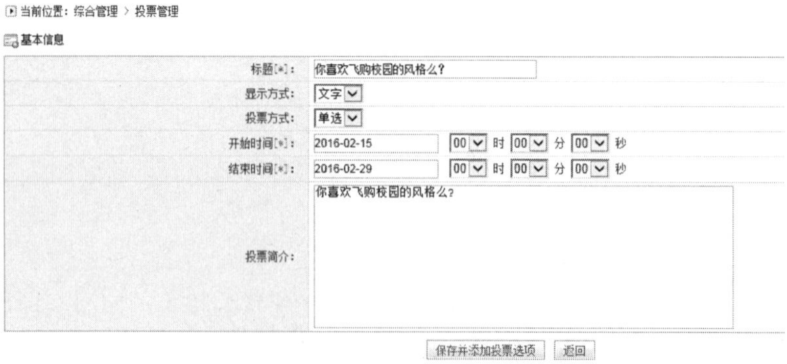

图 1-199

保存并添加投票选项后，在弹出的页面中，编辑选项信息，完成后单击【保存】按钮。若要对选项信息进行修改，可以在选项列表中单击该列表后的【编辑】链接；若需要删除，再选中该列表，单击列表下方的【删除】按钮即可，如图 1-200 所示。

▶当前位置：综合管理 > 投票管理

选项列表

全选	说明文字	操作
□	非常喜欢	编辑

▶ 记录总数：1　总页数：1　当前页：1　　　　　首页 上一页【1】下一页 尾页

删除

选项信息

标题：	你喜欢飞购校园的风格吗？
说明文字[*]：	喜欢

保存　返回

图 1-200

回到投票管理主页面下，单击投票后的【结果】链接，可以查看各选项的投票数，如图 1-201 所示。

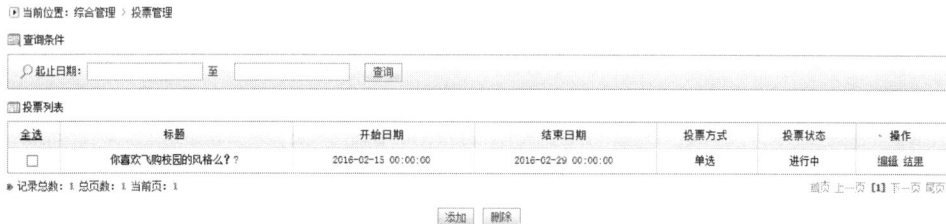

▶当前位置：综合管理 > 投票管理

查询条件

起止日期：_____ 至 _____ 查询

投票列表

全选	标题	开始日期	结束日期	投票方式	投票状态	操作
□	你喜欢飞购校园的风格么？？	2016-02-15 00:00:00	2016-02-29 00:00:00	单选	进行中	编辑 结果

▶ 记录总数：1 总页数：1 当前页：1　　　　　首页 上一页【1】下一页 尾页

添加　删除

图 1-201

2. 商品管理

(1) 商品类型。在【电子商务应用模型】模块下，切换到【B2C 实践】选项卡，进入服务商平台控制页面。切换到右侧【商品管理】选项卡，在左侧【商品管理】下拉列表下选择【商品类型】选项，在右侧页面中可以添加商品类型，如图 1-202 所示。

针对商品分类，还可以进行编辑、删除、查看商品以及转移商品操作。

(2) 商品属性管理。在【电子商务应用模型】模块下，切换到【B2C 实践】选项卡，进入服务器商平台控制页面。切换到右侧【商品管理】选项卡，在左侧【商品管理】下拉列表下选择【商品属性管理】选项，在右侧页面具体分类中，单击【添加属性】下方的【添加】链接，如图 1-203 所示。

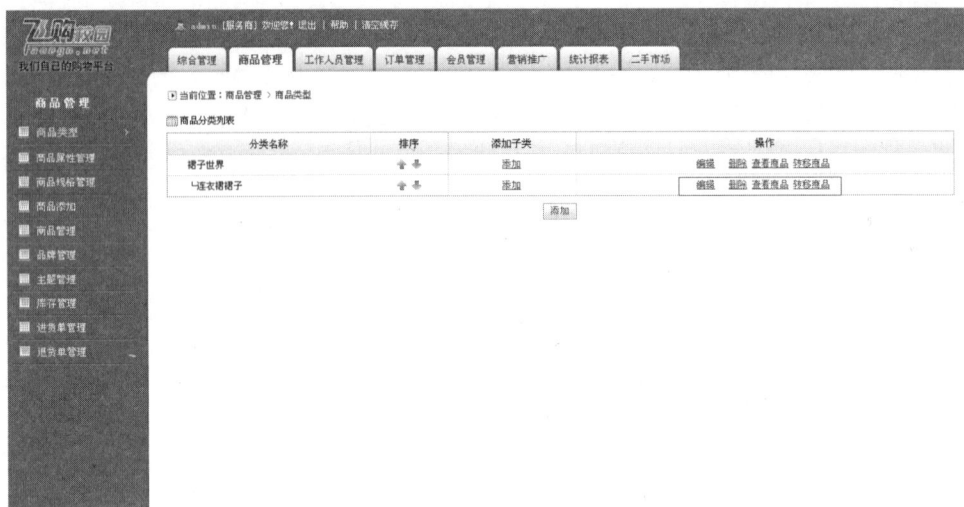

图 1-202

图 1-203

在弹出的页面中，单击【添加】按钮，添加商品属性信息，如图 1-204 所示，完成后单击【保存】按钮，如图 1-205 所示。

添加的属性可以执行编辑或者删除操作，如图 1-206 所示。

回到【商品属性管理】主页面，给商品添加标签。单击【添加标签】下的【添加】链接，如图 1-207 所示。

图 1-204

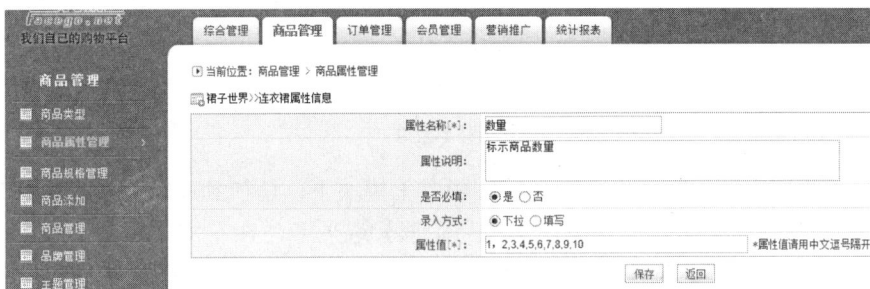

图 1-205

图 1-206

图 1-207

在弹出的页面中，单击【添加】按钮，如图 1-208 所示。

图 1-208

编辑产品标签信息，完成后单击【保存】按钮，如图 1-209 所示。

图 1-209

(3) 商品规格管理。在【电子商务应用模型】模块下，切换到【B2C 实践】选项卡，进入服务商平台控制页面。切换到右侧【商品管理】选项卡，在左侧【商品管理】下拉列表下选择【商品规格管理】选项，在右侧页面中单击【添加】按钮，如图 1-210 所示。

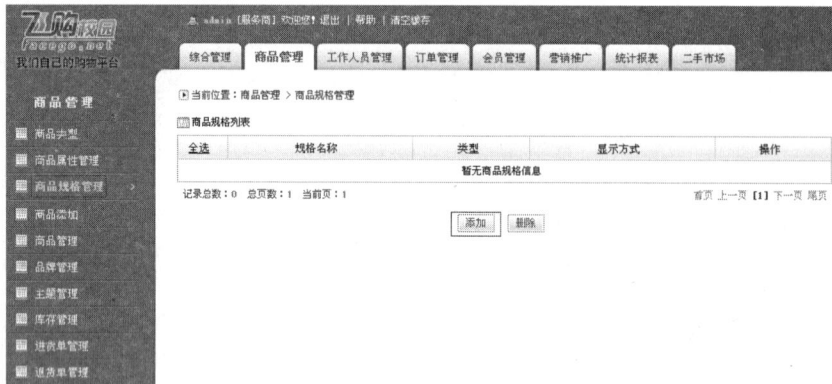

图 1-210

在弹出的页面中，编辑规格名称，完成后单击【保存并添加规格值】按钮，如图 1-211 所示。

在弹出的页面中，单击【添加】按钮，添加"颜色"这一规格的规格值，如图 1-212 所示。

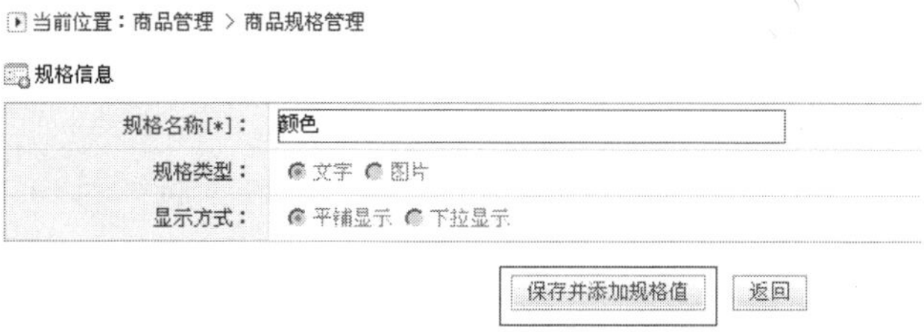
当前位置：商品管理 > 商品规格管理
规格信息
规格名称[*]：
颜色
规格类型：
文字
图片
显示方式：
平铺显示
下拉显示
保存并添加规格值
返回

图 1-211

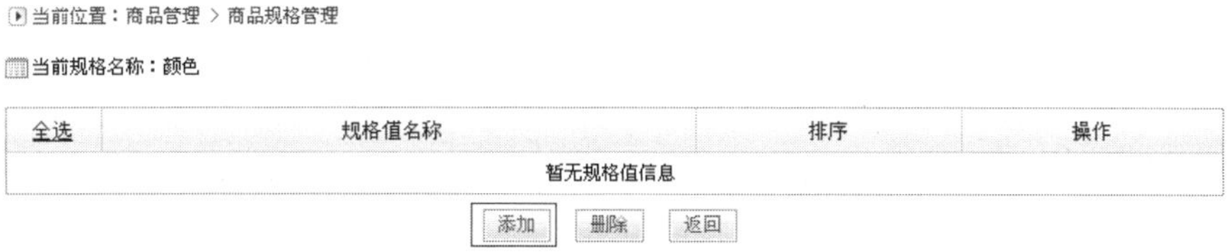
当前位置：商品管理 > 商品规格管理
当前规格名称：颜色
全选
规格值名称
排序
操作
暂无规格值信息
添加
删除
返回

图 1-212

编辑规格值名称，完成后单击【保存】按钮，如图 1-213 所示。

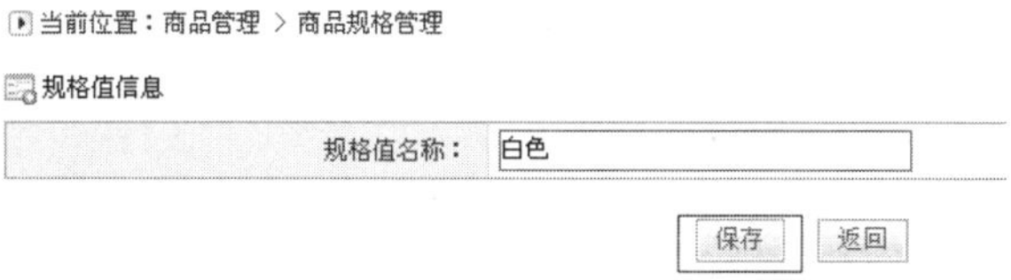
当前位置：商品管理 > 商品规格管理
规格值信息
规格值名称：
白色
保存
返回

图 1-213

(4) 品牌管理。在【电子商务应用模型】模块下，切换到【B2C 实践】选项卡，进入服务商平台控制页面。切换到右侧【商品管理】选项卡，在左侧【商品管理】下拉列表下单击【品牌管理】选项，在右侧页面中单击【添加】按钮，可以添加商品的品牌信息，如图 1-214 所示。

我们自己的购物平台
综合管理
商品管理
工作人员管理
订单管理
会员管理
营销推广
统计报表
二手市场
商品管理
商品类型
商品属性管理
商品规格管理
商品添加
商品管理
品牌管理
主题管理
库存管理
进货单管理
退货单管理
当前位置：商品管理 > 品牌管理
品牌名称：
查询
品牌列表
全选
品牌名称
排序
操作
暂无品牌信息
记录总数：0 总页数：1 当前页：1
首页 上一页 [1] 下一页 尾页
添加
删除

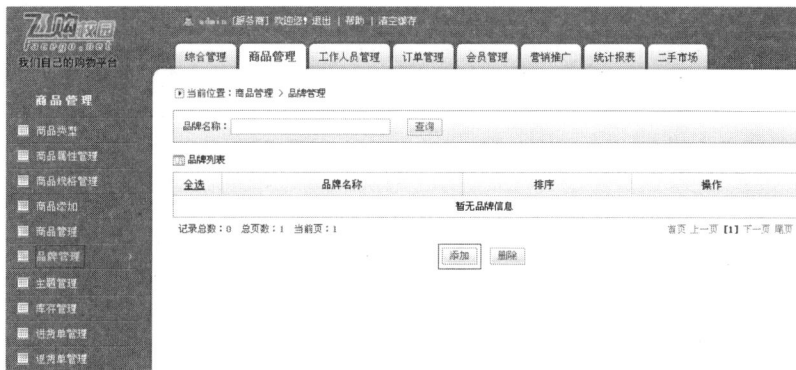

图 1-214

在弹出的页面中，编辑品牌信息，完成后单击【保存】按钮，如图 1-215 所示。

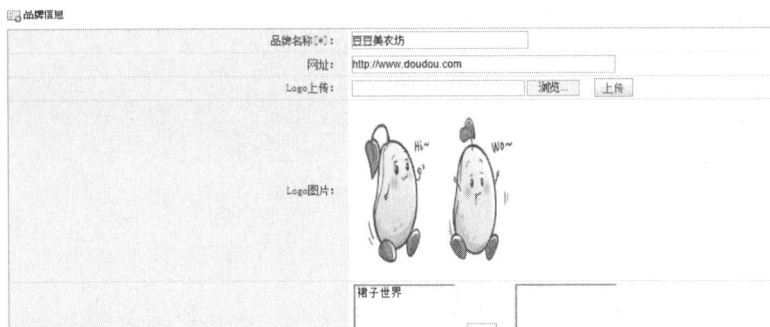

图 1-215

回到【品牌管理】主页面，对已经添加的品牌，可以对其进行排序、编辑或者删除操作，如图 1-216 所示。

图 1-216

(5) 商品添加。在【电子商务应用模型】模块下，切换到【B2C 实践】选项卡，进入服务商平台控制页面。切换到右侧【商品管理】选项卡，在左侧【商品管理】下拉列表下单击【商品添加】链接，右侧页面中，在【基本信息】选项卡下编辑商品的基本信息，完成后单击【保存并下一步】按钮，如图 1-217 所示。注意【是否上架销售】选项中如果选中【是】，则商品添加完成后自动上架；如果选择【否】，则需要手动上架。

图 1-217

接下来进行商品介绍内容的编辑，在【商品介绍】选项卡下填写相应的商品介绍信息，完成后单击【保存并下一步】按钮，如图 1-218、图 1-219 所示。

图 1-218

图 1-219

在【规格选择】选项卡下，单击【选择规格】按钮，如图 1-220 所示。

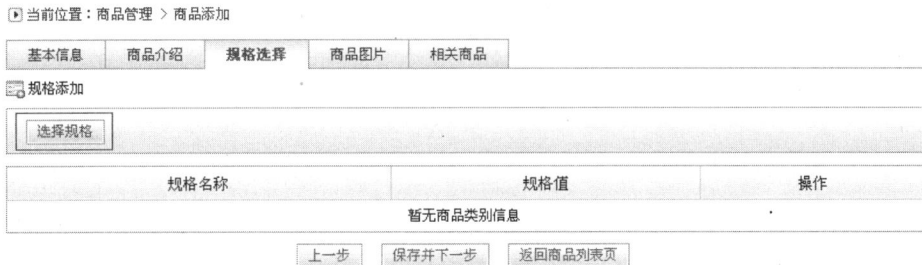

图 1-220

选择相应规格下的规格值，单击【确定】按钮，如图 1-221 所示。

商品规格选择好后，单击【保存并下一步】按钮，如图 1-222 所示。

在【商品图片】选项卡下，选择图片类型，上传商品对应的图片，如图 1-223 和图 1-224 所示，完成后单击【保存并下一步】按钮。

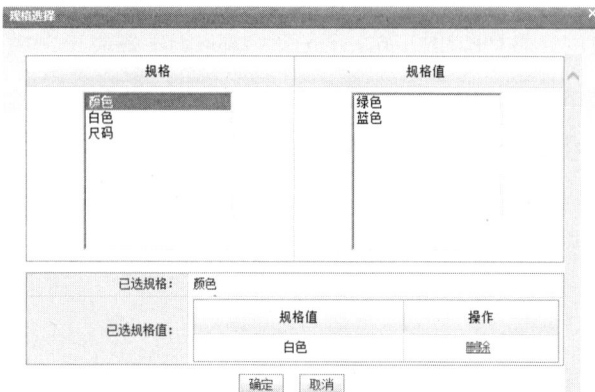

图 1-221

图 1-222

图 1-223

图 1-224

如果有相关商品，可以在这里添加。在【相关商品】选项卡下，单击【选择商品】按钮，在商品列表中进行选择即可。如果没有相关商品，就返回商品列表，单击【返回商品列表页】按钮，如图 1-225 所示。

图 1-225

(6) 商品管理。在【电子商务应用模型】模块下，切换到【B2C 实践】选项卡，进入服务商平台控制页面。切换到右侧【商品管理】选项卡，在左侧【商品管理】下拉列表下选择【商品管理】选项，在右侧页面中，可对已有商品信息进行修改，选中商品，单击【编辑】链接，修改商品信息。选中商品，单击列表下方的【删除】按钮，可以将该条商品信息删除。如果之前添加这条商品信息时，没有将其上架，这里可以采用手动上架。选中该商品，单击列表下方的【上架】按钮即可。单击【下架】按钮，可以将已上架的商品下架，如图 1-226 所示。如果之前添加这条商品信息时选择了上架，这里就不需要做此项操作了。

图 1-226

(7) 主题管理。在【电子商务应用模型】模块下，切换到【B2C 实践】选项卡，进入服务商平台控制页面。切换到右侧【商品管理】选项卡，在左侧【商品管理】下拉列表下选择【主题管理】选项，在右侧页面中单击【添加】按钮，如图 1-227 所示。

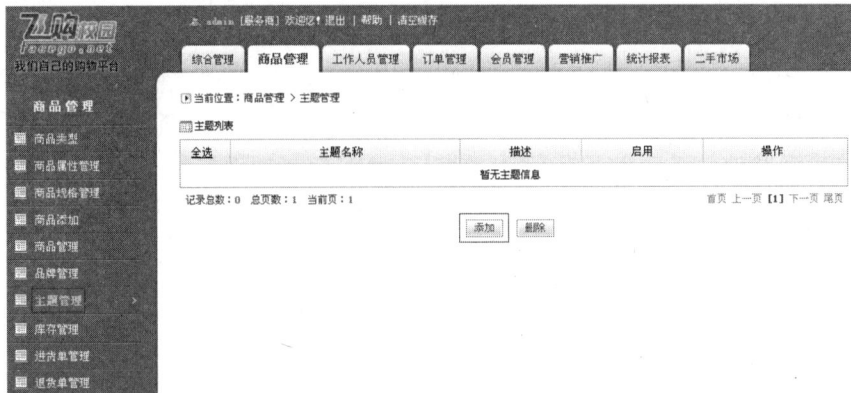

图 1-227

在弹出的页面中，编辑主题信息，完成后单击【保存并添加主题商品】按钮，如图 1-228 所示。

图 1-228

之后，单击【选择商品】按钮，如图 1-229 所示。

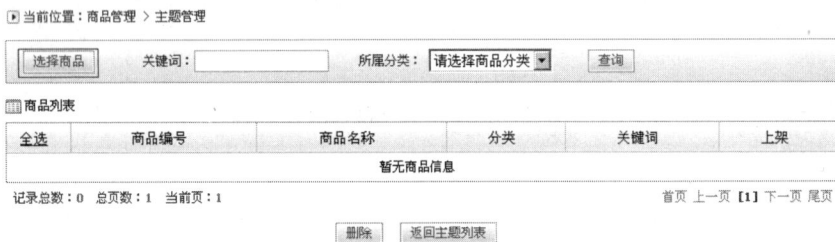

图 1-229

在商品列表中选择商品，单击【确定】按钮，如图 1-230 所示。

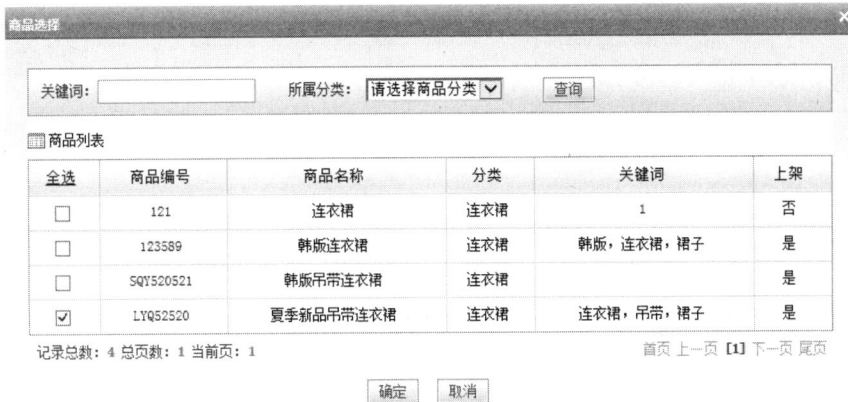

图 1-230

添加的主题会在 B2C 网站首页显示。单击该主题即可链接到已经添加的商品页面，如图 1-231 所示。

图 1-231

(8) 库存管理。在【电子商务应用模型】模块下，切换到【B2C 实践】选项卡，进入服务商平台控制页面。切换到右侧【商品管理】选项卡，在左侧【商品管理】下拉列表下选择【库存管理】选项，当商品库存有所增加时，可以在这里进行设置，也可设置每种商品的预警值。当达到预警值时，该商品在商品列表中的排序将会提前。确定设置完成后，选中该商品，单击列表下方的【保存选中】按钮，如图 1-232 所示。

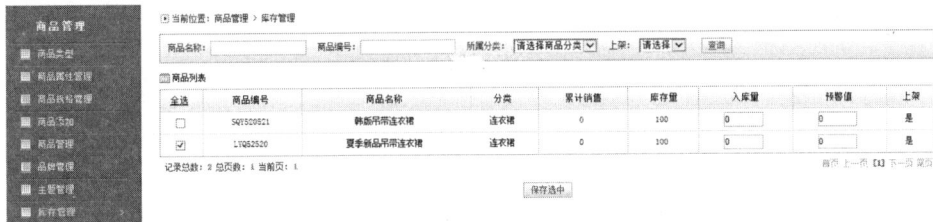

图 1-232

(9) 进/退货单管理。进入【B2C 实践】选项卡下的服务商平台控制页面，切换到右侧【商品管理】选项卡，在左侧【商品管理】下拉列表下选择【进货单管理】选项，在右侧页面中单击【添加】按钮，如图 1-233 所示。

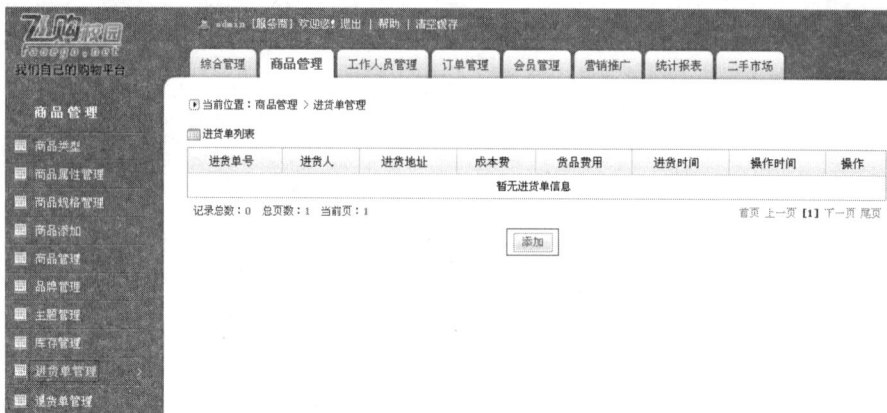

图 1-233

填写进货单信息,并单击【选择商品】按钮。选中商品,单击下方的【确定】按钮。填写进价以及进货数量,单击【保存】按钮,如图 1-234 至图 1-236 所示。

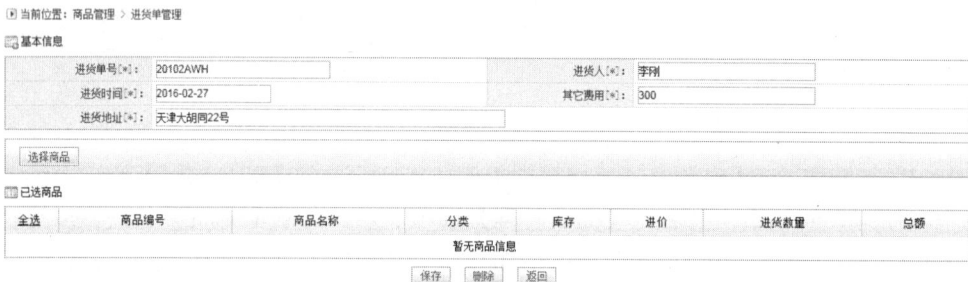

图 1-234

图 1-235

图 1-236

退货单添加方式与进货单类似，这里不再赘述。

3. 营销推广

(1) 优惠券。在【电子商务应用模型】模块下，切换到【B2C 实践】选项卡，进入服务商平台控制页面。切换到右侧的【营销推广】选项卡，在左侧【营销推广】下拉列表下选择【优惠券】选项，在右侧页面中单击【添加】按钮，如图 1-237 所示。

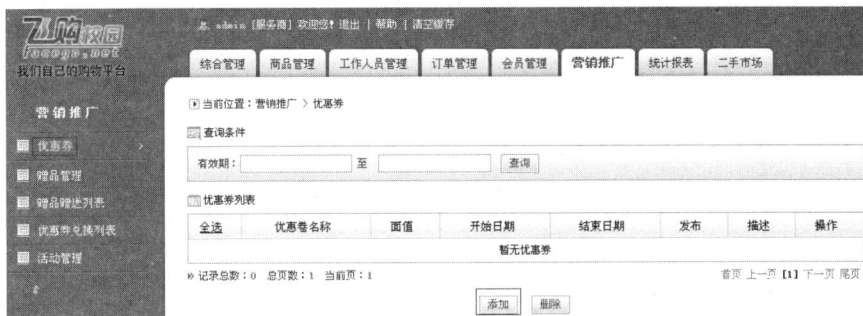

图 1-237

在弹出的页面中，编辑优惠券信息，完成后单击【保存】按钮，如图 1-238 所示。

图 1-238

回到【优惠券】主页，对于添加的优惠券，可以执行编辑或者删除操作，如图 1-239

所示。

图 1-239

(2) 赠品管理。在【B2C 实践】选项卡下，进入服务商平台控制页面，切换到右侧页面
【营销推广】选项卡，在左侧【营销推广】下拉列表下选择【赠品管理】选项，在右侧页
面中单击【添加】按钮，如图 1-240 所示。

图 1-240

在弹出的页面中，编辑赠品信息，如图 1-241 所示，完成后单击【保存】按钮，如图 1-242
所示。

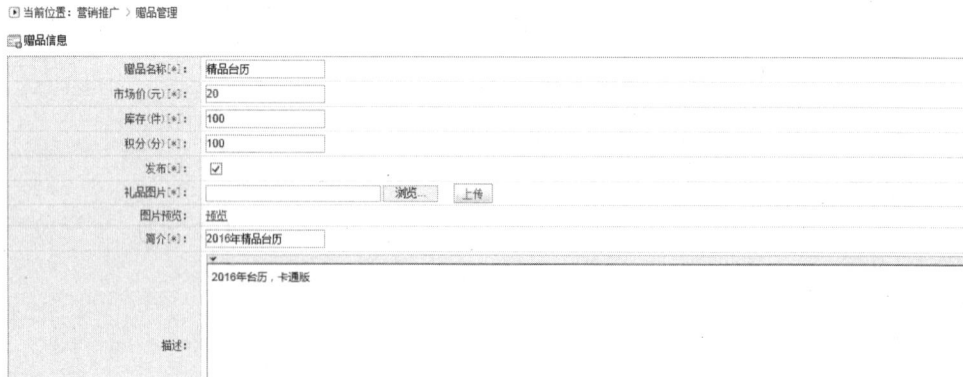

图 1-241

2016年台历，卡通版

描述：

保存　　返回

图 1-242

(3) 赠品赠送列表。在【B2C 实践】选项卡下，进入服务器商平台控制页面，切换到右侧页面【营销推广】选项卡，在左侧【营销推广】下拉列表下选择【赠品赠送列表】选项。当用户使用积分兑换了赠品后，服务商在这里可以查看赠品的兑换记录，如图 1-243 所示。

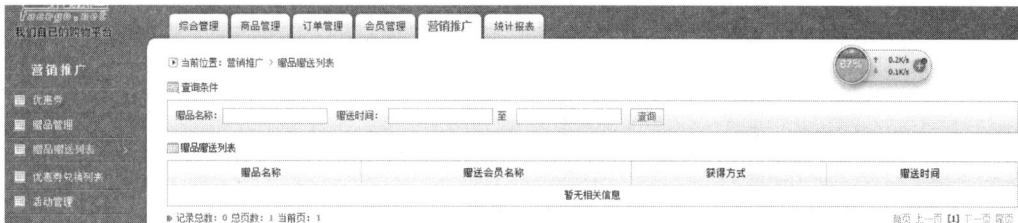

图 1-243

(4) 优惠券兑换列表。在【B2C 实践】选项卡下，进入服务器商平台控制页面，切换到右侧页面【营销推广】选项卡，在左侧【营销推广】下拉列表下选择【优惠券兑换列表】选项。当用户使用积分兑换了优惠券后，服务商在这里可以查看优惠券的兑换记录，如图 1-244 所示。

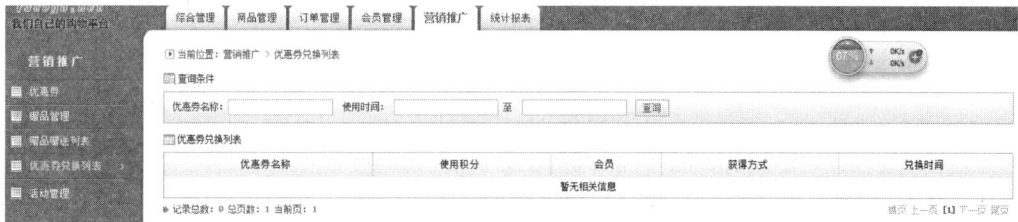

图 1-244

(5) 活动管理。在【B2C 实践】选项卡下，进入服务商平台控制页面，切换到右侧页面【营销推广】选项卡，在左侧【营销推广】下拉列表下选择【活动管理】选项，在右侧页面中单击【添加】按钮，如图 1-245 所示。

图 1-245

在弹出的页面中，编辑活动信息，完成后单击【保存并选择商品】按钮，如图 1-246 所示。

图 1-246

在弹出的页面中，单击【选择商品】按钮，如图 1-247 所示。

图 1-247

在商品列表中选择商品，单击【确定】按钮，如图 1-248 所示。

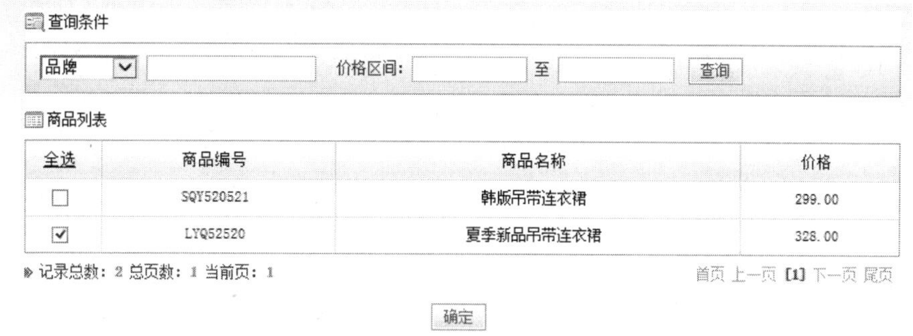

图 1-248

接下来，在【折扣】栏输入折扣，活动价格会发生相应变化。单击【保存】按钮，如图 1-249 所示。

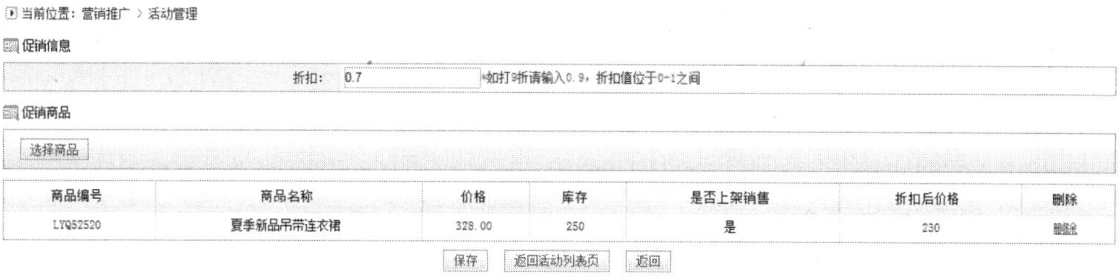

图 1-249

1.3.3 交易流程

(1) 在【电子商务应用模型】模块下，切换到【B2C 实践】选项卡，单击用户 lixiang@126.com 后的【进入】链接，进入李想的账户，如图 1-250 所示。

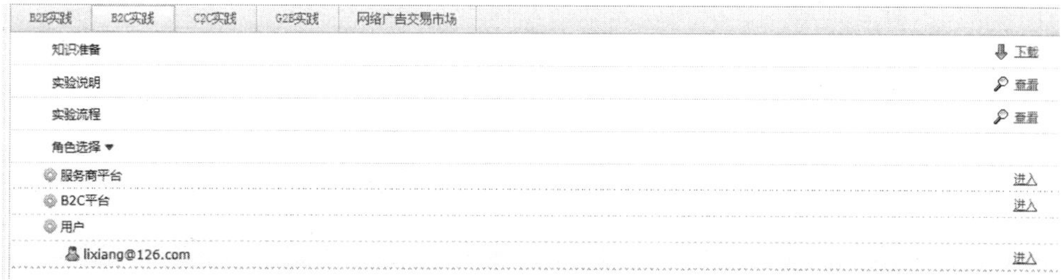

图 1-250

在 lixiang@126.com 用户的 B2C 主页面，买家(李想)浏览商品，单击某一商品进行查看。在商品详细信息页面，选择商品规格，单击【放入购物车】按钮，如图 1-251 所示。

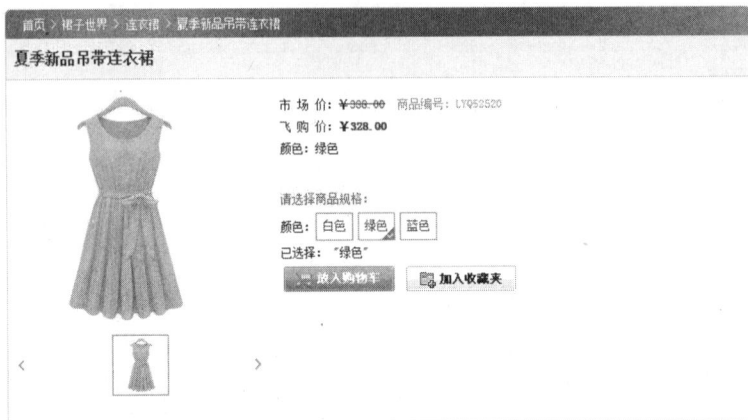

图 1-251

在弹出的页面中，可以修改需要购买的数量，系统会自动计算出价格。如果还需继续选购商品，则单击【继续购物】按钮。确认购买，单击【去结算】按钮，如图 1-252 所示。

图 1-252

填写并核对订单信息，单击【提交订单】按钮，如图 1-253、图 1-254 所示。支付方式有货到付款、支付通和网银在线三种，这里我们选择使用支付通进行付款。

注意：　在这里有三种付款方式。货到付款指货物到后支付现金，支付通付款指买家和服务商需要绑定支付通后进行付款交易，网银在线付款指服务商需要绑定企业银行账号后，买家输入个人银行账号进行付款。

提交订单，在弹出的页面中登录该用户的支付通账户。(登录方式在前面篇幅中有所介绍，不再赘述。)

图 1-253

图 1-254

(2) 支付费用。登录支付通后，选择【网上银行付款】选项，选中【中国工商银行】付款，单击【下一步】按钮，如图 1-255 所示。

图 1-255

按照系统提示继续操作，在弹出的对话框中，输入银行账号信息，单击【确定】按钮，付款成功，如图 1-256 所示。

图 1-256

(3) 服务商发货。切换用户，在【电子商务应用模型】模块下，切换到【B2C 实践】选项卡，进入服务商平台控制页面。在右侧页面中，切换到【订单管理】选项卡，在左侧【订单管理】下拉列表下选择【订单】选项，右侧页面显示全部订单，单击订单号，进行订单管理，如图 1-257 所示。

图 1-257

在弹出的页面中，在【订单操作】选项卡下，审核订单信息，单击【发货】按钮，如图 1-258、图 1-259 所示。

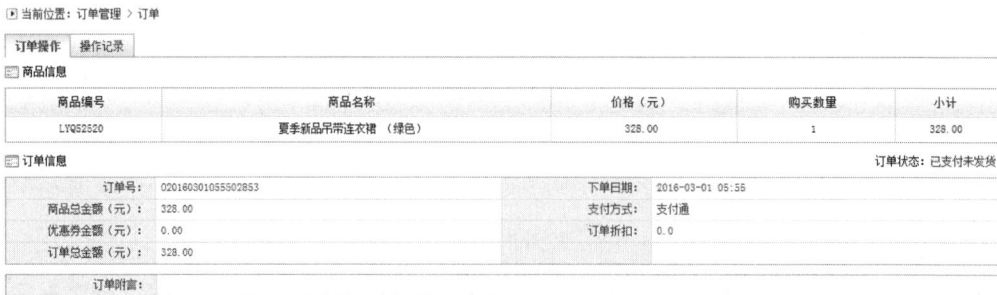

图 1-258

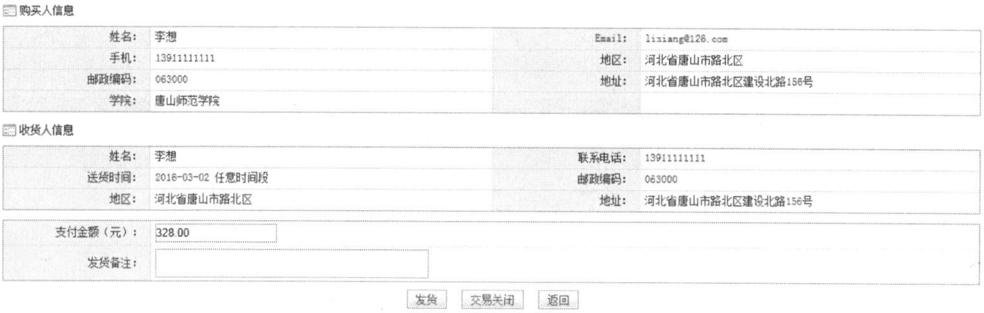

图 1-259

(4) 买家收货。切换用户，在【B2C 实践】选项卡下进入 lixiang@126.com(李想)的账户控制页面，选择【我的订单】选项，在右侧页面中单击订单后的【确认收货】链接，如图 1-260 所示。

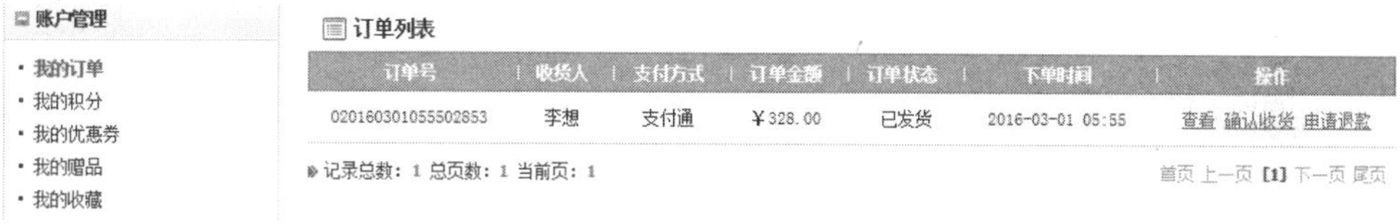

图 1-260

在弹出的页面中，查看订单详情，单击【确认收货】按钮，确认收货，如图 1-261 所示。

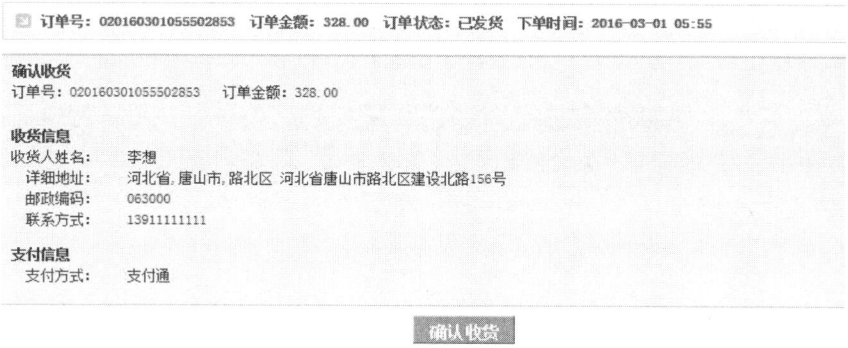

图 1-261

在弹出的页面中，输入支付密码，单击【确认收货】按钮，如图 1-262 所示。至此，买家支付通账户中的钱就转移到卖家的支付通账户。

整个买卖交易成功完成。

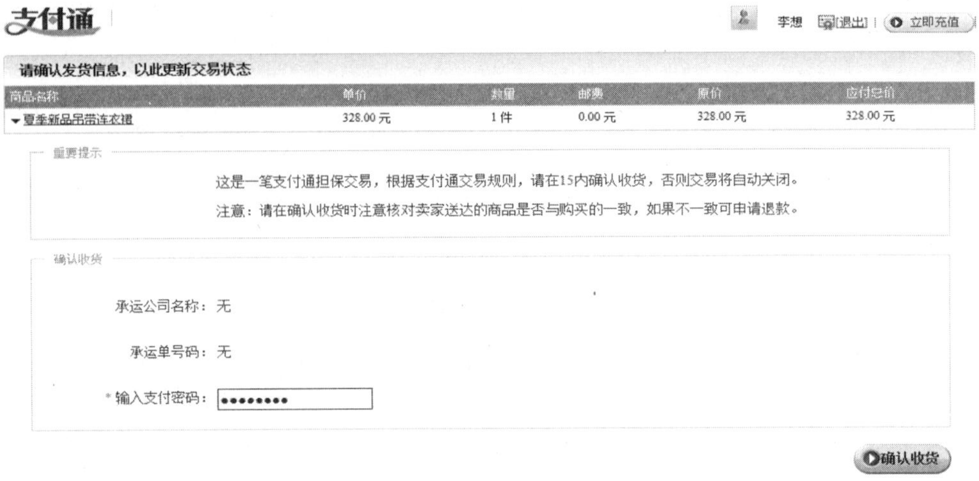

图 1-262

1.3.4 买家退款

1. 服务商没有发送货物，买家申请退款

(1) 在【电子商务应用模型】模块下，切换到【B2C 实践】选项卡，进入用户 lixiang@126.com 的账户。买家李想再次购买商品，并且付款成功(操作同前，不再赘述)。购买后，买家(李想)取消交易，申请退款。进入账户 lixiang@126.com 的控制页面，选择【我的订单】选项，在该笔订单后，单击【申请退款】链接，如图 1-263 所示。

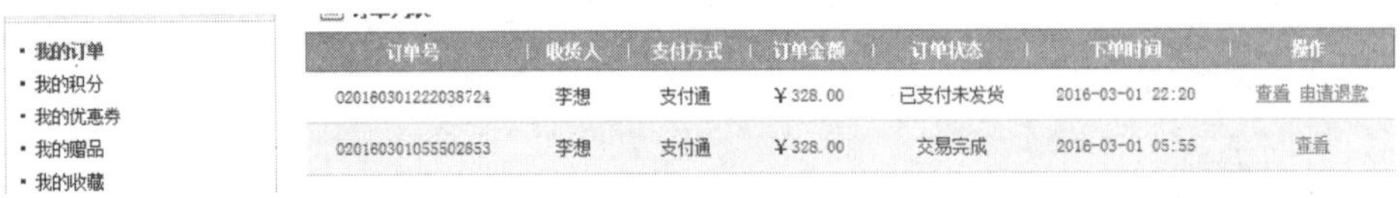

图 1-263

按照系统提示继续操作，在弹出的页面中，单击【下一步】按钮，输入信息，单击【立即申请退款】按钮，如图 1-264、图 1-265 所示。

(2) 服务商管理退款订单。切换用户。在【B2C 实践】选项卡下，进入服务商平台控制页面，服务商对订单进行管理。页面右侧切换到【订单管理】选项卡，页面左侧选择【订单】选项，在右侧【全部】选项卡下，显示所有订单信息，如图 1-266 所示。

图 1-264

图 1-265

图 1-266

单击退款订单号，核对信息后，单击【同意退款申请】按钮，如图 1-267 所示。

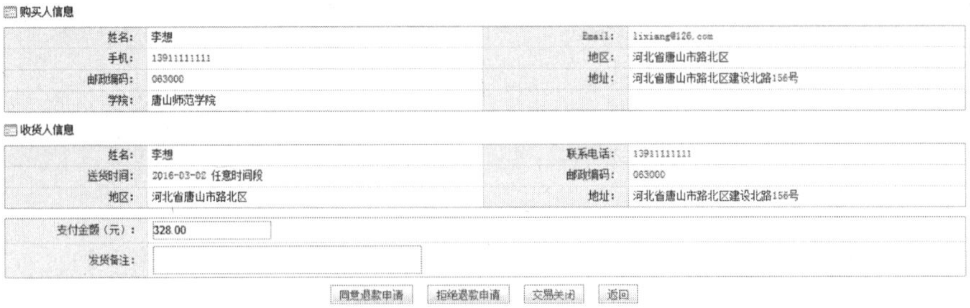

图 1-267

在弹出的页面中，输入信息，单击【同意买家的退款申请协议】按钮，如图 1-268 所示。

图 1-268

退款成功。

💡 **注意：** 如果不同意就单击【我现在就去发货】按钮，然后进入发货、收货的过程。

2. 服务商发送货物，买家申请退货且退款

(1) 在【电子商务应用模型】模块下，切换到【B2C 实践】选项卡，进入用户 lixiang@126.com 的账户。买家(李想)购买商品并且付款，服务商发货成功，操作同前，不再赘述。进入 lixiang@126.com 账户控制页面，选择【我的订单】选项，如图 1-269 所示。

图 1-269

单击【申请退款】链接，选择【没有收到货】选项，如图 1-270 所示。

图 1-270

💡 **注意：** 选择【已经收到货】选项和【没有收到货】选项退款操作是类似的。

在弹出的页面中，输入信息，单击【立即申请退款】按钮，如图 1-271 所示。

图 1-271

(2) 服务商管理退款订单。切换用户。在【B2C 实践】选项卡下，进入服务商控制页面，对订单进行处理，操作同前，不再赘述，如图 1-272 所示。

全选	订单号	下单日期	订单总额（元）	购买人	订单状态	操作
☐	02016030122447374	2016-03-01 22:44	656.00	李想 ·	支付通交易申请退款	查看

图 1-272

单击退款订单号，核实信息后单击【同意退款申请】按钮，如图 1-273 所示。

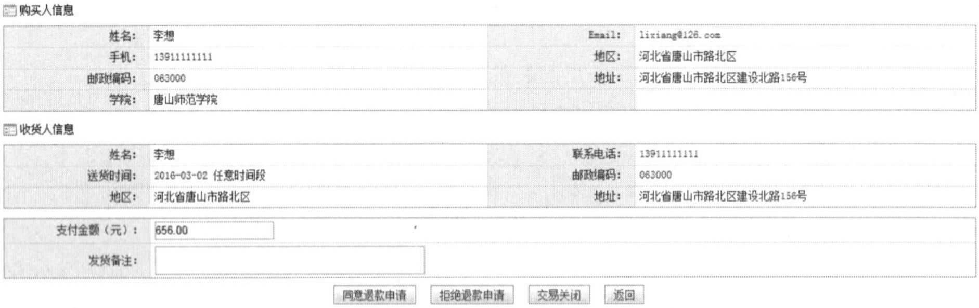

图 1-273

在弹出的页面中，输入支付密码信息，单击【同意买家的退款申请协议】按钮，如图 1-274 所示。

图 1-274

退款成功。

💡 注意： 如果服务商对买家的退款协议不满意，可以单击【拒绝买家的退款申请协议】按钮，那么就需要买家进入订单管理，修改退款协议，然后服务商再次确认退款协议。

1.3.5　服务商深入管理

1. 会员管理

（1）会员管理。在【电子商务应用模型】模块下，切换到【B2C 实践】选项卡，进入服务商平台控制页面。切换到右侧【会员管理】选项卡，在左侧【会员管理】下拉列表下单击【会员管理】选项，可以给某个或者所有会员发送邮件、站内信或者短信，如图 1-275 所示。

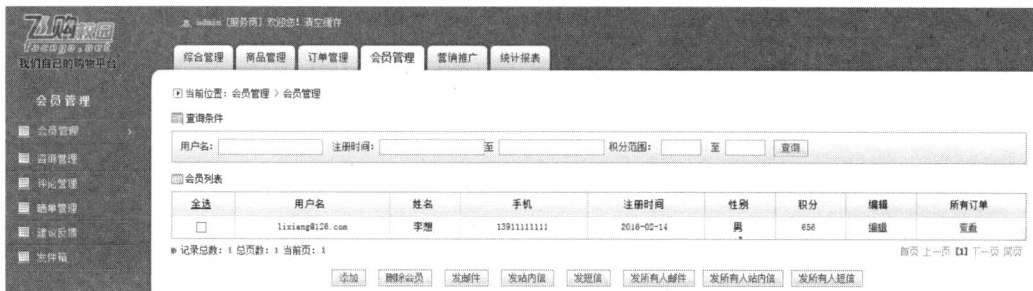

图 1-275

（2）咨询管理。在【会员管理】下拉列表下选择【咨询管理】选项，服务商能够查看到会员对商品的咨询。在右侧页面中，单击【回复】链接予以解答，如图 1-276 所示。注意买家查看商品，对商品进行咨询后，服务商页面中才会有相应信息。

图 1-276

在弹出的页面中，编辑内容，完成后单击【回复】按钮，如图 1-277 所示。

（3）评论管理。在【会员管理】下拉列表下选择【评论管理】选项，服务商能够查看到会员对商品的评论。单击【回复】链接予以回复，如图 1-278 所示。注意买家查看商品，对商品进行评论后，服务商页面中才会有相应信息。

在弹出的页面中，编辑内容，完成后单击【回复】按钮，如图 1-279 所示。

▶ 当前位置：会员管理 > 咨询管理

咨询人：	lixiang@126.com
咨询商品：	夏季新品吊带连衣裙
咨询时间：	2016-03-03 22:55:48
咨询内容：	这个款式的裙子是均码么？
回复用户咨询[*]：	是的。均码尺寸。
是否前台显示：	☑

回复　返回

图 1-277

▶ 当前位置：会员管理 > 评论管理

会员管理

查询条件

商品名称：　　　状态：全部　咨询时间：　　至　　　查询

评论列表

全选	评论人	评论商品	评论时间	回复时间	回复人	阅读状态	回复
☐	lixiang@126.com	夏季新品吊带连衣裙	2016-03-03 22:58:39			未回复	回复

※ 记录总数：1 总页数：1 当前页：1　　首页 上一页 [1] 下一页 尾页

删除

图 1-278

▶ 当前位置：会员管理 > 评论管理

评论人：	lixiang@126.com
评论商品：	夏季新品吊带连衣裙
评论时间：	2016-03-03 22:58:39
评论内容：	款式很好看，希望颜色再多些！
回复用户评论[*]：	谢谢您的建议，我们会予以考虑和厂商联系！
是否前台显示：	☑

回复　返回

图 1-279

(4) 建议反馈。管理员收到信息后，将给予回复。在【会员管理】下拉列表下选择【建议反馈】选项，在右侧页面中单击消息后的【回复】链接，如图 1-280 所示。注意会员进入账号后，在【建议反馈】链接下的功能菜单中进行反馈建议后，服务商页面中才会有相应信息。

图 1-280

在弹出的页面中，编辑消息内容，完成后单击【回复】按钮，如图 1-281 所示。

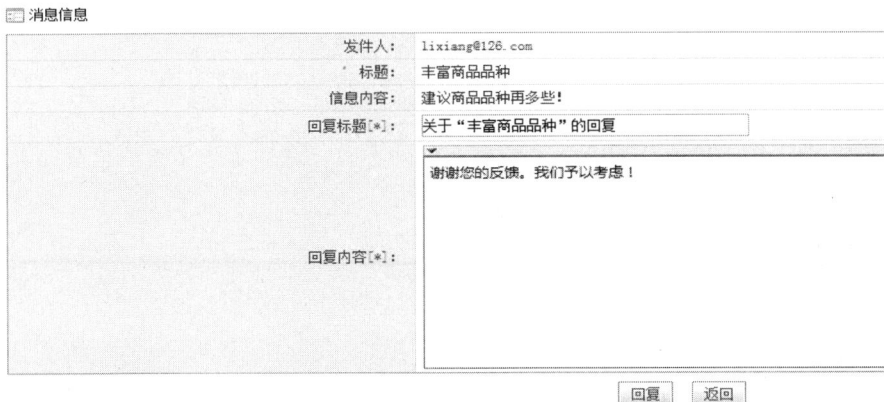

图 1-281

2. 统计报表

(1) 商品销售排行。这个功能提供了销售情况的统计报表信息。在【电子商务应用模型】模块下，切换到【B2C 实践】选项卡，进入服务商平台控制页面。切换到右侧【统计报表】选项卡，在左侧【统计报表】下拉列表中，选择【商品销售排行】选项，服务商可以查看各商品的销售情况，并能够生成报表。在右侧页面中，选择销售时间，单击【生成报表】按钮，如图 1-282 所示。

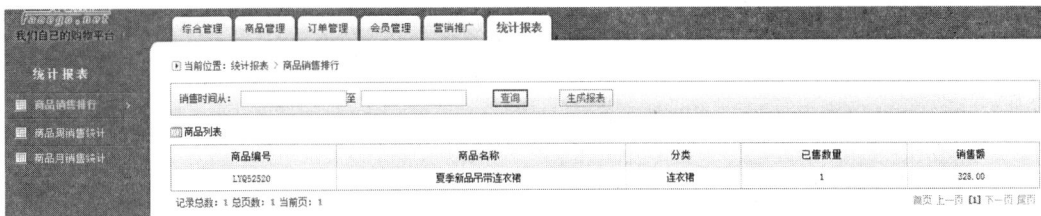

图 1-282

在弹出提示对话框中单击【保存】按钮，保存报表文件，如图 1-283 所示。

打开保存的文件，查看报表，如图 1-284 所示。

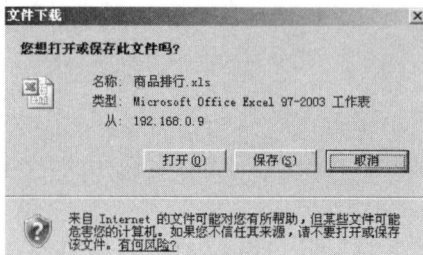

图 1-283

	A	B	C	D	E	F
1	排行	商品名称	商品编号	商品类别	销售量	销售额
2	1	夏季新品吊带连衣裙	LYQ52520	连衣裙	1	328.00

图 1-284

(2) 商品周销售统计。在【统计报表】下拉列表中，选择【商品周销售统计】选项，可以查看一个月内各周的销售情况，如图 1-285 所示。

图 1-285

(3) 商品月销售统计。在【统计报表】下拉列表中，选择【商品月销售统计】选项，可以查看一年内各月的销售情况，如图 1-286 所示。

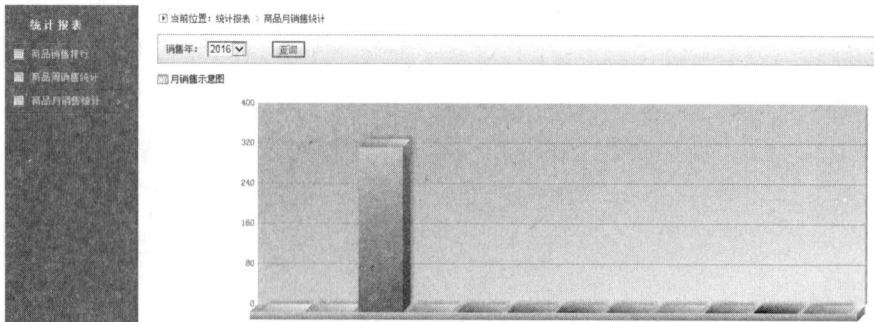

图 1-286

1.3.6 会员二手市场操作

1. 功能介绍

二手交易市场是把自己闲置的商品卖给有需求的用户，以便更好、更合理地分配社会资源，同时也给自身带来了经济效益。

2. 流程介绍

(1) 进入【B2C 实践】选项卡服务商平台控制页面，服务商添加二手商品类型。

(2) 进入服务商平台控制页面的【综合管理】选项卡，在【综合管理】下拉列表下选择【功能设置】选项，在右侧页面中设置指标信息。

(3) 卖家会员发布商品。

(4) 买家会员通过二手市场平台，查找需要的商品以及卖家的联系信息，买卖双方用现场买卖方式进行交易。

💡 注意：不能添加商品，就需要进入服务商平台，在【综合管理】下拉列表下面的【功能设置】选项中设置信息；服务商在二手商品类型中，每个类型下面一定要添加至少一个子类。具体每一个步骤的信息设置和流程操作，前面都有介绍，这里不再赘述。

1.4 C2C 实践

C2C 实际是电子商务的专业用语，是个人与个人之间的电子商务。C2C 即消费者间，因为英文中的 2 的发音同 to，所以 c to c 简写为 C2C。C 指的是消费者，因为消费者的英文单词是 Customer(Consumer)，所以简写为 c，而 C2C 即 Customer(Consumer)to Customer (Consumer)。C2C 的意思就是个人与个人之间的电子商务。比如一个消费者有一台计算机，通过网络进行交易，把它出售给另一个消费者，此种交易类型就称为 C2C 电子商务。

【实践情景】

小光(用户名：xiaoguang_seller)在网上开了一个手机专卖店，为了更好地推销产品，选择了合适的风格，对店铺进行完整的介绍。最近推出了一款最新产品诺基亚智能手机 E7，第二天就有个用户名为 yunyun 的买家购买，小光就把诺基亚智能手机 E7 卖出了。

1.4.1　C2C 交易前期准备

1. 服务商绑定支付通账号

在【电子商务应用模型】模块中切换到【C2C 实践】选项卡，在【角色选择】下拉列表中进入服务商平台，单击【服务商平台】后的【进入】链接，如图 1-287 所示。

图 1-287

进入服务商平台，在【支付管理】下拉列表中选择【支付通账户管理】选项，绑定支付通账户信息，如图 1-288 所示。

图 1-288

(1) 注册会员账号。小光在 C2C 平台上注册账户，开网店，经营一家手机店。

单击图 1-287【C2C 平台】后的【进入】链接，进入 C2C 平台，在网站的右上角单击【免费注册】链接，如图 1-289 所示。

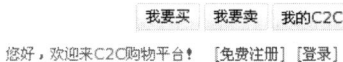

图 1-289

在弹出的页面中，填写注册信息，完成后单击【同意以下服务条款，提交注册信息】按钮，如图 1-290 所示。

这时会收到一封来自网站的激活信，单击 图标，打开信件，按照提示激活账户，如图 1-291 所示。

以下均为必填项

会员名：*	xiaoguang_seller	建议以_buyer或_seller字母结尾	✔ 用户名格式正确
密码：*	●●●●●●		✔ 密码合法
再输入一遍密码：*	●●●●●●		✔ 密码一致

请填写常用的电子邮件地址，C2C购物网需要您通过邮件完成注册。

电子邮件：*	xiaoguang@126.com		✔ 恭喜你,你输对了
再输入一遍电子邮件：*	xiaoguang@126.com		✔ 邮箱一致
校验码：*	824R0	824R0	

同意以下服务条款，提交注册信息

图 1-290

全选	邮件来源	邮件主题	邮件发送时间
☐	C2C服务商	C2C账户(xiaoguang_seller)激活	2016-3-5 15:39:3 5

图 1-291

(2) 绑定支付通账号。卖家(小光)绑定支付通账号。在【C2C 实践】选项卡下，单击【用户】下 xiaoguang_seller 后的【进入】链接，进入卖家(小光)控制页面，如图 1-292 所示。

图 1-292

单击左侧【基本设置】下拉列表下的【个人信息/密码】链接，如图 1-293 所示。右侧页面中，切换到【绑定支付通账号】选项卡，单击【绑定】按钮，如图 1-294 所示。在弹出的页面中，输入支付通账号以及登录密码和校验码，单击【登录】按钮，如图 1-295 所示。注意这里要提前给小光申请支付通账户才能登录。

图 1-293

编辑个人信息	绑定支付通账号	密码管理

会员名：xiaoguang_seller

当前支付通账号：暂未绑定

绑定

图 1-294

(3) 编辑个人信息。切换到【编辑个人信息】选项卡，在其中补充小光的个人信息，单击【确定】按钮，如图 1-296 所示。

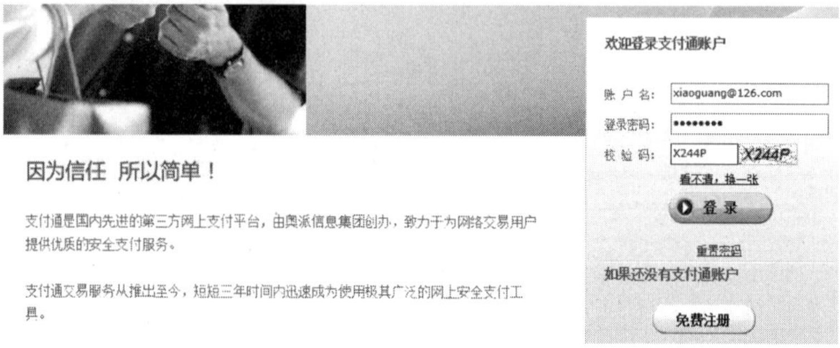

图 1-295

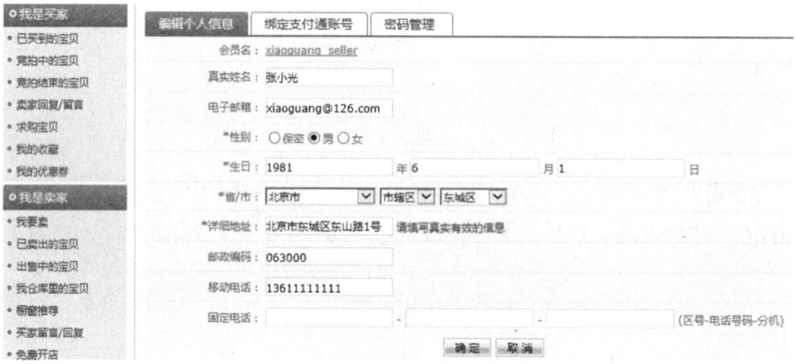

图 1-296

2. 服务商后台管理

(1) 普通商品类别添加。在【C2C 实践】选项卡下进入服务商平台控制页面。在【商品类别管理】下拉列表中选择【类别添加】选项，还可以在右侧页面中进一步选择添加目录级别，输入相应信息，如图 1-297 所示。

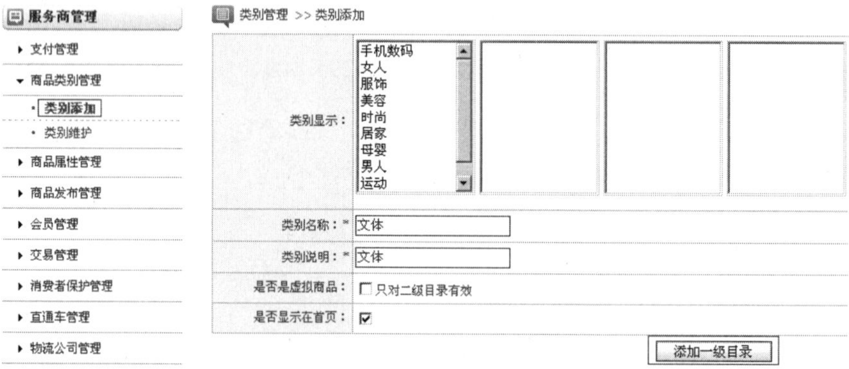

图 1-297

(2) 虚拟商品类别管理。添加虚拟商品时，需要勾选【是否是虚拟商品】选项，如图 1-298 所示。

图 1-298

(3) 类别维护。选择【商品类别管理】下拉列表中的【类别维护】选项，服务商可以对添加的类别目录进行维护，包括修改或删除。对于文体这一类目服务商觉得类别说明不够清楚，要进行修改。修改完成，单击【更新】按钮即可。而 QQ 会员这一分类显得多余，需要删除。选中 QQ 会员，单击【删除】按钮，如图 1-299 所示。

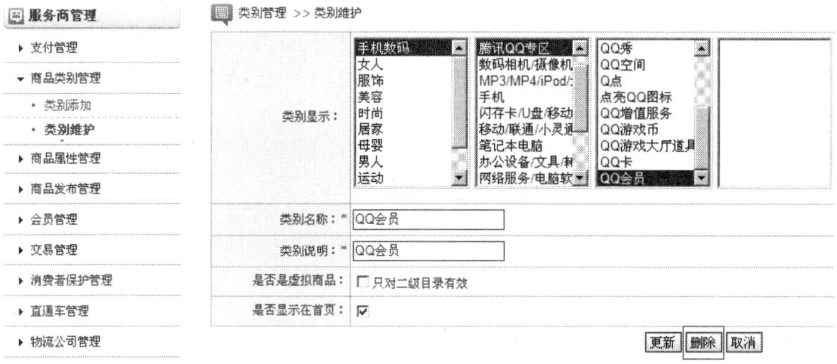

图 1-299

(4) 商品属性管理。服务商需要对商品的属性进行管理。选择【商品属性管理】下拉列表中的【属性添加】选项，在右侧页面中，填写属性信息，添加属性值，完成后单击【提交】按钮，如图 1-300 所示。

(5) 物流公司管理。服务商需要对物流公司进行管理，包括物流公司的添加、订单管理等。单击【物流公司管理】下拉列表下的【物流公司查看】选项，在右侧页面中，单击【添加新物流公司】按钮，如图 1-301 所示。

图 1-300

图 1-301

在弹出的页面中，填写物流公司的相关信息，单击【添加】按钮，如图 1-302、图 1-303 所示。

回到【物流公司查看】选项页面，服务商可以选择将某家物流公司设为推荐公司。选中物流公司，单击下方的【设为推荐】按钮，设置完成，如图 1-304 所示。

(6) 其他管理。选择【其他管理】下拉列表中的【抵用券设置】选项，单击【添加抵用券】按钮，如图 1-305 所示。

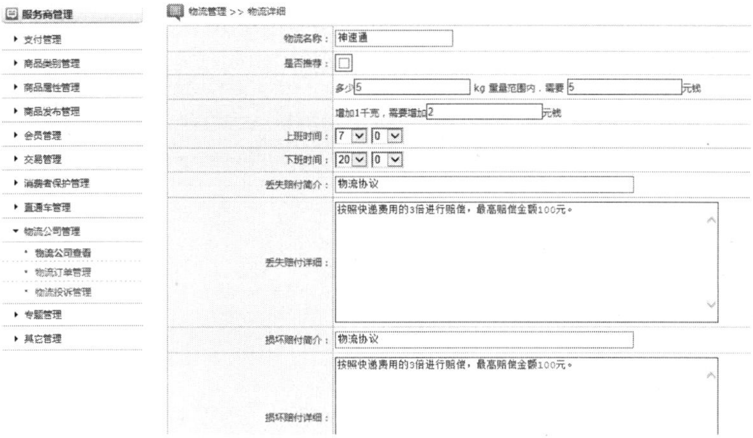

图 1-302

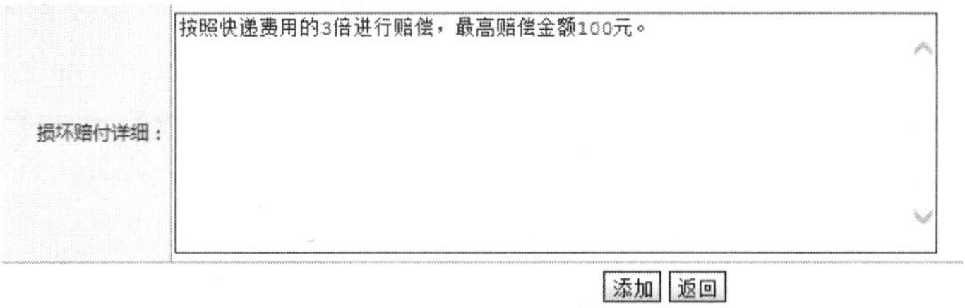

图 1-303

图 1-304

图 1-305

编辑抵用券信息，然后单击【确定】按钮，如图 1-306 所示。

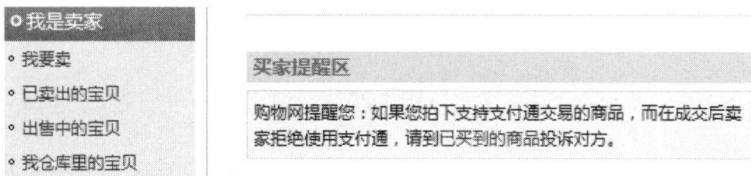

图 1-306

1.4.2　C2C 交易流程

1. 卖家发布商品，设置网店

卖家用户(xiaoguang_seller)注册好之后，就要将商品发布到网站上。最近推出了一个最新产品诺基亚智能手机 E7，现在要将这款手机发布到网上。

(1) 发布商品。【C2C 实践】选项卡下，进入卖家用户(xiaoguang_seller)控制页面，在左侧【我是卖家】下拉列表中单击【我要卖】链接，然后单击【一口价发布】按钮，如图 1-307 和图 1-308 所示。

图 1-307

图 1-308

在弹出的页面中，选择商品类别，完成后单击【选好了，继续】按钮，如图 1-309 所示。

添加这款手机的相关信息，完成后单击【提交】按钮，如图 1-310 至图 1-312 所示。商品成功发布。

发布宝贝　一口价

系统据温馨您：请核对您发布的商品是否符合最新商品发布规则

手机数码	手机			
女人	闪存卡/U盘/移动存储			
服饰	移动/联通/小灵通充值中心			
美容	笔记本电脑			
时尚	办公设备/文具/耗材			
居家	网络服务/电脑软件			
母婴	3C数码配件市场			
男人	电脑硬件/台式整机/网络设备			
运动	家用电器/hifi音响/耳机			
其它	电玩/配件/游戏/攻略			

您当前选择的是：您选择的是:手机数码>>手机>>

选好了，继续

图 1-309

01 宝贝信息

交易类型：	◉一口价 ○拍卖
宝贝类目：	您选择的是:手机数码>>手机>>
宝贝类型：	◉全新 ○二手 ○闲置

品牌　诺基亚　▼ *
手机价格区间　1000元以下　▼
手机上市时间　2008年　▼
网络类型　GSM　▼
外观样式　直板　▼
宝贝成色　全新　▼ *
屏幕颜色　单色　▼
铃声　普通　▼
摄像头　50万　▼
是否智能手机　智能手机　▼
操作系统　Symbian　▼
储存功能　□不支持储卡 ☑SD卡 □miniSD卡 □TF(microSD)卡 □MMC卡

图 1-310

02 交易条件

一口价：	999 元 定一个固定的价格，买家没有讨价还价的余地。选择"一口价"，省时省心。
所在地：	北京市 ▼ 市辖区 ▼
运费：	◉卖家承担运费 ○买家承担运费 请制定合理的运费，让交易更顺利，EMS为0时不显示。
发票：	◉有 ○无
保修：	◉有 ○无

03 其它信息

有效期：	○7天 ◉14天 宝贝信息在网上发布的时间，可以选择7天或者14天。
开始时间：	◉立即 ○定时 2016-3-5 ▼ 0 ▼ 时 0 ▼ 分 您可以设定宝贝的正式开始销售时间 ○放入仓库
自动重发：	□是 系统会帮您自动重发一次，您可以在仓库里找到并重新发布
橱窗推荐：	□是 您当前共有5个橱窗位，使用了0个。利用好橱窗，获得更多成交！

图 1-311

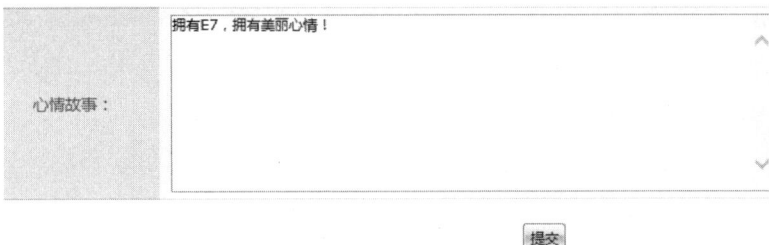

图 1-312

(2) 上架商品。如果在编辑商品的时候，选择了图 1-311 中的【放入仓库】选项，则需要在【我是卖家】下拉列表中单击【我仓库里的宝贝】链接，在右侧页面中切换到【等待上架的宝贝】选项卡，将商品上架，如图 1-313 所示。只有商品上架后，网站上才能看到商品。如果在编辑商品的时候，没有选择【放入仓库】选项，则可在【我是卖家】下拉列表中单击【出售中的宝贝】链接，就能够看到该商品，如图 1-314 所示。

图 1-313

图 1-314

(3) 设置网店。单击左侧【我是卖家】下拉列表中的【免费开店】链接，在右侧页面中，输入店铺名称和店铺介绍，选择店铺类目，单击【确定】按钮，如图 1-315 所示。

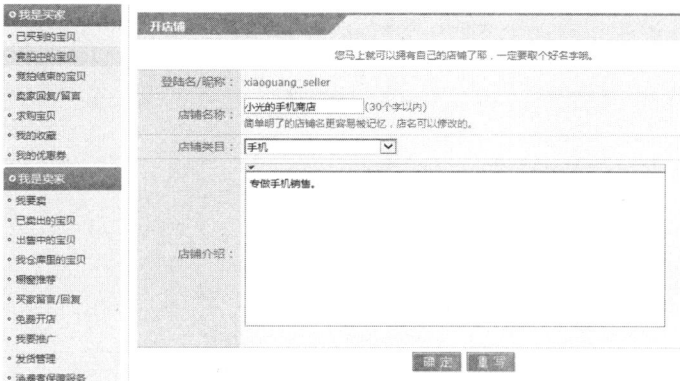

图 1-315

单击【我是卖家】下拉列表中的【管理我的店铺】链接，对店铺进行管理，可以选择风格、宝贝分类等，如图 1-316、图 1-317 所示。

图 1-316

图 1-317

2. 买家与卖家交易

(1) 买家云云在 C2C 平台上注册账户(yunyun_buyer)，购买商品。

在【电子商务应用模型】模块下，切换到【C2C 实践】选项卡，单击图 1-287【C2C 平台】后的【进入】链接，进入 C2C 平台，在网站的右上角单击【免费注册】链接，如图 1-318 所示。

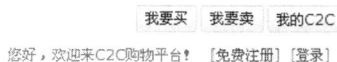

图 1-318

在弹出的页面中，填写注册信息，如图 1-319 所示。

注册步骤: 1.填写信息 > 2.收电子邮件 > 3.注册成功

以下均为必填项

会员名: *	yunyun_buyer	建议以_buyer或_seller字母结尾	✅ 用户名格式正确
密码: *	•••••		✅ 密码合法
再输入一遍密码: *	•••••		✅ 密码一致

请填写常用的电子邮件地址, C2C购物网需要您通过邮件完成注册。

电子邮件: *	yunyun@126.com	✅ 恭喜你,你输对了
再输入一遍电子邮件: *	yunyun@126.com	✅ 邮箱一致
校验码: *	2X0X2	2X0X2

同意以下服务条款, 提交注册信息

图 1-319

这时会收到一份来自网站的激活信，单击 ✉ <1> 图标，打开信件，按照提示激活账户。

(2) 买家绑定支付通账号。单击买方(yunyun_buyer)用户进入控制页面，在【基本设置】下拉列表中，单击【个人信息/密码】链接，单击【绑定】按钮，输入支付通账号以及登录密码。绑定方法同卖家小光。注意这里云云也有自己的支付通账号，如果没有，需要提前申请。这项操作同之前卖家小光绑定支付通账号过程一致，因此部分步骤图片省略。

切换到【编辑个人信息】选项卡，补充个人信息，如图 1-320 所示。

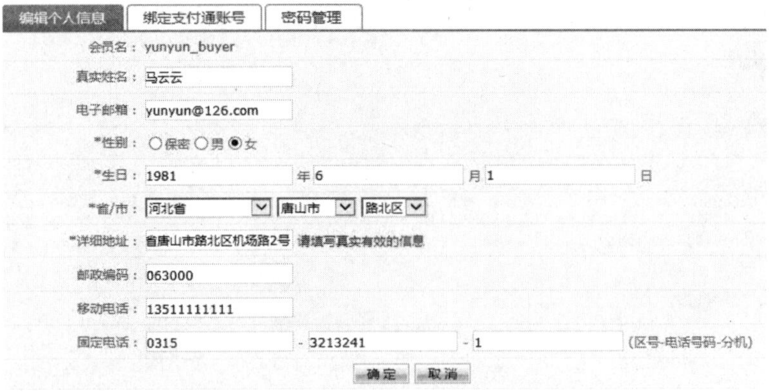

编辑个人信息	绑定支付通账号	密码管理

会员名:	yunyun_buyer
真实姓名:	马云云
电子邮箱:	yunyun@126.com
*性别:	○保密 ○男 ●女
*生日:	1981 年 6 月 1 日
*省/市:	河北省 唐山市 路北区
*详细地址:	首唐山市路北区机场路2号 请填写真实有效的信息
邮政编码:	063000
移动电话:	13511111111
固定电话:	0315 - 3213241 - 1 (区号-电话号码-分机)

确定 取消

图 1-320

在【基本设置】下拉列表中，单击【收货地址】链接，填写收货地址信息，如图 1-321 和图 1-322 所示。这样在以后填写购买信息的时候，可以省去填写地址这一步。

○ 基本设置
个人信息/密码
收货地址

图 1-321

(3) 买家宝贝搜索、浏览、出价和付款。云云进入她的 C2C 账户首页，在搜索栏输入关键字"诺基亚"，然后单击【搜索】按钮，如图 1-323 所示。

图 1-322

图 1-323

搜索完毕，浏览相关商品。这里面就有小光先前发布的信息，单击 xiaoguang_seller 链接，就能看到卖家的信用度。单击【诺基亚 E7】链接，就能看到产品具体信息。单击【收藏】链接，可以将信息放到收藏夹中，如图 1-324 所示。

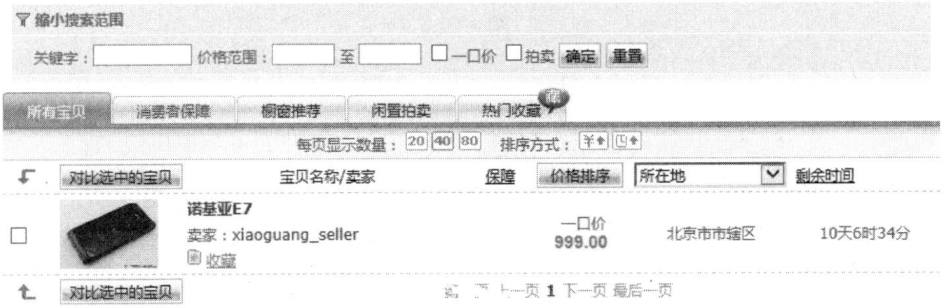

图 1-324

云云感觉小光发布的这条产品信息还不错，但是云云还想再看看别的信息，所以先收藏该产品。单击【收藏这件宝贝】按钮，填入标签名称，单击【添加】按钮，如图 1-325、图 1-326 所示，该商品就在云云的【我的收藏】中了。

经过一番浏览，云云觉得小光发布的这条商品的性价比比较合适，决定购买。单击图 1-325 中的【立即购买】按钮，在弹出的页面中填写购买信息。云云看到收货地址已经填好。填写购买信息，如图 1-327 所示。在弹出的另一个窗口中输入支付通信息，登录支付通。选择网上银行付款方式付款。操作方法同前，不再赘述。

诺基亚E7

一口价：**999.00**元

运　费：平邮：0.00元 快递：0.00元 EMS：0.00元

立刻购买！

结束时间：2016-7-17 22:36:02

宝贝类型：全新　　　　宝贝数量：1件

收藏这件宝贝

图 1-325

诺基亚E7

一口价：**999.00**元

运　费：平邮：0.00元 快递：0.00元 EMS：0.00元

立刻购买！

结束时间：2016-7-17 22:36:02

宝贝类型：全新　　　　宝贝数量：1件

标签名：手机

□ 是否公开

添加　取消

图 1-326

1　确认购买信息　　2　付款到支付通　　3　确认收货　　4　支付通付款到卖家　　5　双方互相评价

确认宝贝价格与交易条件

确认您的收货地址　　　　　　　　　　　　　　　　　　　管理收货地址

☑ 河北省 唐山市 路北区 机场路2号103-1-101 联系人：马云云 电话：13511111111 邮编：63000

使用其它地址

确认购买信息

购买数量*：1　（可购 100 件）

运送方式*：

　● 平邮：0.00元

　○ 快递：0.00元

　○ EMS：0.00元

如果没有运费发生，您可以在拍下该宝贝后，要求卖家修改运费

验证码*：8DD00 8DD00

给卖家留言：全新正品

宝贝名称：诺基亚E7
当前价格：999.00 元
付款方式：支付通

确认无误，购买

图 1-327

(4) 卖家处理订单。进入小光的 C2C 账户控制页面，可以在【已卖出的宝贝】链接中看到云云付款的订单，如图 1-328 所示。

图 1-328

买家已经付款，所以小光要立即给买家发货，单击订单中的【发货】按钮。因为卖家之前没有设置发货地址，系统会提示设置，如图 1-329 所示。

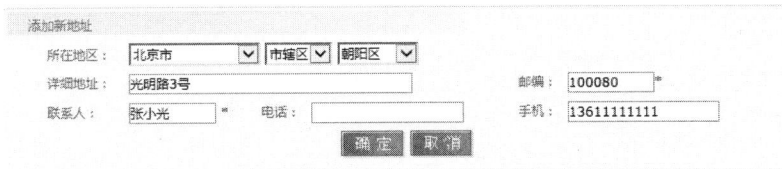

图 1-329

再次回到发货页面，填写发货通知，选择好物流公司，就会在发货页面看见【发货中】的字样，如图 1-330 所示。

图 1-330

(5) 服务商通知物流公司发货。切换用户，在【C2C 实践】选项卡下进入服务商平台控制页面，选择【物流公司管理】下拉列表下的【物流订单管理】选项，在右侧页面中，单击【操作】下方的【通知】链接，如图 1-331 所示。

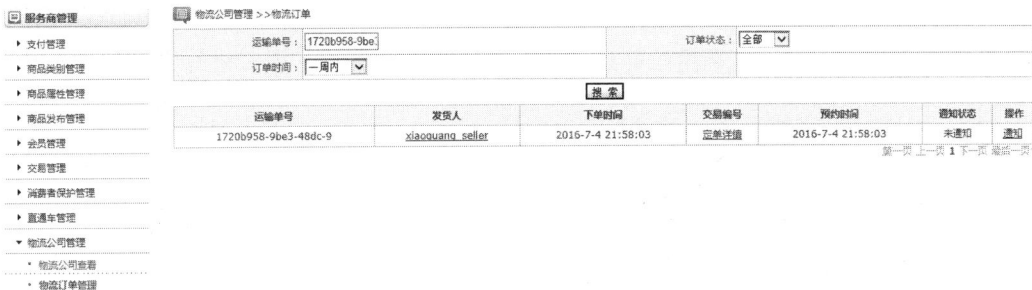

图 1-331

(6) 云云在自己的 C2C 账户控制页面中，单击【我是买家】下拉列表中的【已买到的宝贝】链接，进行收货操作。单击【确认】按钮，如图 1-332 所示。

图 1-332

在弹出的页面中，输入支付通账户的支付密码，单击【确认收货】按钮，如图 1-333 所示。

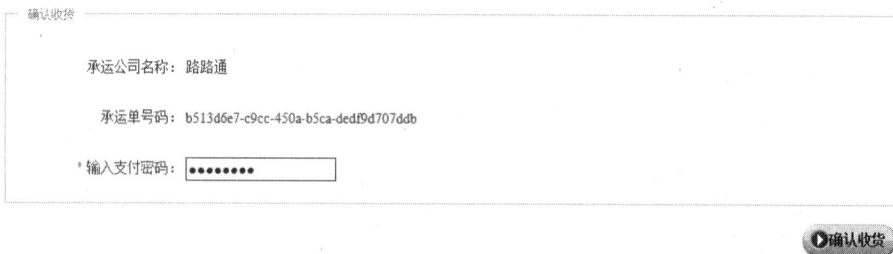

图 1-333

当付款确认成功后，该笔交易就完成了，并会在收件夹中收到提示消息。

买卖双方在交易完成之后，可以对彼此进行评价。进入云云的 C2C 账户控制页面，单击【我是买家】下拉列表中的【已买到的宝贝】链接，在右侧页面中，选定商品，单击【评价】链接，如图 1-334 所示。

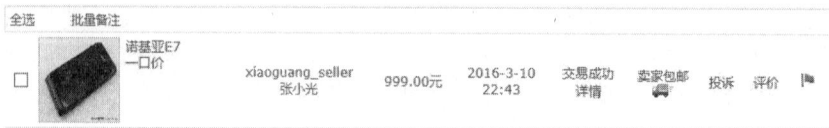

图 1-334

发表评论，按照实际情况给出好评、中评或者差评的评价，或者进行文字评价。

1.4.3 拍卖交易流程、交易保障

1. 卖家开通消费者保障服务以及 C2C 购物直通车

卖家如果要开通消费者保障服务，需要卖家好评率在 97%及以上，并且要有自己的店铺。

(1) 进入卖家 C2C 账户控制页面，单击【我是卖家】下拉列表中的【消费者保障服务】链接，如图 1-335 所示，达到要求方能申请。

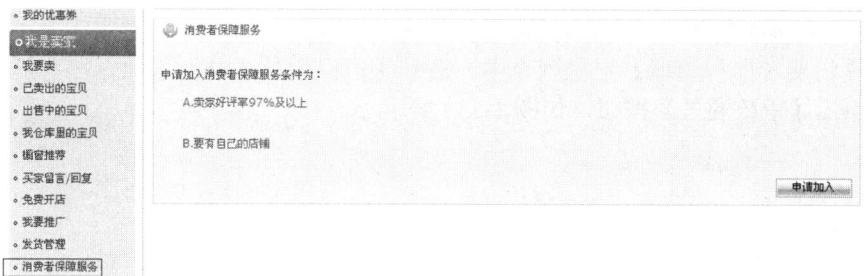

图 1-335

单击【申请加入】按钮，图 1-335 中的申请加入之后，需要选择加入的项目，这里做全选操作，单击【下一步】按钮，如图 1-336 所示。

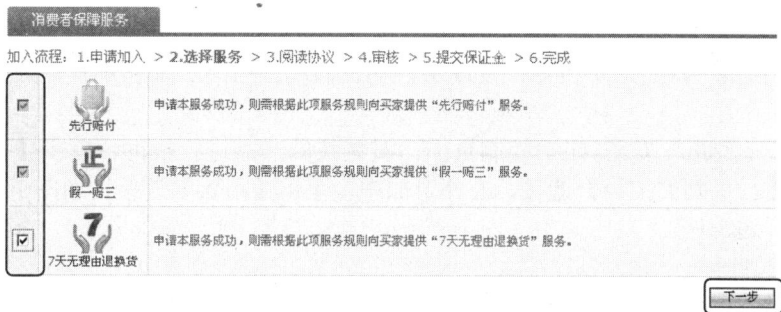

图 1-336

在弹出的页面中，阅读协议，同意并申请加入，单击【提交保证金】按钮，如图 1-337 所示。

图 1-337

输入支付通账户的密码，单击【支付保证金】按钮，如图 1-338 所示。

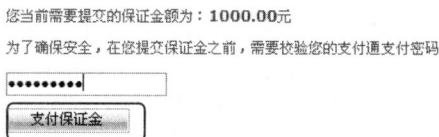

图 1-338

（2）支付完保证金之后，服务商需要进行审核。在【C2C 实践】选项卡下，进入服务商平台，在【消费者保护管理】下拉列表中，选择【消保会员查看】选项，在右侧页面中进行审核，单击【审核通过】按钮，如图 1-339 所示。

图 1-339

2. 买家投诉卖家

云云购买过诺基亚 E7 手机后，发现手机存在问题，与网上描述不符，因此投诉了小光卖家。

（1）买家云云进入 C2C 账户控制页面，对购买的产品进行投诉，单击【我是买家】下拉列表中的【已买到的宝贝】链接，右侧页面中，单击【投诉】链接，如图 1-340 所示。注意卖家需要开通消保。

图 1-340

在弹出的页面中，选择【商品与网上描述不符】选项，单击【发起投诉】按钮，如图 1-341、图 1-342 所示。如果选择【消费者保障服务相关投诉】选项，买家投诉过程以及卖家申诉过程类似，服务商处理投诉是在【消费者保护管理】下拉列表下的【消保投诉管理】选项中进行处理。

图 1-341

图 1-342

(2) 卖家申诉。卖家小光进入 C2C 账户控制页面，单击【我是卖家】下拉列表中的【消费者保障服务】链接，在右侧页面中选择【投诉】选项卡下的【我收到的投诉】选项，查看投诉内容，如图 1-343 所示，单击该条投诉后的【查看】链接，在弹出的页面中输入申诉的内容及图片，完成后单击【提交】按钮，如图 1-344 所示。

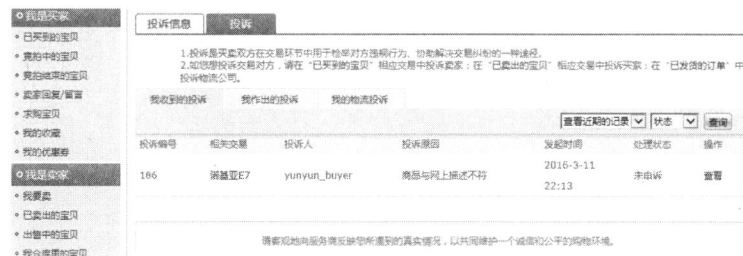

图 1-343

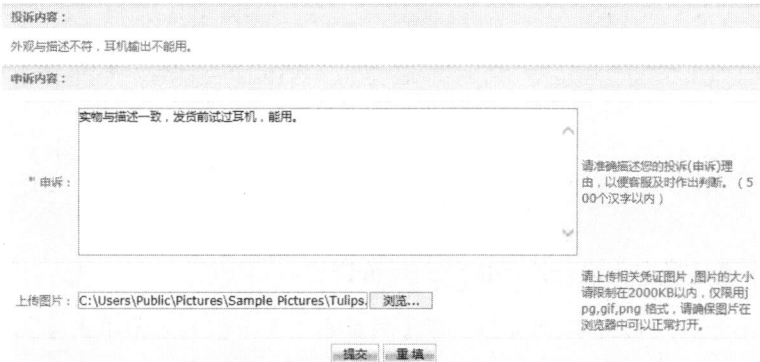

图 1-344

(3) 服务商介入，对投诉进行处理。切换用户，在【C2C 实践】选项卡下进入服务商平台控制页面。在【交易管理】下拉列表下选择【交易投诉管理】选项，在右侧页面中单击【查看】链接，如图 1-345 所示。

图 1-345

服务商对买家投诉内容以及卖家申诉内容进行查看，最后进行处理。如果买家投诉真实有效，可以选择相应处罚内容，单击【确定】按钮，如图 1-346 所示。

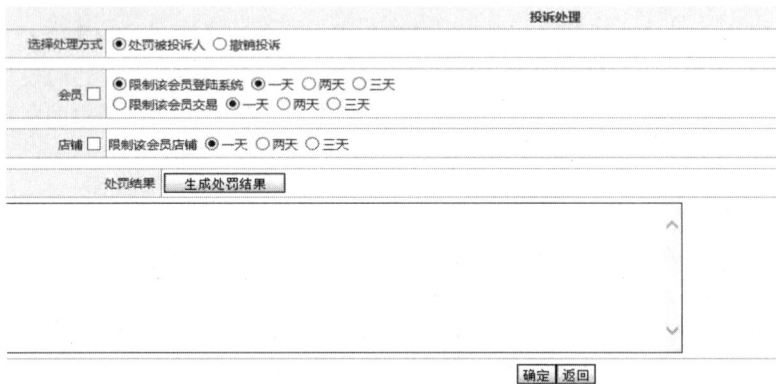

图 1-346

如果投诉不成立，可以撤销投诉，选择【撤销投诉】选项，单击【确定】按钮，如图 1-347 所示。

图 1-347

3. 卖家申请直通车，进行产品推广，竞价词购买

(1) 卖家小光进入 C2C 控制页面，在【我是卖家】下拉列表中单击【我要推广】链接，申请直通车，进行付款，输入支付通支付密码，如图 1-348 所示。

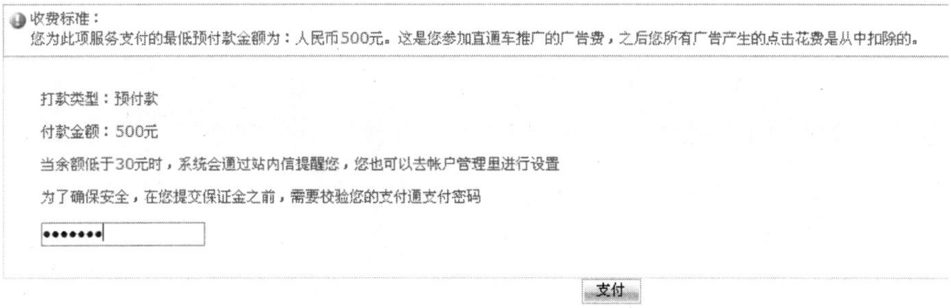

收费标准：
您为此项服务支付的最低预付款金额为：人民币500元。这是您参加直通车推广的广告费，之后您所有广告产生的点击花费是从中扣除的。

打款类型：预付款

付款金额：500元

当余额低于30元时，系统会通过站内信提醒您，您也可以去帐户管理里进行设置

为了确保安全，在您提交保证金之前，需要校验您的支付通支付密码

●●●●●●

支付

图 1-348

再次单击【我要推广】链接，选择商品并单击【推广】按钮，填写相应信息，单击【保存】按钮保存即可，如图 1-349 所示。注意：申请直通车后，单击【我要推广】选项，如果里面没有出现商品，需要清理 IE 缓存或者重启电脑，然后再进入该软件平台。

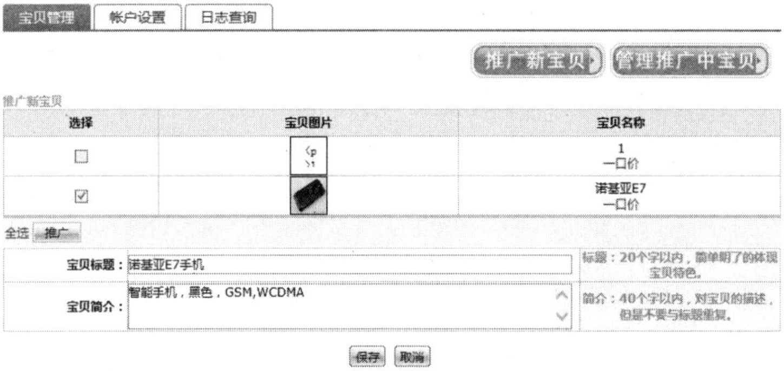

图 1-349

(2) 推广产品后可以设置竞价词，并且进行竞价，以便于更好地推广产品。竞价越高，搜索商品时商品所排的位置越靠前。在第(1)步操作结束后，系统会呈现出图 1-350 页面，输入相应的信息，完成竞价设置。注意：如果在搜索竞价词后没有看到产品，需要清理 IE 缓存或者重启电脑，然后再进入该软件平台。

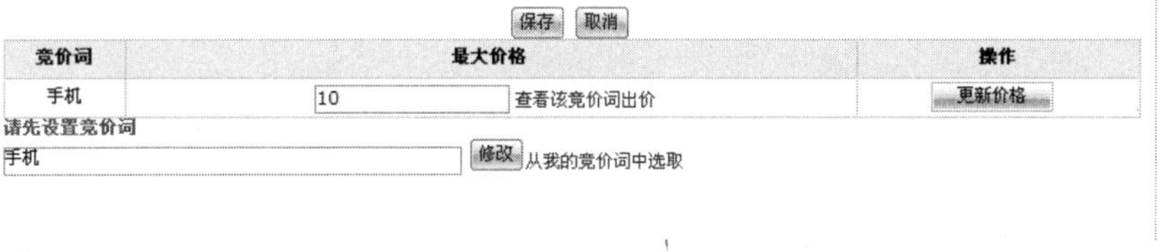

图 1-350

(3) 推广成功后，在 C2C 网站首页的右上角【新品速递】专题中就能看到该产品，如图 1-351 所示。

图 1-351

4. 卖家发布拍卖商品，买家购买商品

小光在自己经营的手机专卖店拍卖一台诺基亚智能手机 5800W，一口价的价格为 399 元，第二天，就有个用户名为 yunyun_buyer 的人出价购买，小光就把诺基亚智能手机 5800W 卖出。

(1) 单拍。

① 小光进入 C2C 账户控制页面，发布一个商品数量为 1 的拍卖。拍卖的周期比较长，最短需要 7 天，否则需要调整服务器时间才能让时间结束。发布拍卖的操作步骤同之前一口价发布商品，但本次操作需选择【拍卖发布】选项，填写拍卖信息，交易类型选择【拍卖】，如图 1-352 至图 1-355 所示。

图 1-352

图 1-353

图 1-354

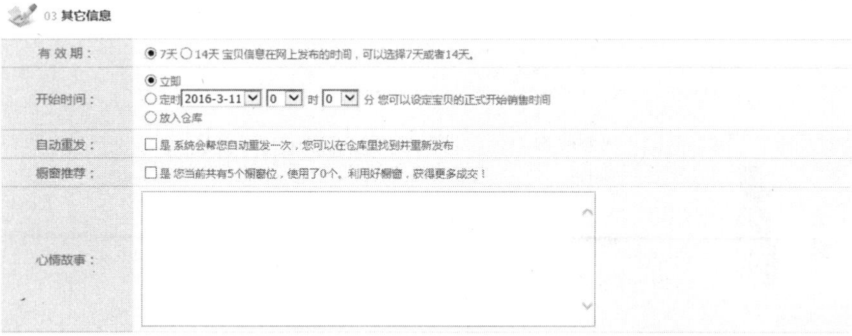

图 1-355

商品添加好后，单击【出售中的宝贝】链接，在右侧页面中能够看到刚刚发布的拍卖信息，如图 1-356 所示。

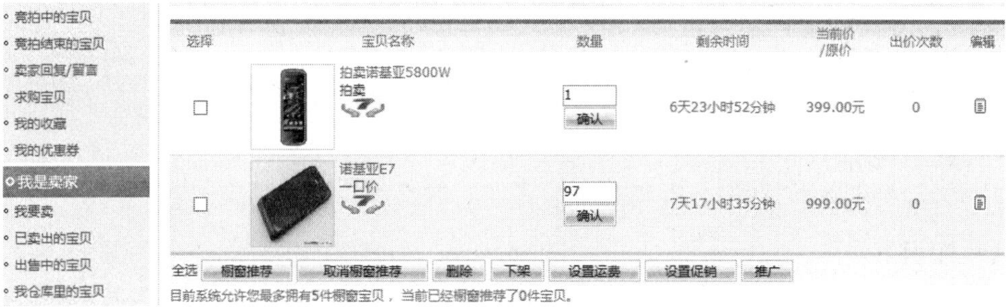

图 1-356

② 买家云云(用户名 yunyun_buyer)进入 C2C 平台首页,看到拍卖的商品诺基亚 5800W,单击【出价】按钮,如图 1-357 所示,在弹出的页面中填写出价金额和购买数量等信息,如图 1-358 所示。如果出价金额没有修改，例如 399 是底价，10 为加价幅度，出价 409，完成的步骤是普通竞价；如果出价金额是加价金额的 2 倍以上，399 是底价，10 为加价幅度，出价 419、429 或 439，完成步骤为代理竞价。

图 1-357

图 1-358

③ 等待竞拍时间到后，最高出价者就可以付款购买。付款购买过程与之前操作雷同，不再赘述。

(2) 荷兰式拍(减价拍卖)。拍卖商品有多个，操作流程和单拍雷同。

【小知识】

多件相同宝贝参加拍卖，价高者优先获得宝贝，相同价格先出价者先得。最终商品成交价格是最低成功出价的金额。如果宝贝的拍卖数量大于出价人数，则最终按照起拍价成交。如果最后一位获胜者可获得的宝贝数量不足，则可以放弃购买。

比如，一位卖家拍卖 10 件摄像头，起拍价格是 1 元。10 位买家各出价购买一只摄像头，出价金额均为 1 元。在这种情况下，所有 10 位出价者都将以 1 元的价格赢得一只摄像头。

一位卖家拍卖 10 件摄像头，起拍价格是 1 元。到竞价拍卖结束的时候，有 3 位获胜的出价者，一个出价 5 元，买 1 件，一个出价 3 元，买 1 件，一个出价 2 元买 10 件，最后 3 位都将以 2 元购买此宝贝。因为前两位出价者出价较高，所以都能得到自己需要的数量(出价相同的，先出价者排前面)。最后一位出价者因为出价较低，所以只能得到 8 件(此时只剩下 8 件，不能满足他的购买总数，他可以放弃购买)。

一位卖家拍卖 10 件摄像头，起拍价格是 1 元。到竞价拍卖结束的时候，有 2 位获胜的出价者，一个出价 5 元，买 1 件，一个出价 3 元，买 1 件，因为他们的购买数量不足 10 件，将以起拍价格即 1 元成交。

5. 服务商设置抵用券，买家领取抵用券并使用抵用券

(1) 在【电子商务应用模型】模块中，切换到【C2C 实践】选项卡，进入服务商平台，在【其他管理】下拉列表中选择【抵用券设置】选项，单击【添加抵用券】按钮，输入相应信息，如图 1-359 所示。

图 1-359

(2) 买家进入 C2C 账户控制页面，在【我是买家】下拉列表中单击【已买到的宝贝】链接，在右侧页面单击【详情】链接，查询交易号，如图 1-360、图 1-361 所示。

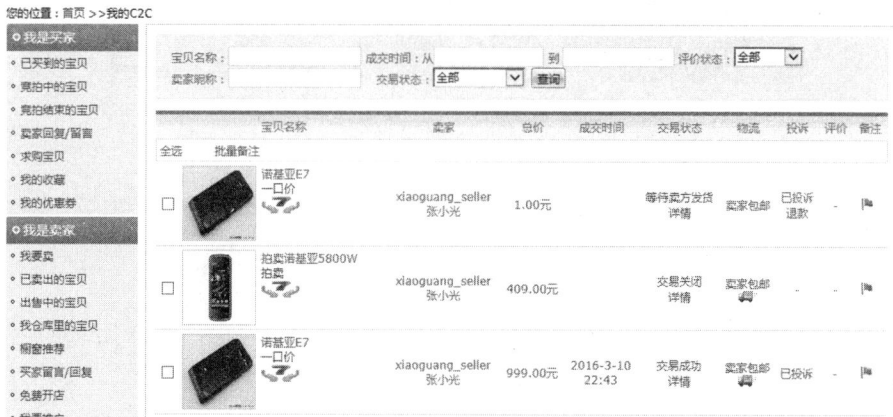

图 1-360

图 1-361

(3) 买家回到 C2C 账户控制页面，单击【我是买家】下拉列表中的【我的优惠券】链接，在右侧页面中单击【点此获得抵价券】按钮，如图 1-362 所示。在弹出的页面中，输入交易号；如图 1-363 所示。

图 1-362

图 1-363

这样就获得了优惠券，在下次交易时就能使用该优惠券，如图 1-364 所示。

抵价券

只能在有<del>抵</del>标记的宝贝上使用

5元抵价券

有效期：2016·3·11 至 2016·4·10

图 1-364

1.5　G2B 实践

　　G2B 是指政府(Government)与企业(Business)之间的电子政务，即政府通过电子网络系统进行电子采购与招标，精简管理业务流程，快捷迅速地为企业提供各种信息服务。在 G2B 模式中，政府主要通过电子化网络系统为企业提供公共服务。

【实践情景】

　　唐山联合大学欲建立电子商务实验室，想采购一批电脑，现通过唐山市政府采购中心向社会发布此次招标通告。届时，达益科技有限公司、成名科技有限公司以及北京网博科技三家公司会作为供应商参加此次招标活动。为了保证此次招标的公平和公正，采购中心邀请了王大伟、张亮和李林三位专家作为此次活动的评标专家。

1.5.1　G2B 交易前期准备

　　注册招投标管理单位(唐山市政府采购中心)、采购公司(唐山联合大学)、供应公司(达益科技有限公司、成名科技有限公司、北京网博科技)和评标专家(王大伟、张亮、李林)的基本信息，注册成功之后政府采购中心审核这些基本信息，只有审核通过之后，这些角色才可以参加此次的招标活动。另外，做一些基本信息的设置，例如作为服务商，唐山市政府采购中心要发布采购新闻、通知信息以及设置银行账号；作为供应公司，要添加供应商品、上传资质文件和厂家授权信息，银行账户的充值；作为评标专家要上传资质文件信息。

1. 注册政府信息

　　在【电子商务应用模型】模块中切换到【G2B 实践】选项卡。单击【招投标管理】右边的【注册】链接，如图 1-365 所示。

　　在弹出的页面中，单击【政府信息注册】按钮，注册政府基本信息，如图 1-366 所示。

　　注册政府信息完成之后，单击【提交】按钮，如图 1-367 所示，则政府信息注册成功。

角色选择 ▼	
◎ 招投标管理	注册
◎ 采购公司	请先进行政府信息注册
◎ 供应公司	请先进行政府信息注册
◎ 评标专家	请先进行政府信息注册
◎ G2B平台	进入

图 1-365

图 1-366

政府信息	
政府名称:	唐山市政府采购中心
政府地址:	西山道29号
联系电话:	0315-2821234　(xxx-xxxxxxx)
传　真:	0315-2821234
Email:	cgzx@126.com
网　址:	http://www.ts.gov.cn　(以http://开始)
联系人:	赵英才

提交　　返回

图 1-367

2. 注册采购公司

接下来注册一家采购公司——唐山联合大学、三家供应公司——达益科技有限公司、成名科技有限公司以及北京网博科技和三位评标专家——王大伟、张亮、李林，具体操作步骤如下。

(1) 注册采购公司。单击采购公司后面的【注册】链接，如图 1-368 所示。填写采购公司的基本信息。

填写采购公司的基本信息，如图 1-369 所示，完成后单击【提交】按钮，采购公司注册成功。注意这里的银行账号与电子支付实践中申请的账号无关，可以随便填写，只要满足16 位数字的要求即可。

角色选择 ▼

◎ 招投标管理
　|--🏛唐山市政府采购中心　　　　0315-2821234　　　　赵英才　　　　西山道29号　　　　进入
◎ 采购公司　　　　　　　　　　　　　　　　　　　　　　　　　　　　　　　　　　　　注册
◎ 供应公司　　　　　　　　　　　　　　　　　　　　　　　　　　　　　　　　　　　　注册
◎ 评标专家　　　　　　　　　　　　　　　　　　　　　　　　　　　　　　　　　　　　注册
◎ G2B平台　　　　　　　　　　　　　　　　　　　　　　　　　　　　　　　　　　　　进入

图 1-368

📋 采购商注册

*机构代码	21451821-6	(10个字符.格式xxxxxxxx-x,x为数字)
*单位名称	唐山联合大学	(40个汉字以内)
*单位地址	唐山市建设北路156号	(50个汉字以内)
*工商执照编号	784233232659841201245	(21位数字)

*单位法人	刘金硕		*邮政编码	063000	(6位数字)
*联系电话	0315-3862456		*采购联系人	张朋
注册资金	1000	(万元)	单位传真	0315-3862456
*开户银行	中国建设银行		单位性质	行政单位 ∨
*银行账号	6284564523121546	格式有误 (16位数字)	*开户名称	唐山联合大学	(20位以内)
*网址	http://www.tst.edu.cn		Email	

附加说明：** 1000个汉字以内

唐山联合大学是一种综合性高等院校，学校长期与企业对接，培养实战性人才，在教学过程中，重视实践教育。

提交　重写

图 1-369

(2) 注册供应公司。单击【供应公司】后面的【注册】链接，如图 1-370 所示。填写供应公司的基本信息。

角色选择 ▼

◎ 招投标管理
　|--🏛唐山市政府采购中心　　　　0315-2821234　　　　赵英才　　　　西山道29号　　　　进入
◎ 采购公司　　　　　　　　　　　　　　　　　　　　　　　　　　　　　　　　　　　　注册
　|--🏛唐山联合大学　　　　　　　0315-3862456　　　　张朋　　　　　　　　　　　　　进入
◎ 供应公司　　　　　　　　　　　　　　　　　　　　　　　　　　　　　　　　　　　　注册
◎ 评标专家　　　　　　　　　　　　　　　　　　　　　　　　　　　　　　　　　　　　注册
◎ G2B平台　　　　　　　　　　　　　　　　　　　　　　　　　　　　　　　　　　　　进入

图 1-370

首先填写达益科技有限公司的基本信息，完成后单击【提交】按钮，如图 1-371 所示。供应公司——达益科技有限公司注册成功。

图 1-371

接下来填写成名科技有限公司的基本信息，单击【提交】按钮，供应公司——成名科技有限公司注册成功，如图 1-372 所示。

图 1-372

最后填写北京网博科技的基本信息，单击【提交】按钮，如图 1-373 所示，供应公司——北京网博科技注册成功。

图 1-373

(3) 注册评标专家。单击图 1-374【评标专家】后面的【注册】链接，填写评标专家的基本信息。

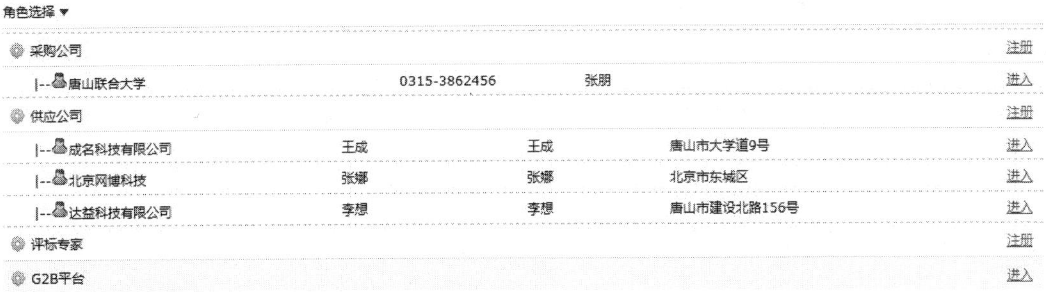

图 1-374

图 1-375 显示了评标专家王大伟的基本信息，信息填写完之后，单击【提交】按钮，评标专家王大伟注册成功，如图 1-376 所示。

接下来是评标专家张亮的基本信息，信息填写完之后，单击【提交】按钮，评标专家张亮注册成功，如图 1-377、图 1-378 所示。

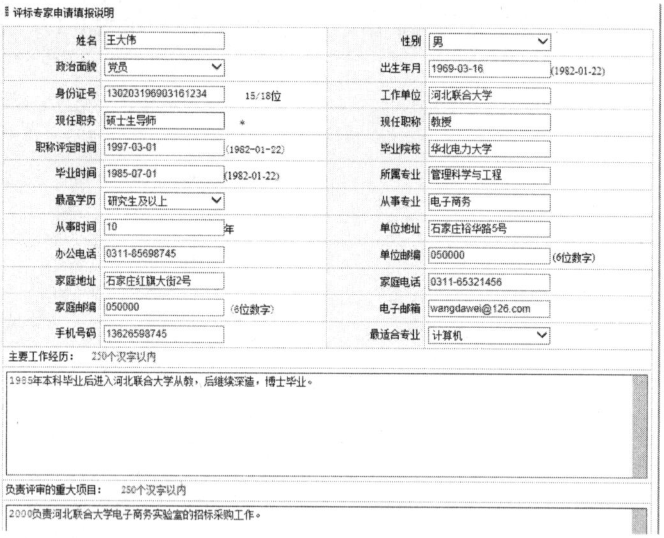

图 1-375

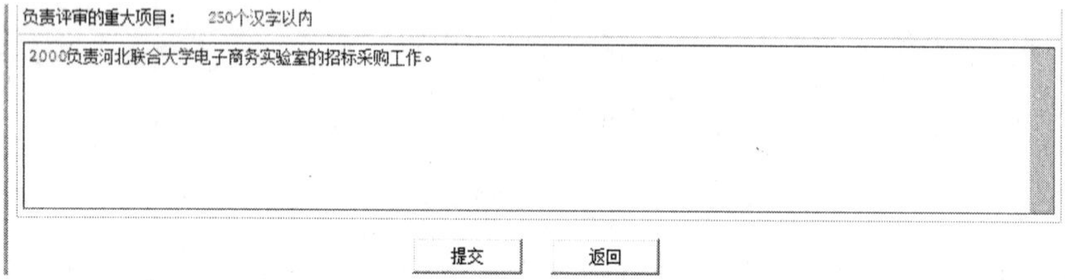

图 1-376

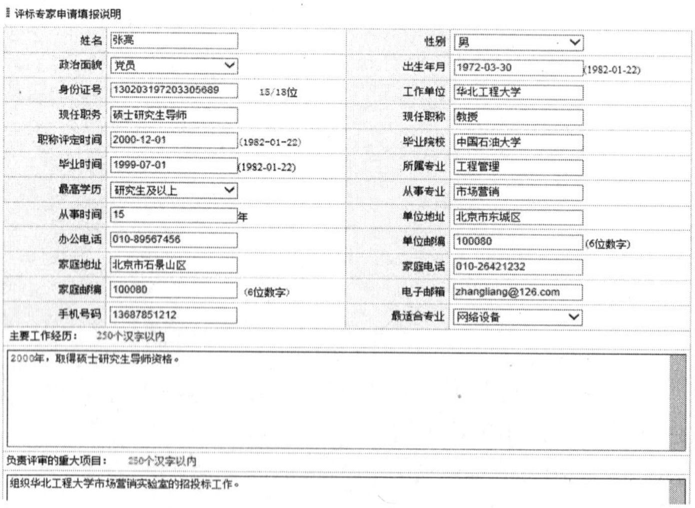

图 1-377

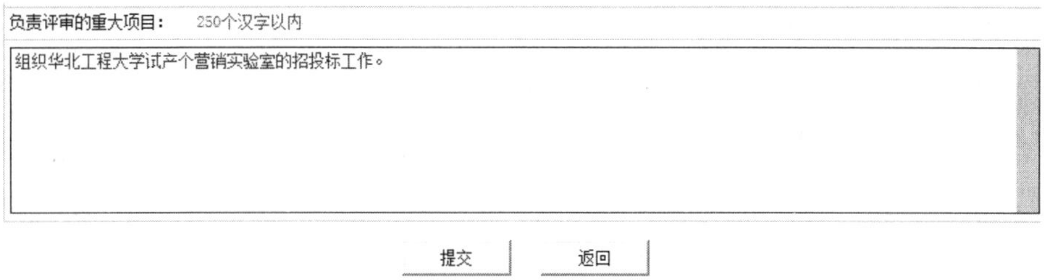

负责评审的重大项目：	250个汉字以内

组织华北工程大学试产个营销实验室的招投标工作。

提交　　返回

图 1-378

最后是评标专家李林的基本信息，信息填写完之后，单击【提交】按钮，评标专家李林注册成功，如图 1-379、图 1-380 所示。

评标专家申请填报说明			
姓名	李林	性别	男
政治面貌	党员	出生年月	1966-09-08　(1982-01-22)
身份证号	130203196609084567　15/18位	工作单位	中国电力大学
现任职务	博士生导师	现任职称	教授
职称评定时间	1983-12-31　(1982-01-22)	毕业院校	北京邮电大扝
毕业时间	1985-07-26　(1982-01-22)	所属专业	计算机
最高学历	研究生及以上	从事专业	计算机
从事时间	20　年	单位地址	北京市西城区
办公电话	010-89651123	单位邮编	100880　(6位数字)
家庭地址	北京市宣武区	家庭电话	010-98563214
家庭邮编	100088　(6位数字)	电子邮箱	lilin@126.com
手机号码	15698745654	最适合专业	电力工程

主要工作经历：　250个汉字以内

2001年，获得博士生导师资格。

负责评审的重大项目：　250个汉字以内

负责中国电力大学计算机实验室招标工作。

图 1-379

负责评审的重大项目：　250个汉字以内

负责中国电力大学计算机实验室招标工作。

提交　　返回

图 1-380

3. 招投标管理部门审核

招投标管理部门(唐山市政府采购中心)审核供应公司、采购公司和评标专家信息。

(1) 在【电子商务应用模型】模块下，切换到【G2B 实践】选项卡，单击【唐山市政府采购中心】后面的【进入】链接，进入招投标管理部门平台，如图 1-381 所示。

图 1-381

选择【供应商管理】下拉列表中的【资格审核】选项，进入对供应商资格审核页面。单击【审核】链接，如图 1-382 所示。

图 1-382

在弹出的页面中，选中【批准】选项，单击【确定】按钮，则该供应商的资格被审核通过，如图 1-383 所示。

图 1-383

同样的操作，使其他两家供应公司的资格也通过审核。

(2) 在招投标管理部门平台下，选择【采购商管理】下拉列表中的【资格审核】选项，进入采购商资格审核页面。单击【审核】链接，如图 1-384 所示。

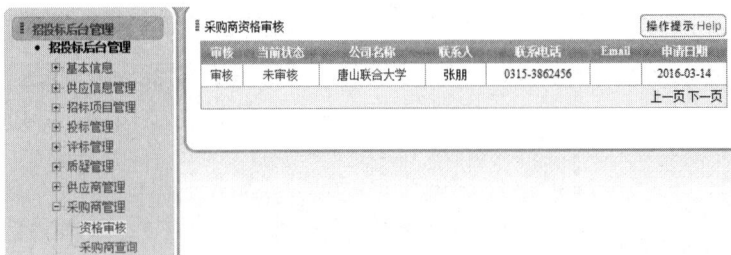

图 1-384

在弹出的页面中，选中【批准】选项，单击【确定】按钮，则唐山联合大学的资格被审核通过，如图 1-385 所示。

图 1-385

(3) 在招投标管理部门平台下，选择【专家管理】下拉列表中的【资格审核】选项，进入专家资格审核页面。单击【审核】链接，如图 1-386 所示。

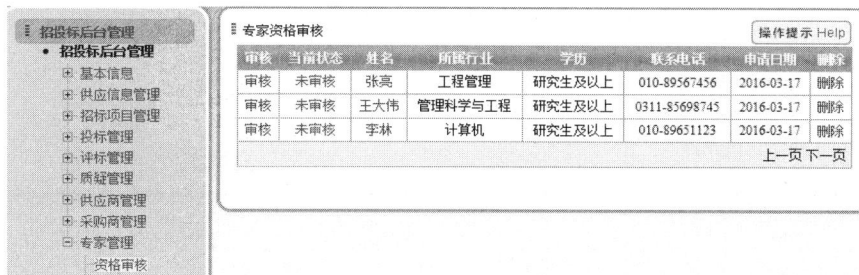

图 1-386

在弹出的页面中，选中【批准】选项，单击【确定】按钮，则专家张亮、王大伟和李林的资格分别被审核通过，如图 1-387 所示。

图 1-387

4. 唐山市政府采购中心基本信息设置

接下来对唐山市政府采购中心的基本信息进行设置进入唐山市政府采购中心管理平台。

(1) 发布通知管理。选择【基本信息】下拉列表中的【通知管理】选项，进入通知发布页面。输入通知内容，单击【更新】按钮，通知发布成功，如图 1-388 所示。

(2) 唐山市政府采购中心发布采购新闻。选择【基本信息】下拉列表中的【采购新闻管理】选项，进入采购新闻发布页面。单击【新增】按钮，填写新闻标题、内容、新闻来源等信息，最后单击【保存】按钮，则采购新闻发布成功，如图 1-389 所示。

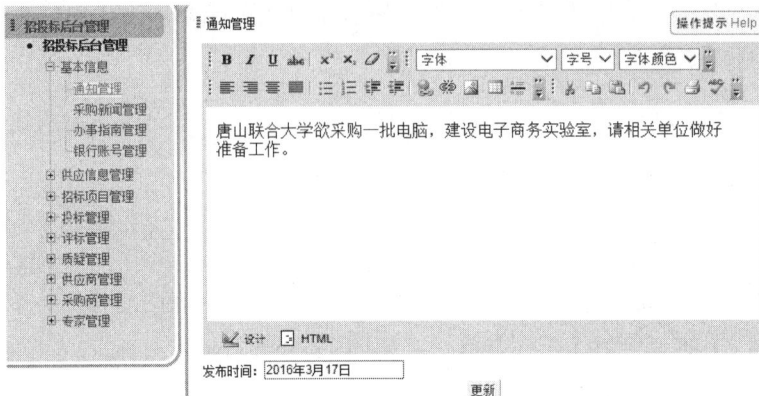

图 1-388

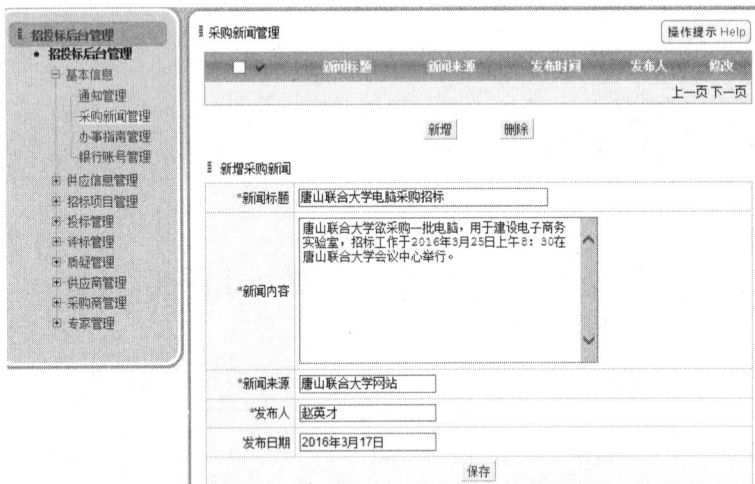

图 1-389

(3) 唐山市政府采购中心发布办事指南。选择【基本信息】下拉列表中的【办事指南管理】选项，进入办事指南发布页面。输入办事指南标题和内容，单击【新增】按钮，办事指南发布成功，如图 1-390 所示。

(4) 唐山市政府采购中心设置银行账号。选择【基本信息】下拉列表中的【银行账号设置】选项，进入银行账号设置页面。输入开户行名称和账号，单击【保存】按钮，银行账号设置成功(这里的账号可以随意设置)，如图 1-391 所示。

5. 供应公司基本信息设置

招投标管理部门基本信息设置完成之后，作为供应公司也要设置基本信息，例如，要添加供应产品、上传资质文件和厂家授权信息，以及充值账户。

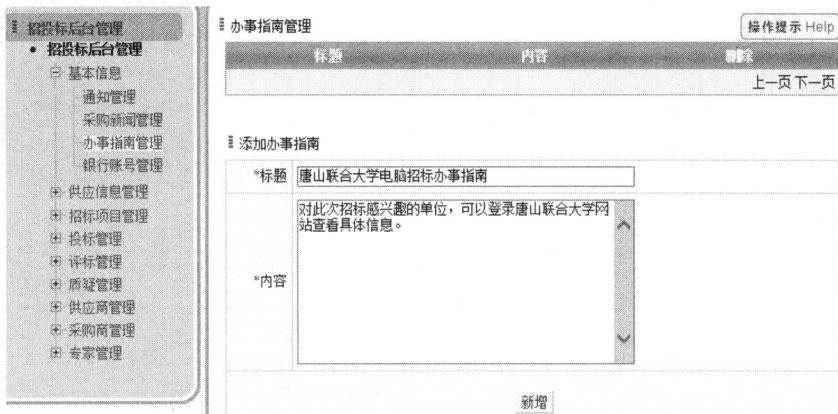

图 1-390

图 1-391

这里有三家供应公司，首先选择达益科技有限公司，进行基本信息的设置。

(1) 在【电子商务应用模型】模块下的【G2B 实践】选项卡下，单击达益科技有限公司后面的【进入】链接，进入供应公司(达益科技有限公司)平台，如图 1-392 所示。

供应公司				注册
I--成名科技有限公司	王成	王成	唐山市大学道9号	进入
I--北京网博科技	张娜	张娜	北京市东城区	进入
I--达益科技有限公司	李想	李想	唐山市建设北路156号	进入

图 1-392

(2) 选择【信息维护】下拉列表中的【供应产品】选项，进入供应产品添加页面。单击【添加】按钮，上传产品图片，填写产品名称、产品规格、包装规格、价格说明和产品详细信息，单击【保存】按钮，则供应产品添加成功，如图 1-393、图 1-394 所示。

(3) 上传供应公司资质文件。单击【选择维护】下拉列表中的【资质文件】选项，进入资质文件上传页面。单击【添加】按钮，上传资质证书图片，填写产品资质文件信息，单击【保存】按钮，则资质文件上传成功，如图 1-395、图 1-396 所示。

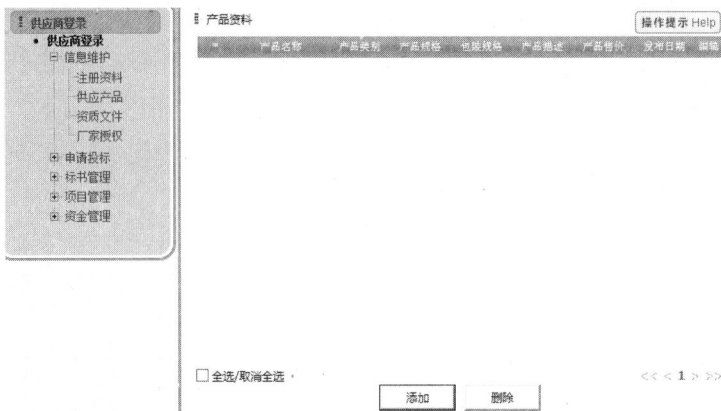

图 1-393

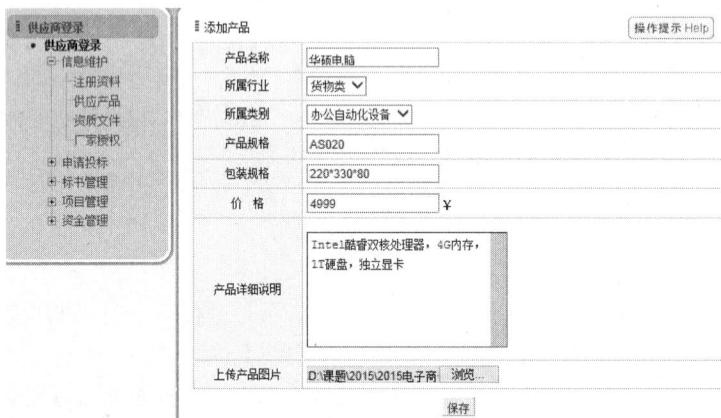

图 1-394

图 1-395

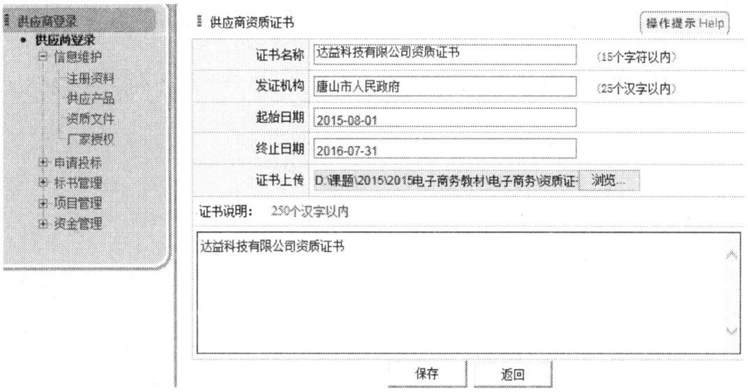

图 1-396

(4) 上传供应公司厂家授权文件。选择【信息维护】下拉列表中的【厂家授权】选项，进入厂家授权页面。单击【添加】按钮，上传厂家授权证书图片，填写厂家授权证书信息，单击【保存】按钮，则厂家授权文件上传成功，如图 1-397、图 1-398 所示。

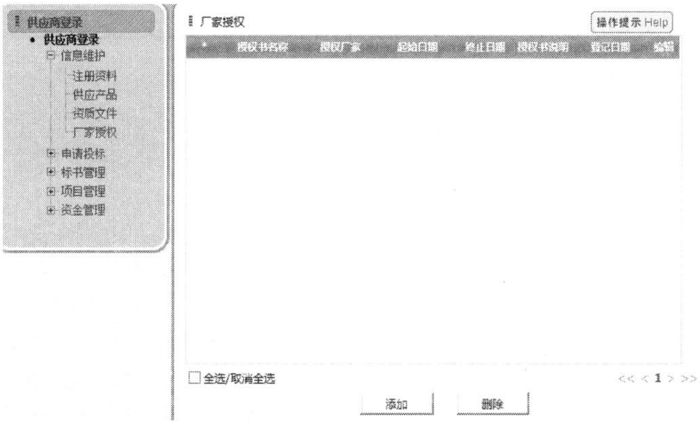

图 1-397

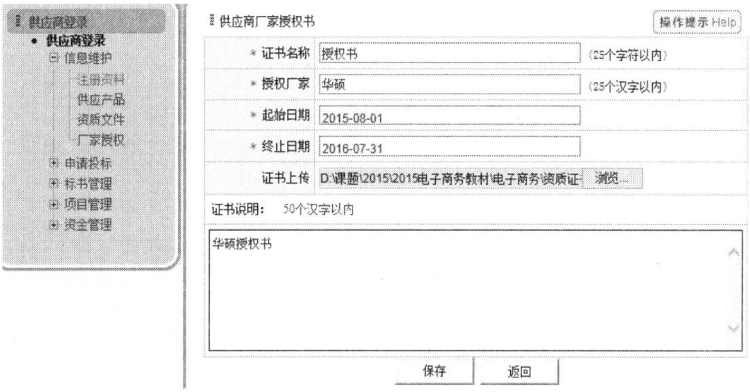

图 1-398

(5) 给达益科技有限公司的账户充值。选择【资金管理】下拉列表中的【账户管理】选项，进入账户充值页面。输入充值金额，单击【充值】按钮，充值成功，如图1-399所示。

图 1-399

同样的操作方法，给其他两家供应公司——南京成名科技有限公司和北京网博科技分别添加供应产品、上传资质文件和厂家授权信息，以及充值账户。

6. 评标专家基本信息设置

供应公司上传资质文件之后，作为评标专家也要上传资质文件，以表示评标专家的专业资格。

这里有三位评标专家，首先选择王大伟。在【电子商务应用模型】模块下，切换到【G2B实践】选项卡，单击评标专家王大伟后面的【进入】链接，进入评标专家(王大伟)平台，如图1-400所示。

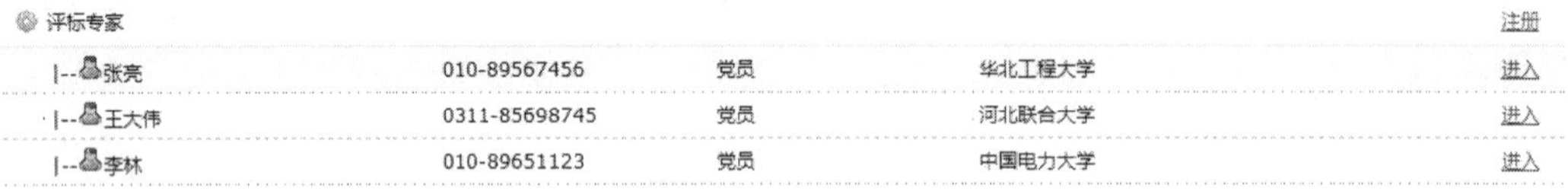

图 1-400

单击【资质文件】选项，进入资质文件页面。单击【添加】按钮，填写专家资质证书信息，上传资质证书图片，单击【保存】按钮，评标专家王大伟的资质证书上传成功，如图1-401、图1-402所示。

同样的操作，给其他两位评定专家张亮和李林上传资质文件。

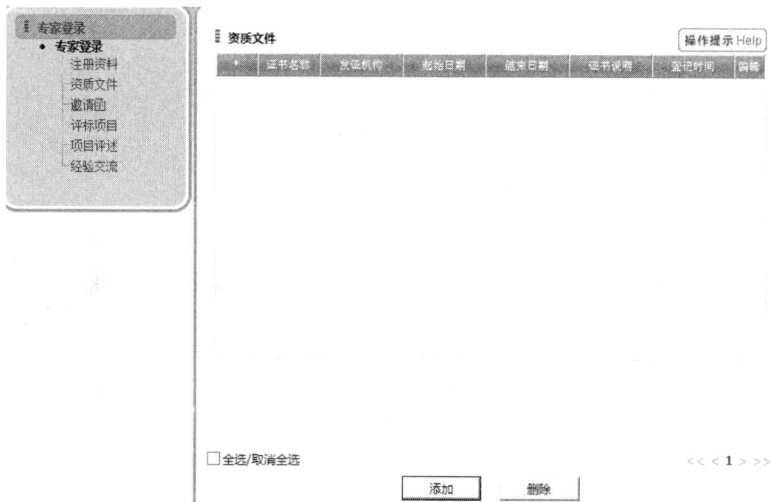

图 1-401

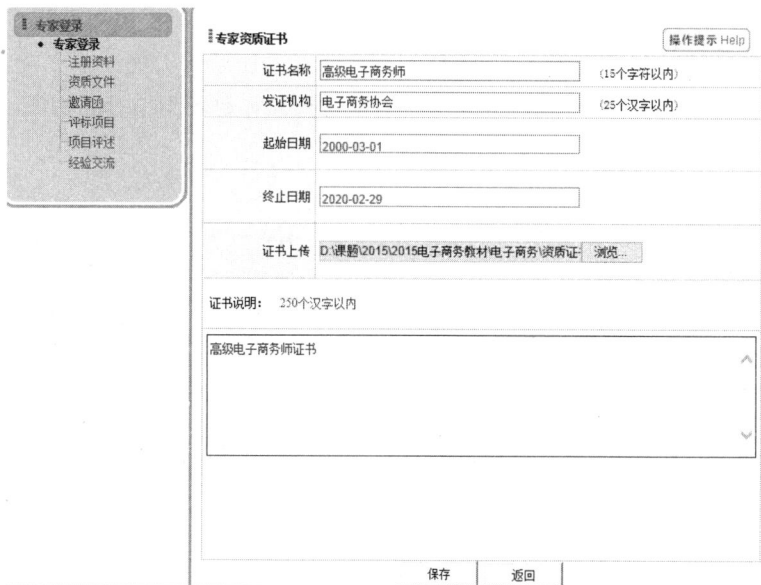

图 1-402

1.5.2　招投标项目的建立

唐山联合大学添加采购笔记本电脑的项目，包括采购包、采购产品、设置评分细项、提交采购项目，随后招投标管理部门唐山市政府采购中心要审核唐山联合大学的采购项目，并且发布招标公告。此时，作为供应公司可以查看招标公告，并申请投标，当申请投标的公司超过三家时，唐山市政府采购中心才可以生成招标文件。当招标文件生成后，供应公司才可以查看标书、购买标书。唐山市政府采购中心确认付款之后，供应公司才可以填写标书以及投递标书。

1. 采购公司添加采购项目、采购包、采购产品

在【电子商务应用模型】模块下的【G2B 实践】选项卡下，单击唐山联合大学后面的【进入】链接，进入采购公司(唐山联合大学)平台，如图1-403所示。

图 1-403

在弹出的页面中，选择【添加项目】选项，进入添加项目页面。输入项目名称和备注信息，选择项目紧急程度和招标模式，单击【保存】按钮，则采购项目添加成功，如图1-404所示。

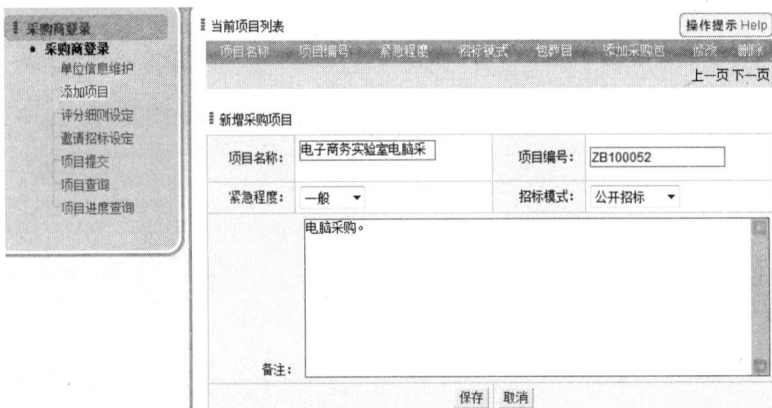

图 1-404

项目添加成功之后，继续添加采购包和采购产品。单击项目名称后面的【添加】链接，如图1-405所示。

在弹出的页面中，输入采购包名称、采购包预算以及投标保证金，单击【保存】按钮，添加采购包成功，如图1-406所示。

图 1-405

图 1-406

继续添加购买产品数量。单击第 1 包项目后面的【添加】链接。输入产品名称、采购数量以及规格说明，单击【保存】按钮，添加采购产品成功，如图 1-407 所示。

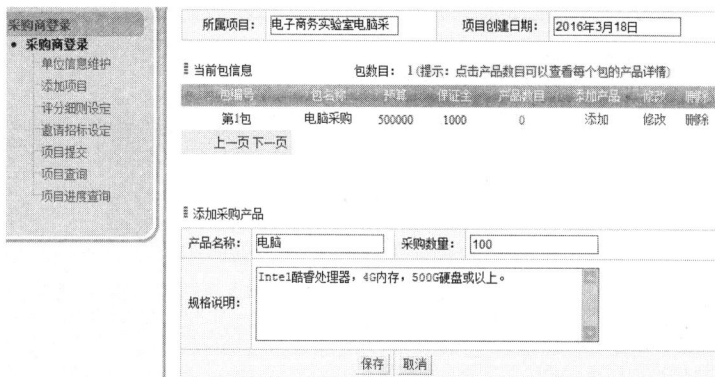

图 1-407

2. 设定评分细项

产品信息添加结束之后，设定评分细项。在【G2B 实践】选项卡下进入采购公司唐山联合大学管理平台，选择【评分细则设定】选项，进入评分细项设定页面。单击项目名称前面的【选择】链接，为该项目设定评分细项，如图 1-408 所示。

图 1-408

单击第 1 包前面的【设定】链接，输入细项名称和所占百分比，单击【提交】按钮，则评分细项设定成功，如图 1-409 所示。注意：设定评分细项时，各个评分细项所占的百分比之和应为 100%，系统认定各个评分细项百分比在 10%～100%之间。

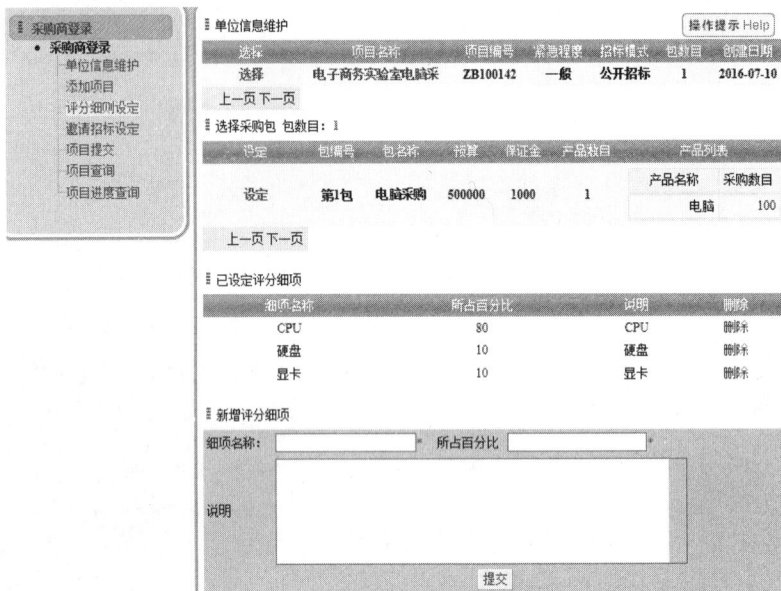

图 1-409

这时唐山联合大学可以向唐山市政府采购中心提交采购项目了。选择【项目提交】选项，进入项目提交页面，再单击项目名称前面的【管理】链接，选中【提交政府审核】选项，单击【确定】按钮，则采购项目提交成功，如图 1-410 所示。

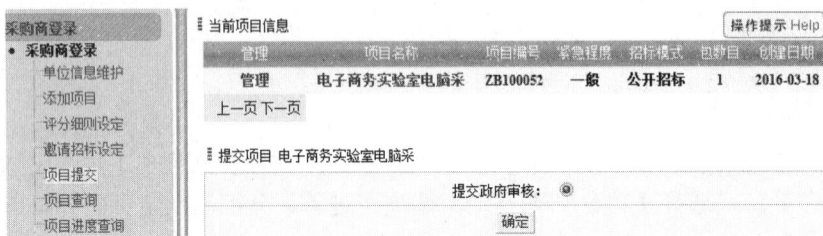

图 1-410

3. 唐山市政府采购中心审核唐山联合大学采购项目，并发布招标公告，生成招标文件

(1) 在【电子商务应用模型】模块中的【G2B 实践】选项卡下，单击唐山市政府采购中心后面的【进入】链接，进入招投标管理部门平台，如图 1-411 所示。

图 1-411

(2) 选择【招标项目管理】下拉列表下的【项目审核】选项，进入项目审核页面。单击项目名称前面的【管理】链接，设定项目时间，选中【审核通过】选项，单击【确定】按钮，项目审核成功，如图 1-412 所示。

图 1-412

(3) 接下来要生成招标公告。选择【招标项目管理】下拉列表下的【生成招标公告】选项，进入公告生成页面。单击项目名称前面的【生成】链接，如图 1-413 所示，在弹出的页面中，确认内容即可。

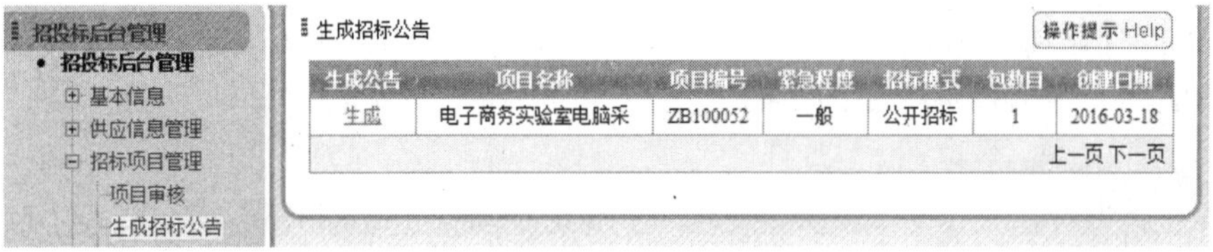

图 1-413

(4) 发布已经生成的招标公告。选择【招标项目管理】下拉列表下的【招标公告管理】选项，进入公告发布页面。单击公告标题前的【管理】链接，如图 1-414 所示。

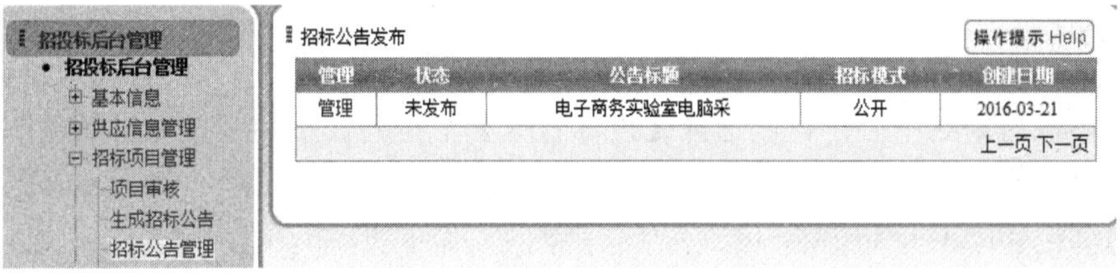

图 1-414

选择【确定发布】选项，单击【确定】按钮，则招标公告发布成功，如图 1-415 所示。

图 1-415

4. 供应公司查看招标公告、购买标书、填写标书以及投递标书

(1) 在【电子商务应用模型】模块中的【G2B 实践】选项卡下，单击达益科技有限公司后面的【进入】链接，进入供应公司平台，如图 1-416 所示。

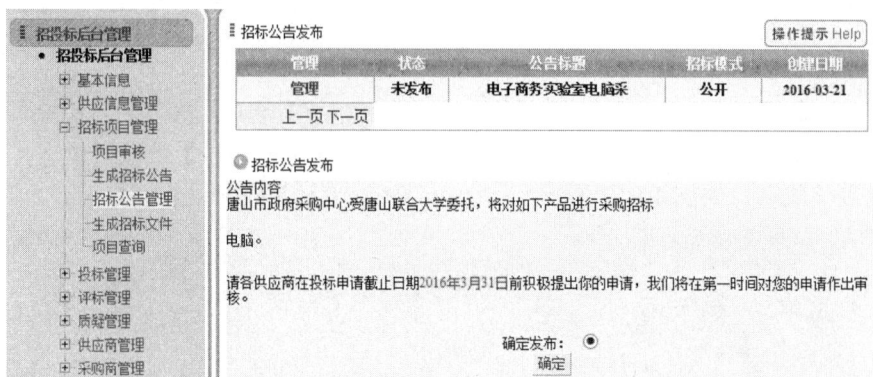

图 1-416

(2) 选择【申请投标】下拉列表下的【招标公告】选项，进入申请投标页面。单击申请投标下的图标，申请投标，如图 1-417 所示。

图 1-417

(3) 其他两个供应公司进行同样的操作，申请投标。

(4) 接下来，招投标管理单位(唐山市政府采购中心)要对供应公司的投标申请进行审核。进入唐山市政府采购中心平台。选择【投标管理】下拉列表下的【投标申请审核】选项，进入供应商资格审核页面。单击【审核】链接，选中【批准】选项，单击【确定】按钮，则审核通过，如图 1-418 所示。

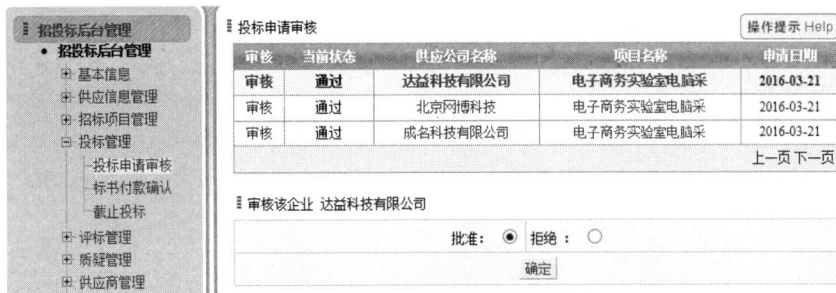

图 1-418

(5) 当三家供应公司申请投标之后，招投标管理单位才可以生成标书。选择【招标项目管理】下拉列表下的【生成招标文件】选项，进入文件生成页面。单击项目名称前面的【生成】链接，如图 1-419 所示。

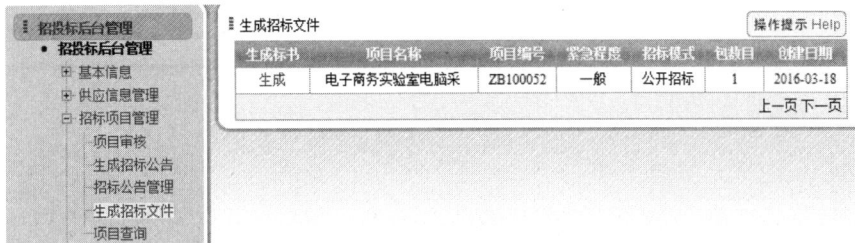

图 1-419

在弹出的页面中输入标书价格，单击【确定】按钮，则标书生成成功，如图 1-420 所示。

(6) 接下来，供应公司要去购买标书。进入供应公司达益科技有限公司平台，选择【申请投标】下拉列表下的【标书购买】选项，进入标书购买页面。单击【购标书】下的图标，购买标书，如图 1-421 所示。

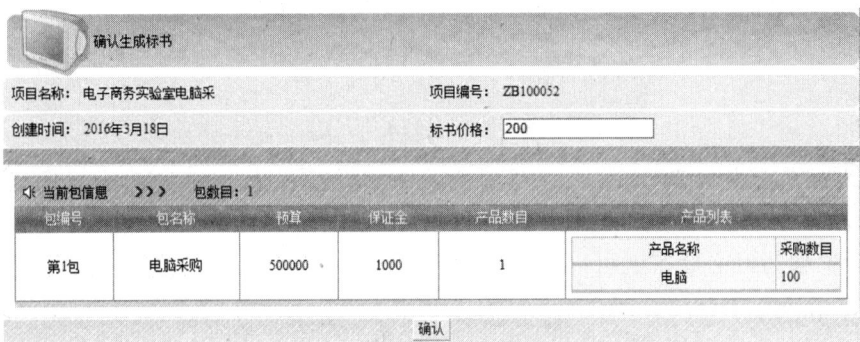

图 1-420

图 1-421

同样的操作，其他两家供应公司成名科技有限公司、北京网博科技也要购买标书。

(7) 供应公司购买标书，付款之后，招投标管理单位要确认付款成功。进入唐山市政府采购中心平台。选择【投标管理】下拉列表下的【标书付款确认】选项，进入付款确认页面。单击【确定】链接，确认付款，如图 1-422 所示。

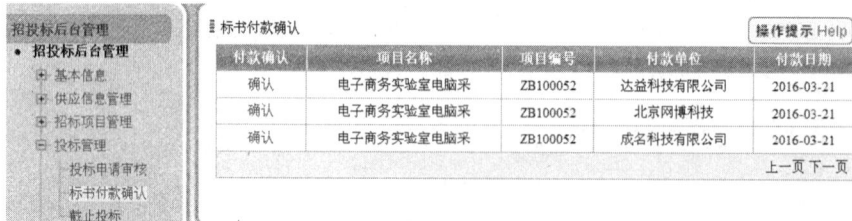

图 1-422

(8) 招投标管理单位(唐山市政府采购中心)确认付款之后，供应公司就可以填写标书，投递标书了。单击供应公司达益科技有限公司后面的【进入】链接，单击【标书管理】下拉列表下的【标书填写】选项，进入标书填写页面。单击标书填写下面的图标，如图 1-423 所示。

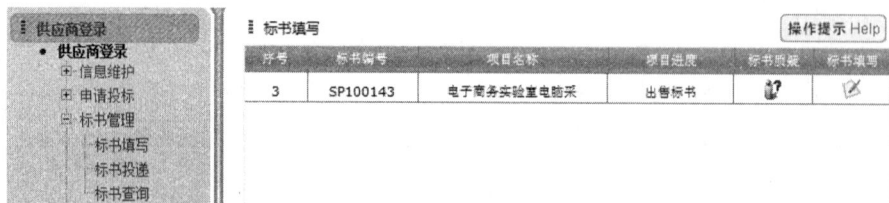

图 1-423

在弹出的页面中，填写报价、交货时间承诺、售后服务承诺等信息，单击【保存】按钮，则标书填写成功，如图 1-424 所示。

(9) 标书填写好之后，就可以投递标书了。选择【标书管理】下拉列表下的【标书投递】选项，进入标书投递页面。单击【标书投递】下的图标，进行标书投递，如图 1-425 所示。

图 1-424

图 1-425

其他的两家供应公司进行同样的操作，填写标书、投递标书。

(10) 供应公司投递标书结束之后，唐山市政府采购中心要截止投标。进入唐山市政府采购中心，选择【投标管理】下拉列表下的【截止投标】选项，单击项目名称前的【选择】链接，选中【确定截止接受标书】选项，单击【确定】按钮，截止投标成功，如图 1-426 所示。

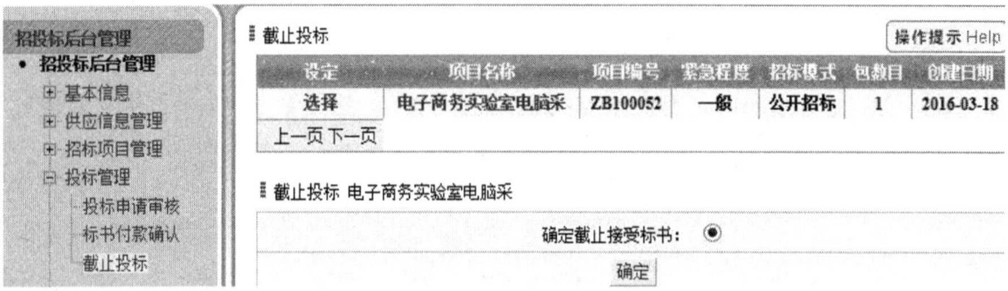

图 1-426

1.5.3　招投标项目的评审和中标

唐山市政府采购中心先邀请评标专家(王大伟、张亮和李林),接着评标专家接受邀请,并评定采购项目。作为招投标管理单位,要发布预中标、中标公告,以及确定预中标、中标单位以及管理投标保证金。

1. 唐山市政府采购中心邀请评标专家

(1) 进入唐山市政府采购中心平台。选择【评标管理】下拉列表下的【邀请评标专家】选项,进入专家邀请页面。单击项目名称前面的【选择】链接,如图 1-427 所示。

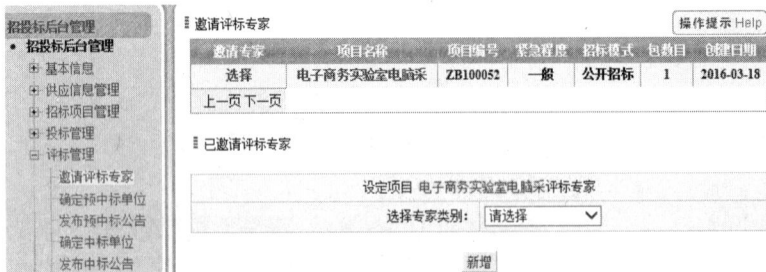

图 1-427

选择专家类别,勾选邀请的专家,单击【新增】按钮,如图 1-428 所示。

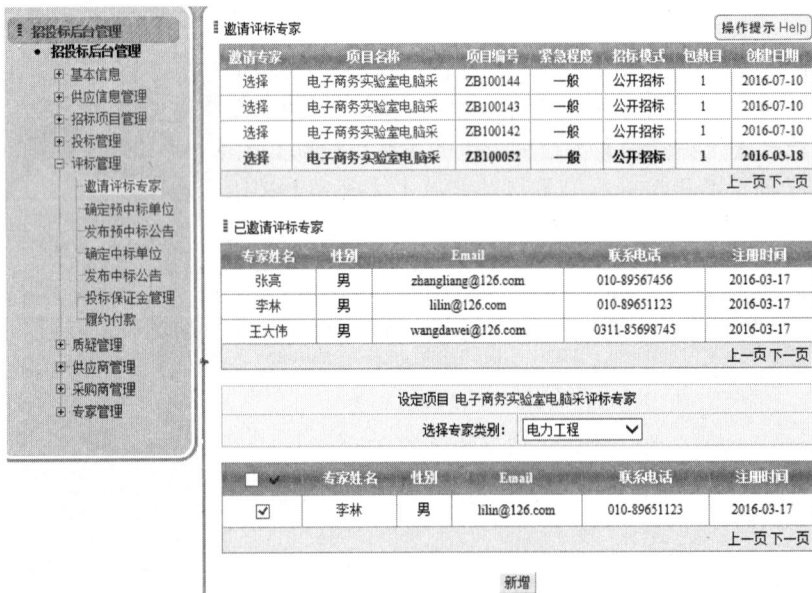

图 1-428

(2) 采购中心邀请完专家之后，评审专家要接受邀请。在【G2B 实践】选项卡下进入评审专家王大伟的管理页面，选择【邀请函】选项，进入邀请函页面。单击【接受邀请】下面的图标，接受邀请，如图 1-429 所示。

同样，另外两位评审专家也应做接受邀请操作。

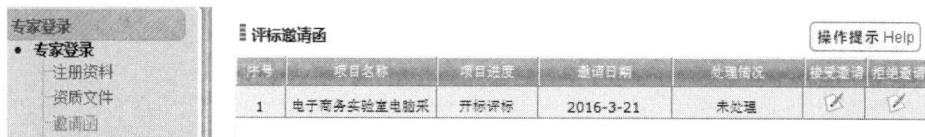

图 1-429

2. 项目评标

(1) 现在评标专家就有资格对项目进行评标了。在专家王大伟的管理页面，选择【评标项目】选项，进入评标项目页面，如图 1-430 所示。

图 1-430

单击【评标】下面的图标，进入评标项目——采购包页面，如图 1-431 所示。

图 1-431

单击评分下面的按钮，进行评分，如图 1-432 所示。

图 1-432

在弹出的页面中对采购项目进行评分。评分结束后提交，则评标专家评标成功，如图 1-433 所示。

可参考表 1-1 所列分数评标。

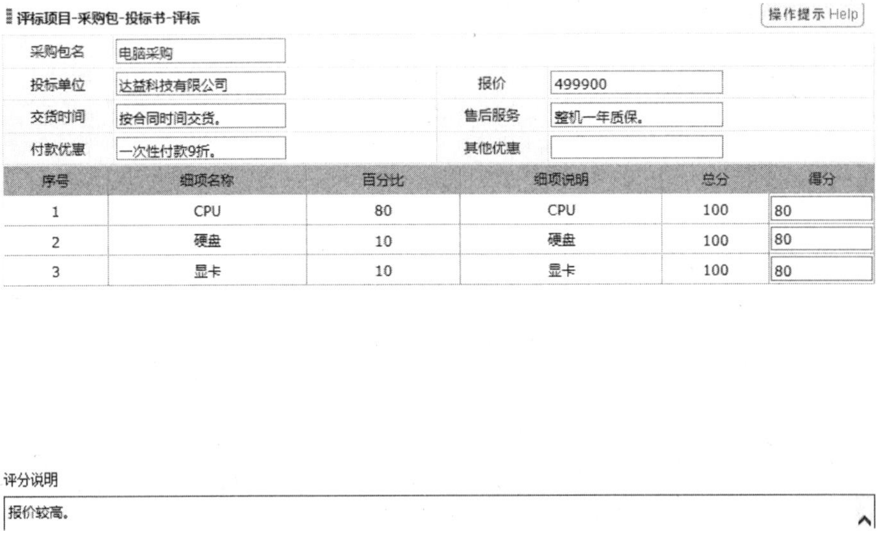
评标项目-采购包-投标书-评标
操作提示 Help
采购包名
电脑采购
投标单位
达益科技有限公司
报价
499900
交货时间
按合同时间交货。
售后服务
整机一年质保。
付款优惠
一次性付款9折。
其他优惠
序号
细项名称
百分比
细项说明
总分
得分
1
CPU
80
CPU
100
80
2
硬盘
10
硬盘
100
80
3
显卡
10
显卡
100
80
评分说明
报价较高。

图 1-433

表 1-1　评标分数表

姓　名	公　司		
	达益科技有限公司	成名科技有限公司	北京网博科技
王大伟	84	90	94
张亮	84	91	94
李林	80	84	90

(2) 进入唐山市政府采购中心平台，选择【评标管理】下拉列表下的【确定预中标单位】选项，进入预中标单位确定页面。单击项目名称前面的【选择】链接，如图 1-434 所示。

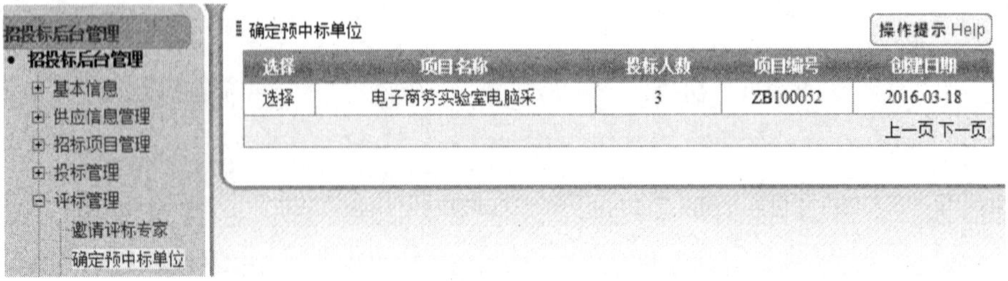
招投标后台管理
招投标后台管理
基本信息
供应信息管理
招标项目管理
投标管理
评标管理
邀请评标专家
确定预中标单位
确定预中标单位
操作提示 Help
选择
项目名称
投标人数
项目编号
创建日期
选择
电子商务实验室电脑采
3
ZB100052
2016-03-18
上一页 下一页

图 1-434

勾选预中标单位，单击【提交】按钮，确定预中标单位成功，如图 1-435 所示。

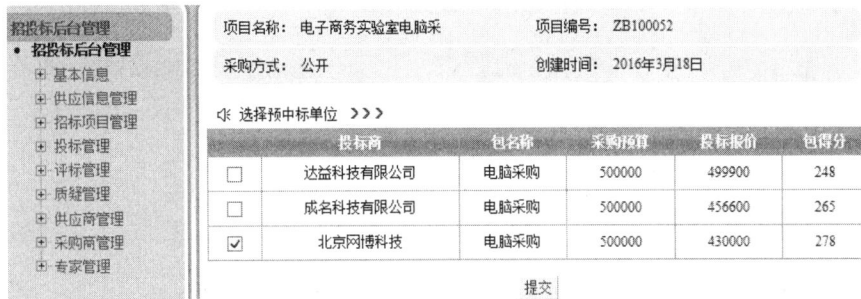

图 1-435

接下来发布预中标公告。选择【评标管理】下拉列表下的【发布预中标公告】选项，单击项目名称前的【选择】链接，如图 1-436 所示。在弹出的页面中确认信息，发布预中标公司成功。

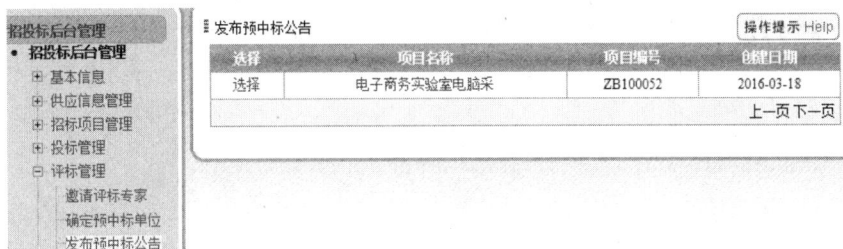

图 1-436

(3) 唐山市政府采购中心的预中标公告发布之后，供应公司可以查看此中标公告，并提出质疑。进入供应公司平台。选择【项目管理】下拉列表下的【预中标公告】选项，单击【公告质疑】下面的图标，如图 1-437 所示。

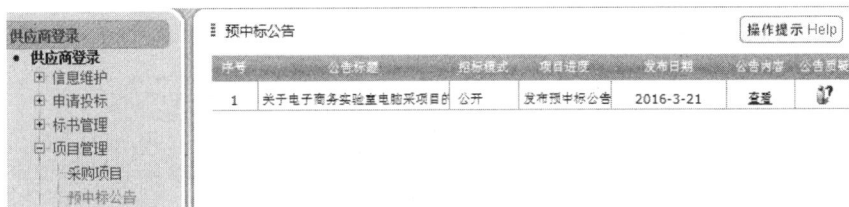

图 1-437

在弹出的页面中填写公告质疑内容，单击【保存】按钮，如图 1-438 所示。

(4) 接下来，唐山市政府采购中心要对此公告质疑进行回复。进入采购中心平台，选择【质疑管理】下拉列表下的【疑问解答】选项，在右侧页面中单击【预中标公告质疑】选项卡，进入质疑回复页面。单击【回复】链接，在弹出的对话框中填写回复内容，单击下方的【回复】按钮，如图 1-439、图 1-440 所示。

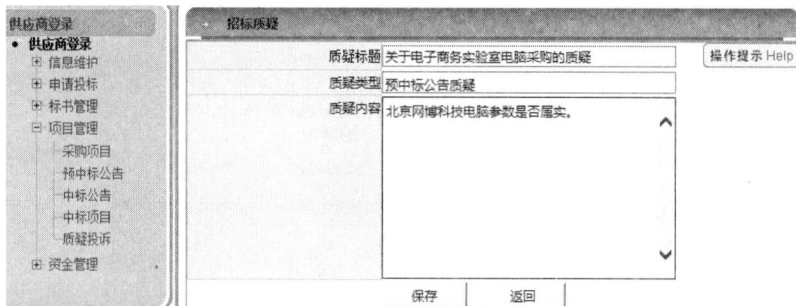

图 1-438

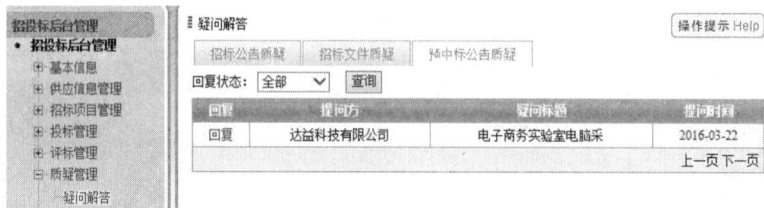

图 1-439

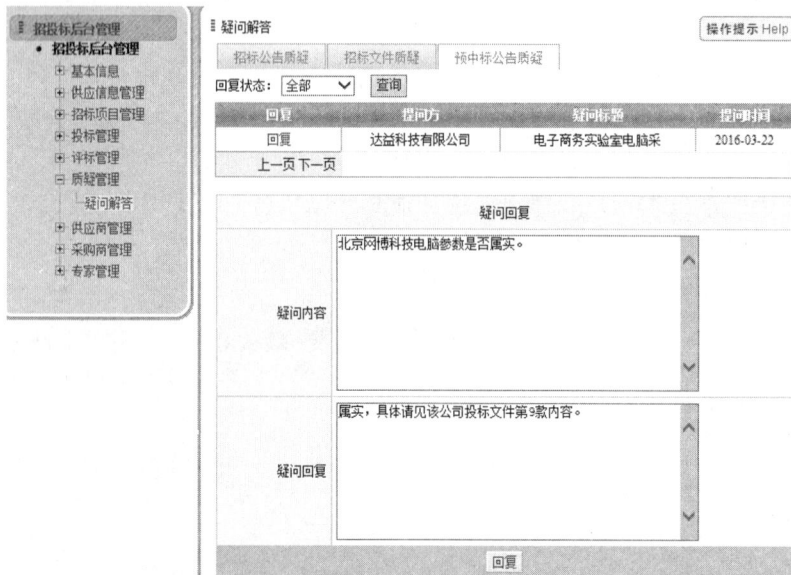

图 1-440

(5) 确定无误之后，唐山市政府采购中心要确定北京网博科技为中标单位。单击【评标管理】下拉列表下的【确定中标单位】选项，进入中标单位确定页面，再单击【选择】链接，如图 1-441 所示。

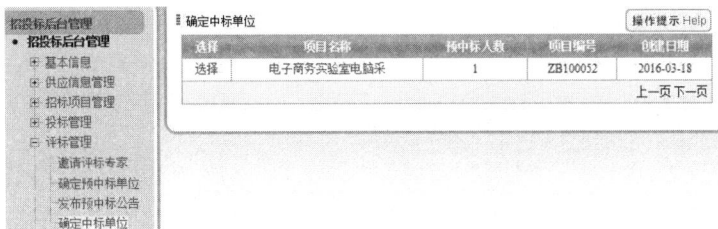

图 1-441

在弹出页面中勾选北京网博科技，单击【提交】按钮，确定中标单位成功，如图 1-442 所示。

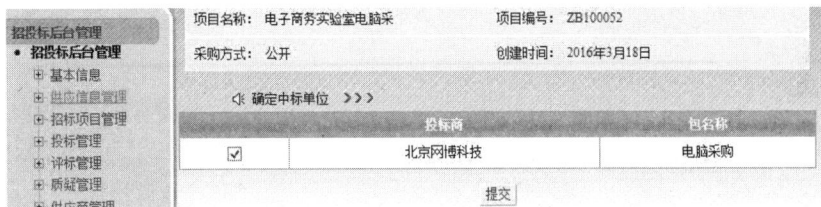

图 1-442

(6) 接下来，唐山市政府采购中心可以发布中标公告。选择【评标管理】下拉列表下的【发布中标公告】选项，进入中标公告发布页面。单击项目名称前面的【选择】链接，如图 1-443 所示。

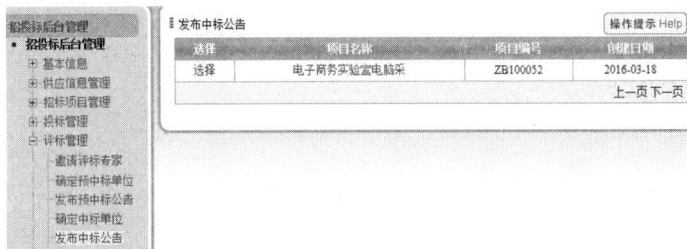

图 1-443

在弹出的页面中单击【确认】按钮，中标公告发布成功，如图 1-444 所示。

(7) 中标单位确认以后，唐山市政府采购中心要将中标单位的投标保证金转成履约保证金，并且要退回未中标单位的投标保证金。选择【评标管理】下拉列表下的【投标保证金管理】选项，进入投标保证金管理页面。单击项目名称前面的【选择】链接，对中标单位，单击【转成履约保证金】按钮；对未中标单位，单击【退回投标保证金】按钮，如图 1-445 所示。

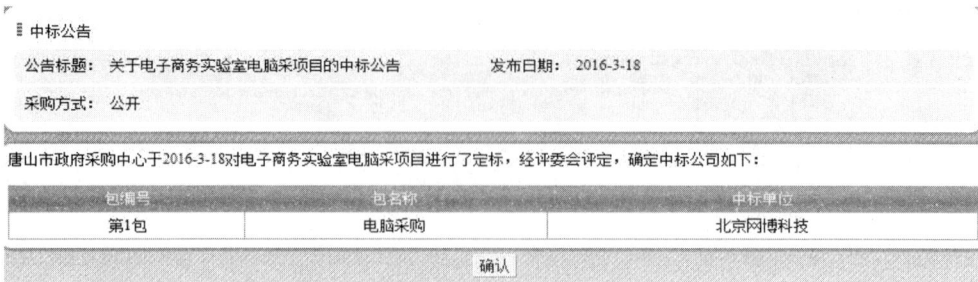

图 1-444

图 1-445

(8) 接下来就是履约付款问题了。选择【评标管理】下拉列表下的【履约付款】选项，进入履约付款页面。单击项目名称前面的【选择】链接，如图 1-446 所示，对中标单位付款进行确认。

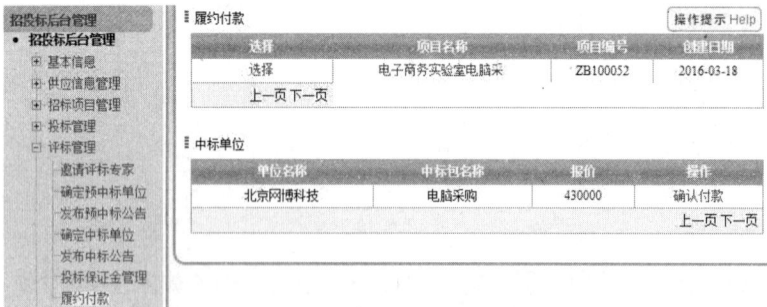

图 1-446

1.5.4　招投标项目的后期业务处理

评标专家可以就此项目给出项目评述，以便查询项目评述以及发表经验，进行交流；采购公司可以查询已经通过的项目。

1. 项目评述

进入评标专家平台。选择【项目评述】选项，进入项目评述页面。在右侧页面，单击【发表】链接，在弹出的页面中填写评述内容，单击【保存】按钮，如图 1-447、图 1-448 所示。

图 1-447

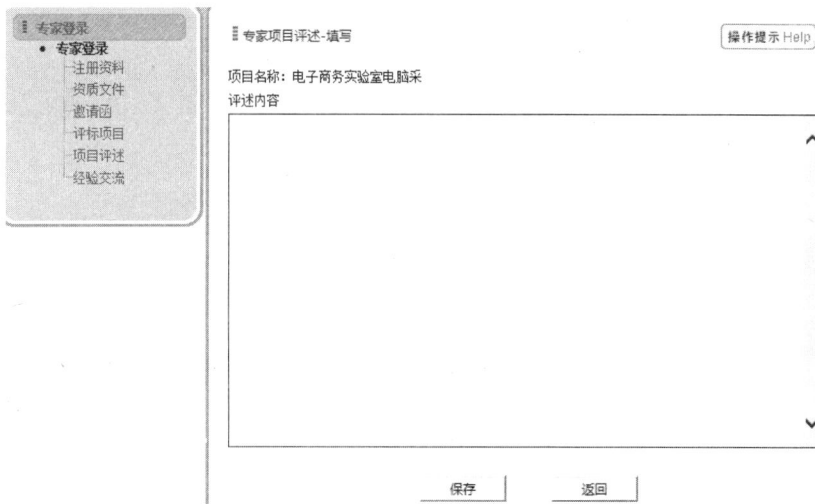

图 1-448

评标专家也可以进行经验交流。选择【经验交流】选项，进入经验交流页面。单击最下面的【发表经验】按钮，填写标题名称和实践内容消息，单击【保存】按钮，如图 1-449、图 1-450 所示。

2. 采购公司项目进度查询

进入采购公司(唐山联合大学)平台。选择【项目进度查询】选项，进入项目进度查询页面，在右侧页面单击【查找】按钮。单击项目具体名称，如图 1-451 所示。可以看到该项目的具体信息。

图 1-449

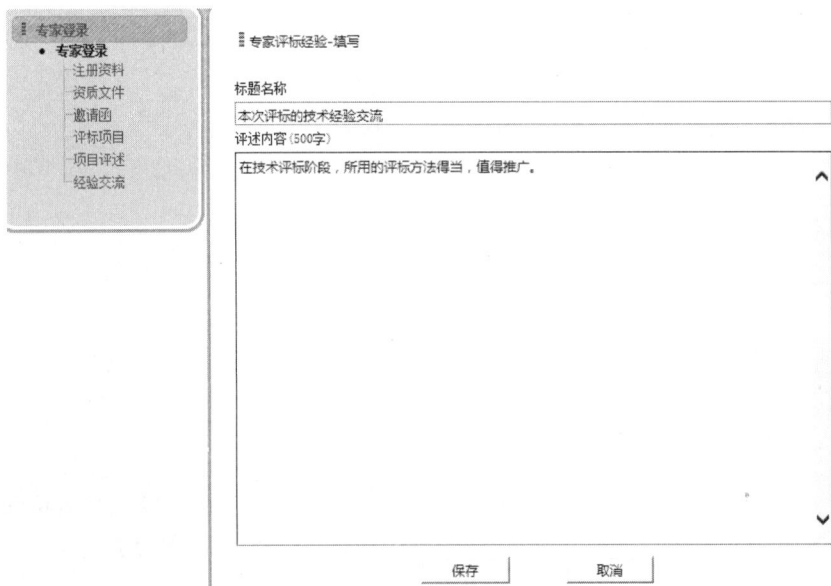

图 1-450

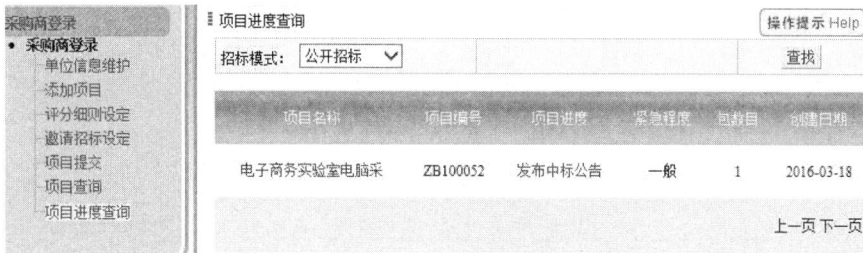

图 1-451

若要查看具体的中标单位的基本信息，可以进入 G2B 平台在【电子商务应用模型】模块中的【G2B 实践】选项卡下，单击【G2B 平台】后面的【进入】链接，如图 1-452 所示。

图 1-452

在弹出的页面中可以查看相关的中标信息、采购公司信息、供应公司信息等，如图 1-453所示。

图 1-453

1.6 网络广告交易市场

【实践情景】

达益科技有限公司为推广自己的公司要在网上投放广告。在本实践中，凤凰科技有限公司是网站主，达益科技有限公司是广告主。凤凰科技有限公司在网络广告交易市场发布广告位，达益科技有限公司建立广告计划和广告组。凤凰科技有限公司的广告位符合达益科技有限公司的要求，于是达益科技有限公司购买凤凰科技有限公司发布的广告位。

1.6.1 网络广告交易前期准备

1. 服务商绑定支付通

在【电子商务应用模型】模块中切换到【网络广告交易市场】选项卡，单击【服务商平台】后的【进入】链接，进入服务商平台，选择【支付管理】下拉列表下的【支付通账户管理】选项，在右侧页面中填写支付通账户信息，如图1-454、图1-455所示。

图 1-454

图 1-455

(1) 用户注册账户。在【电子商务应用模型】模块中的【网络广告交易市场】选项卡下，单击【网络广告平台】后的【进入】链接进入网络广告平台，单击右上角的【注册】链接，如图1-456、图1-457所示。

图 1-456

图 1-457

填写注册信息，如图 1-458 所示。

注册完之后，在系统的右下方会收到一封激活邮件，单击 ✉ <1> 图标，打开邮件，根据提示单击激活账户，如图 1-459 所示。

账户类型：	○个人 ◉公司	
公司名称：	达益科技有限公司	✔ 公司名称输入成功！
公司地址：	唐山市路北区建设北路156号	✔ 公司地址输入成功！
联系人：	李想	✔ 联系人输入成功！
EMAIL地址：	lixiang@126.com	✔ EMAIL地址输入成功！
确认EMAIL地址：	lixiang@126.com	✔ EMAIL地址输入成功！
密码：	●●●●●●●●	✔ 密码输入成功！
再输入一遍密码：	●●●●●●●●	✔ 密码输入成功！
昵称：	李想	✔ 昵称输入成功！

联系方式 *以下三种联系方式，手机号码为必填，其他为可选项。

手机号码：	13911111111	✔ 手机号码输入成功！
固定电话：	0315-3861234	✔ 电话号码输入成功！
其他联系方式：	无 ▾	请输入您的MSN或微QQ等IM帐号
校验码：	VLX62	VLX62 请输入左侧字符，区分大小写。看不清楚？换个图片

同意以下服务条款，提交注册信息

图 1-458

全选	邮件来源	邮件主题	邮件发送时间
☐	网络广告交易市场服务商	网络广告交易市场账户（lixiang@126.com）激活	2016-4-3 23:54:03
☐	中国工商银行客服中心	中国工商银行企业账户(6555659451222948)注册……	2016-3-31 14:22:38

▶ 记录总数: 2 总页数: 1 当前页: 1　　　　　首页 上一页 【1】 下一页 尾页

删除

图 1-459

(2) 绑定支付通。进入刚刚注册的账户，单击右上角的【我的账户】链接，在弹出的页面中选择【用户信息】选项卡下的【基本信息】选项，修改个人信息，单击【提交修改】按钮，提交修改后的信息，如图1-460、图1-461所示。选择【管理支付通账户】选项，为该账户绑定支付通，单击【绑定支付通】按钮，如图1-462所示。

欢迎您！ 李想 [退出] 我的帐户 支付通

购物车，1

图 1-460

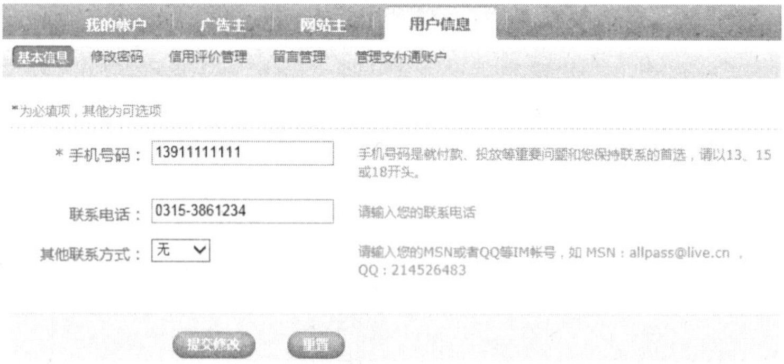

图 1-461

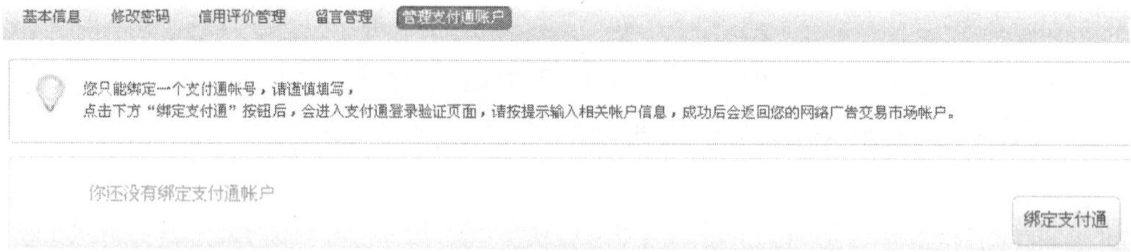

图 1-462

在弹出的页面中输入相关联的支付通账户信息，操作同前，绑定成功后的页面如图1-463所示。

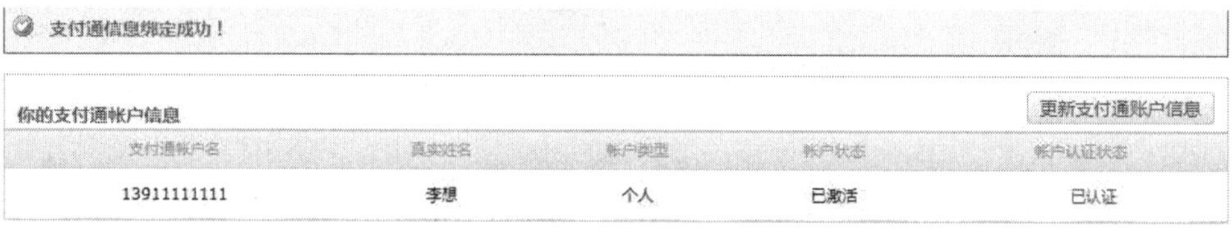

图 1-463

(3) 绑定支付通账户之后，给该账户充值，切换到【我的账户】选项卡，单击【给消费账户充值】按钮，输入充值金额，如图 1-464、图 1-465 所示。

图 1-464

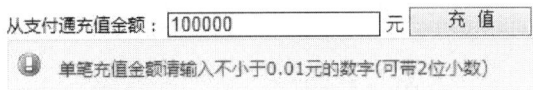

图 1-465

执行支付操作，操作同前，不再赘述。

以上演示的是达益科技有限公司注册用户及账户充值等一系列操作，按照这样的步骤，对凤凰科技有限公司也操作一遍。广告主需要给账户充值，网站主可以用同样的方法提现。

2. 服务商后台管理

(1) 目录管理。

① 目录信息添加。在【网络广告交易市场】选项卡下，进入服务商平台，选择【目录管理】下拉列表下的【目录信息添加】选项，添加目录信息。首先添加一级目录，完成后单击【添加一级目录】按钮，如图 1-466 所示。

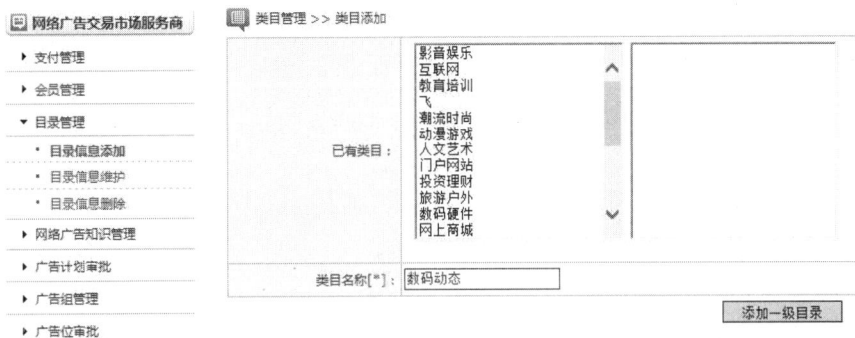

图 1-466

继续添加二级目录，完成后单击【添加二级目录】按钮，如图 1-467 所示。

② 目录信息维护。添加的新目录如果服务商发现有不妥的地方，可以选择【目录信息维护】选项进行修改，修改完成后单击【修改目录】按钮，如图 1-468 所示。

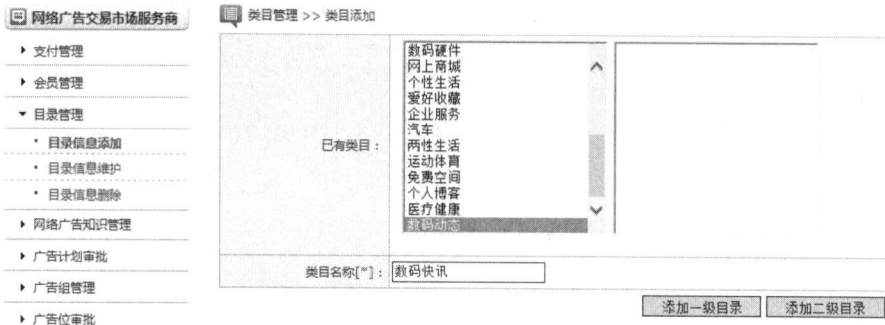

图 1-467

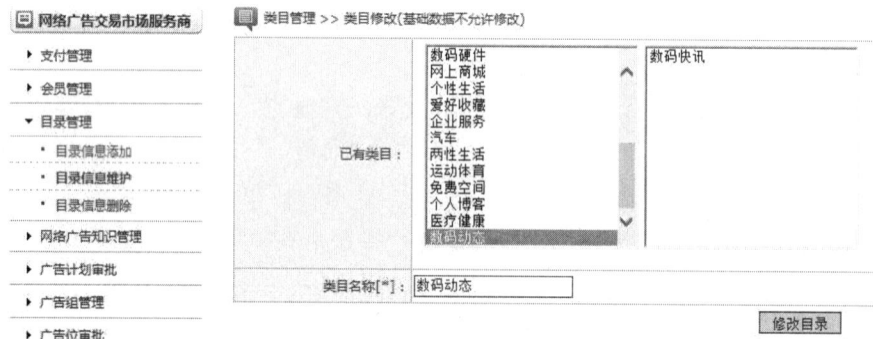

图 1-468

③ 目录信息删除。添加的新目录若与之前的目录有重复等问题，还可以选择【目录信息删除】选项进行删除，选中该目录单击【删除目录】按钮，如图 1-469 所示。

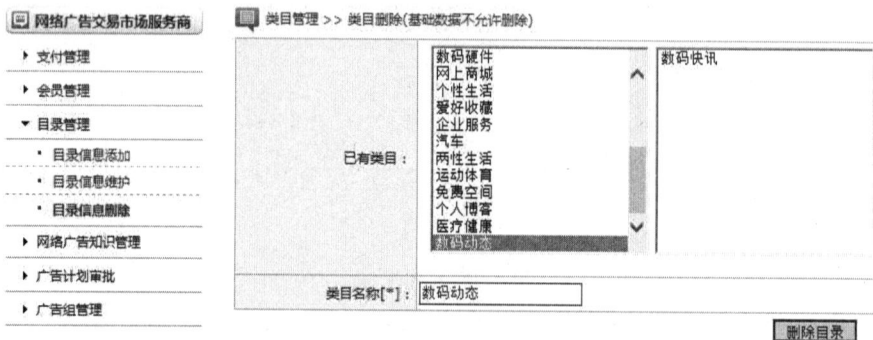

图 1-469

(2) 网络广告知识管理。对于添加的网络广告知识，既可以修改也可以删除。

① 在【网络广告知识管理】下拉列表中，选择【网络广告形式】选项，进行网络广告

形式知识介绍，单击【添加】按钮，在弹出的页面中输入相关内容，单击【添加】按钮，添加成功，如图 1-470、图 1-471 所示。

图 1-470

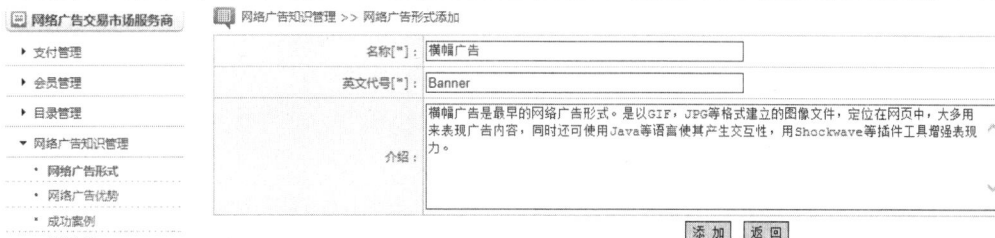

图 1-471

② 选择【网络广告优势】选项，进行网络广告优势介绍，如图 1-472 所示，操作同网络广告形式添加，不再过多赘述。

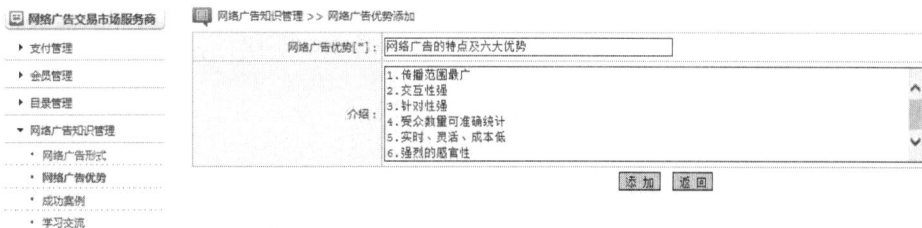

图 1-472

③ 选择【成功案例】选项，添加成功案例，如图 1-473 所示，操作同网络广告形式添加，不再赘述。

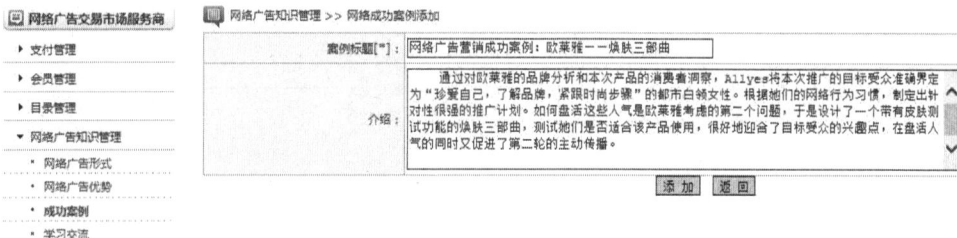

图 1-473

④ 选择【学习交流】选项，添加学习交流经验，如图 1-474 所示，操作同前，不再赘述。

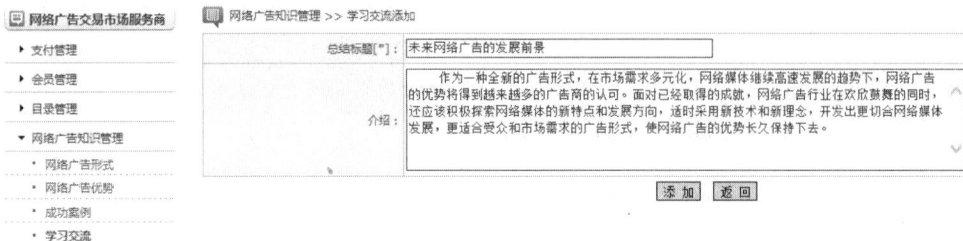

图 1-474

(3) 站长信用设置。在【服务商参数设置】下拉列表下，选择【站长信用设置】选项，如图 1-475 所示。

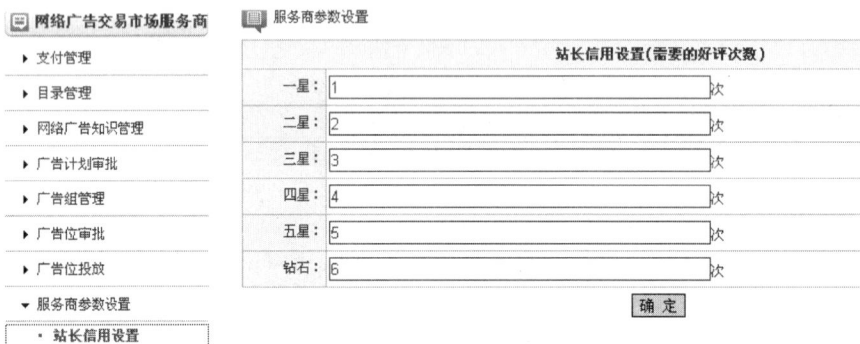

图 1-475

(4) 活动与公告。服务商可以适时地发布一些广告活动，吸引客户，选择【活动与公告】下拉列表下的【活动与公告】选项，添加活动内容，如图 1-476 所示。

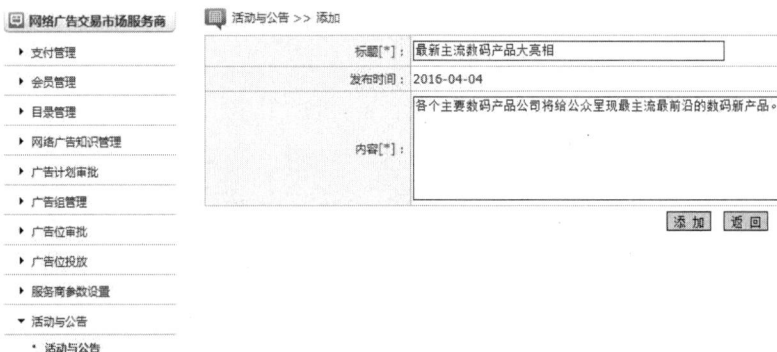

图 1-476

1.6.2 网络广告发布和购买流程

1. 网站主建立商铺，发布广告位

(1) 网站主创建商铺。在【网络广告交易市场】选项卡下，进入凤凰科技有限公司的账户，进入【我的账户】，选择【网站主】选项卡中的【商铺管理】选项。输入商铺基本信息，完成后单击【保存】按钮，如图 1-477、图 1-478 所示。

图 1-477

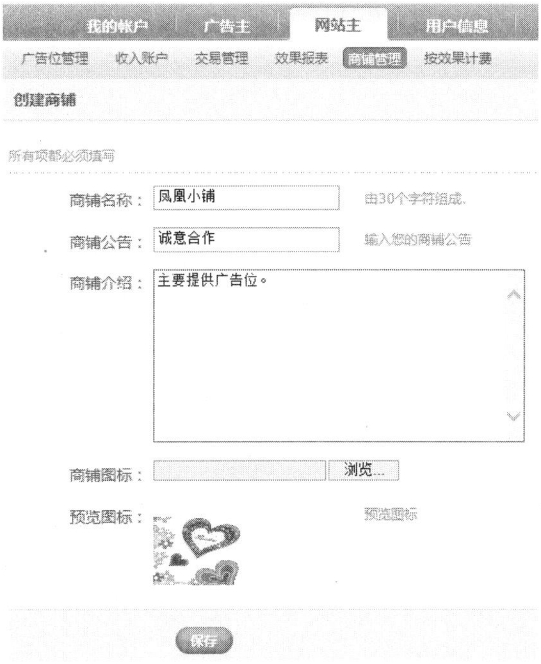

图 1-478

(2) 发布按时长计费广告位。选择【网站主】选项卡下【广告位管理】选项，单击【新增广告位】按钮，如图 1-479 所示。

图 1-479

在弹出的页面中，单击【登记新网站】按钮，填写网站信息，完成后，单击【保存】按钮，如图 1-480 至图 1-482 所示。

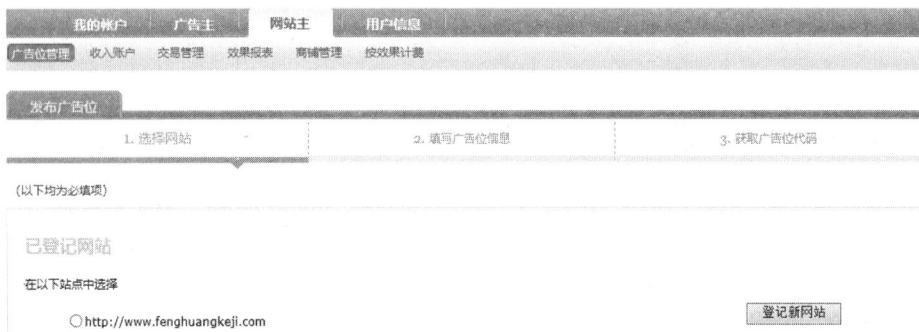

图 1-480

图 1-481

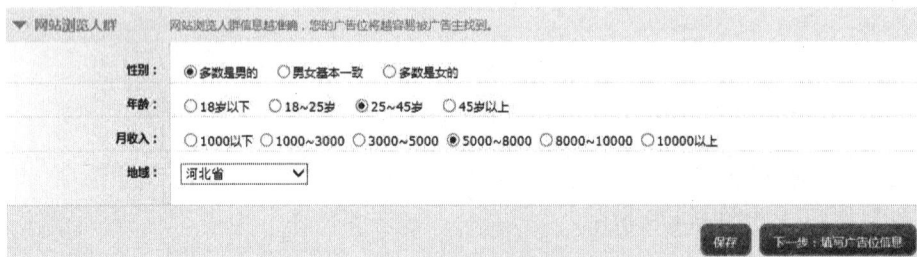

图 1-482

选择站点，单击【下一步：填写广告位信息】按钮，如图 1-483 所示。

在弹出的页面中，填写广告位信息，如图 1-484、图 1-485 所示。注意：图 1-484 中广告内容选项"文字广告"和"图片/Flash 广告"是与之后广告主添加广告牌相对应的。

发布广告位

| 1. 选择网站 | 2. 填写广告位信息 | 3. 获取广告位代码 |

(以下均为必填项)

已登记网站

在以下站点中选择

◉ http://www.fenghuangkeji.com

[登记新网站]

[下一步：填写广告位信息]

图 1-483

▼ 填写广告位信息

广告位名称： [凤凰科技质部广告位]　(例如：xxx网站顶部广告位)
广告位名称是买家考虑该广告位性价比高低最初步、直观的感受，此处最多32个字符。

广告内容： ☑ 文字广告[?]　☑ 图片/Flash广告[?]
为了增加您的广告收益，建议保留文字广告形式。

广告位所在位置： ◉ 在首页 ○ 不在首页

广告位所在类目： [数码动态 ▾]　[数码资讯 ▾]

选择广告位尺寸：
◉ 横幅广告 760x90　○ 垂直广告 120x600　○ 巨幅广告 180x250　○ 小幅广告 120x60
○ 横幅广告 468x60　○ 垂直广告 120x240　○ 巨幅广告 250x300　○ 小幅广告 100x100
○ 横幅广告 250x60　○ 垂直广告 160x600　○ 巨幅广告 360x190
○ 横幅广告 728x90　　　　　　　　　　　○ 巨幅广告 250x250
○ 横幅广告 950x90　　　　　　　　　　　○ 巨幅广告 200x200
○ 横幅广告 658x60　　　　　　　　　　　○ 巨幅广告 336x280
　　　　　　　　　　　　　　　　　　　○ 巨幅广告 300x250
　　　　　　　　　　　　　　　　　　　○ 巨幅广告 290x200

图 1-484

选择计费类型：
◉ 🖼 按时长计费
　请设置时长计费价格：[10000] 元/周(>=0.01)

○ 按点击计费

○ 按展现计费

设置广告位关键字： [数码]
您可输入多个关键词语，之间通用半角逗号分隔。例：手机,智能,数码

广告位描述： [广告位位于网站首页顶部，大小760*90。

]

广告位描述是买家决定是否购买该广告位的重要参考标准。
例：广告位位于论坛顶部，大小为658x60，该广告位可以开启全站显示，本站主要为网络游戏公会论坛，访问人群为游戏玩家，年龄在18-35之间，适合投放网游类广告。

图 1-485

获取代码，并复制，单击【复制代码】按钮，完成后单击【完成】按钮，如图 1-486 所示。

图 1-486

(3) 在【网络广告交易市场】选项卡下，进入服务商平台，审批广告位。选择【广告位审批】下拉列表下的【广告位审批】选项，在右侧页面中单击【审批通过】链接，如图 1-487 所示。

图 1-487

选择【广告位审批】下拉列表下的【精品推荐】选项，单击【推荐】链接，如图 1-488 所示。

图 1-488

选择【广告位审批】下拉列表下的【低价推荐】选项，在右侧页面中单击【推荐】链接，如图 1-489 所示。

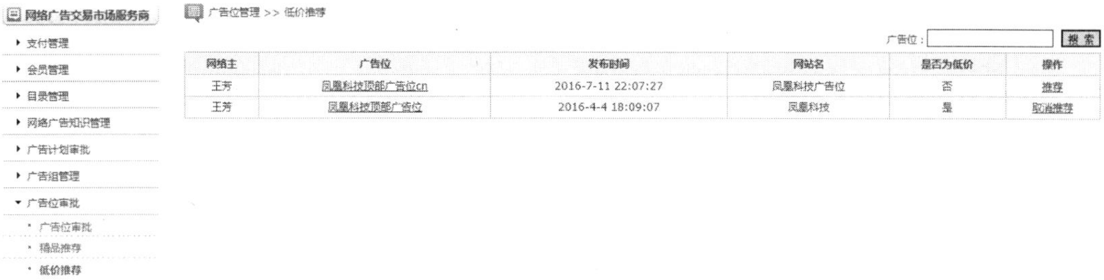

图 1-489

2. 广告主申请广告组，建立广告牌

(1) 在【网络广告交易市场】选项卡下，
进入达益科技有限公司的账户，选择【广告主】
选项卡下的【广告组管理】选项，如图 1-490
所示。

单击图 1-490 中的【新增广告组】按钮，
切换到【图片/FLASH】选项卡，填写广告组
的相关信息，如图 1-491 所示，完成后单击【建
立图片广告牌】按钮。

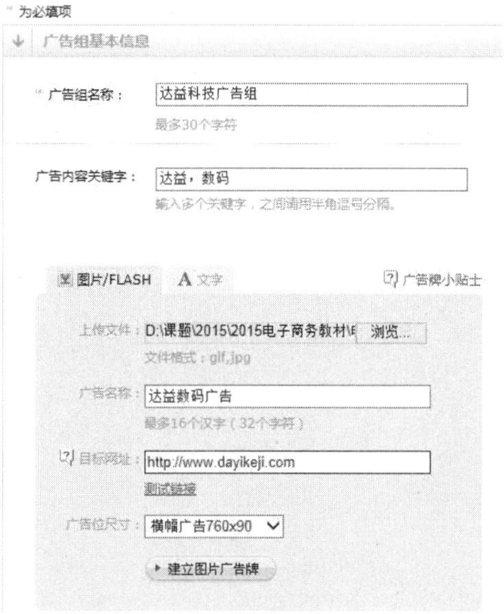

图 1-490

图 1-491

选择【广告主】选项卡下的【广告组管理】选项，单击右下角的【在此广告组下新增广告牌】链接，增加一个文字广告牌，切换到【文字】选项卡，如图 1-492、图 1-493 所示。

图 1-492

💡 **注意：** 图片广告牌和文字广告牌需要分开添加，不能同时添加两个。这里的图片与文字广告牌和上面提到的网站主建立的图片文字广告位中广告内容选项"文字广告"和"图片/Flash 广告"是相对应的。

图 1-493

(2) 在【网络广告交易市场】选项卡下，进入服务商平台，审核广告组和广告牌，选择【广告组管理】下拉列表下的【广告组审批】选项，单击【操作】下的【审批通过】链接，如图 1-494 所示。

图 1-494

选择【广告组管理】下拉列表下的【广告牌审批】选项，单击【操作】下的【审批通过】链接，分别审核通过达益科技的图片广告牌和文字广告牌，如图 1-495 所示。

图 1-495

3. 广告主制定广告计划，购买时长广告

(1) 在【网络广告交易市场】选项卡下，进入达益科技有限公司的账户，广告主新建广告计划，选择【广告主】选项卡下的【广告计划管理】选项，在【按时长计费广告】选项卡下，单击【新建广告计划】链接，如图 1-496 所示。

图 1-496

查看可供选择的广告位，并将其加入购物车，单击【操作】下的【加入购物车】链接，如图 1-497 所示。

图 1-497

经过一番挑选，达益科技有限公司决定购买该广告位。在网络广告交易市场主页，单击右上角的【购物车】按钮，找到相应的广告位，单击【购买】链接，如图 1-498、图 1-499 所示。

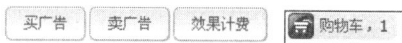

图 1-498

在【投放时间】下面填写的日期必须是周的倍数，如图 1-499 所示。

注意： 广告组必须符合广告位投放要求，才可以购买，在弹出的页面中单击【确认付款】按钮，如图 1-500 所示。

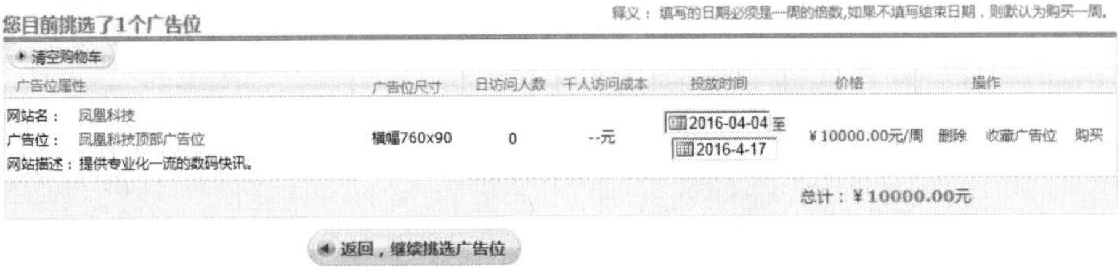

您目前挑选了1个广告位

释义：填写的日期必须是一周的倍数，如果不填写结束日期，则默认为购买一周。

★ 清空购物车

广告位属性		广告位尺寸	日访问人数	千人访问成本	投放时间	价格	操作
网站名：凤凰科技 广告位：凤凰科技顶部广告位 网站描述：提供专业化一流的数码快讯。		横幅760x90	0	--元	2016-04-04 至 2016-4-17	￥10000.00元/周	删除 收藏广告位 购买

总计：￥10000.00元

◀ 返回，继续挑选广告位

图 1-499

确认付款金额

💡 特别提醒：
您需要在创建本广告计划后的2
小时内完成付款，否则本交易将
被自动关闭。

应付款： **20000.00** 元

帐户余额： **100000.00** 元

▶ 确认付款

图 1-500

(2) 在【网络广告交易市场】选项卡下，进入服务商平台，对该广告计划进行审批，选择【广告计划审批】下拉列表下的【按时长计费广告】选项，右侧页面中单击【审核】链接，审核通过，如图 1-501 所示。

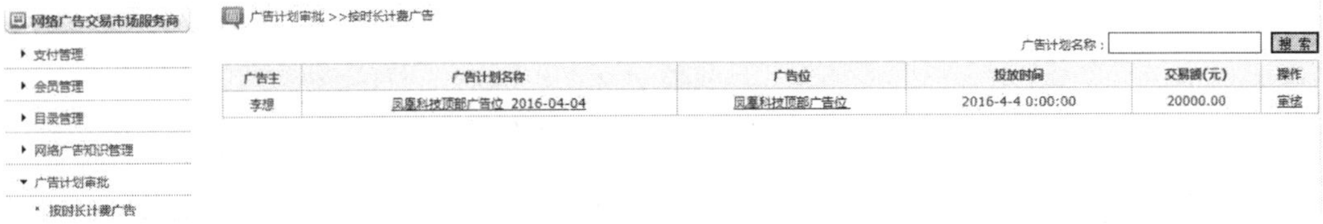

📃 网络广告交易市场服务商

▶ 支付管理
▶ 会员管理
▶ 目录管理
▶ 网络广告知识管理
▼ 广告计划审批
　• 按时长计费广告

广告计划审批 >> 按时长计费广告

广告计划名称： _____ 搜索

广告主	广告计划名称	广告位	投放时间	交易额(元)	操作
李想	凤凰科技顶部广告位_2016-04-04	凤凰科技顶部广告位	2016-4-4 0:00:00	20000.00	审核

图 1-501

(3) 交易完成之后，广告主要对网站主进行评价，在【网络广告交易市场】选项卡下，进入达益科技有限公司账户，选择【广告主】选项卡下的【广告计划管理】选项，在【按时长计费广告】选项卡下，单击【操作】下方的【评价】链接，如图 1-502 所示。

在弹出的页面中，按照事实情况给予网站主评价和详细评价信息，如图 1-503 所示。

(4) 网站主能够看到广告主的评价，网站主凤凰科技有限公司进入其账户，选择【用户信息】选项卡下的【信用评价管理】选项，在【收到的评价】选项卡下，可以看到广告主的评价，如图 1-504 所示。

这样，网站主和广告主之间的交易就完成了。这笔交易里，网站主发布的是按时长计费的广告。按"点击计费"的广告和按"展现计费"的广告发布和购买流程与按时长计费的广告类似，在这里就不重复描述了。在购买广告的时候，注意选择广告类型。

图 1-502

图 1-503

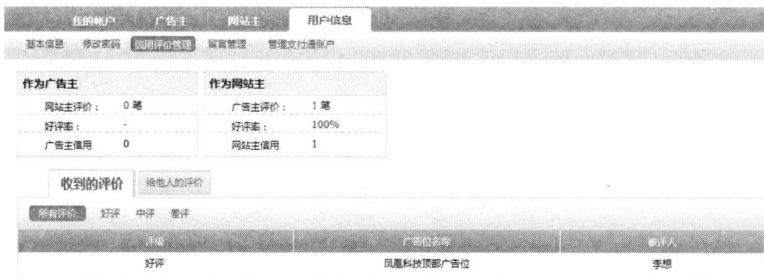

图 1-504

4. 效果计费广告制定与购买

(1) 广告主新建按效果计费的广告计划。广告主达益科技有限公司进入账户，在【广告主】选项卡下，切换到【广告计划管理】选项下的【按效果计费广告】选项卡，如图 1-505 所示。

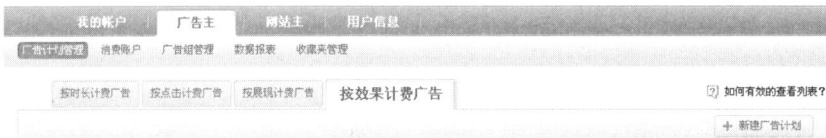

图 1-505

单击【新建广告计划】按钮，在弹出的页面中，填写计划信息，完成后单击【保存】按钮，如图 1-506、图 1-507 所示。

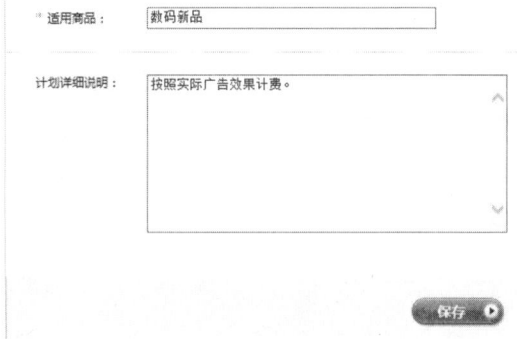

图 1-506   图 1-507

(2) 申请计划之后，需要服务商进行审核。审核过程同 1.6.2 节中服务商审核按时长计费广告操作步骤，不再赘述。

(3) 网站主查看按效果计费的广告计划，网站主凤凰科技有限公司进入账户，选择【网站主】选项卡下的【按效果计费】选项，单击【去逛逛 CPA 市场】按钮，如图 1-508 所示。

查看详情并申请发布，可分别单击【操作】下方的【查看详情】链接和【申请发布】链接，如图 1-509 所示。

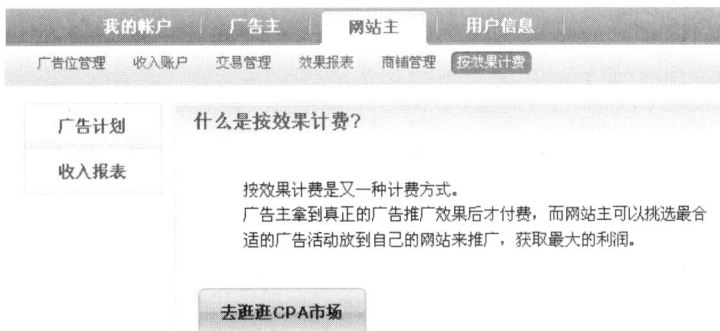

图 1-508

图 1-509

在弹出的页面中单击【确认申请】按钮，确认申请，如图 1-510 所示。

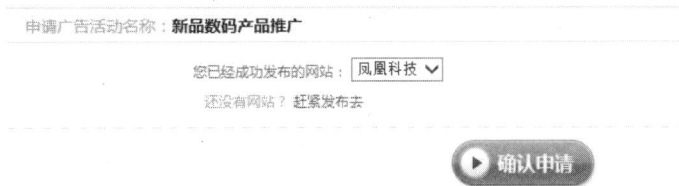

图 1-510

(4) 广告主进行审核，广告主达益科技有限公司进入账户，选择【广告主】选项卡下的【广告计划管理】选项，在【按效果计费广告】选项卡下，单击【审核通过】链接，如图 1-511 所示。

图 1-511

(5) 当到了效果认定期之后，需要付款给网站主。在【网络广告交易市场】选项卡下，进入广告主达益科技有限公司账户，选择【广告主】选项卡下的【广告计划管理】选项，在【按效果计费广告付费】一栏下，填写效果信息，并付款，如图1-512所示。

图 1-512

(6) 网站主查看效果报表，网站主凤凰科技有限公司进入账户，选择【网站主】选项卡下的【效果报表】选项，单击右下方【导出数据】按钮，可以导出数据，如图1-513所示。

图 1-513

(7) 网站主收入转消费。网站主的收入可以提现，也可以转成消费。进入网站主凤凰科技有限公司账户，在【网站主】选项卡下选择【收入账户】选项，可进行此项操作，单击【提现】链接可以提现，单击【收入转消费】链接可进行收入转消费操作，如图1-514所示。

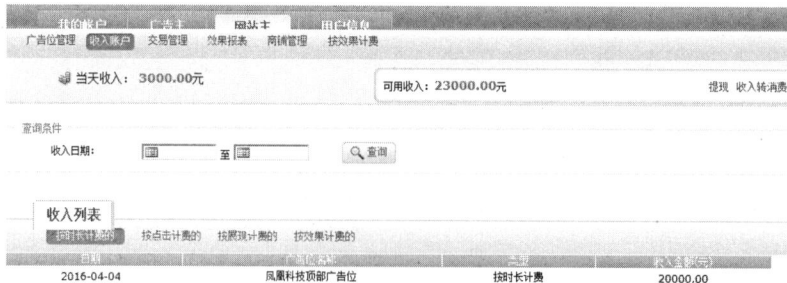

图 1-514

如果选择【收入转消费】，在弹出的页面中输入转账金额，如图 1-515 所示。

图 1-515

(8) 广告主查看数据报表。进入广告主达益科技有限公司账户，选择【广告主】下拉列表下的【数据报表】选项，可查看广告数据报表，单击【导出数据】按钮，数据可导出，如图 1-516 所示。

图 1-516

第2章 电子商务环境实践

本章实践内容分为三个部分，局域网搭建、网页设计与制作、数据库设计，如图 2-1 所示。本章主要介绍搭建电子商务平台环境的相关知识。

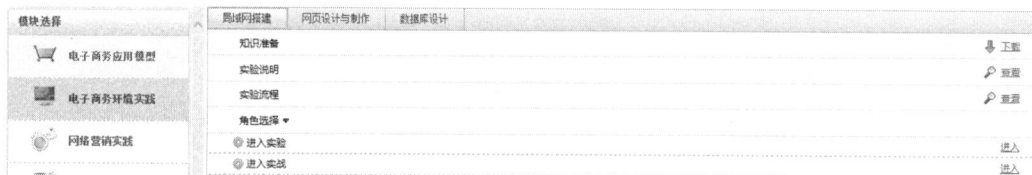

图 2-1

2.1 局域网的搭建

2.1.1 安装 Silverlight 插件

在【电子商务环境实践】模块中，单击【局域网搭建】选项卡中【角色登录】项下【进入实验】后面的【进入】链接，进入实验，如图 2-2 所示。

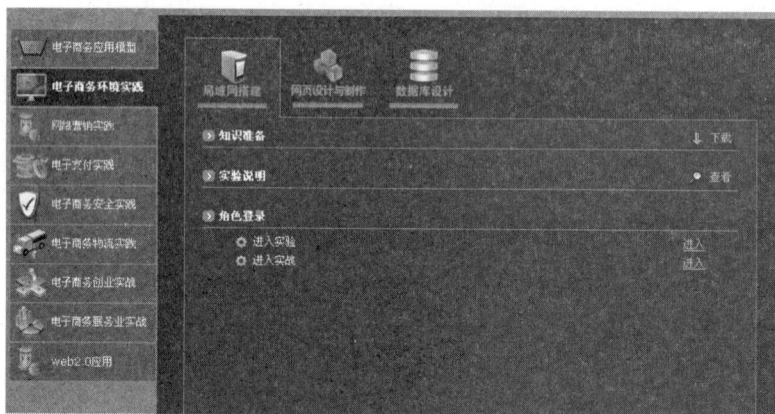

图 2-2

💡 **注意：** 第一次进入该系统，会看到图 2-3 所示页面的提示。为了更好地使用该系统，需要安装 Silverlight 插件。单击【立即安装】按钮，下载该插件，安装即可。

在弹出的页面中，单击【运行】按钮即可安装，如图 2-4 所示。

图 2-3　　　　　　　　　　　　　　　　　　图 2-4

2.1.2　区域功能介绍

进入实验之后，首先会看到与实验相关的练习题和局域网相关的知识。4 个区域的功能分别为如下所述。

(1) 区域①——知识介绍，介绍实验中所涉及的主要知识点；

(2) 区域②——我的信息，显示实验者姓名和班级信息；

(3) 区域③——实践区，这是进行实验最主要的部分；

(4) 区域④——重点难点提示，显示实验步骤中的重点、难点提示信息，如图 2-5 所示。

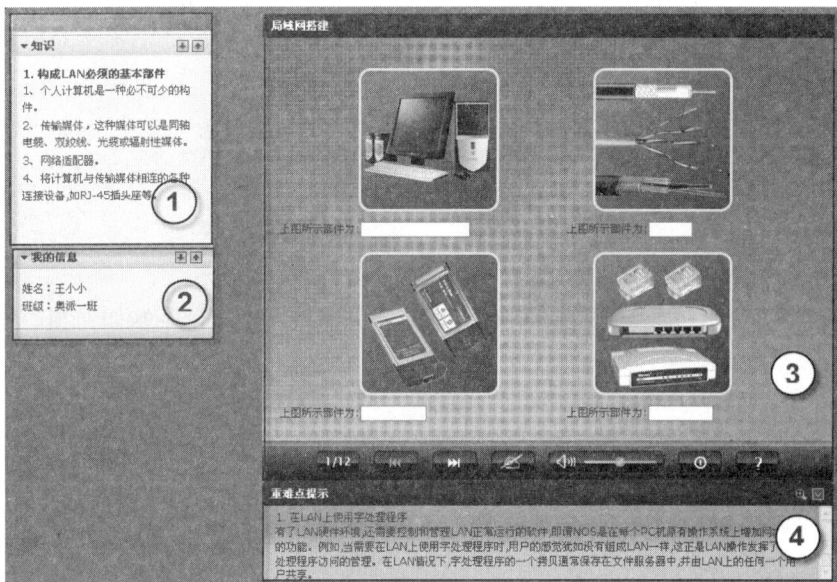

图 2-5

2.1.3 操作按钮介绍

实验主要是在区域③——实践区完成。该实验操作简单、方便，实践区各个按钮的功能如图 2-6 所示。

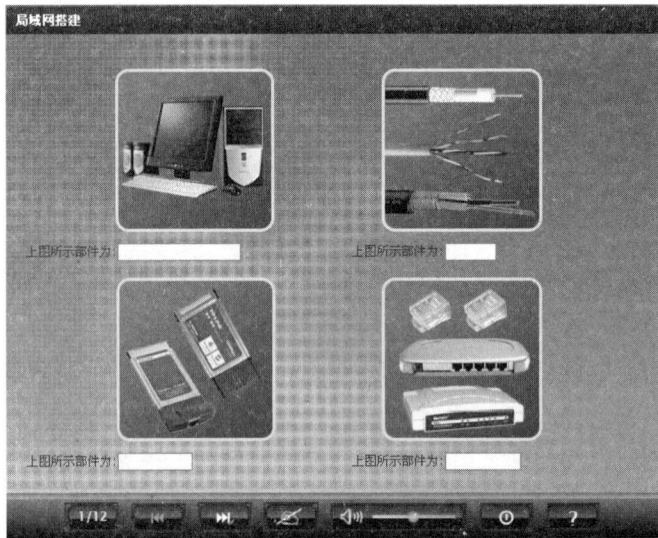

图 2-6

第一个按钮为步骤显示按钮，显示实验共有多少步，当前正处于实验的第几步。其余按钮的功能如下：

(1)【上一步】回到实验的上一个步骤。

(2)【下一步】进入实验的下一个步骤。

(3)【配音】显示配音文字信息。

(4)【音量】调节配音声音的大小。

(5)【退出】退出当前实验。

(6)【帮助】显示每个步骤中的正确答案。学生在做实验时，不知如何填写答案，可单击【帮助】按钮查看参考答案。

2.1.4 实验实操

根据实验提问内容，在方框中填入答案。若遇到困难可单击【帮助】按钮，查看参考答案。填好后，单击【下一步】按钮，进入下一步实验，如图 2-7 所示。

💡 **注意：** 填写答案符合系统要求后，才能进入下一步，否则系统会弹出"数据输入错误"的提示。

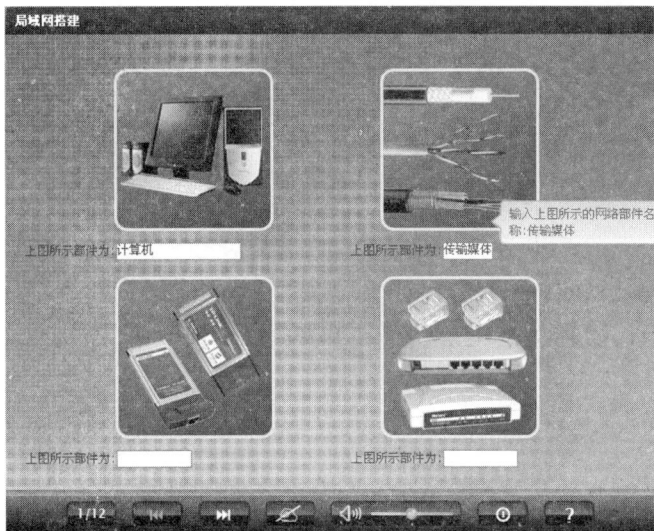

图 2-7

2.1.5　完成实验

按照实验引导的步骤完成实验。当系统提示"成功的完成了！"表示该实验完成，如图 2-8 所示。

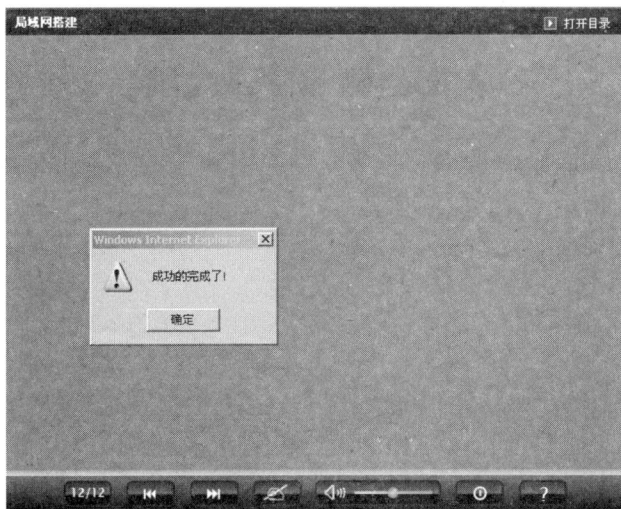

图 2-8

2.2　网页设计和制作

操作步骤与 2.1 局域网的搭建类似，这里不再赘述。

2.3　数据库设计

操作步骤与 2.1 局域网的搭建类似，这里不再赘述。

第 3 章　网络营销实践

3.1　域　名　服　务

【实践情景】

凤凰科技有限公司是一家提供域名和主机服务的公司，近期该公司在网上发布了一些关于域名和主机的信息。李想看到此信息之后，通过比较，购买了他们的域名和主机，并对购买的域名和主机进行管理。

3.1.1　发布域名和主机信息

服务商凤凰科技有限公司绑定银行账号，维护域名类别，发布域名信息、主机信息以及促销信息。另外，还要发布新闻、客户案例和联系方式。

(1) 进入服务商平台。进入【网络营销实践】模块，切换到【域名服务】选项卡，单击服务商平台后面的【进入】链接，进入服务商平台，如图3-1所示。

图 3-1

切换到【支付管理】选项卡，进入银行账户绑定页面，输入正确的服务商银行账户，单击【提交】按钮，服务商绑定银行账号成功(这里的账号是在电子支付实践中所申请的企业账号)，如图3-2所示。

(2) 服务商发布域名信息。首先服务商要添加域名类别。切换到【产品中心】选项卡，在【产品中心】下拉列表中，选择【域名类别维护】选项，在右框架中显示域名类型管理页面。单击【添加】按钮，输入所要添加的域名类型和描述。单击【保存】按钮，域名类别添加成功，如图3-3、图3-4所示。

同样，也可以添加 ".edu" 的域名，并对此类型进行描述，如图3-5所示。

图 3-2

图 3-3

图 3-4

图 3-5

在【产品中心】下拉列表下，选择左框中的【域名发布】选项，在右框架中显示域名
类型管理页面。单击【添加】按钮，进行新的域名发布。域名信息设置成功之后，单击【保

存】按钮，发布该域名，如图 3-6、图 3-7 所示。

（3）服务商发布主机信息。在【产品中心】下拉列表下，选择左框中的【主机发布】选项，在右框架中显示主机管理页面。单击【添加】按钮，进行主机发布设置。主机信息设置成功之后，单击【发布】按钮，发布该主机，如图 3-8 至图 3-10 所示。

（4）服务商发布新闻、客户案例、设置联系方式。切换到【新闻中心】选项卡，在【新闻中心】下拉列表下，进行新闻管理。切换到左框架中的【新闻发布】选项，右框架中显示新闻管理页面。单击【添加】按钮，进行新闻发布，如图 3-11 所示。

图 3-6

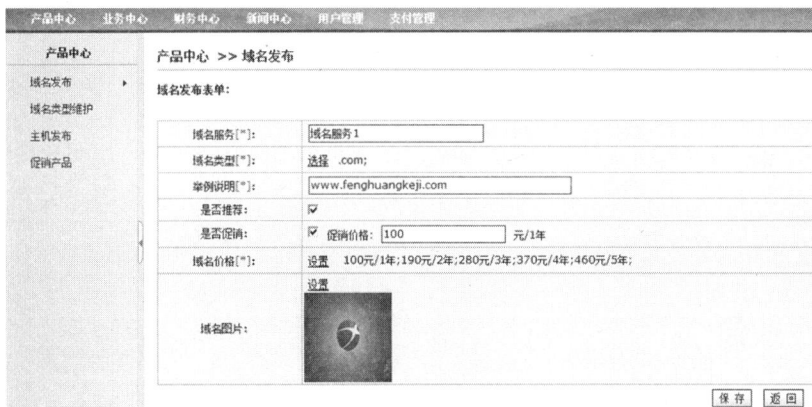

图 3-7

图 3-8

| 产品中心 | 业务中心 | 财务中心 | 新闻中心 | 用户管理 | 支付管理 |

产品中心

域名发布

域名类型维护

主机发布

促销产品

产品中心 >>主机发布

发布主机:

		主机类型
主机类型[*]:	主机类型1	
主机价格[*]:	设置 250元/1年;450元/2年;650元/3年;800元/4年;950元/5年;	
网络空间(单位M)[*]:	2389	
功能说明:	网络空间2389	最多为100字
是否推荐:	☑是否推荐	
是否促销:	☑是否促销	
促销价(一年):	230	
选择照片:	设置	

图 3-9

| 产品中心 | 业务中心 | 财务中心 | 新闻中心 | 用户管理 | 支付管理 |

产品中心

域名发布

域名类型维护

主机发布

促销产品

	主机功能	
☑Perl ☑ASP ☑CGI ☑PHP ☑VBScript/Javascript ☑ASP.NET V1.X ☑ASP.NET V2.X ☑Access数据库 ☑Jmain在线发信		
	规格限制	
网络流量:	◉不限制 ○限制	
CUP资源分配(百分比):	0 %	
IIS/Apache连接量[*]:		
	网站在线控制面板功能	
客户自助管理:	☑是否客户自助管理	
密码自助修改:	☑是否密码自助修改	
域名在线绑定:	☑是否域名在线绑定	
	安全性	
数据定期备份:	☑是否数据定期备份	
防火墙系统:	☑是否有防火墙系统	
	说明	
说明:(最多300字)	为保证大部分客户的利益,请你自觉遵守以下条款,否则,将降低你作证台服务器的的性能,损害其他客户的利益,也损害自己的利益:	

发布 返回

图 3-10

| 产品中心 | 业务中心 | 财务中心 | 新闻中心 | 用户管理 | 支付管理 |

新闻中心

新闻发布

客户案例

客户联系方式

新闻中心 >>新闻发布

添加新闻:

主题[*]:	凤凰科技有限公司美国上市
内容:	热烈祝贺凤凰科技有限公司于2016年3月23日在美国上市。
新闻类型:	新闻中心

添加 返回

图 3-11

在【新闻中心】下拉列表下，选择左框架中的【客户案例】选项，右框架中显示客户案例页面。单击【添加】按钮，发布新的客户案例，如图 3-12 所示。

图 3-12

在【新闻中心】下拉列表下，选择左框架中的【客户联系方式】选项，在右框中显示客户联系方式管理页面。输入联系方式，单击【保存】按钮，如图 3-13 所示。

图 3-13

3.1.2 域名和主机管理

注册会员李想，购买域名和主机，并对已购买的域名和主机进行管理。同时，也可以向服务商申请发票，并发送提问。另一方面，服务商进行会员管理、域名业务管理、域名解析、主机业务管理，并对发票进行审批，回答会员的提问。

1. 注册会员

在【网络营销实践】模块下，切换到【域名服务】选项卡，单击【域名服务平台】后面的【进入】链接，如图 3-14 所示，进入域名服务平台首页。

图 3-14

单击页面上方的【注册】按钮，进入用户注册页面，如图 3-15 所示。

图 3-15

在用户注册页面，填写注册信息、个人资料、联系方法和附加信息等内容，填写完成之后，单击【注册】按钮，提交注册信息，如图 3-16 和图 3-17 所示。

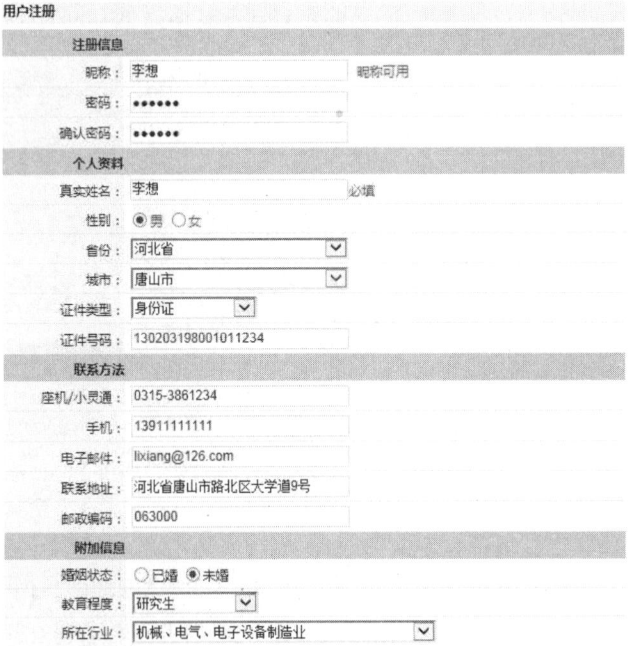

图 3-16

单位名称：达益科技有限公司

职务：业务经理

月收入：5000以上

注　册　　返　回

图 3-17

　　新会员注册成功之后，系统会自动导航到登录页面。输入昵称之后，单击右边的【查询数字 ID】按钮，数字 ID 自动输入。输入密码和验证码之后，单击【登录】按钮，如图 3-18 所示。

用户登录

请正确填写信息

昵称：李想　　　　　查询数字ID

数字ID：0-3866-2016-07-13-17-3

密码：●●●●●

验证码：4790　　　4 7 9 0　看不清楚

登　陆　　取　消

图 3-18

2. 购买域名

　　李想登录账户后，单击上方的【进入账户】链接，进入控制面板，如图 3-19 所示。选择【产品购买】下拉列表中的【域名购买】选项。先对所要购买的域名进行查询，在域名查询结果中，只有未被别人注册过的域名才能注册，才可以购买。输入想要注册的域名，选择后缀，单击【查询】按钮，查询该域名是否已被注册，如图 3-20 所示。

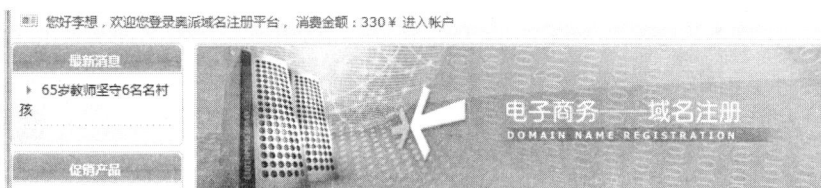

图 3-19

图 3-20

该域名还没有被注册，单击【购买】链接，进行域名购买，如图 3-21 所示。

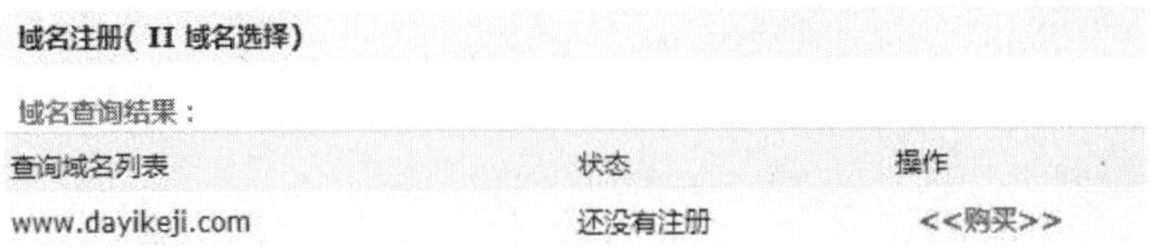

域名注册(II 域名选择)

域名查询结果：

查询域名列表	状态	操作
www.dayikeji.com	还没有注册	<<购买>>

图 3-21

接下来进行域名注册，域名注册信息分为注册信息、注册人信息和附加信息三部分。信息填完，确认无误之后，单击【下一步】按钮，如图 3-22、图 3-23 所示。

域名注册(III 信息填写)

注册信息	
注册域名：	dayikeji .com ▼ = 检测
域名密码：	●●●●●●
确认密码：	●●●●●●

注册人信息	
用户类型：	◉公司 ○个人
公司/所有人(中文)：	达益科技有限公司
公司/所有人(英文)：	DAYI Tech
注册联系人(中文)：	李想
注册联系人(英文)：	LiXiang
省份(中文)：	河北省 ▼ 唐山市 ▼
省份(英文)：	Hebei
城市(英文)：	Tangshan
邮政编码：	063000
地址(中文)：	河北省唐山市路北区大学
地址(英文)：	college road
电子邮件：	lixiang@126.com 您常用的电子邮箱
电话号码：	13911111111
传真号码：	0315-3861234

图 3-22

附加信息	
选择域名解析服务器：	◉使用默认DNS服务器
	○您填写的DNS必须是国内注册过的DNS
DNS1：	231.231.2.1
DNS2：	231.231.2.0
	☑我已阅读、理解并接受注册协议

特别提醒您：
　　为了使您更快捷地注册域名，此处只需填写注册人信息，管理联系人请您在注册成功后登录会员服务系统免费更改即可。

下一步 　 取 消

图 3-23

在域名注册信息确认页面，如果需要修改，单击【上一步】按钮，进行注册信息修改；如果无误，单击【确认注册】按钮，完成域名注册，如图 3-24 所示。

图 3-24

域名注册完成之后，要进行域名的购买。选择【产品管理】下拉列表下的【域名管理】选项，选择所要充值的域名，单击【域名续费】图标，如图 3-25 所示。

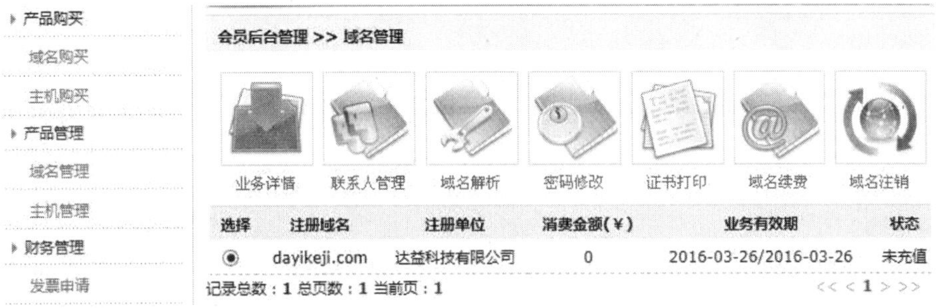

图 3-25

在弹出的页面中单击【支付】按钮，进行支付，如图 3-26 所示。

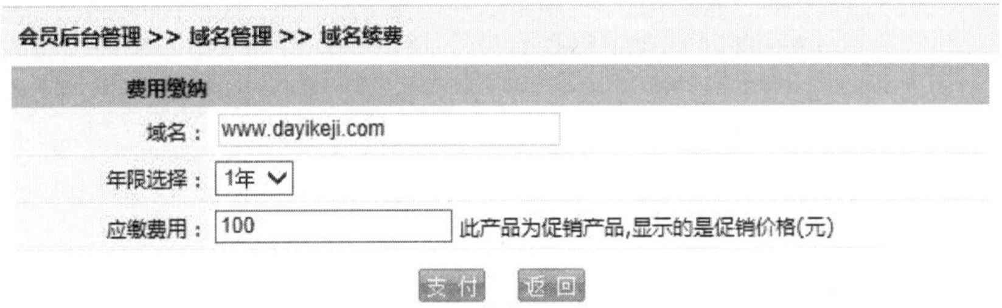

图 3-26

选择工商银行，单击【支付】按钮。确认支付信息，单击【在线支付】链接。输入卡号、密码以及附加码，单击【确定】按钮，如图 3-27 至图 3-29 所示。

图 3-27   图 3-28

图 3-29

3. 购买主机

进入李想账户中的【我的控制面板】，选择【产品购买】下拉列表中的【主机购买】选项。在注册购买界面，单击主机信息下方的【购买】按钮，如图 3-30 所示。

图 3-30

接下来，要选择主机的配置资料。单击【购买】按钮，完成主机购买，如图 3-31 所示。注意，主机的默认密码是 888888。

图 3-31

注册好主机信息之后，要进行购买。选择【产品管理】下拉列表中的【主机管理】选项，选择要续费的主机，单击【主机续费】图标，如图 3-32 所示。

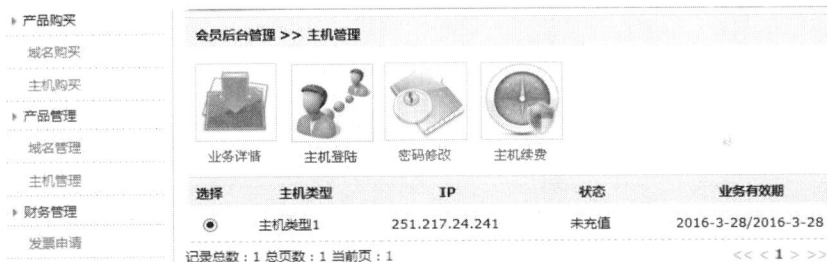

图 3-32

在弹出的页面中选择年限及金额，单击【确认】按钮，如图 3-33 所示。

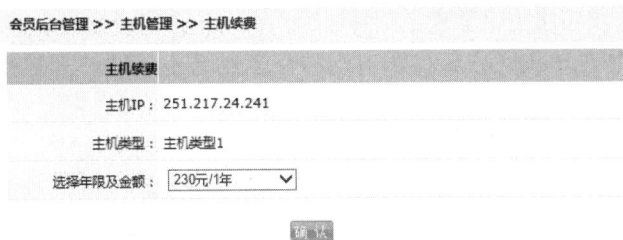

图 3-33

和购买域名一样，首先确认支付，然后在弹出的页面中输入银行账号、支付密码以及附加码付费，主机购买成功，具体操作不再赘述。

4．主机管理

(1) 在【网络营销实践】模块中的【城名服务】选项卡下，进入用户李想的账户，进入【我的控制面板】，选择【产品管理】下拉列表中的【主机管理】选项。选择所要查看的域名，单击【业务详情】图标，查看之后单击【返回】按钮，如图3-34和图3-35所示。

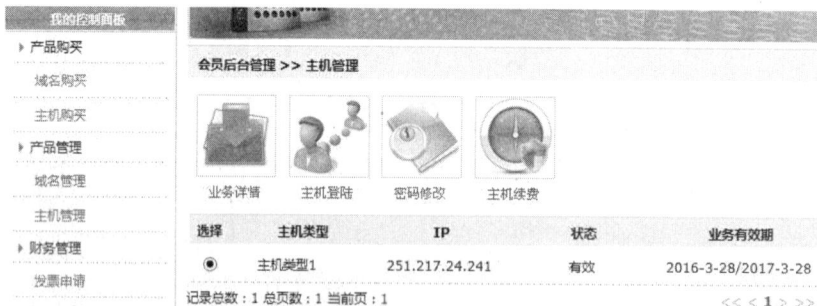

图 3-34

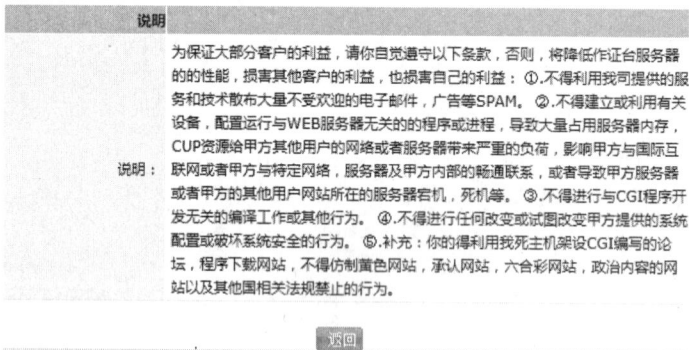

图 3-35

(2) 主机上传网站，绑定域名。选择【产品管理】下拉列表中的【主机管理】选项，选择所要查看的域名，单击【主机登录】图标，输入密码，单击【登录】按钮，如图3-36所示。

在弹出的页面中，单击【主机操作】选项下面的【上传网站】链接，在弹出的页面中选择网站，单击【添加】按钮即可，如图3-37、图3-38所示。

选择一条网站记录，单击【域名绑定】链接。在弹出的页面中，选择上传的网站，输入子域名，选择一级域名，单击【绑定】按钮。绑定的域名也可以通过【解除绑定】链接解除网站与域名的绑定，如图3-39、图3-40所示。注意：如果【一级域名】下拉框为空，原因是没有申请的域名或申请的域名没有续费。

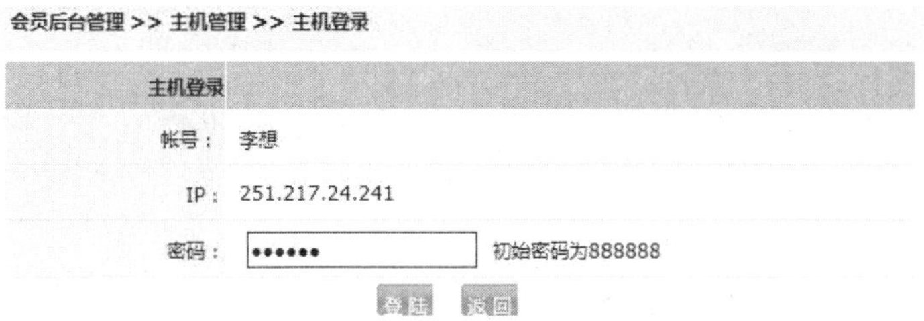

会员后台管理 >> 主机管理 >> 主机登录

主机登录	
帐号：	李想
IP：	251.217.24.241
密码：	●●●●● 初始密码为888888

登陆　返回

图 3-36

主机操作

上传网站　解除绑定　删除网站　域名绑定

图 3-37

会员后台管理 >> 主机管理 >> 上传网站

选择	网站名称	建站日期	操作
◉	WebSite1	2008-1-15 13:38:38	详细
○	WebSite2	2008-1-15 13:38:38	详细
○	WebSite3	2008-1-15 13:38:38	详细
○	WebSite4	2008-1-15 13:38:38	详细
○	WebSite5	2008-1-15 13:38:38	详细

记录总数：6 总页数：2 当前页：1　　　　　　　　　　<< < 1 2 > >>

添加　返回

图 3-38

主机操作

上传网站　解除绑定　删除网站　域名绑定

选择	网站名称	域名	上传日期
◉	WebSite1		2016-3-28 16:49:14

记录总数：1 总页数：1 当前页：1　　　　　　　　　　<< < 1 > >>

图 3-39

会员后台管理 >> 主机管理 >> 域名绑定

选择	网站	上传日期	操作
◉	WebSite1	2016-3-28 16:49:14	删除

记录总数：1 总页数：1 当前页：1　　　　　　　　　　<< < 1 > >>

子域名(子域名不填绑定一级域名)：new　　一级域名：dayikeji.com ▼

绑定　返回

图 3-40

5. 李想进行域名管理

李想分别进行业务详情、联系人管理、域名解析、密码修改、证书打印和域名续费操作。

(1) 查看业务详情。在【城名服务】选项卡下，用户李想进入账户，进入【我的控制面板】，选择【产品管理】下拉列表中的【域名管理】选项。选择所要查看的域名，单击【业务详情】图标，查看之后单击【返回】按钮，如图 3-41、图 3-42 所示。

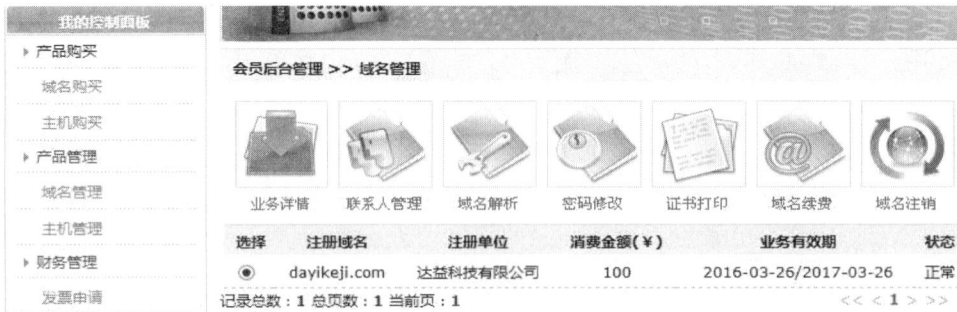

图 3-41

图 3-42

(2) 联系人管理。选择所要查看的域名，单击图 3-41 中的【联系人管理】图标，在弹出的页面中填写域名管理人、技术联系人和缴费联系人的信息，最后单击【保存】按钮，如图 3-43、图 3-44。

(3) 域名解析。选择所要查看的域名，单击【域名解析】图标，输入域名密码后登录到域名解析管理页面。

域名解析分为五种：A 记录、NS 记录、MX 记录、CNAME 记录和 URL 转发。这里以添加 A 记录为例，单击【添加 A 记录】链接，如图 3-45 所示。

产品管理 >> 域名管理 >> 联系人维护

域名管理人	英文		中文
姓：	Li		李
名：	Na		娜
省份：	Hebei		河北省
城市：	Tangshang		唐山市
邮编：	063000		063000
地址：	college road		大学道
邮件：	lina@126.com		lina@126.com
电话：	0316-3861235		0316-3861235
传真：	0316-3861235		0316-3861235
技术联系人	英文		中文
姓：	Li		李
名：	Na		娜
省份：	Hebei		河北省
城市：	Tangshang		唐山市
邮编：	063000		063000
地址：	college road		大学道
邮件：	lina@126.com		lina@126.com
电话：	0316-3861235		0316-3861235
传真：	0316-3861235		0316-3861235

图 3-43

缴费联系人	英文		中文
姓：	Li		李
名：	Na		娜
省份：	Hebei		河北省
城市：	Tangshang		唐山市
邮编：	063000		063000
地址：	college road		大学道
邮件：	lina@126.com		lina@126.com
电话：	0316-3861235		0316-3861235
传真：	0316-3861235		0316-3861235

保存　　返回

图 3-44

ALLPASS 域名解析服务器

域名(NS)	域名服务器	TTL	操作
dayikeji.com	231.231.2.1	3600	不可修改
dayikeji.com	231.231.2.0	3600	不可修改
添加新的NameServer记录			
主机名（A纪录）	IP		操作
添加A记录			
URL转发（主机名）	转发地址		操作
添加URL转发			
别名（CNAME）	别名主机	TTL	操作
添加新的别名			
邮件交换记录	目标主机	TTL	操作
添加新的邮件记录			

Allpass DNS 使用说明

图 3-45

进入 A 记录添加页面，输入子域名和 IP 地址，单击【添加】按钮，A 记录添加成功。注意：填写的子域名需要和主机绑定的域名一致。IP 地址需要和服务器的 IP 一致，如图 3-46 所示。

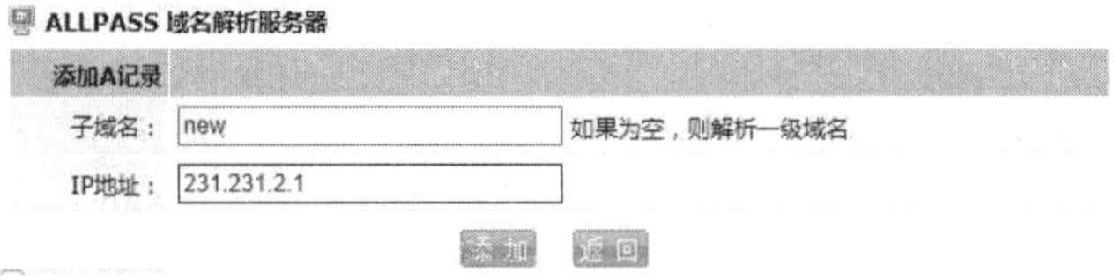

图 3-46

单击【主机名(A 纪录)】后面的【解析】链接，可以进行域名解析，如图 3-47 所示。

主机名（A纪录）	IP	操作
new.dayikeji.com	231.231.2.1	解析 删除

图 3-47

(4) 证书打印。选择所要查看的域名，单击【证书打印】图标，如图 3-48 所示。在弹出的证书页面中，单击【确认打印】按钮，如图 3-49 所示。

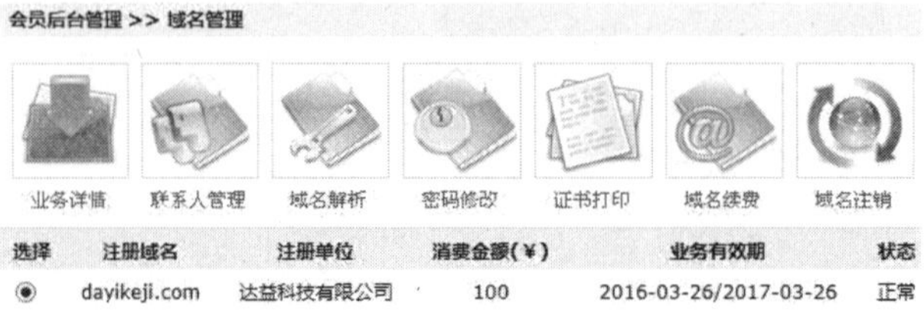

图 3-48

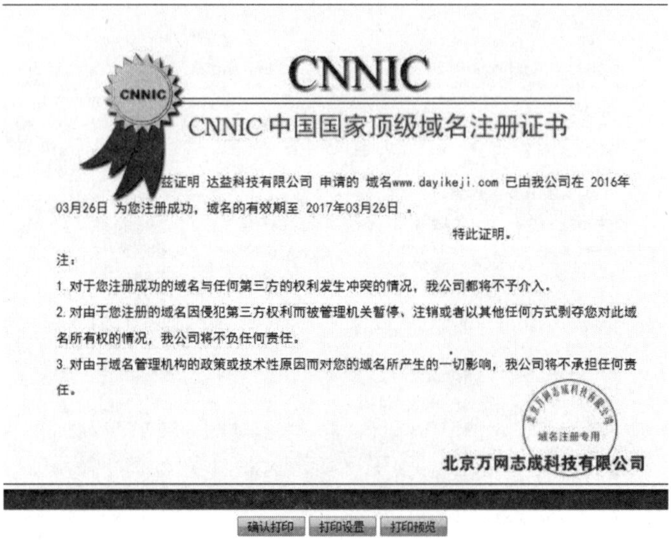

图 3-49

(5) 发票申请。李想申请发票，进入【我的控制面板】，选择【财务管理】下拉列表中的【发票申请】选项，在弹出的页面中单击【申请发票】按钮，进入发票申请页面，如图 3-50 所示。填写发票申请的相关内容，完成后申请即可。

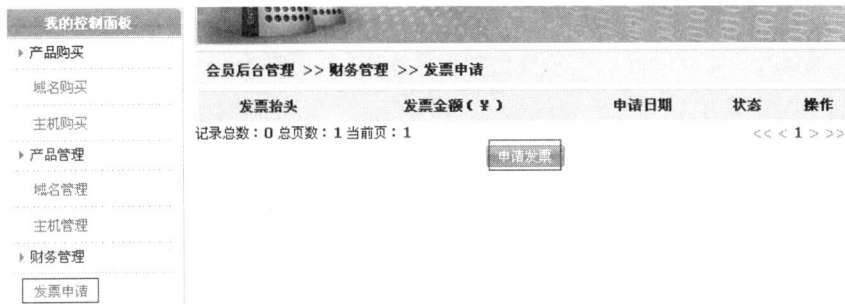

图 3-50

(6) 向服务商提问。进入【我的控制面板】，选择【我要提问】下拉列表中的【提问】选项，输入所要提问的内容，单击【添加】按钮，如图 3-51 所示。

图 3-51

6. 服务商进行会员管理、域名业务管理、域名解析和主机业务管理

(1) 会员管理。在【网络营销实践】模块中的【域名服务】选项卡下，进入服务商平台。切换到【用户管理】选项卡，在【用户管理】下拉列表下选择【用户管理】选项，在右侧

页面单击【详细】链接，即可查询会员信息。如要修改会员信息，则单击【编辑】链接，如图 3-52 所示。

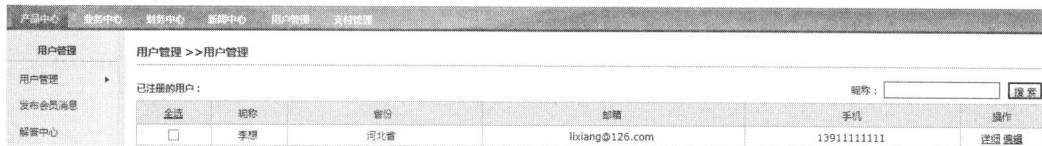

图 3-52

(2) 域名业务管理。进入服务商平台。切换到【业务中心】选项卡，选择【业务中心】下拉列表下的【域名业务】选项，选择有效的域名。单击【密码修改】按钮，在弹出的页面中输入新的密码，单击【保存】按钮，如图 3-53、图 3-54 所示。

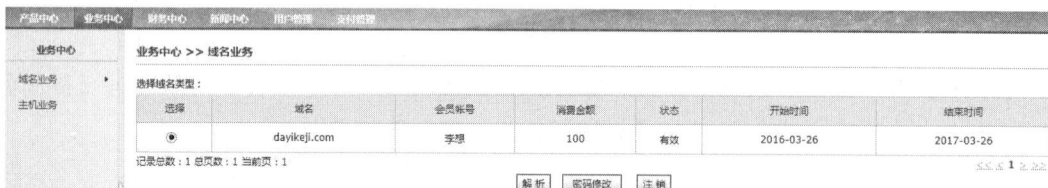

图 3-53

图 3-54

同样，也可以选择有效的域名，单击【注销】按钮，注销域名。

(3) 域名解析。进入服务商平台，切换到【业务中心】选项卡。选择【业务中心】下拉列表下的【域名业务】选项，选择有效域名，单击【解析】按钮。在弹出的页面中单击【添加】按钮，输入所要添加的记录，单击【添加】按钮，如图 3-55 所示。

(4) 主机业务管理。进入服务商平台，切换到【业务中心】选项卡，选择【业务中心】下拉列表下的【主机业务】选项，选择有效的主机，单击【业务详情】按钮，查询业务。单击【会员信息】按钮，查看购买的会员信息。单击【修改密码】按钮，修改主机的密码。单击【注销】按钮，则主机被注销，不可使用，如图 3-56 所示。

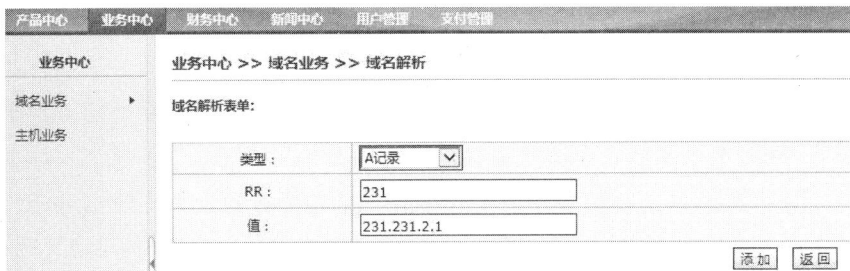

图 3-55

图 3-56

7. 服务商对发票进行审核，并回复会员的提问

(1) 服务商审核发票。进入服务商平台，切换到【财务中心】选项卡，选择【财务中心】下拉列表下的【发票审批】选项，在右侧页面中单击【审核】链接，如图 3-57 所示。在弹出的页面中审核通过。

图 3-57

(2) 服务商回答会员提问。进入服务商平台，切换到【用户管理】选项卡，选择【用户管理】下拉列表下的【解答中心】选项，查看问题是否已经回复，单击【未回复】链接，可进行回复，如图 3-58 所示。

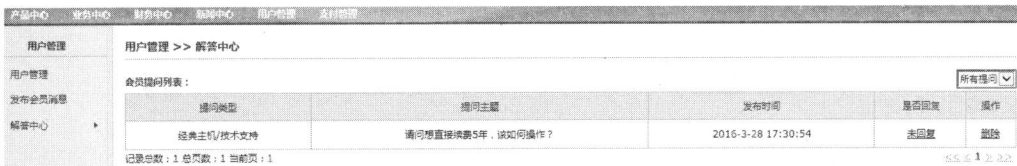

图 3-58

3.2 网 站 优 化

【实践情景】

李想是一家公司的网站建设者，为了让公司网站有更好的排名，网站用户的体验得到更好的改善，网站的打开速度更快，网站的结构更合理，他欲将公司网站进行优化处理。

3.2.1 网站优化和基础构建

进入网站优化平台。在【网络营销实践】模块中，切换到【网站优化】选项卡，单击【网站优化平台】后面的【进入】链接，进入网站优化平台，如图 3-59 所示。单击【新建站点】图标，进入新建站点设置页面，如图 3-60 所示。设置站点信息，包括站点名、模块网站、程序选择、服务器选择、网络提供商和域名选择等信息。信息设置完成之后，单击【下一步】按钮，提交站点设置，系统自动导航到优化界面，如图 3-61 所示。

图 3-59

图 3-60

图 3-61

3.2.2 优化手段及其使用方法

新的站点建立以后，就要进行内容建设和页面优化，其中页面优化有常用优化、连接优化、非文本优化和性能优化。

1. 内容建设

在【网络营销实践】模块下，切换到【网站优化】选项卡，单击【网站优化平台】后的

【进入】链接，如图 3-59 所示。在弹出的页面中，单击【达益科技有限公司】链接，如图 3-62 所示。进入网站优化管理页面。先选择需要建设的页面，在页面管理区域，从站点目录下选择要优化的页面，这里以网站首页为例，如图 3-63 所示。

在左侧【工具箱】下拉列表下，选择【内容建设】下拉列表中的【内容添加】选项，如图 3-64 所示。在弹出的页面中单击【确定】按钮，如图 3-65 所示。

 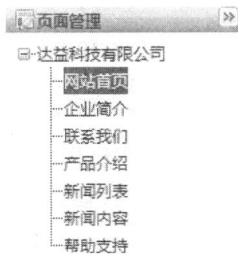 

图 3-62　　　　　　　　　　　图 3-63　　　　　　　　　　　图 3-64

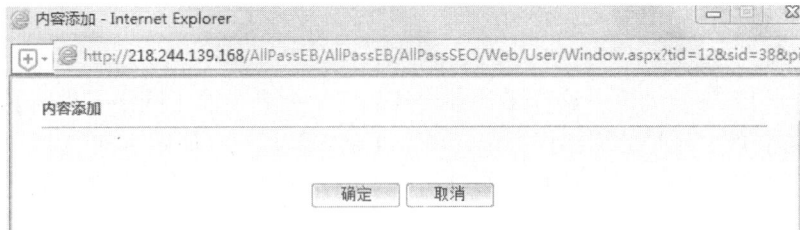

图 3-65

2．基础构建

在【工具箱】下拉列表下选择【基础构建】下拉列表中的【程序选择】选项，如图 3-66 所示。在弹出的页面中选择所要选择的程序，单击【确定】按钮，如图 3-67 所示。

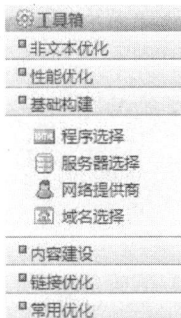

图 3-66

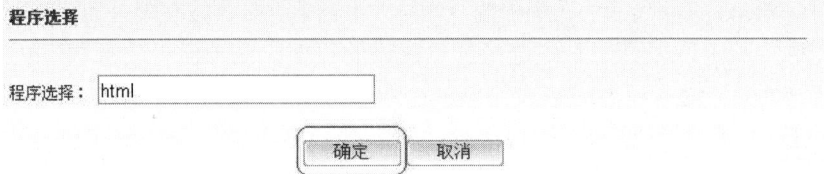

图 3-67

在【工具箱】下拉列表下选择【基础构建】下拉列表中的【服务器选择】选项，如图 3-66 所示。在弹出的页面中选择所要选择的服务器，单击【确定】按钮，如图 3-68 所示。

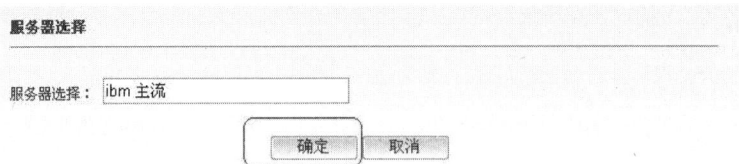

图 3-68

在【工具箱】下拉列表下选择【基础构建】下拉列表中的【网络提供商】选项，在弹出的页面中选择所要选择的网络提供商，单击【确定】按钮，如图 3-69 所示。

在【工具箱】下拉列表下选择【基础构建】下拉列表中的【域名选择】选项，在弹出的页面中选择所要选择的域名，单击【确定】按钮，如图 3-70 所示。

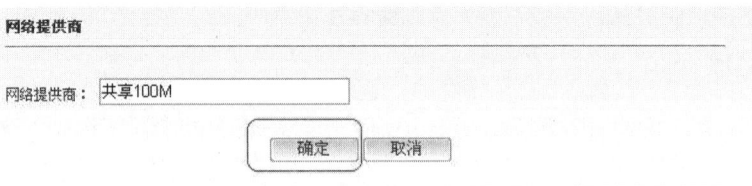

图 3-69

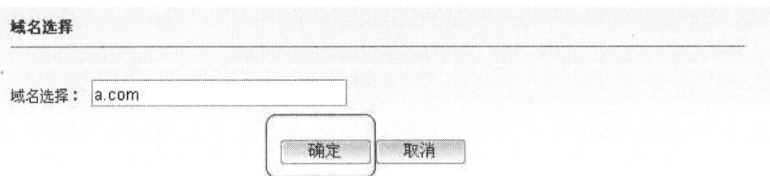

图 3-70

3. 非文本优化

在【工具箱】下拉列表下选择【非文本优化】下拉列表中的【图片优化】选项，在弹出的页面中选择【图片名称】选项，单击【确定】按钮，如图 3-71 所示。

图 3-71

4. 性能优化

在【工具箱】下拉列表下选择【性能优化】下拉列表中的【重复引用】选项，在弹出的页面中选择【消除重复】选项，单击【确定】按钮，如图 3-72 所示。

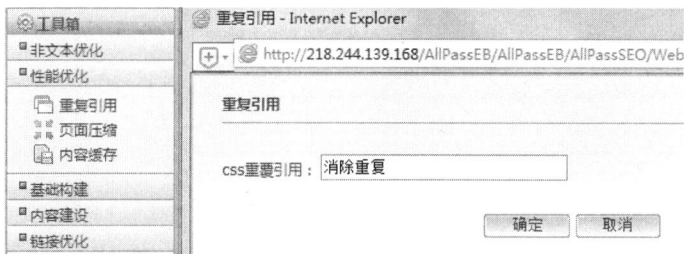

图 3-72

在【工具箱】下拉列表下选择【性能优化】下拉列表中的【页面压缩】选项，在弹出的页面中选择压缩格式 gzip 选项，单击【确定】按钮，如图 3-73 所示。

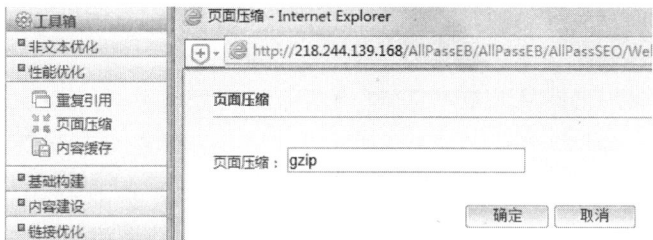

图 3-73

在【工具箱】下拉列表下选择【性能优化】下拉列表中的【内容缓存】选项，在弹出的页面中选择缓存形式，单击【确定】按钮，如图 3-74 所示。

图 3-74

5. 链接优化

在【工具箱】下拉列表下选择【链接优化】下拉列表中的【内部链接】选项，在弹出的页面中选择【目标页面名称】选项，单击【确定】按钮，如图 3-75 所示。

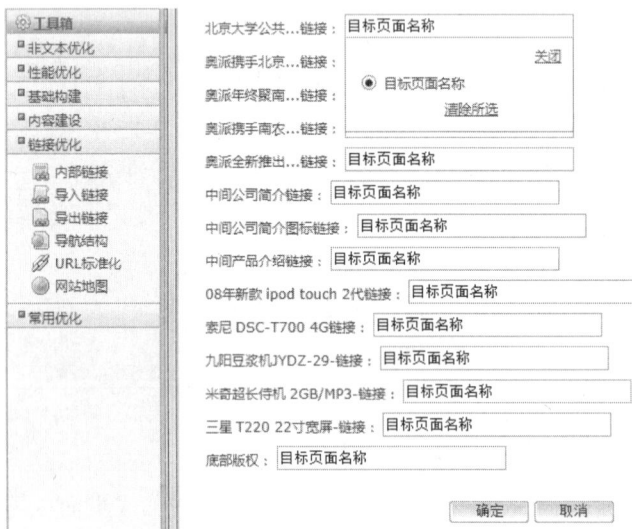

图 3-75

在【工具箱】下拉列表下选择【链接优化】下拉列表中的【导入链接】选项，在弹出的页面中选择导入链接的网站，单击【确定】按钮，如图 3-76 所示。

在【工具箱】下拉列表下选择【链接优化】下拉列表中的【导出链接】选项，在弹出的页面中选择导出链接的网站，单击【确定】按钮，如图 3-77 所示。

在【工具箱】下拉列表下选择【链接优化】下拉列表中的【导航结构】选项，在弹出的页面中单击【确定】按钮，如图 3-78 所示。

图 3-76

图 3-77

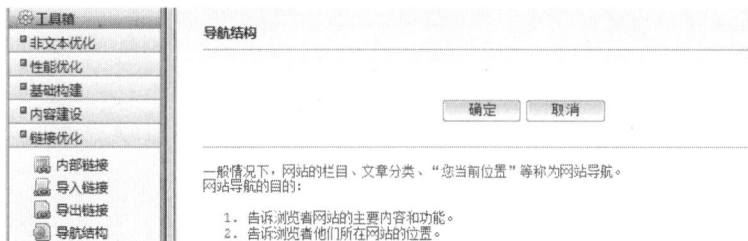

图 3-78

在【工具箱】下拉列表下选择【链接优化】下拉列表中的【URL 标准化】选项，在弹出的页面中选择 URL 标准化的形式，单击【确定】按钮，如图 3-79 所示。

图 3-79

6. 常用优化

在【工具箱】下拉列表下选择【常用优化】下拉列表中的【title 优化】选项，在弹出的页面中选择标题设置，单击【确定】按钮，如图 3-80 所示。

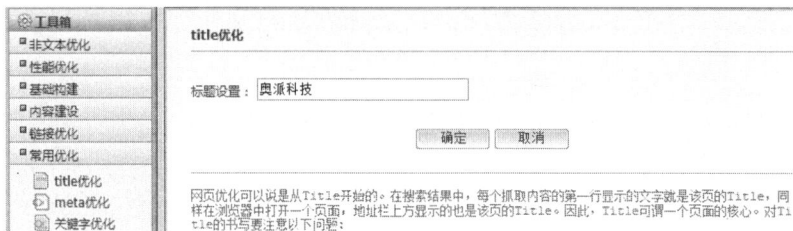

图 3-80

在【工具箱】下拉列表下选择【常用优化】下拉列表中的【meta 优化】选项，在弹出的页面中选择 keywords 和 description 选项，单击【确定】按钮，如图 3-81 所示。

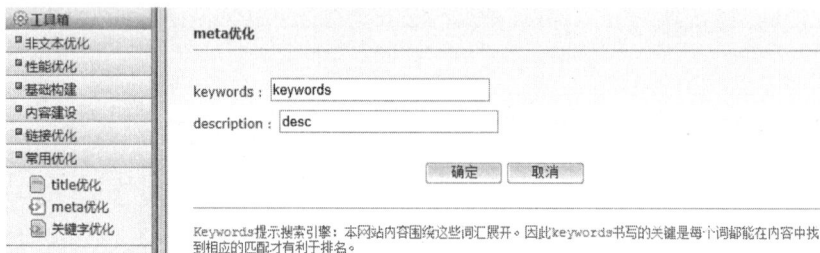

图 3-81

在【工具箱】下拉列表下选择【常用优化】下拉列表中的【关键字优化】选项，在弹出的页面中选择优化的名称，单击【确定】按钮，如图 3-82 所示。

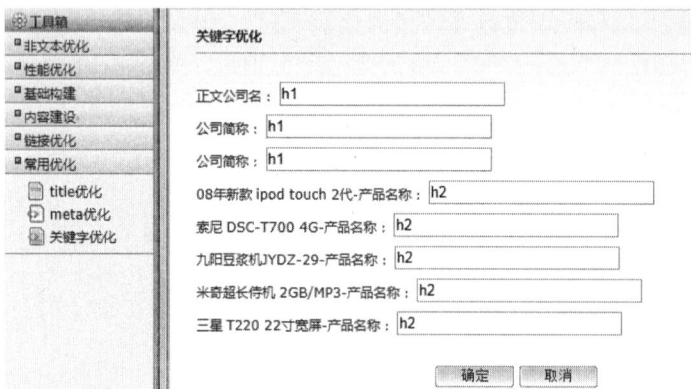

图 3-82

以上只是网站首页的优化过程，其他页面也可同样进行非文本优化、性能优化、链接优化和常用优化，这里不再赘述。

若需查看优化效果，可单击网站优化管理页面右上角的【预览】按钮，也可将代码和推荐代码进行对比，单击右上角的【对比】按钮，如图 3-83 所示。

图 3-83

3.3　搜　索　引　擎

【实践情景】

达益科技有限公司是一家专门提供搜索引擎的网站服务商，如今王成正在代理一种 3G 的手机，现想在达益科技有限公司(专业的搜索引擎)平台上面注册信息，设置 "3G" 为关键字进行搜索。

3.3.1　关键字设置、管理和关键字的竞价价格

王成注册搜索平台会员，服务商审核会员信息且绑定账户。用户要对其信息进行维护，且缴纳费用，添加关键字信息并对添加的关键字进行管理；服务商要对其添加的关键字进行审核。

1. 服务商平台绑定银行账户

在【网络营销实践】模块下切换到【搜索引擎】选项卡，单击服务商平台后面的【进入】链接，进入服务商平台，如图 3-84 所示。

图 3-84

选择【支付管理】选项卡下的【银行账号管理】选项，弹出银行账号管理的页面。输入已申请的达益科技有限公司的网上银行账号，单击【提交】按钮，如图 3-85 所示。注意：这一步骤需要预先设置，不然用户无法交费。

2. 注册用户

在【网络营销实践】模块下的【搜索引擎】选项卡下，单击搜索引擎平台后面的【进

入】链接，进入搜索引擎首页，如图 3-86 所示。

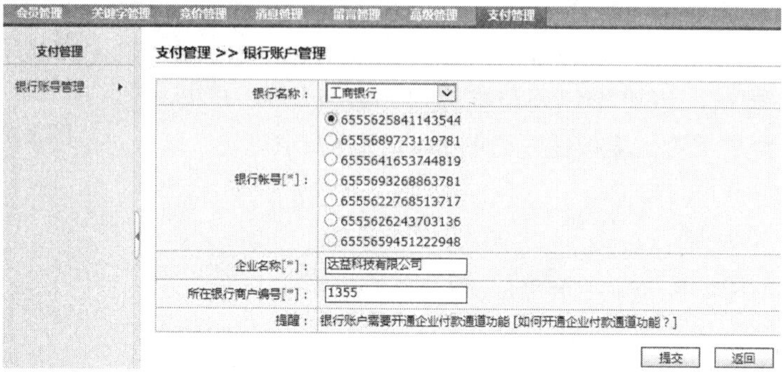

图 3-85

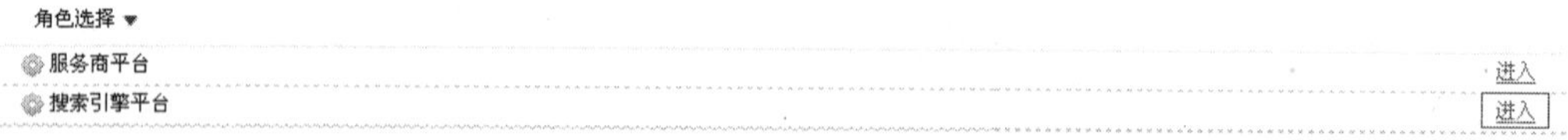

图 3-86

单击右上角的【注册】链接，在弹出的页面中填写相关个人信息，单击【注册】按钮即可完成注册，如图 3-87、图 3-88 所示。

图 3-87

图 3-88

3. 服务商会员资格审核，会员信息维护

进入服务商平台，切换到【会员管理】选项卡，在【会员管理】下拉列表中选择【会员资格审核】选项，在右侧页面中单击会员名称后面的【审核】链接，如图 3-89 所示。

图 3-89

在弹出的页面中单击【审核通过】按钮，会员通过审核，如图 3-90 所示。

图 3-90

4. 重置会员密码

进入服务商平台，切换到图 3-89 中【会员管理】选项卡，在【会员管理】下拉列表中选择【会员信息维护】选项，单击会员名称后面的【编辑】链接；同样，如需查看会员详细信息，单击【详细】链接；如需删除会员，单击【删除】链接，如图 3-91 所示。

图 3-91

如果单击图 3-91 中的【编辑】链接，在弹出的页面中，单击【点击这里重设用户密码】按钮，如图 3-92 所示。

图 3-92

在弹出的页面中，输入重置的用户密码，单击【确认】按钮，如图 3-93 所示。

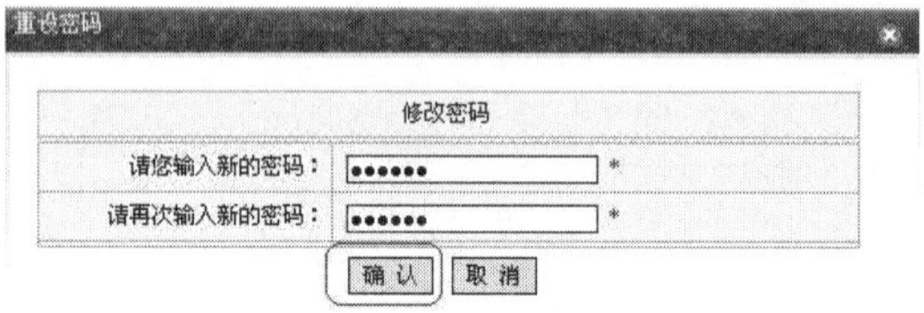

图 3-93

5. 添加关键字

在【搜索引擎】选项卡下，进入会员平台。选择会员平台首页面的【添加关键字】选项，选择关键字分组，填写关键字、网页标题、URL 地址和网页描述信息，单击【下一步】按钮。这里由于还未添加关键字分组，所以只有一个默认分组【我的关键字】，如图 3-94 所示。

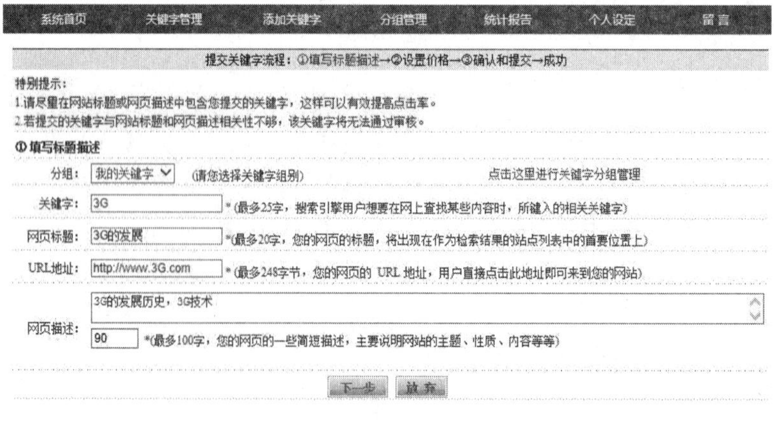

图 3-94

在弹出的页面中，选择竞价模式，设置竞价价格，单击【下一步】按钮，如图 3-95 所示。

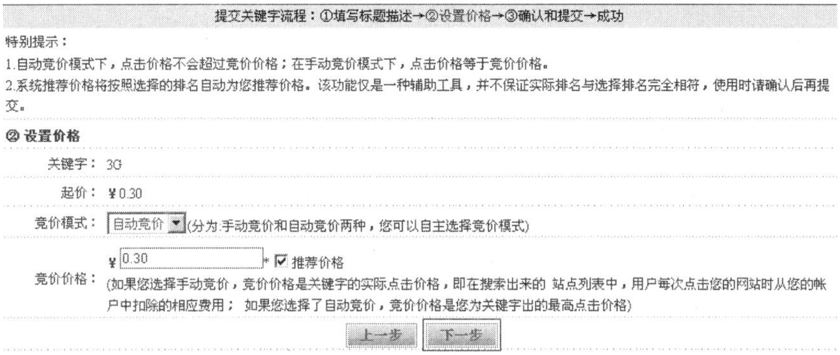

图 3-95

在弹出的页面中确认所提交关键字信息，单击【确认提交】按钮，则关键字添加成功，如图 3-96 所示。

图 3-96

同样，也可以添加一些手动竞价的关键字，如手动竞价的"3G"关键字。

6. 添加新组

进入会员平台，单击会员平台首页面的【分组管理】选项，输入组别名称【科技】，单击【添加新组】按钮，将弹出的【添加成功】提示框关闭，则新组添加成功，如图 3-97 和图 3-98 所示。

图 3-97

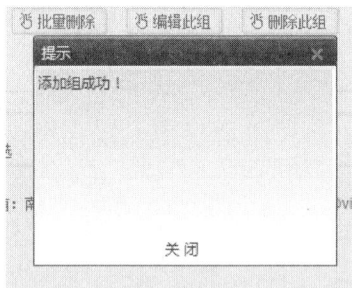

图 3-98

同样，也可以添加一个新组为"3G"。

将【我的关键字】下拉列表框下面的 3G 选项移到分组中。在【我的关键字】下拉列表框中选择【3G】选项，再选择将目标转移到【科技】选项中，单击【转移分组】按钮，如图 3-99 所示。

图 3-99

删除分组选项 3G。进入会员平台，在会员平台首页面选择所要删除的分组选项 3G，单击【删除此组】按钮，在弹出的对话框中单击【确定】按钮，则删除分组成功，如图 3-100 和图 3-101 所示。

图 3-100

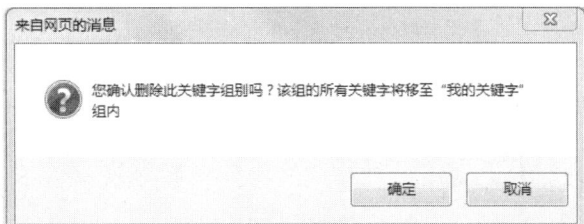

图 3-101

编辑分组选项【科技】。选择所要编辑的分组选项【科技】，单击【编辑此组】按钮，如图 3-102 所示。

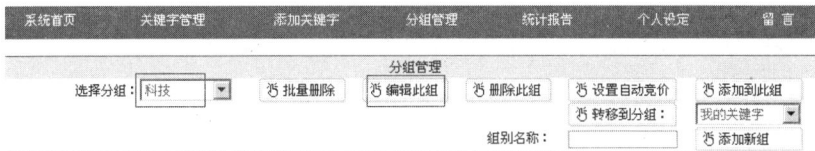

图 3-102

在弹出的页面中输入所要编写的内容，单击【编辑】按钮，如图 3-103 所示。

图 3-103

选择所要设置的关键字，单击【设置自动竞价】按钮，关闭弹出的对话框，则设置自动竞价成功，如图 3-104 所示。

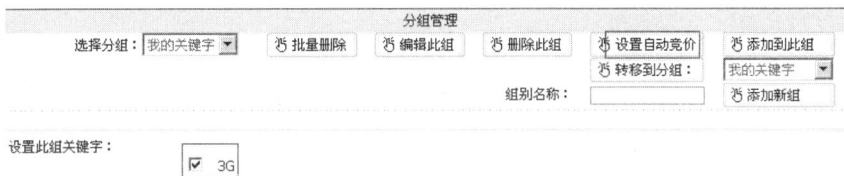

图 3-104

7. 批量删除

选择所要删除的关键字，单击【批量删除】按钮，关闭弹出的对话框，则批量删除成功，如图 3-105 所示。批量删除功能是对很多关键字而言的，也可以先添加很多关键字，然后实现批量删除的功能。

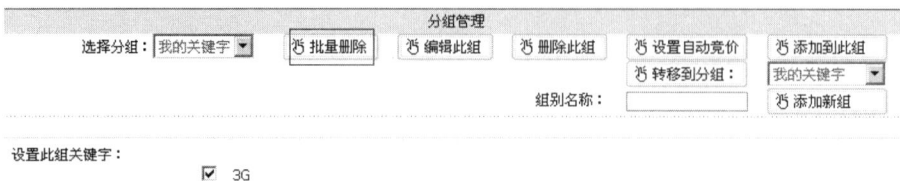

图 3-105

8. 关键字审核

(1) 进入服务商平台，在【关键字管理】选项卡下选择【关键字管理】下拉列表下的【关键字管理】选项，在右侧页面中。单击【审核】链接，如图 3-106 所示。在弹出的页面中单击【审核通过】按钮，如图 3-107 所示。

图 3-106

图 3-107

如要审核不通过，则在弹出的页面中单击【审核不通过】按钮，如图 3-108 所示。

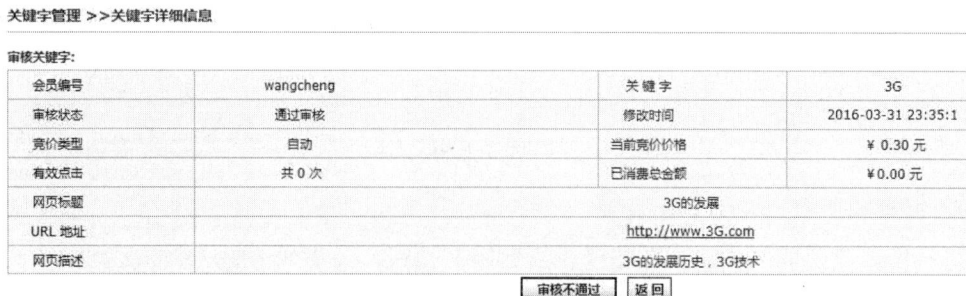

图 3-108

(2) 会员查询关键字审核结果，并对关键字进行管理。在【搜索引擎】选项卡下，进入用户会员平台，选择【关键字管理】选项，单击未通过审核的 3G 链接，如图 3-109、图 3-110 所示。单击【编辑标题描述】链接。

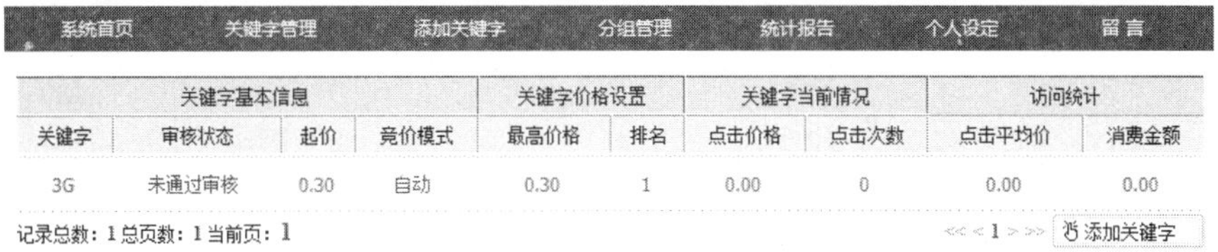

系统首页	关键字管理		添加关键字	分组管理		统计报告		个人设定	留言

关键字基本信息				关键字价格设置		关键字当前情况		访问统计	
关键字	审核状态	起价	竞价模式	最高价格	排名	点击价格	点击次数	点击平均价	消费金额
3G	未通过审核	0.30	自动	0.30	1	0.00	0	0.00	0.00

记录总数：1 总页数：1 当前页：1　　　　　　　　　　　　　<< < 1 > >> 添加关键字

图 3-109

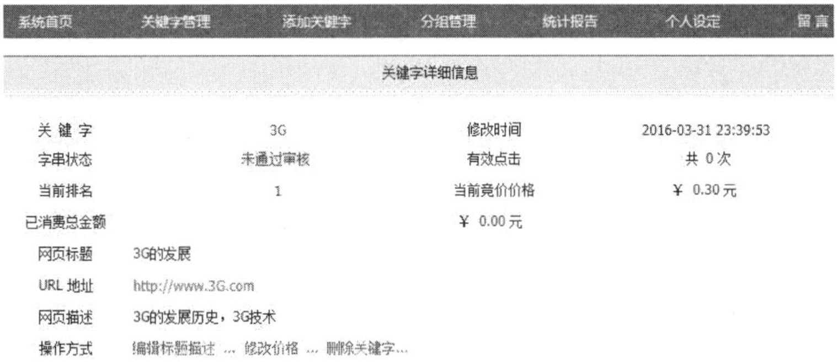

系统首页	关键字管理	添加关键字	分组管理	统计报告	个人设定	留言

关键字详细信息

关 键 字	3G	修改时间	2016-03-31 23:39:53
字串状态	未通过审核	有效点击	共 0 次
当前排名	1	当前竞价价格	￥ 0.30 元
已消费总金额		￥ 0.00 元	
网页标题	3G的发展		
URL 地址	http://www.3G.com		
网页描述	3G的发展历史，3G技术		
操作方式	编辑标题描述 … 修改价格 … 删除关键字…		

图 3-110

在弹出的页面中，重新输入关键字、网页标题、URL 地址，单击【修改】按钮，如图 3-111 所示。注意修改之后的关键字还要通过服务商的审核。

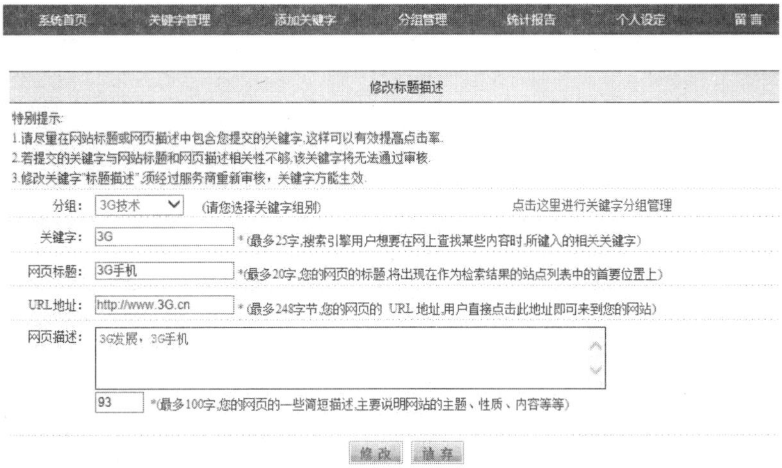

系统首页	关键字管理	添加关键字	分组管理	统计报告	个人设定	留言

修改标题描述

特别提示：
1. 请尽量在网站标题或网页描述中包含您提交的关键字，这样可以有效提高点击率。
2. 若提交的关键字与网站标题和网页描述不相关性不够，该关键字将无法通过审核。
3. 修改关键字"标题描述"须经过服务商重新审核，关键字方能生效。

分组：[3G技术 ▼]　（请您选择关键字组别）　　　　　　　　点击这里进行关键字分组管理

关键字：[3G]　*（最多25字,搜索引擎用户想要在网上查找某些内容时 所键入的相关关键字）

网页标题：[3G手机]　*（最多20字,您的网页的标题,将出现在作为检索结果的站点列表中的首要位置上）

URL地址：[http://www.3G.cn]　*（最多248字节,您的网页的 URL 地址,用户直接点击此地址即可来到您的网站）

网页描述：[3G发展，3G手机]

[93]　*（最多100字,您的网页的一些简短描述,主要说明网站的主题、性质、内容等等）

修改　　放弃

图 3-111

(3) 同样，也可以对未通过审核的关键字修改价格。单击关键字详细信息页面(图 3-110 中)的【修改价格】链接，在弹出的页面中输入要修改的价格。

(4) 另外也可以删除未通过审核的关键字。单击关键字详细页面(图 3-110 中)的【删除关键字】链接，在弹出的页面中进行删除。

9. 搜索关键字

在【搜索引擎】选项卡下单击【搜索引擎平台】后面的【进入】链接，进入搜索平台，如图 3-112 所示。

角色选择 ▼

◎ 服务商平台 · 进入

◎ 搜索引擎平台 进入

◎ 用户 进入

    👤 liming 进入

图 3-112

进入搜索页面，输入要搜索的关键字 "3G"，单击【Allpass 搜索】按钮，可进行关键字搜索，如图 3-113 所示。

SEARCH™

奥派 - 专业的搜索引擎！

3G   Allpass搜索

将Allpass设为首页 Allpass.com.cn

Allpass © 版权所有 2007 allpass.com.cn

图 3-113

10. 查询统计报告

在【搜索引擎】选项卡下进入用户会员平台。切换到【统计报告】选项卡，查看单击次数。此处也可以缴纳费用，单击【缴纳费用】按钮，进入缴纳费用页面，如图 3-114 所示。

系统首页	关键字管理		添加关键字	分组管理	统计报告	个人设定	留言
您的账号	总投资额	已消费金额	账面剩余金额	现在关键字个数	生效关键字个数		总点击次数
王成	0.00	0.00	0.00	1	0		0
其中已消费金额中包含了已删除关键字的消费金额						🔧 缴纳费用	
关键字	点击次数		消费金额			平均点击价格	
3G	0		0.00			0.00	

图 3-114

在弹出的页面中输入要支付的金额，单击【去银行支付】按钮，选择银行，输入银行账号、密码即可，如图 3-115 所示。

图 3-115

选择支付银行，单击【支付】按钮，如图 3-116 所示。由于服务商只绑定一个工商银行的账户，所以这里只显示工商银行。

在弹出的页面中进行在线确认支付，单击【在线支付】按钮，如图 3-117 所示。在弹出的页面中输入卡号、支付密码及附加码进行支付。

图 3-116

图 3-117

11. 维护会员信息

进入用户会员平台，单击【个人设定】选项卡，修改资料之后，单击【修改】按钮，如图 3-118 所示。

图 3-118

也可以修改用户登录密码。单击图 3-118 中的【请点击这里修改您的登录密码】按钮，在弹出的页面中输入新的登录密码，单击【确认】按钮，如图 3-119 所示。

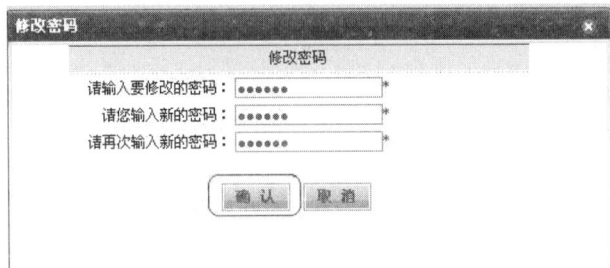

图 3-119

12. 给服务商留言

进入用户会员平台，切换到【留言】选项卡，输入留言标题和内容，单击【发送留言】按钮，如图 3-120 所示。

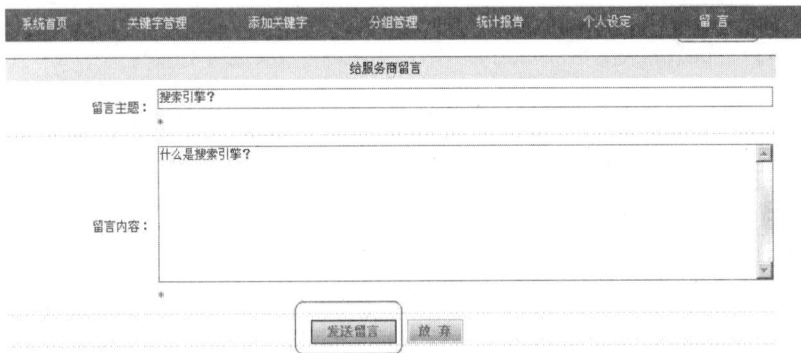

图 3-120

3.3.2　服务商管理会员、关键字、竞价价格及竞价幅度

达益科技有限公司作为搜索引擎服务商，提供关键字竞价管理、发布网站信息、置顶信息维护以及搜索记录维护。

1. 竞价管理

(1) 设置竞价关键字。在【搜索引擎】选项卡下进入服务商平台，切换到【竞价管理】选项卡，在【竞价管理】下拉列表中选择【竞价信息维护】选项，在右侧页面中单击【添加竞价关键字】按钮，如图 3-121 所示。

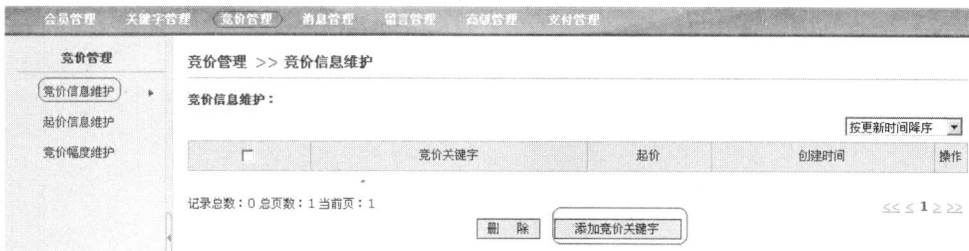

图 3-121

在弹出的页面中，输入竞价关键字和起步价，单击【添加】按钮，如图 3-122 所示。

图 3-122

如需对竞价关键字进行重新编辑，在【竞价信息维护】选项卡单击【操作】下面的【编辑】链接，在弹出的对话框中输入所要修改的内容。如要删除竞价的关键字，选择所要删除的关键字，单击【删除】按钮，如图 3-123 所示。

图 3-123

(2) 起价信息维护。选择【竞价管理】下拉列表中的【起价信息维护】选项，进入起价信息维护页面，输入新的起价价格，单击【编辑】按钮，如图 3-124 所示。

(3) 竞价幅度维护。选择【竞价管理】下拉列表中的【竞价幅度维护】选项，进入竞价信息维护页面，输入新的起价价格，单击【编辑】按钮，如图 3-125 所示。

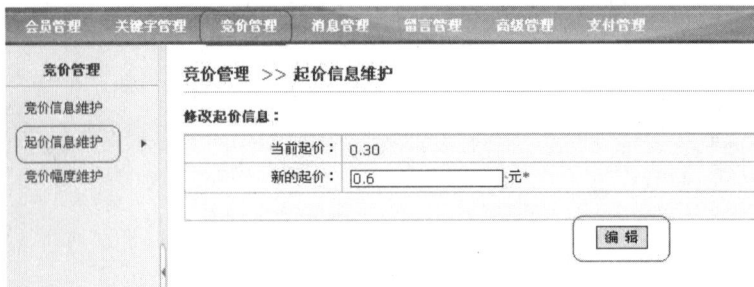

图 3-124

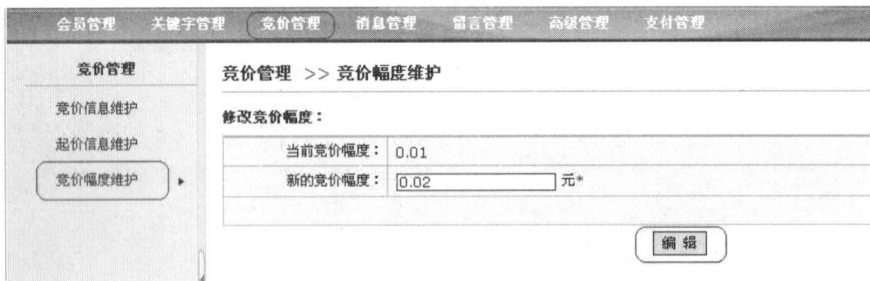

图 3-125

2. 发布网站消息

在【搜索引擎】选项卡下进入服务商平台，切换到【消息管理】选项卡，在【消息管理】下拉列表中选择【消息维护】选项，右侧页面中单击【发布消息】按钮，进入发布消息页面，如图 3-126 所示。

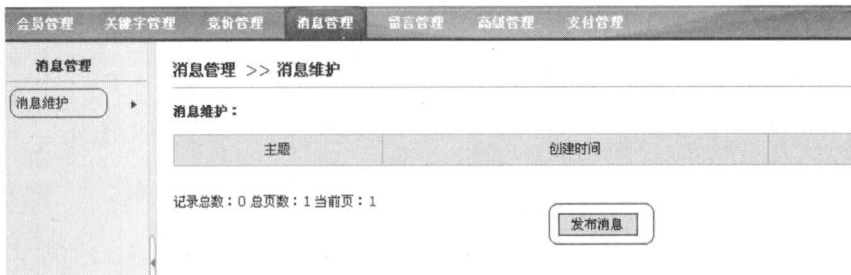

图 3-126

在弹出的页面中，输入消息主题和内容，单击【发布消息】按钮，如图 3-127 所示。

如需对发布的消息进行重新编辑，单击【消息维护】选项中【操作】下方的【编辑】链接；如需删除发布的消息，单击【消息维护】选项中【操作】下方的【删除】链接，如图 3-128 所示。

消息管理　>>消息发布

添加消息：

主题：什么是关键字？　　　　　　　　　　　　　　　　　　　　*

内容：关键字是用来标识文件中各个记录的特定数据项目的值。

[发布消息]　[放弃]

图 3-127

消息管理　>> 消息维护

消息维护：

主题	创建时间	操作
什么是关键字？	2016-04-01 11:31:00	编辑 删除

记录总数：1 总页数：1 当前页：1

[发布消息]

图 3-128

3. 留言管理

(1) 进入服务商平台，切换到【留言管理】选项卡，在【留言管理】下拉列表中选择【留言信息维护】选项，查看会员留言信息。对于未回复的留言，单击【操作】下方的【回复】链接，如图 3-129 所示。

| 会员管理 | 关键字管理 | 竞价管理 | 消息管理 | 留言管理 | 高级管理 | 支付管理 |

留言管理

留言信息维护 ▶

留言管理　>> 留言信息维护

留言信息维护：　　　　　　　　　　　　　　　　　　　　　　　所有的留言 ▼

□全选	留言主题	留言状态	创建时间	操作
□	什么是搜索引擎？	未回复	2016-07-16 22:23:00	回复

记录总数：1 总页数：1 当前页：1

[删除]

图 3-129

在弹出的留言信息维护页面中，输入回复内容，单击【回复】按钮，如图 3-130 所示。

如需查看回复的留言，单击【操作】下方的【查看】链接；如需删除留言信息，选择要删除的留言，单击【删除】按钮，如图 3-131 所示。

(2) 会员查看留言。进入用户会员平台，单击右下角的【留言管理】链接，如图 3-132 所示。

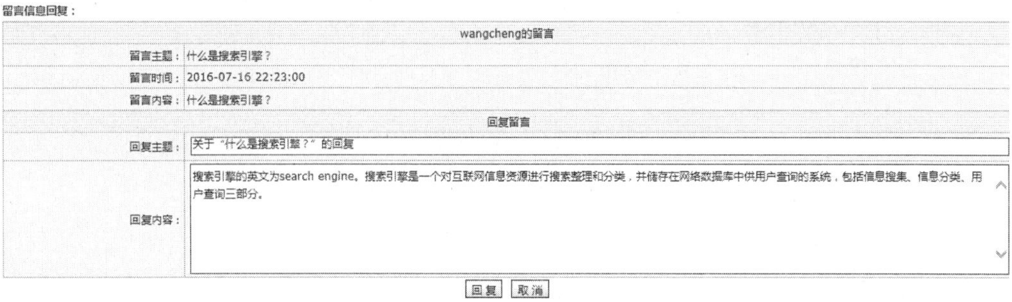

留言信息回复：

wangcheng的留言	
留言主题:	什么是搜索引擎？
留言时间:	2016-07-16 22:23:00
留言内容:	什么是搜索引擎？
回复留言	
回复主题:	关于"什么是搜索引擎？"的回复
回复内容:	搜索引擎的英文为search engine。搜索引擎是一个对互联网信息资源进行搜索整理和分类，并储存在网络数据库中供用户查询的系统，包括信息搜集、信息分类、用户查询三部分。

回复   取消

图 3-130

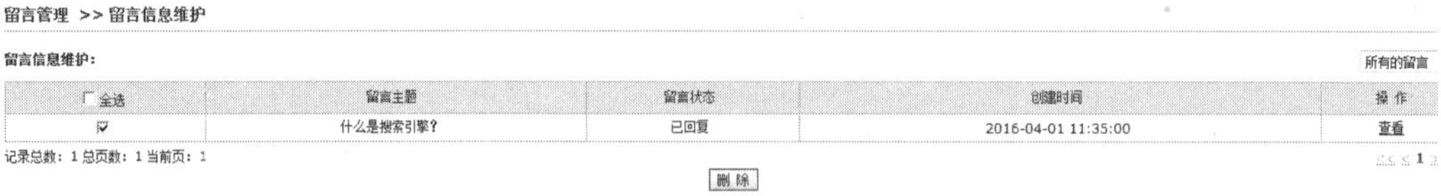

留言管理 >> 留言信息维护

留言信息维护:				所有的留言
□ 全选	留言主题	留言状态	创建时间	操作
☑	什么是搜索引擎？	已回复	2016-04-01 11:35:00	查看

记录总数: 1 总页数: 1 当前页: 1

删除

图 3-131

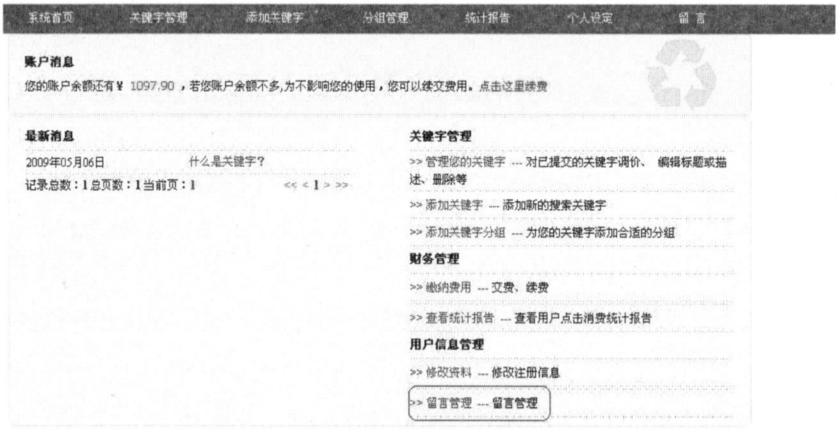

图 3-132

在弹出的留言管理页面中，单击操作下方的【阅读】链接，查看服务商的留言；如需删除留言，先选择所要删除的留言，再单击【删除】按钮，如图 3-133 所示。

4. 高级管理

(1) 置顶信息维护。进入服务商平台，切换到【高级管理】选项卡，在【高级管理】下拉列表中选择【置顶信息维护】选项，在右侧页面中单击【添加置顶关键字】按钮，如图 3-134 所示。

图 3-133

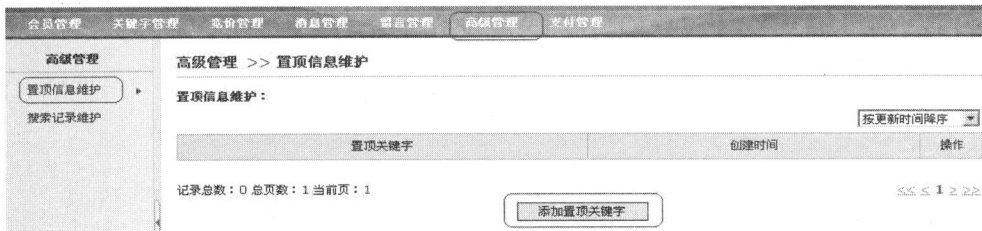

图 3-134

在弹出的置顶信息维护页面中，输入关键字、网页标题、URL 地址和网页描述，单击【发布置顶信息】按钮，如图 3-135 所示。

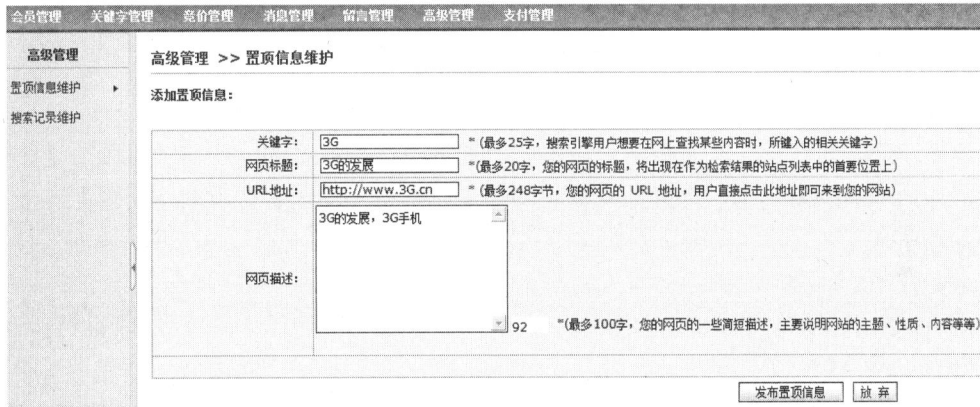

图 3-135

如需重新编辑已添加的置顶关键字，在【置顶信息维护】选项下单击【操作】下方的【编辑】链接；如需删除已添加的置顶关键字，单击【操作】下方的【删除】链接，如图 3-136 所示。

(2) 搜索记录维护。进入服务商平台，切换到【高级管理】选项卡，在【高级管理】下拉列表中选择【搜索记录维护】选项，单击【添加搜索记录信息】按钮，如图 3-137 所示。

在弹出的页面中输入查询信息，单击【添加】按钮，如图 3-138 所示。

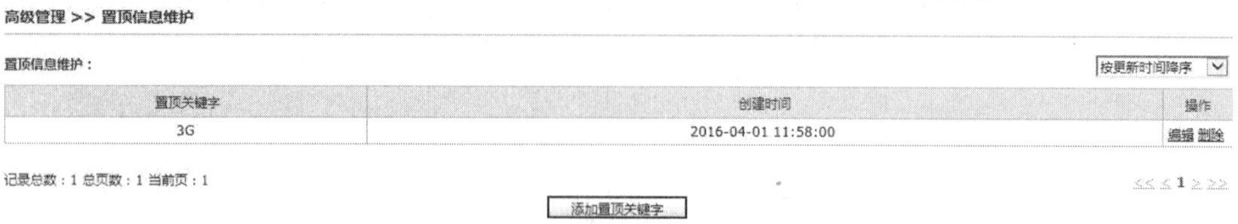

高级管理 >> 置顶信息维护

置顶信息维护：

按更新时间降序

置顶关键字	创建时间	操作
3G	2016-04-01 11:58:00	编辑 删除

记录总数：1 总页数：1 当前页：1

添加置顶关键字

<< < 1 > >>

图 3-136

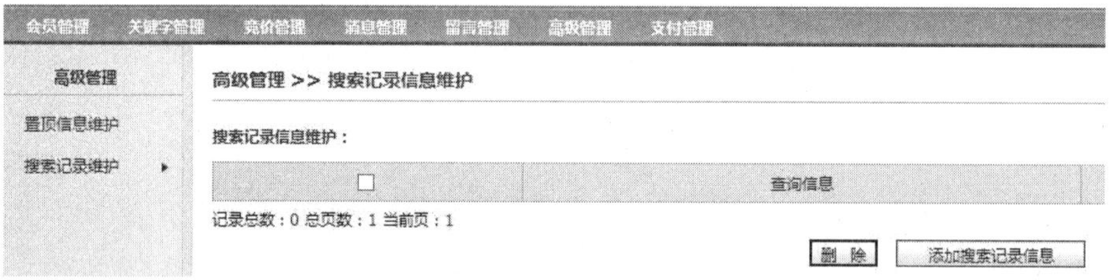

会员管理	关键字管理	竞价管理	消息管理	留言管理	高级管理	支付管理

高级管理　高级管理 >> 搜索记录信息维护

置顶信息维护

搜索记录信息维护：

搜索记录维护 ▶

□	查询信息

记录总数：0 总页数：1 当前页：1

删除　添加搜索记录信息

图 3-137

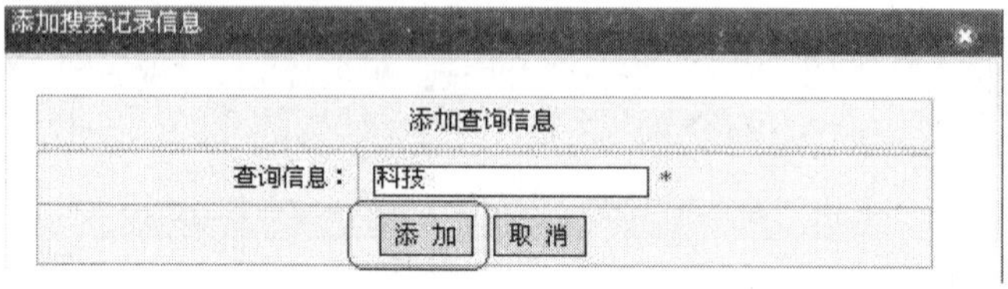

添加搜索记录信息　　　　　　　　　　×

添加查询信息

查询信息：　科技　　　　*

添加　取消

图 3-138

如需删除搜索记录，在【搜索记录维护】选项下选择所要删除的信息，单击【删除】按钮；如需编辑搜索记录，选择所要编辑的信息，单击【操作】下方的【编辑】链接，如图 3-139 所示。

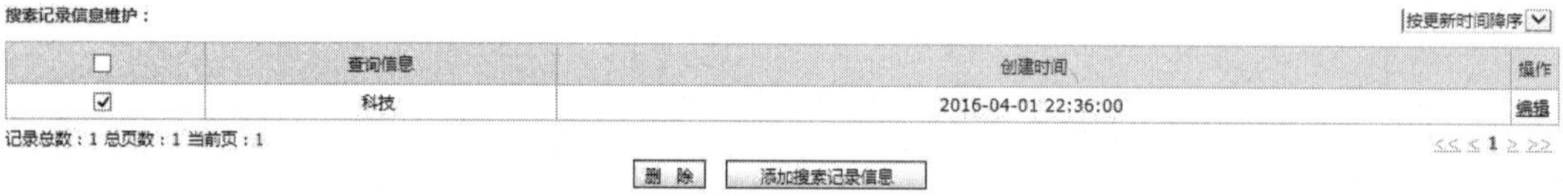

搜索记录信息维护：

按更新时间降序

□	查询信息	创建时间	操作
☑	科技	2016-04-01 22:36:00	编辑

记录总数：1 总页数：1 当前页：1

删除　添加搜索记录信息

<< < 1 > >>

图 3-139

3.4　网　络　广　告

【实践情景】

凤凰科技有限公司是一家网络广告的提供商。李想是达益科技有限公司的一名职员，主要负责公司的业务推广，现想在凤凰科技的网络广告平台上申请网络广告。

3.4.1　网络广告发布商设置初始数据

网络广告的服务商凤凰科技有限公司绑定银行账户，然后进行网络广告报价的设置以及发布新闻。另外，用户李想申请网络广告账号，服务商凤凰科技有限公司对会员进行管理。

1. 服务商绑定银行账号

进入服务商平台。在【网络营销实践】模块中，切换到【网络广告】选项卡，单击【服务商平台】后面的【进入】链接，进入网络广告服务商平台，如图 3-140 所示。

图 3-140

切换到【支付管理】选项卡，在【支付管理】下拉列表中选择【银行账户管理】选项，进入银行账户管理页面，单击【新增账户】按钮，如图 3-141 所示。

图 3-141

在弹出的银行账号管理的页面中，输入已申请的凤凰科技有限公司的网上银行账号，单击【提交】按钮，服务商银行账号绑定成功，如图 3-142 所示。

图 3-142

2. 服务商广告报价管理

进入服务商平台，切换到【报价管理】选项卡，在【报价管理】下拉列表下选择【网站首页】选项，进入报价管理页面。对于不同频道的不同广告位报价，只需输入新的报价，单击【修改】按钮，即可成功修改广告位报价，如图 3-143 所示。

图 3-143

3. 用户申请网络广告账号

在【网络营销实践】模块中，切换到【网络广告】选项卡，单击【网络广告平台】后面的【进入】链接，进入网络广告平台首页，如图 3-144 所示。

图 3-144

在弹出的页面中单击左下角的【网络广告——让你的企业一夜成名】图标，进入用户页面，如图 3-145 所示。

单击左上角的【注册】按钮，进入注册页面，如图 3-146 所示。

图 3-145

图 3-146

在注册页面中填写详细的注册信息，单击【确定】按钮，会员注册成功，如图 3-147
所示。

图 3-147

4. 服务商对会员进行管理

进入服务商平台。切换到【会员管理】选项卡在【会员管理】下拉列表中选择【会员
资料管理】选项，进入会员资料管理页面。单击【操作】下方的【详细】链接，查看会员
详细信息。单击【编辑】链接，管理会员资料信息，如图 3-148 所示。

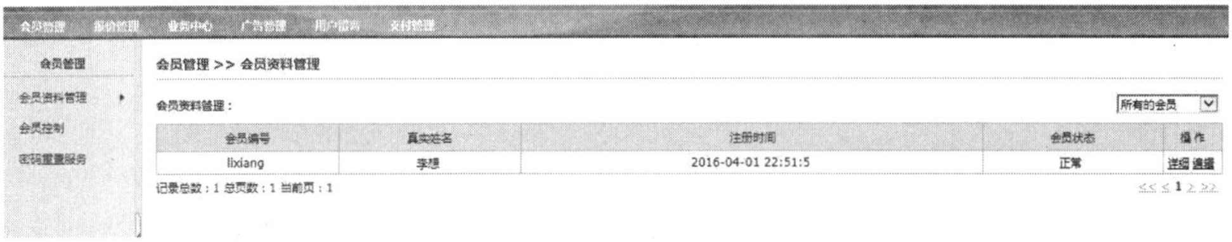

图 3-148

选择【会员管理】下拉列表中的【会员控制】选项，进入会员控制页面。单击【操作】
下方的【控制】链接，如图 3-149 所示。

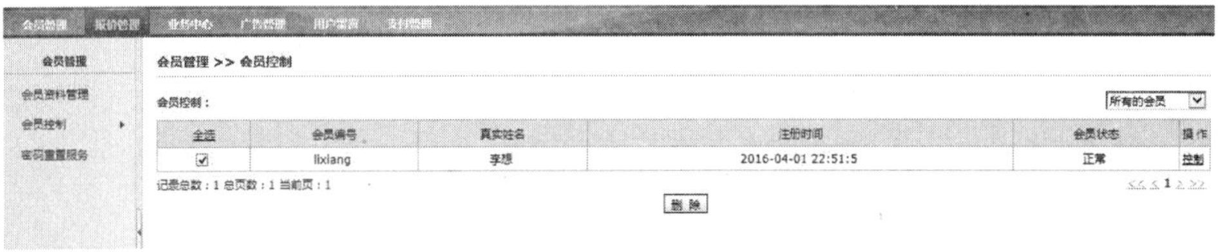

图 3-149

在弹出的会员信息控制页面中，选择会员状态，单击【修改】按钮，如图 3-150 所示。

会员管理 >> 会员信息控制

会员信息控制：

用户名：	lixiang
真实姓名：	李想
性别：	男
手机号码：	13911111111
电话号码：	0315-3861234
电子信箱：	lixiang@126.com
注册时间：	2016-4-1 22:51:05
会员状态：	◉ 正常 ○ 禁止访问 ○ 资金冻结
帐户余额：	0

修改　返回

图 3-150

选择【会员管理】下拉列表中的【密码重置服务】选项，进入会员密码重置页面。单击【操作】下方的【密码重置】链接，如图 3-151 所示。

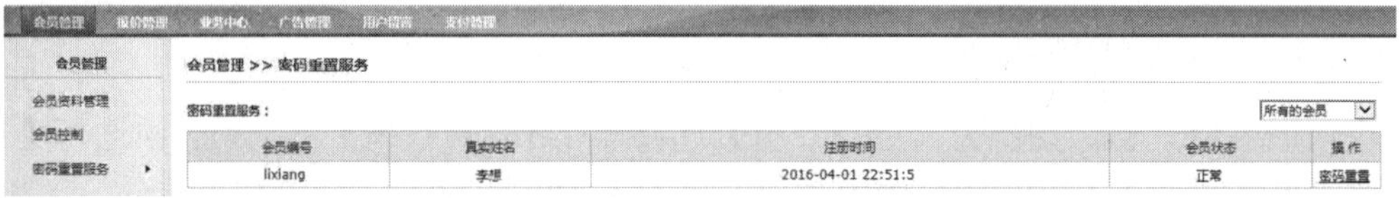

会员管理　报价管理　业务中心　广告管理　用户信息　支付管理

会员管理

会员资料管理
会员控制
密码重置服务

会员管理 >> 密码重置服务

密码重置服务：　　　　　　　　　　　　　　所有的会员 ▼

会员编号	真实姓名	注册时间	会员状态	操作
lixiang	李想	2016-04-01 22:51:5	正常	密码重置

图 3-151

在弹出的密码重置页面中，填写重置原因，输入新密码和校对密码，单击【重置】按钮，如图 3-152 所示。

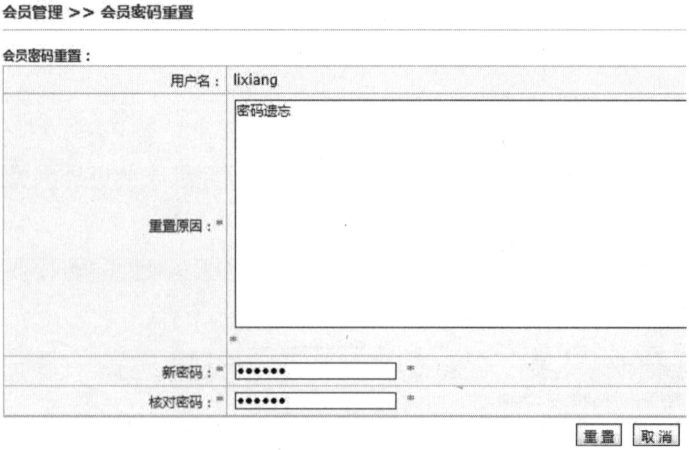

会员管理 >> 会员密码重置

会员密码重置：

用户名：	lixiang
重置原因：*	密码遗忘
新密码：*	●●●●●●
核对密码：*	●●●●●●

重置　取消

图 3-152

3.4.2　用户申请网络广告及服务商安排广告

作为会员的李想先要进行账户充值,并选择广告类型和发布时间,申请广告位。另一方面,服务商要审核该会员的广告申请。

1. 用户修改个人信息

单击李想后面的【进入】链接,在【网络广告】选项卡下进入用户(李想)平台。单击左上角的【资料】链接,进入注册信息维护页面,如图 3-153 所示。

图 3-153

注册信息维护之后,单击【修改】按钮,如图 3-154 所示。

图 3-154

2. 用户进行账户充值

进入用户(李想)平台,单击左上角的【在线充值】链接,进入在线充值页面,如图 3-155所示。

输入充值金额,选择支付银行,单击【去银行支付】按钮,如图 3-156 所示。

图 3-155

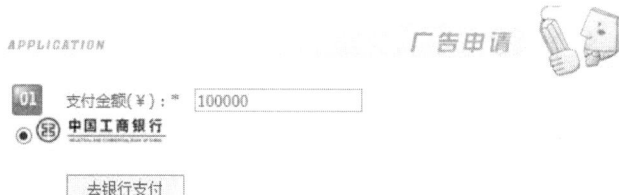

图 3-156

进行在线确认。单击【在线支付】按钮，在弹出的页面中输入卡号，支付密码，验证码进行支付。如图 3-157 所示。

3. 用户广告报价查询

在用户(李想)平台首页，单击【广告报价】图标下的 GO 按钮，进入广告报价查询页面，如图 3-158 所示。

图 3-157

图 3-158

把鼠标放到相应的广告上，显示广告的相应信息，如图 3-159 所示。

4. 会员申请广告并管理广告

在用户(李想)平台首页，单击【广告申请】图标下的 GO 按钮，进入广告申请页面，如图 3-160 所示。

填写广告申请详细信息，单击【确定】按钮，如图 3-161 所示。

如需撤销申请中的广告，单击左侧【广告管理】图标，右侧页面中单击【操作】下方的【详细】链接，如图 3-162 所示。

图 3-159

图 3-160

APPLICATION   广告申请

01 公司名称* 达益科技有限公司

02 频道选择 网站首页 ∨

03 广告购买位置 全屏广告 ∨

04 广告样式选择 样式001 ∨

05 广告标语* 达益与您同行

06 申请日期* 2016-04-02

07 申请时间段 10时 至 11时 ∨

08 您于需要支付的金额 20000.00 元

注意：现实中的广告申请需要上传广告文件，所以第4项和第5项仅为实验而设定。

确定   取消

图 3-161

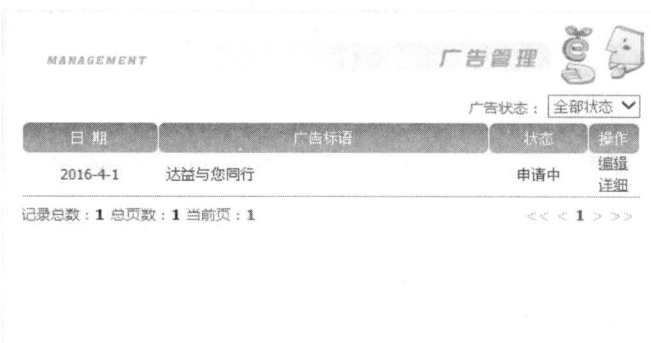

图 3-162

在弹出的页面中，如果需要撤销广告，可以单击【撤销申请】按钮，如图 3-163 所示。

注意： 如果单击了【撤销申请】按钮，接下来的步骤就无法操作了，需要重新申请广告。

如需修改申请中广告的信息，单击图 3-160【操作】下方的【编辑】链接，在弹出的页面中，填写修改的资料，如图 3-163 所示。单击【确定】按钮，如图 3-164 所示。

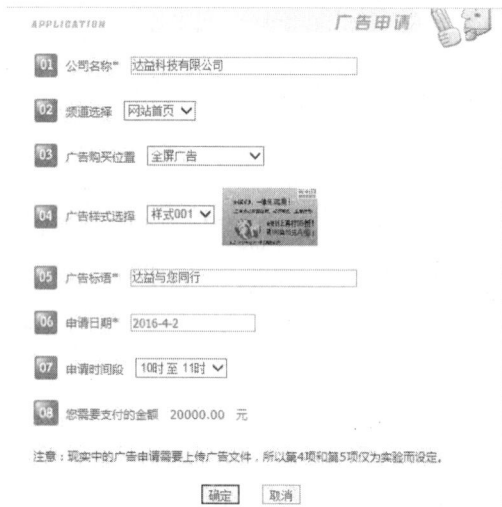

图 3-163   图 3-164

5. 服务商广告业务管理

(1) 服务商对用户广告进行编辑。进入服务商平台，切换到【业务中心】选项卡，在【业务中心】下拉列表中选择【广告编辑】选项，右侧页面中单击【操作】下方的【编辑】链接，如图 3-165 所示。

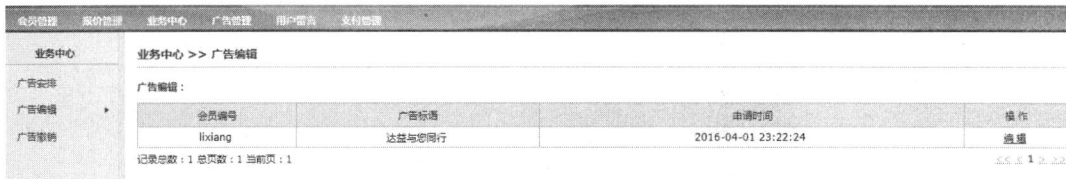

图 3-165

注意： 如果广告已经安排了，这里就看不到广告信息。申请过广告后这里就能体现。必须在编辑的时间段编辑，超出时间就无法编辑。

在弹出的页面中编辑申请广告位信息，完成后单击【确定】按钮，如图 3-166 所示。

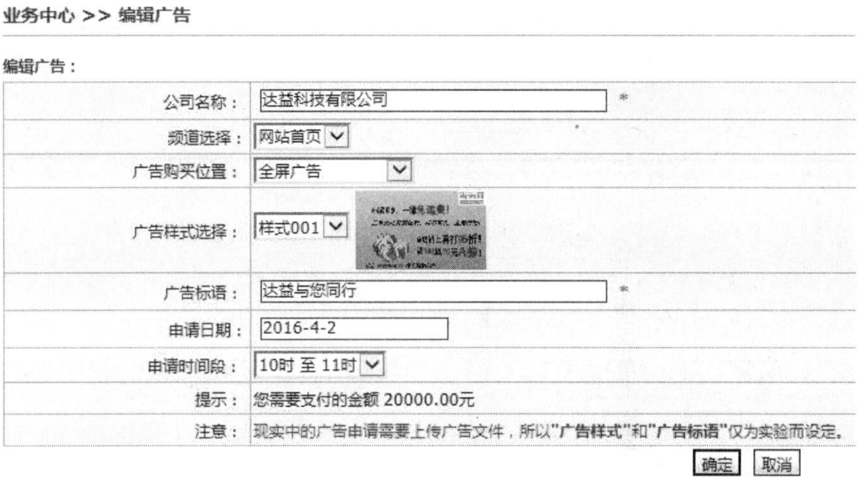

图 3-166

(2) 服务商审核用户广告。进入服务商平台，切换到图 3-165 中【业务中心】选项卡，在【业务中心】下拉列表中选择【广告安排】选项，右侧页面单击【操作】下方的【审核】链接，如图 3-167 所示。同样，必须要在审核的时间段审核，超出时间就无法审核。

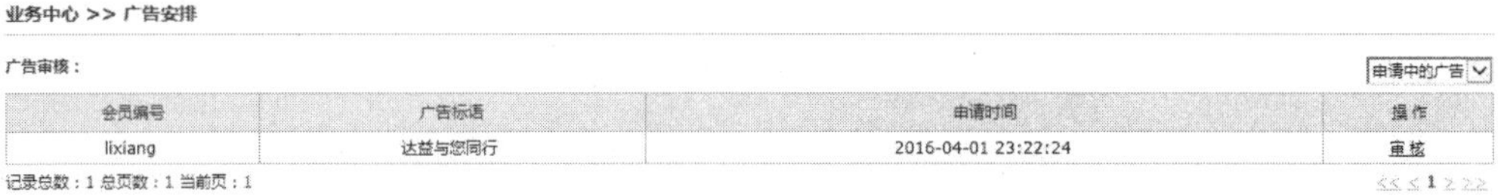

图 3-167

进入广告安排页面，单击【审核】按钮，如图 3-168 所示。

业务中心 >> 广告安排

广告审核确认：	
公司名称：	达益科技有限公司
广告购买位置：	网站首页 - 全屏广告
广告样式：	
广告标语：	达益与您同行
申请时间：	2016-04-01 23:22:00
申请时间段：	2016-04-01 10:00:00至2016-04-01 11:00:00
支付的金额：	20000.00元

审核　取消

图 3-168

3.4.3　广告效果管理和其他功能介绍

在这一部分，服务商发布新闻，进行促销价的设置。用户查看已发布的广告效果，并对服务商提问、留言，服务商对其回复。

1. 服务商进行广告管理

发布新闻在【网络营销实践】模块下，切换到【网络广告】选项卡，进入服务商平台，切换到【广告管理】选项卡，在【广告管理】下拉列表中选择【新闻管理】选项，进入新闻管理页面，右侧页面单击【发布新闻】按钮，如图 3-169 所示。

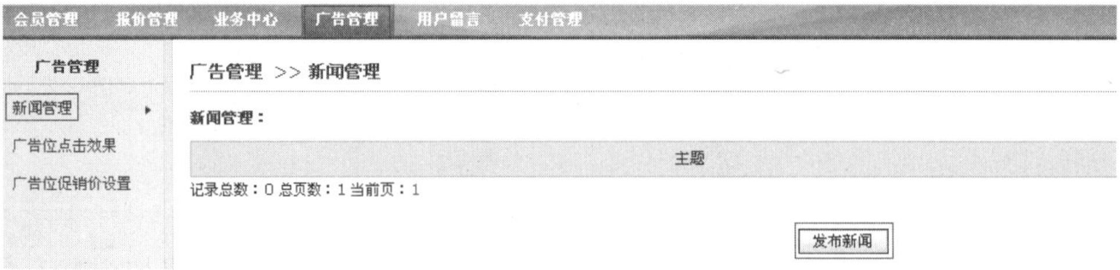

会员管理　报价管理　业务中心　广告管理　用户留言　支付管理

广告管理	广告管理 >> 新闻管理
新闻管理　▶	新闻管理：
广告位点击效果	主题
广告位促销价设置	记录总数：0 总页数：1 当前页：1

发布新闻

图 3-169

在弹出的页面中输入新闻主题和内容，单击【发布新闻】按钮，则新闻发布成功，如图 3-170 所示。

如需查看新闻内容，在【新闻管理】选项卡单击【操作】下方的【查看】链接；如需编辑新闻内容，单击【操作】下方的【编辑】链接；如需删除新闻内容，单击【操作】下方的【删除】链接，如图 3-171 所示。

2. 服务商查看广告位点击效果

切换到【广告管理】选项卡，在【广告管理】下拉列表中选择【广告位点击效果】选项，进入广告位点击效果查看页面。选择所要查看频道的广告位，即可查看到点击效果，如图 3-172 所示。

发布新闻：

图 3-170

广告管理 >> 新闻管理

新闻管理：

主题	发布时间	操作
网络广告位促销活动	2016-04-02 17:05:49	查看 编辑 删除

记录总数：1 总页数：1 当前页：1　　　　　　　　　　　　　　　　　　　　　　　< < < 1 > > >

发布新闻

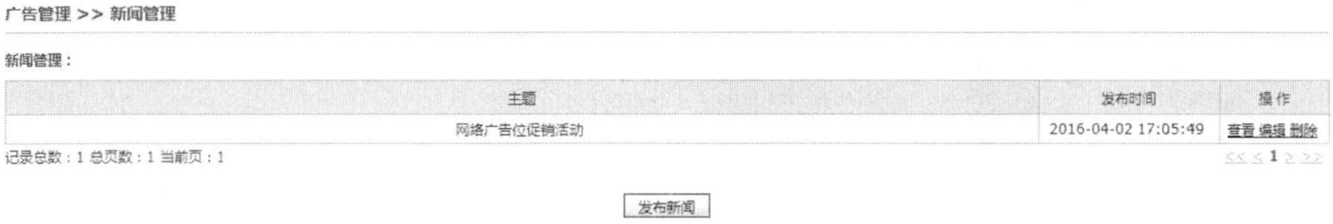

图 3-171

图 3-172

3. 服务商设置广告位促销信息

切换到图 3-172 中【广告管理】选项卡，在【广告管理】下拉列表中选择【广告位促销价设置】选项，进入广告位促销设置页面。选择促销频道、促销广告位置和促销价格，单击【确定】按钮，如图 3-173 所示。

广告管理 >> 广告位促销价设置

广告位促销价设置：

频道选择：	网站首页
广告购买位置：	全屏广告
当前价格：	20000.00元
促销价格：	15000 元*

确定　取消

图 3-173

4. 会员提问

在【网络广告】选项卡下，进入用户会员(李想)平台。单击【网络留言】图标下面的 GO 按钮，进入网络留言页面，如图 3-174 所示。

在弹出的页面中单击【我要留言】按钮，进入留言页面，如图 3-175 所示。

图 3-174

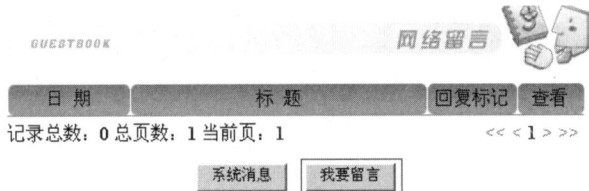

图 3-175

选择留言类型，填写留言标题和内容，完成后单击【保存】按钮，如图 3-176 所示。

图 3-176

5. 服务商回复留言

进入服务商平台，切换到【用户留言】选项卡，在【用户留言】下拉列表中选择【用户留言管理】选项，进入留言管理页面。单击【操作】下面的【回复】链接，如图 3-177 所示。

图 3-177

进入留言信息维护页面，查看用户留言内容，输入回复内容，完成后单击【回复】按钮，如图 3-178 所示。

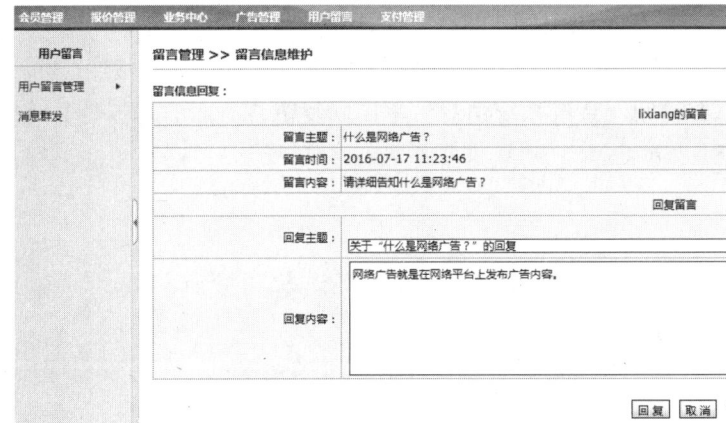

图 3-178

服务商如需删除留言，首先在【用户留言管理】选项下应选择所要删除的留言，再单击【删除】按钮，如图 3-179 所示。

图 3-179

6. 服务商发送系统信息

进入服务商平台，切换到【用户留言】选项卡，在【用户留言】下拉列表中选择【消息群发】选项，输入群发消息标题和内容，选择接收会员，单击【发送】按钮，如图 3-180 所示。

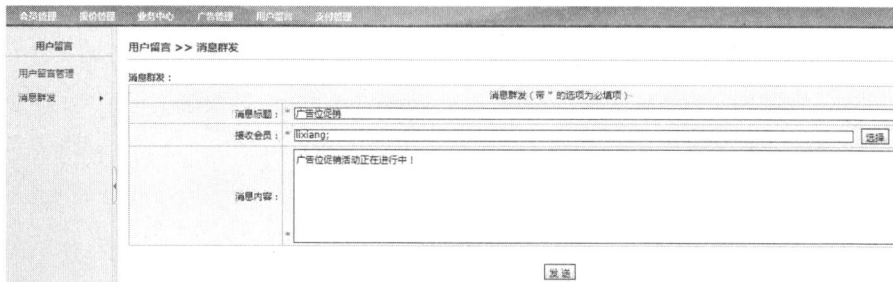

图 3-180

7. 会员查看留言

进入会员平台。单击图 3-174 中【网络留言】图标下面的 GO 按钮，进入网络留言页面。单击【系统消息】按钮，查看系统消息。单击回复留言后面的【查看】链接，查看已回复留言，如图 3-181 所示。

图 3-181

8. 查看广告效果

在【网络营销实践】模块下，切换到【网络广告】选项卡，单击【网络广告平台】后面的【进入】链接，可查看网络广告的效果，如图 3-182、图 3-183 所示。

图 3-182

图 3-183

3.5　邮　件　推　广

【实践情景】

凤凰科技有限公司是邮件推广平台的服务商。李想如今代理了一批教材，现今正在促销，他想通过邮件推广的方式将这个消息发给他的潜在客户王成，并且他还想在该平台上购买广告，以此加大宣传的力度。

3.5.1　邮件推广中涉及的角色及其业务关系

服务商凤凰科技有限公司绑定银行账户，且进行邮件列表价格设置。申请邮件发布人李想和邮件订阅人王成账户，并将李想升级为高级用户。

1. 服务商绑定银行账户

进入服务商平台，在【网络营销实践】模块下，切换到【邮件推广】选项卡，单击服务商平台后面的【进入】链接，进入服务商平台，如图 3-184 所示。

图 3-184

切换到【支付管理】选项卡，在【支付管理】下拉列表下选择【银行账户绑定】选项，进入银行账户管理页面。单击【新增账户】按钮，如图 3-185 所示。

图 3-185

输入正确的服务商银行账户信息，单击【提交】按钮，则服务商绑定银行账号成功，如图 3-186 所示。

图 3-186

2. 服务商设置邮件列表的价格

单击【邮件列表管理】选项卡，在【邮件列表管理】下拉列表中选择【价格管理】选项，右侧页面单击【操作】下方的【修改价格】链接，如图 3-187 所示。

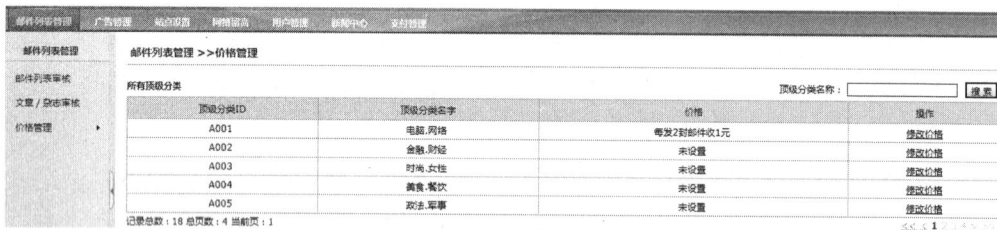

图 3-187

在弹出的页面中输入发送邮件数和收费费用，单击【保存】按钮，如图 3-188 所示。也就是说，广告商在创建邮件列表后，需付钱后，才能给订阅客户发送邮件。

3. 服务商设置广告位价格

切换到【广告管理】选项卡，在【广告管理】下拉列表中选择【广告位及价格管理】

选项，单击【操作】下方的【修改广告位价格】链接，如图 3-189 所示。

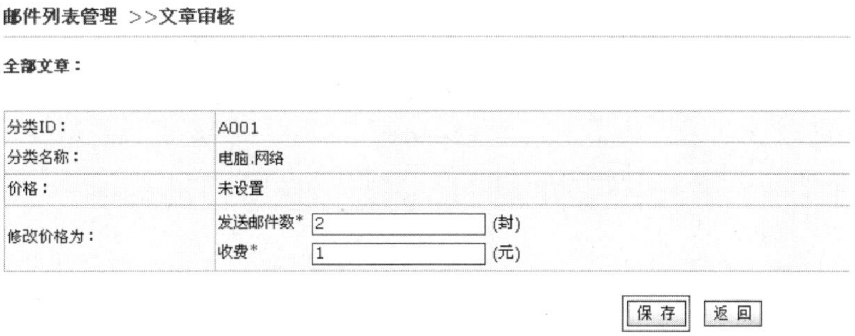
邮件列表管理 >>文章审核
全部文章：
分类ID：
A001
分类名称：
电脑,网络
价格：
未设置
修改价格为：
发送邮件数*
2
(封)
收费*
1
(元)
保 存
返 回

图 3-188

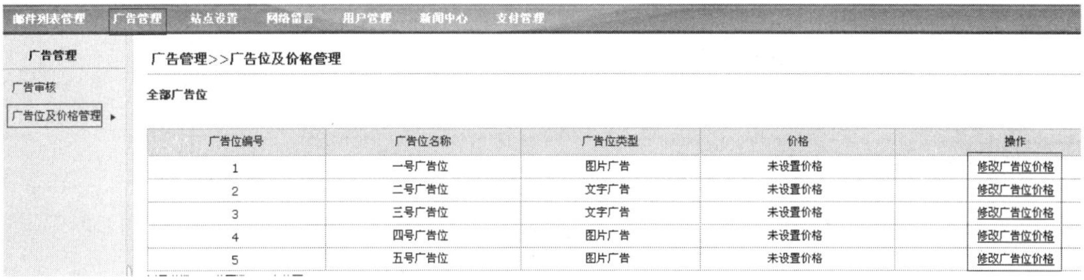
邮件列表管理
广告管理
站点设置
网络留言
用户管理
新闻中心
支付管理
广告管理
广告审核
广告位及价格管理
广告管理>>广告位及价格管理
全部广告位
广告位编号
广告位名称
广告位类型
价格
操作
1
一号广告位
图片广告
未设置价格
修改广告位价格
2
二号广告位
文字广告
未设置价格
修改广告位价格
3
三号广告位
文字广告
未设置价格
修改广告位价格
4
四号广告位
图片广告
未设置价格
修改广告位价格
5
五号广告位
图片广告
未设置价格
修改广告位价格

图 3-189

在弹出的页面中输入价格和天数，单击【保存】按钮，如图 3-190 所示。

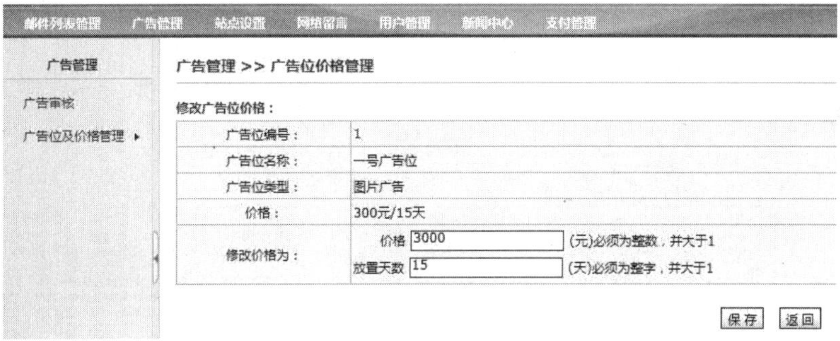
邮件列表管理
广告管理
站点设置
网络留言
用户管理
新闻中心
支付管理
广告管理
广告审核
广告位及价格管理
广告管理 >> 广告位价格管理
修改广告位价格：
广告位编号：
1
广告位名称：
一号广告位
广告位类型：
图片广告
价格：
300元/15天
修改价格为：
价格
3000
(元)必须为整数，并大于1
放置天数
15
(天)必须为整字，并大于1
保存
返回

图 3-190

4. 服务商设置站点信息

切换到【站点设置】选项卡，在站点设置页面中，输入联系地址、邮编等相关信息，单击【保存】按钮，如图 3-191 所示。

图 3-191

5. 服务商新闻管理

切换到【新闻中心】选项卡，在【新闻中心】下拉列表中选择【新闻维护】选项，单击【添加】按钮，如图 3-192 所示。

图 3-192

在弹出的新闻维护页面中，输入新闻主题、内容、新闻类型，单击【添加】按钮，新闻发布成功，如图 3-193 所示。

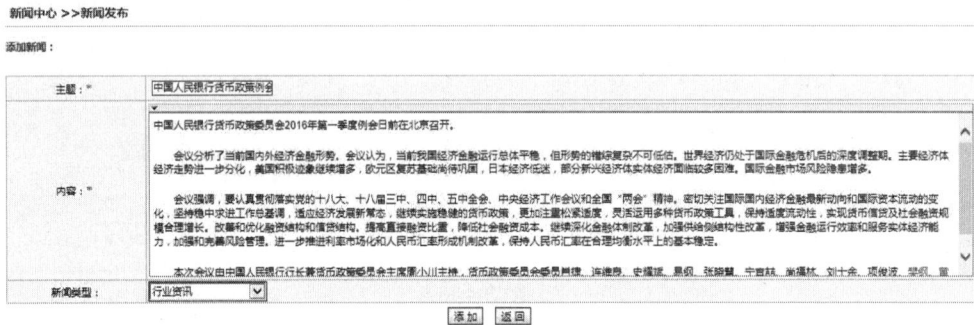

图 3-193

如需重新编辑该新闻消息，在【新闻维护】选项卡，单击【操作】下方的【编辑】链接；如需删除该条新闻，单击【操作】下方的【删除】链接，如图 3-194 所示。

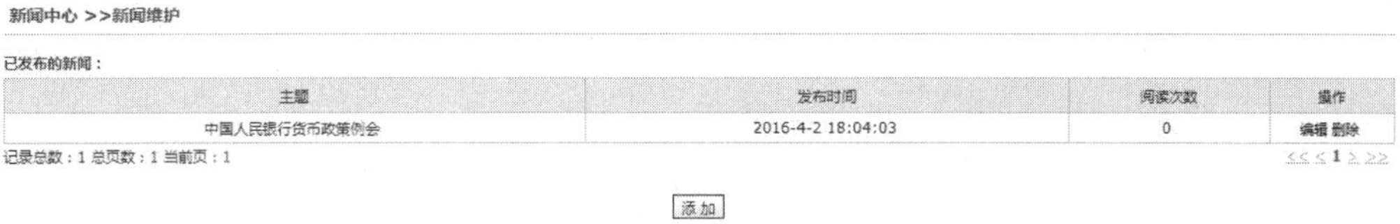

新闻中心 >> 新闻维护

已发布的新闻：

主题	发布时间	阅读次数	操作
中国人民银行货币政策例会	2016-4-2 18:04:03	0	编辑 删除

记录总数：1 总页数：1 当前页：1　　　　　　　　　　　　　　　　　　<< < 1 > >>

添加

图 3-194

6. 申请会员账户

申请邮件发布人李想的账号，并将其升级为高级会员。在【网络营销实践】模块中的【邮件推广】选项卡下，单击【邮件推广平台】后面的【进入】链接，进入邮件推广平台页面，如图 3-195 所示。

图 3-195

单击页面左上角的【注册】链接，进入用户注册页面，如图 3-196 所示。

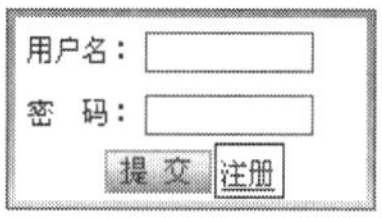

在弹出的用户注册页面中，填写相关信息，单击【提交】按钮，如图 3-197 所示。

图 3-196

图 3-197

注册提交之后会自动导航到账户页面，单击【升级为高级用户】按钮，如图 3-198 所示。

图 3-198

进入账户充值页面，单击【充值】按钮，如图 3-199 所示。

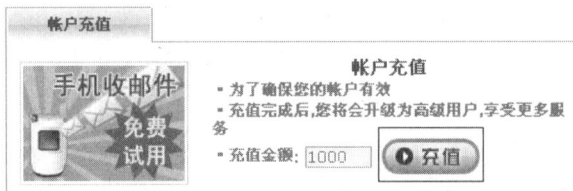

图 3-199

进入网上银行付款页面，选择付款银行，单击【支付】按钮。注意：由于服务商只绑定工商银行账户，所以这里只显示工商银行，如图 3-200 所示。

进入在线确认页面，单击【在线支付】按钮，如图 3-201 所示。

图 3-200

图 3-201

进入在线支付页面，输入银行卡卡号、支付密码和附加码，单击【确定】按钮，如图 3-202 所示。

这里需要强调一点：普通会员只有收发邮件和订阅邮件的功能，高级会员可享受更多的服务项目，比如邮件列表服务、广告服务、邮件设计、客户群管理、财务管理、效果分析等。

用同样的方法，注册普通会员王成作为邮件的收件人。输入注册信息，单击【提交】按钮，如图 3-203所示。

图 3-202

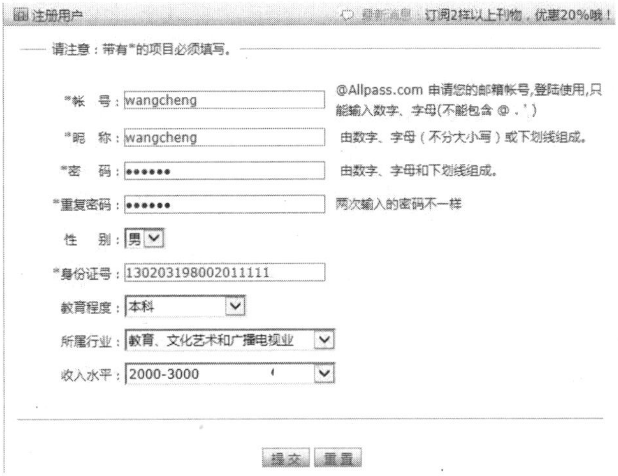

图 3-203

7. 服务商会员管理

进入服务商平台，切换到【用户管理】选项卡，如需查看会员的详细信息，单击【操作】下方的【详细】链接；如需修改会员信息，单击【操作】下方的【编辑】链接，如图 3-204 所示。

图 3-204

8. 高级用户客户群管理

在【邮件推广】选项卡下，单击 lixiang 后面的【进入】链接，进入邮件推广用户平台，如图 3-205 所示。

图 3-205

单击【进入账户】链接，进入高级会员 lixiang 的账户，如图 3-206 所示。

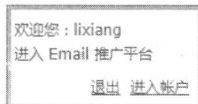

图 3-206

9. 高级用户邮件设计

在高级用户 lixiang 的后台管理系统中，选择【邮件设计】下拉列表中的【邮件设计】选项，进入邮件设计页面。输入名称、描述，选择适用客户类型，填写内容，单击【保存】按钮，如图 3-207、图 3-208 所示。

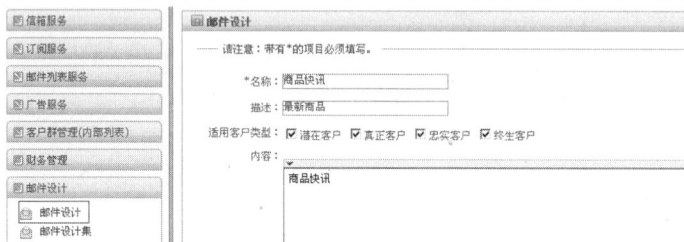

图 3-207

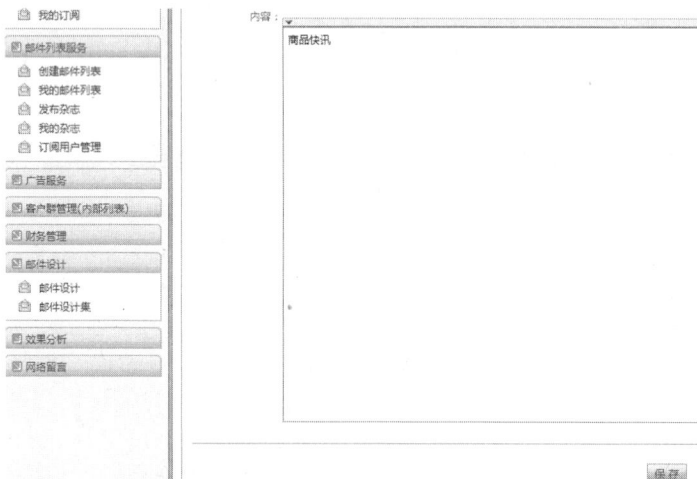

图 3-208

选择【邮件设计】下拉列表中的【邮件设计集】选项，在右侧页面中可看到所有的已设计的邮件。单击【操作】下方的【编辑】链接，可对邮件重新进行编辑，如图 3-209 所示。

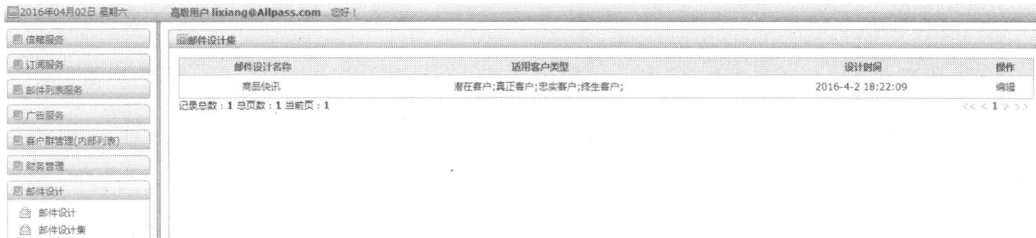

图 3-209

选择【客户群管理】下拉列表中的【新增用户】选项，在弹出的页面中，填写客户的相关信息，单击【保存】按钮，如图 3-210 所示。

图 3-210

如需删除不需要的客户信息，单击图 3-210 中的【客户维护】选项，选择所要删除的客户，单击【删除客户】按钮，如图 3-211 所示。

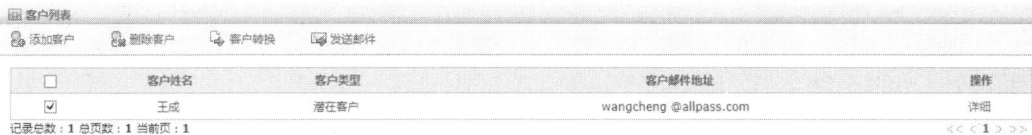

图 3-211

转换该客户类型。选择所要转换的客户，单击【客户转换】按钮，在弹出的页面中选择所要转换的类型，单击【保存】按钮，如图 3-212 所示。

给该用户发送邮件。选择所需发送邮件的客户，单击【发送邮件】按钮，如图 3-213

所示。注意：这一步之前需要操作过邮件设计步骤。

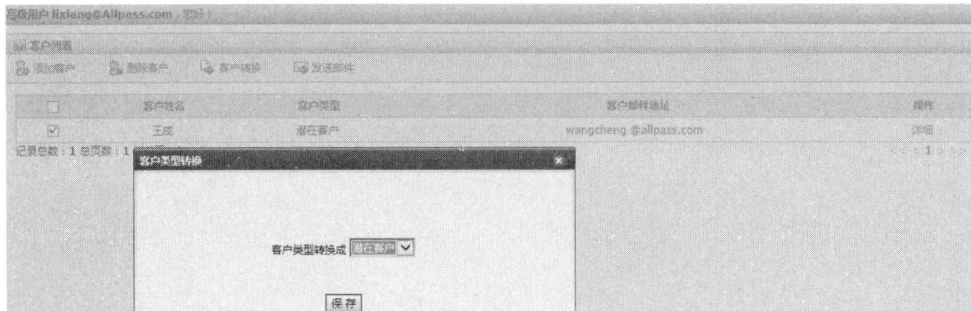

图 3-212

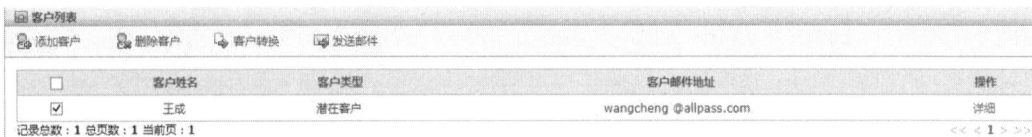

图 3-213

单击主题后的按钮，选择【商品快讯】主题，发送邮件，如图 3-214 所示。

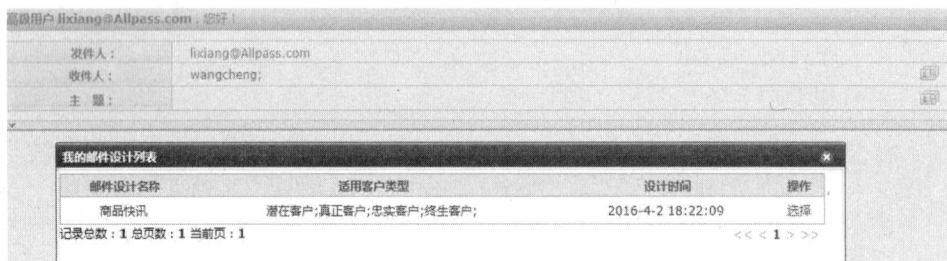

图 3-214

3.5.2 高级会员邮件推广平台中订阅邮件、发布杂志业务操作

高级会员李想创建邮件列表和杂志，同时服务商审核该邮件列表和杂志。李想发送邮件和杂志，订阅邮件。

1. 用户创建邮件列表

在【邮件推广】选项卡下进入用户 lixiang 的账户，进入 lixiang 的后台管理系统，选择【邮件列表服务】下拉列表中的【创建邮件列表】选项，进入创建邮件列表页面。输入邮件的内容，单击【创建】按钮，如图 3-215 所示。

如需对创建的邮件进行编辑，选择图 3-215 中【邮件列表服务】下拉列表下的【我的邮件列表】选项，单击【操作】下方的【编辑】链接；如需对创建的邮件进行充值，单击【操作】下方的【充值】链接即可，如图 3-216 所示。注意：充值后才有邮件数量。

图 3-215

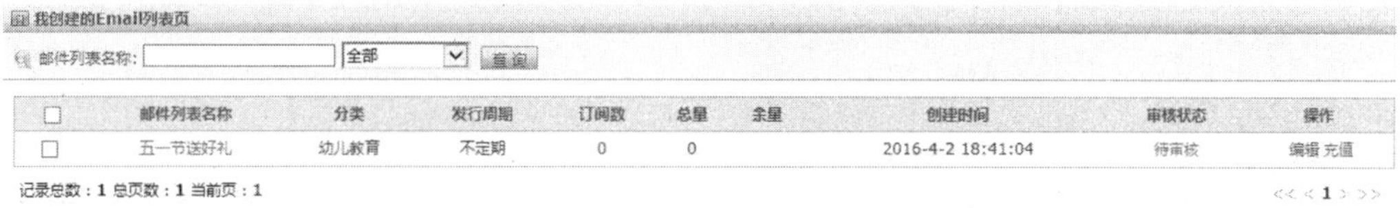

图 3-216

2. 服务商审核创建的邮件列表

进入服务商平台，切换到【邮件列表管理】选项卡，在【邮件列表管理】下拉列表中选择【邮件列表审核】选项，进入邮件列表审核页面。单击【操作】下方的【审核】链接，如图 3-217 所示。

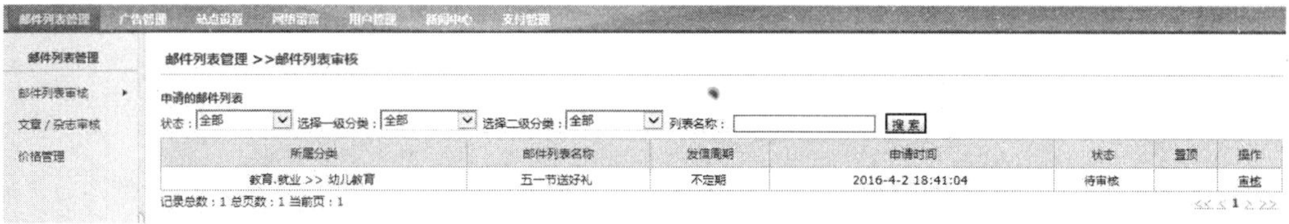

图 3-217

在弹出的页面中选择置顶状态和审核状态，单击【保存】按钮，邮件审核通过，如图 3-218 所示。

邮件列表管理 >>邮件列表审核

邮件列表：

状态：	待审核
邮件列表名称：	五一节送好礼
所属分类：	教育.就业>>幼儿教育
发行周期：	不定期
申请者邮箱：	lixiang@Allpass.com
列表介绍：	五一期间儿童读物搞活动，买一送一，买的越多，送的越多。
是否置顶：	不置顶
修改是否置顶：	○ 置顶 ⦿ 不置顶
将改变状态为：	⦿ 审核通过 ○ 审核不通过

保存　返回

图 3-218

3. 用户发布杂志

进入用户 lixiang 的账户，在后台管理系统中选择【邮件列表服务】下拉列表中的【发布杂志】选项，填写杂志主题和内容，单击【创建】按钮，如图 3-219 所示。

图 3-219

如需对刚发布的杂志进行编辑，选择图 3-219 中【邮件列表服务】下拉列表中的【我的杂志】选项，右侧页面中，单击【操作】下方的【编辑】链接，如图 3-220 所示。

图 3-220

4. 服务商审核杂志

进入服务商平台，切换到【邮件列表管理】选项卡，在【邮件列表管理】下拉列表中单击【文章/杂志审核】选项，进入文章/杂志审核页面。单击【操作】下方的【审核】链接，如图 3-221 所示。

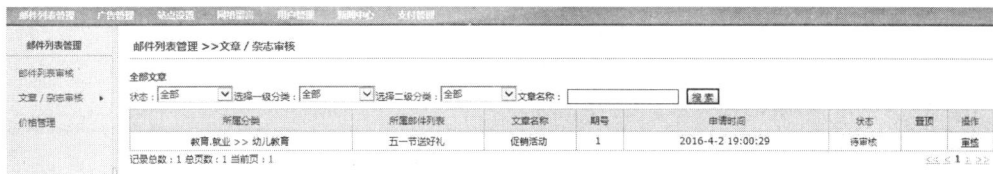

图 3-221

在弹出的页面中，选择是否置顶和审核状态，单击【保存】按钮，杂志审核通过，如图 3-222 所示。

图 3-222

5. 王成订阅邮件

进入用户 wangcheng 的账户。选择【订阅服务】下拉列表中的【我要订阅】选项，进入我要订阅页面。选择所要订阅的邮件，单击【我要订阅】按钮，如图 3-223 所示。

图 3-223

接下来，李想可以将邮件发送给王成。进入 Lixiang 账户，选择【邮件列表服务】下拉列表中的【我的杂志】选项，单击【操作】下方的【发送杂志】链接，如图 3-224 所示。注意：需要给邮件充值，只有充值后才有邮件数量。

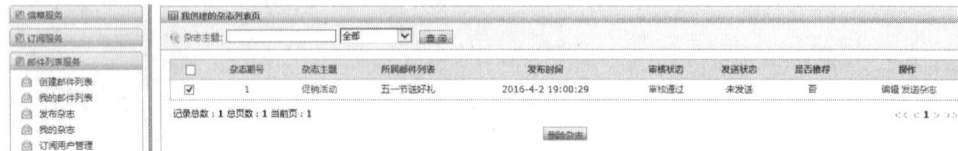

图 3-224

6. 用户剔除订阅

进入 lixiang 账户，选择【邮件列表服务】下拉列表中的【订阅用户管理】选项，单击【操作】下方的【剔除订阅】链接，如图 3-225 所示。

图 3-225

3.5.3　高级会员邮件推广平台中广告业务操作

李想申请广告位，服务商对其申请进行审核。

1. 广告申请

进入 lixiang 的账户，选择【广告服务】下拉列表中的【广告申请】选项，选择合适的广告位，当鼠标放在广告位上时会显示其广告位的价格和天数。只要双击该广告位即可进入申请页面，如图 3-226 所示。

图 3-226

填写申请表单。选择广告投放时间、广告图片及广告位链接，单击【申请】按钮，如图 3-227 所示。系统提示"广告申请完成，请等待服务商审核"。

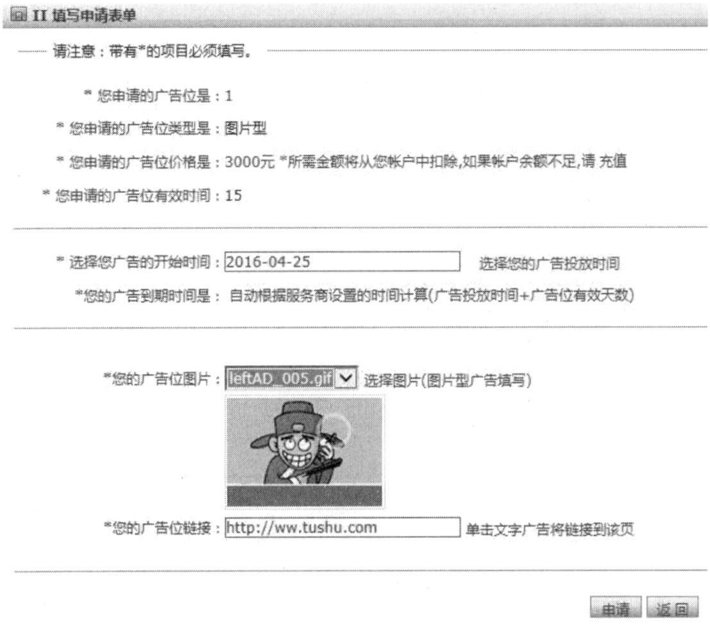

图 3-227

如需修改广告位信息，在【广告管理】选项下单击【操作】下方的【编辑】链接；如需撤销该广告位，单击【广告撤销】按钮，如图 3-228 所示。

图 3-228

2. 服务商审核广告位信息

进入服务商平台，切换到【广告管理】选项卡，在【广告管理】下拉列表中选择【广告审核】选项，单击待审核广告位的【操作】下方的【审核】链接，如图 3-229 所示。

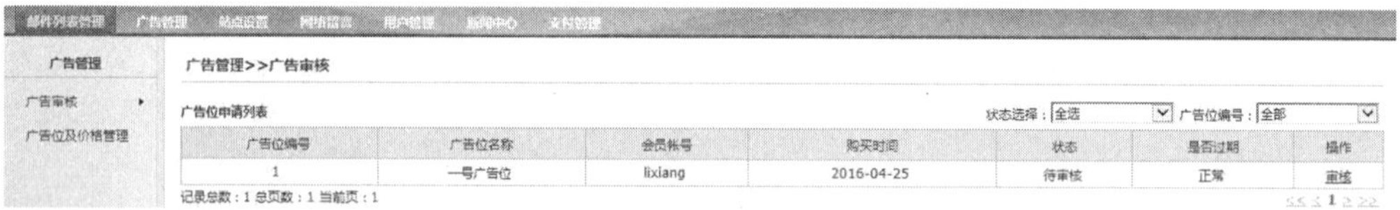

图 3-229

进入广告审核页面，审核通过。

3. 高级会员效果查看

进入 lixiang 的账户，选择【效果分析】选项，查看用户资源阶段的评价，如图 3-230 所示。

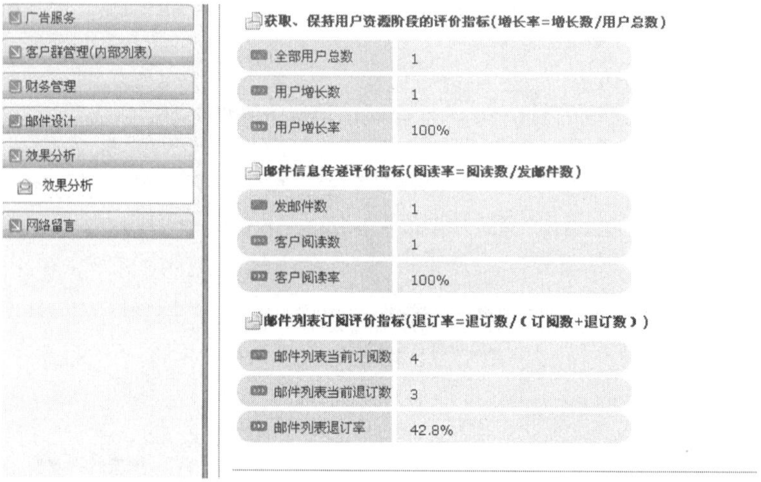

图 3-230

4. 会员提问，服务商回复

进入 lixiang 的账户，选择【网络留言】下拉列表中的【我要提问】选项，在弹出的页面中填写提问主题和提问内容，单击【保存】按钮，如图 3-231 所示。

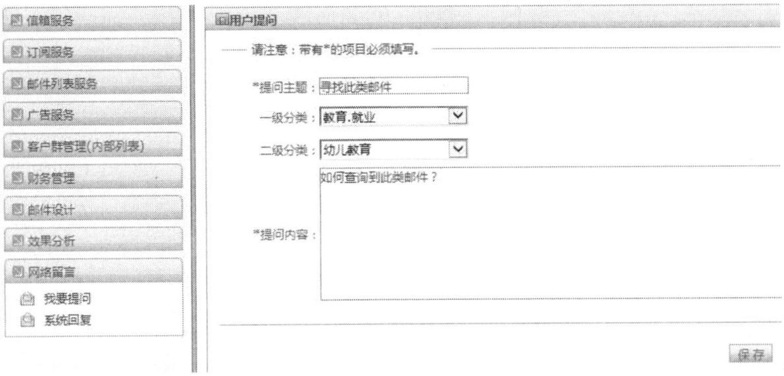

图 3-231

5. 服务商回复留言

进入服务商页面，切换到【网络留言】选项卡，在【网络留言】下拉列表中选择【留言管理】选项，进入留言管理页面。单击【查看】链接，查看留言详细内容并进行回复，如图 3-232 所示。

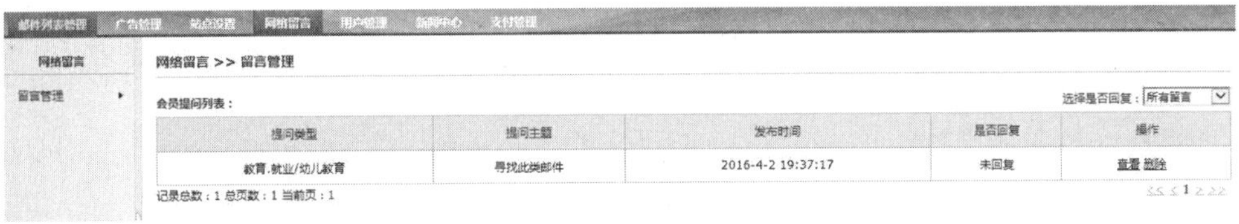

图 3-232

在留言回复页面中填写回复内容，完成后单击【保存】按钮，如图 3-233 所示。

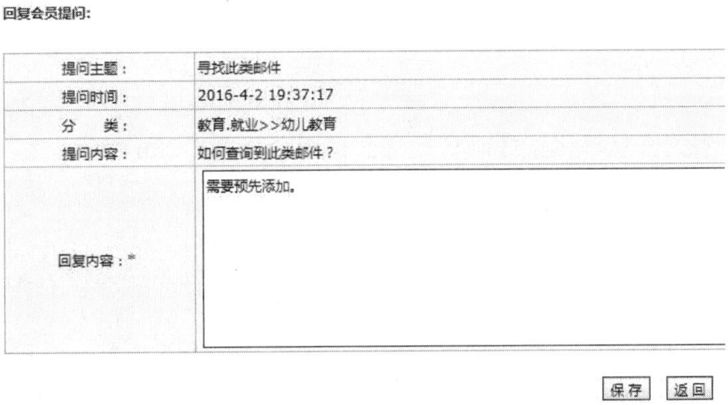

图 3-233

3.6 网 络 调 研

【实践情景】

李想要对"3～6 岁幼儿喜欢阅读的书籍类型"这一主题展开调查,他在凤凰科技网络调研平台上发布了该调查问卷。王成看到此问卷,发表了个人的观点。

3.6.1 网络调研会员功能和公告管理

用户李想申请网络调研账号,并升级为高级会员。服务商对会员进行管理,发布公告。

1. 用户申请网络账号

在【网络营销实践】模块中,切换到【网络调研】选项卡,单击【网络调研平台】后面的【进入】链接,进入网络调研平台,如图 3-234 所示。

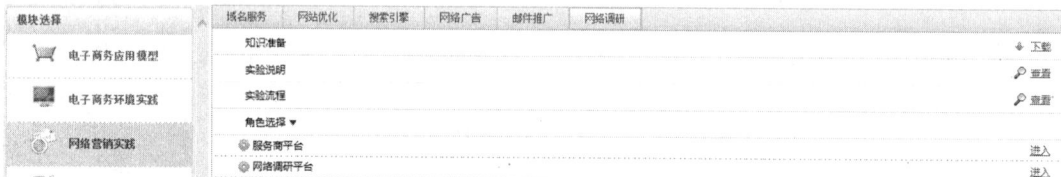

图 3-234

进入后单击右上角的【免费注册】按钮,进入用户注册页面,如图 3-235 所示。

图 3-235

填写会员的相关信息,单击【确认提交】按钮,如图 3-236 所示。

2. 将普通会员升级为高级会员

注册结束之后,系统会自动导航到网络调研平台的首页。选择【会员之家】选项,进入会员 lixiang 的账户,如图 3-237 所示。

选择【我的账户】选项,在右侧页面中单击【申请高级会员】链接,如图 3-238 所示。

用户注册（ **为必填项）

*注册用户名：	lixiang
*登录密码：	••••••
*确认密码：	••••••
*真实姓名：	李想
*Email：	lixiang@126.com
性别：	⦿男　○女
职位：	经理
生日：	1980-01-01
身份证号码：	130203198001011234
手机：	13911111111
电话：	0315-3861234
传真：	0315-3861234
邮政编码：	063000
通信地址：	省唐山市高新区大学道9号

确认提交

图 3-236

图 3-237

会员信息 >> 我的账户

会员：	lixiang
会员等级：	普通会员
自加入以来完成的问卷调查总数：	0
自加入以来发布的问卷调查总数：	0
申请高级会员	

MEMBERINFO 会员信息

- 返回首页
- 我的账户
- 发表调研问卷
- 调研问卷管理
- 活动通知
- 修改基本信息
- 修改密码

图 3-238

在弹出的申请高级会员页面中，单击【提交申请】按钮，如图 3-239 所示。

3. 服务商对会员进行管理

单击服务商平台后面的【进入】链接，进入服务商平台，如图 3-240 所示。

图 3-239

图 3-240

如要查看会员的详细信息。切换到【会员管理】选项卡，在【会员管理】下拉列表中选择【会员查询】选项，单击【操作】下方的【详细】链接，即可查看会员的详细信息，如图 3-241 所示。

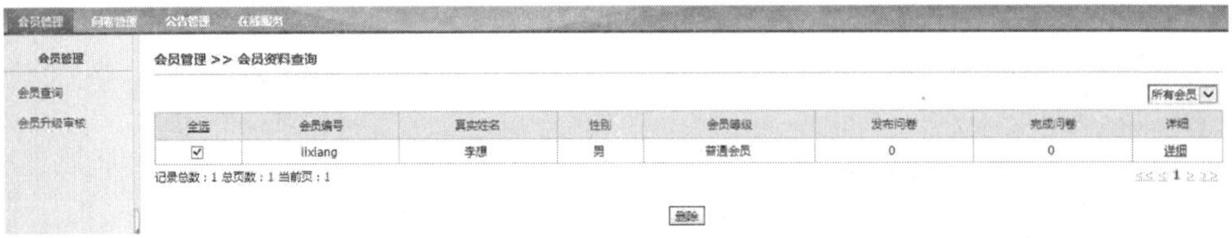

图 3-241

选择【会员管理】下拉列表中的【会员升级审核】选项，单击会员名称后面的【审核】链接，如图 3-242 所示。

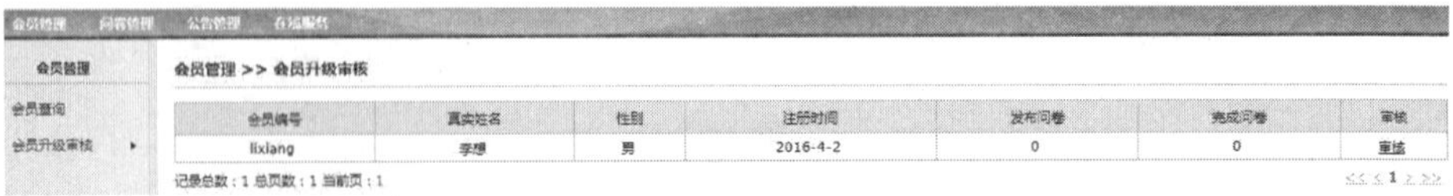

图 3-242

在弹出的会员审核页面中，单击【通过】按钮，普通会员成功升级为高级会员，如图 3-243 所示。

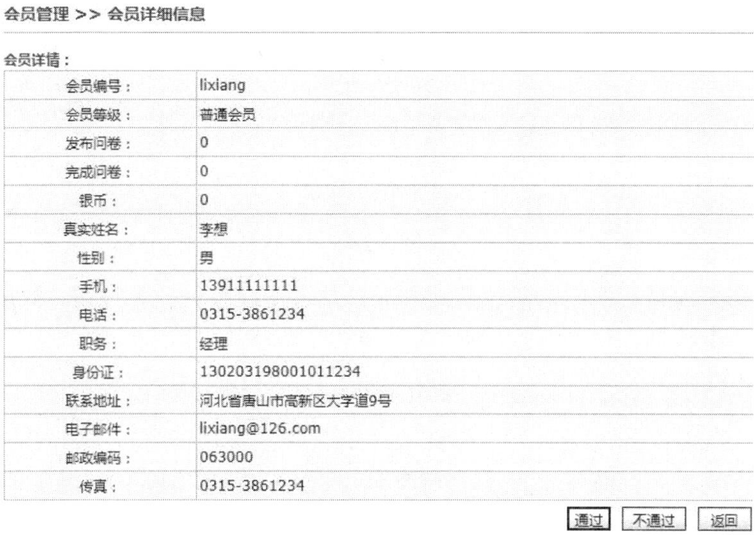
会员管理 >> 会员详细信息
会员详情：
会员编号： lixiang
会员等级： 普通会员
发布问卷： 0
完成问卷： 0
银币： 0
真实姓名： 李想
性别： 男
手机： 13911111111
电话： 0315-3861234
职务： 经理
身份证： 130203198001011234
联系地址： 河北省唐山市高新区大学道9号
电子邮件： lixiang@126.com
邮政编码： 063000
传真： 0315-3861234
通过
不通过
返回

图 3-243

4. 服务商发布公告

进入服务商平台，切换到【公告管理】选项卡，在【公告管理】下拉列表中选择【发布公告】选项，填写公告标题和内容，选择公告类型，单击【发布公告】按钮，如图 3-244 所示。

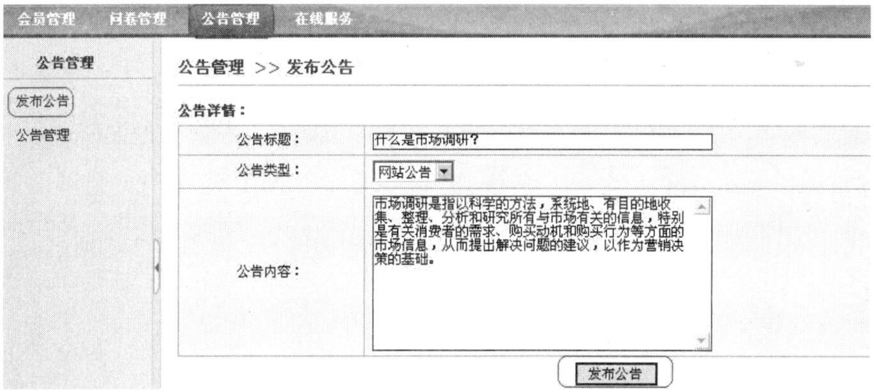
会员管理
问卷管理
公告管理
在线服务
公告管理
发布公告
公告管理
公告管理 >> 发布公告
公告详情：
公告标题： 什么是市场调研？
公告类型： 网站公告
公告内容： 市场调研是指以科学的方法，系统地、有目的地收集、整理、分析和研究所有与市场有关的信息，特别是有关消费者的需求、购买动机和购买行为等方面的市场信息，从而提出解决问题的建议，以作为营销决策的基础。
发布公告

图 3-244

5. 服务商查看公告详细

切换到【公告管理】选项卡，在【公告管理】下拉列表中选择【公告列表】选项，在弹出的页面中单击【详细】链接，如图 3-245 所示。

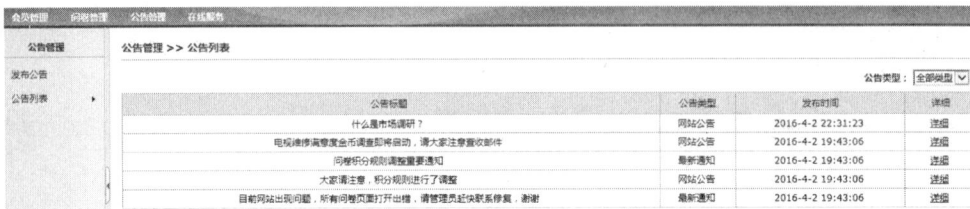

图 3-245

在弹出的公告编辑页面中，进行修改之后，单击【保存修改】按钮。如要删除该公告，单击【删除公告】按钮，如图 3-246 所示。

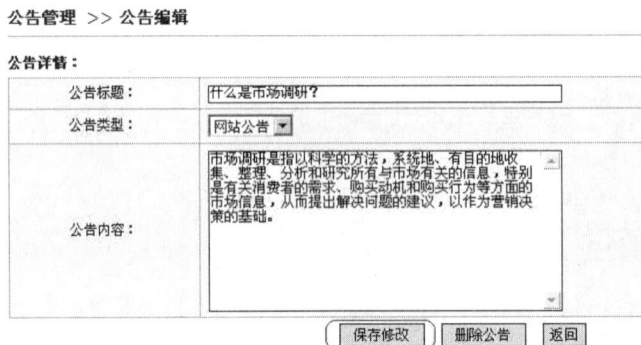

图 3-246

3.6.2 用户发布网络调研及审核

李想发布网络调研的内容，服务商管理其发布的调研，并对发布的调研进行审核处理。

1. 会员发布调查问卷

单击 lixiang 后面的【进入】链接，进入会员李想的账户，如图 3-247 所示。

图 3-247

选择左侧的【发表调研问卷】选项，右框架中显示调研问卷设置页面，如图 3-248 所示。

在弹出的调研问卷设置页面中，输入问卷的标题、内容及调查选项等信息。单击【添加一项】按钮，增加问题的选项，所有选项添加后，单击【确认添加】按钮；所有问题都添加后，单击【发布问卷】按钮，发布调查问卷，如图 3-249 和图 3-250 所示。

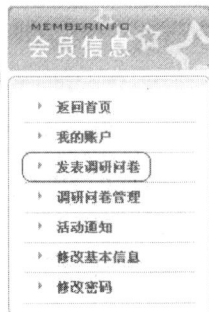

图 3-248　　　　　　　　　　　　　　　　图 3-249

图 3-250

2. 会员调研问卷管理

进入会员 lixiang 账户，单击左侧的【调研问卷管理】选项，右框架中显示所有问卷。选择状态为"申请"的问卷，单击【详细】链接，可以对问卷进行编辑和删除，如图 3-251 所示。

在弹出的页面中进行编辑和保存。注意：只有状态为"申请"时，问卷才可以进行编辑和修改；状态为"发布"的问卷，只能单击【详细】链接查看其内容，不能修改。

图 3-251

3. 服务商问卷管理

首先要审核调查问卷。进入服务商平台，切换到【问卷管理】选项卡，在【问卷管理】下拉列表中选择【问卷审核】选项，进入问卷审核页面，单击【详细】链接，如图 3-252 所示。

图 3-252

在弹出的页面中，审核通过。当然，如果服务商认为会员发布的问卷内容不合理，可以审核不通过。

其次，问卷查询。选择【问卷管理】下拉列表中的【问卷查询】选项，单击【详细】链接可查看问卷的详细信息，如图 3-253 所示。

图 3-253

最后，问卷管理。选择【问卷管理】下拉列表中的【问卷管理】选项，显示所有问卷记录信息。单击【管理】链接，进入问卷管理页面，如图 3-254 所示。对于未通过审核的问卷可删除，注意发布中的问卷无法删除。

4. 王成会员回答问卷

这里可以以王成名义再申请一个新的会员 wangcheng，和申请会员李想一样，填写相关信息，确认提交之后，系统自动导航到网络调研的首页。选择【调查大厅】选项，进入调查大厅页面。单击问卷后面的【答卷】链接，如图 3-255 所示。

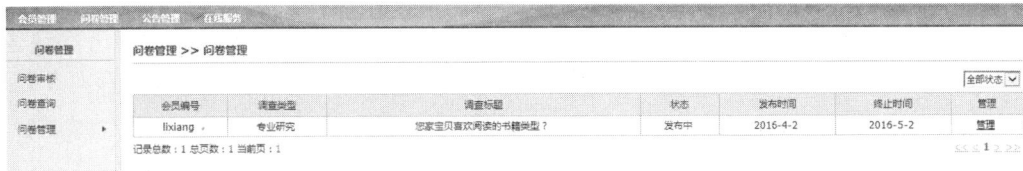

图 3-254

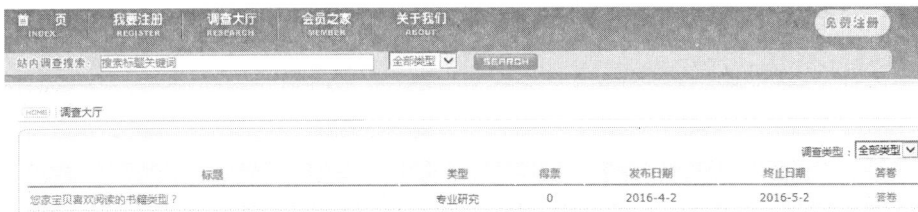

图 3-255

在弹出的页面中进行投票和发表评论，如图 3-256、图 3-257 所示。

图 3-256

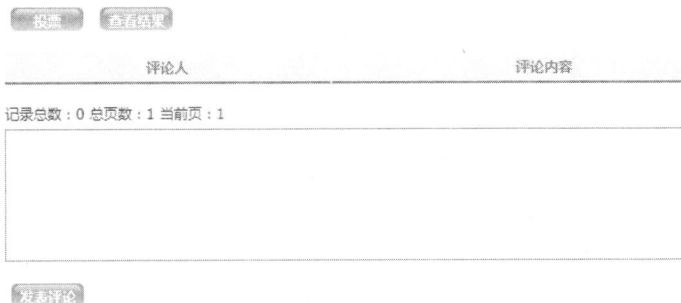

图 3-257

5. 服务商评论管理

进入服务商平台，切换到【会员管理】选项卡，在【在线服务】下拉列表中选择【评论管理】选项，显示调研记录信息。单击右边【评论管理】文字链接，如图 3-258 所示。

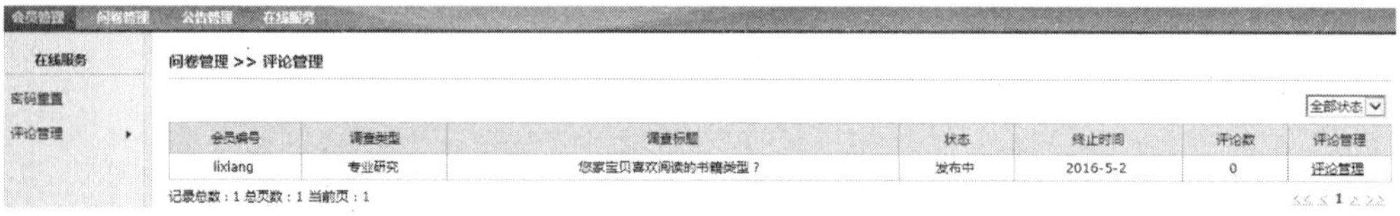

图 3-258

查看详细评论记录，对评论可进行编辑和删除操作。

第4章 电子支付实践

4.1 网上银行

【实践情景】

网上银行是整个电子商务中至关重要的一部分。要完成其他部分的实践，必须要经过网上银行这个步骤。这部分实践的账号在电子支付实践中已经申请过了，但是只是用于网上交易的支付。这一章详细介绍网上银行的强大功能。

4.1.1 个人网上银行基本业务

在【电子支付实践】模块下，切换到【网上银行】选项卡，单击个人账户下李想后的【进入网上银行】链接，进入李想的个人网上银行，如图4-1所示。

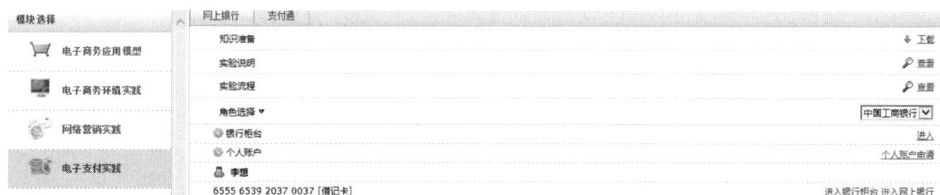

图 4-1

1. 账务查询

选择【基本业务】下拉列表中的【财务查询】选项，在右侧页面中，切换到【账户基本信息查询】选项卡，可以查询账户的余额信息，以及存款类型和开户日期，如图4-2所示。

图 4-2

如果当天进行了交易，在【账户当日明细查询】选项卡中可以查询到详细列表，如图 4-3 所示。

图 4-3

从开户以来的账户明细，在【账户历史明细查询】选项卡中可以查到，如图 4-4 所示。

图 4-4

2. 定活互换

活期账户中的存款可以转为定期存款。选择【基本业务】下拉列表中的【定活互换】选项，在右侧页面中切换到【活期转定期】选项卡，输入转账金额，单击【下一步】按钮，如图 4-5 所示。

图 4-5

在新页面中输入密码，确认转存，如图 4-6 所示。

如果遇到紧急情况，定期的钱也可以转为活期。选择【基本业务】下拉列表中的【定活互换】选项，在右侧页面中切换到【定期转活期】选项卡，再单击【转出】链接，如图 4-7 所示。

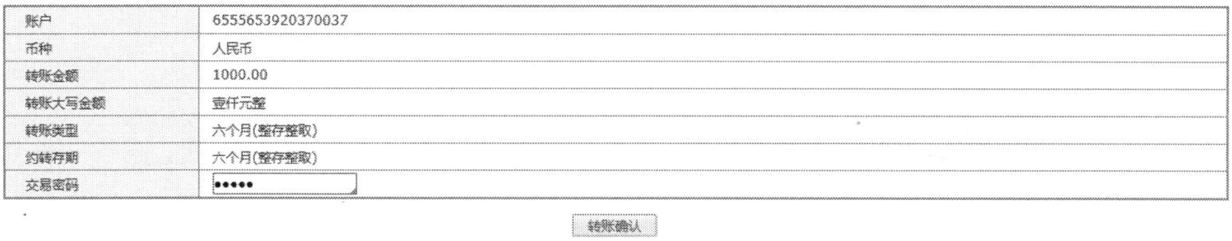
账户
6555653920370037
币种
人民币
转账金额
1000.00
转账大写金额
壹仟元整
转账类型
六个月(整存整取)
约转存期
六个月(整存整取)
交易密码
转账确认

图 4-6

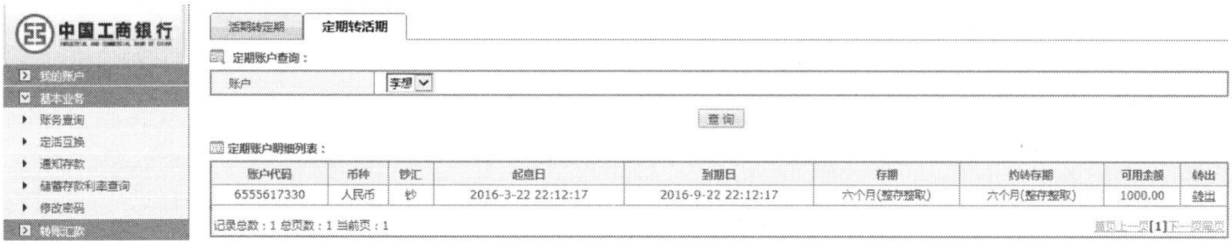
中国工商银行
我的账户
基本业务
账务查询
定活互换
通知存款
储蓄存款利率查询
修改密码
转账汇款
活期转定期
定期转活期
定期账户查询：
账户
李想
查 询
定期账户明细列表：
账户代码
币种
钞汇
起息日
到期日
存期
约转存期
可用余额
转出
6555617330
人民币
钞
2016-3-22 22:12:17
2016-9-22 22:12:17
六个月(整存整取)
六个月(整存整取)
1000.00
转出
记录总数：1 总页数：1 当前页：1

图 4-7

输入需要转账的金额以及交易密码，确认转账，如图 4-8 所示。

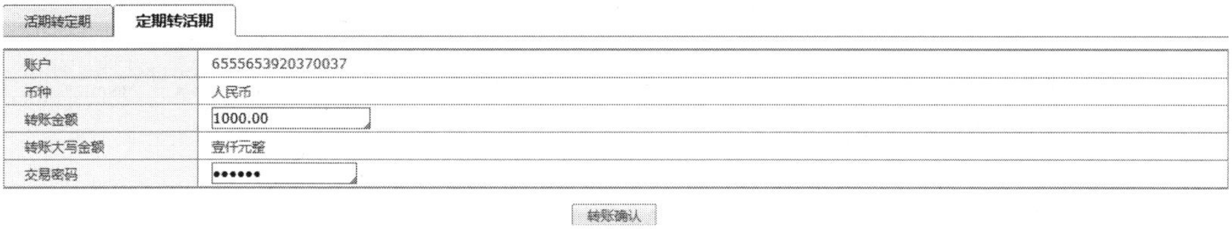
活期转定期
定期转活期
账户
6555653920370037
币种
人民币
转账金额
1000.00
转账大写金额
壹仟元整
交易密码
转账确认

图 4-8

3. 通知存款

首先要添加下挂卡，在【我的账户】下拉列表中，选择【添加下挂卡及账户】选项，填写卡片信息，如图 4-9 所示。

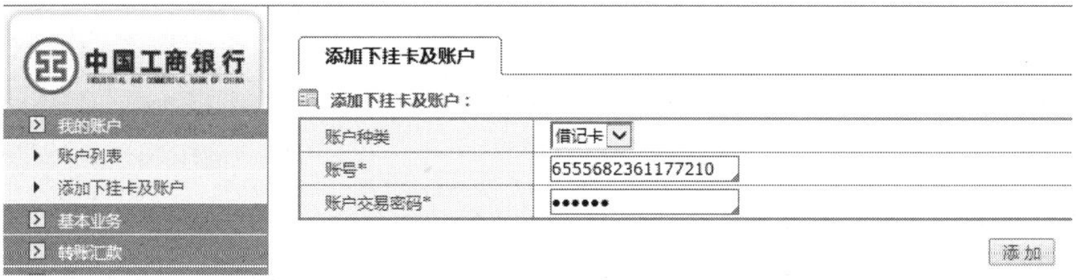
中国工商银行
我的账户
账户列表
添加下挂卡及账户
基本业务
转账汇款
添加下挂卡及账户
添加下挂卡及账户：
账户种类
借记卡
账号*
6555682361177210
账户交易密码*
添 加

图 4-9

活期转通知存款的账户应是下挂卡账户。在【基本业务】下拉列表中选择【通知存款】选项，切换到【活期转通知存款】选项卡，填写转账金额，选择通知种类，最后输入密码确认，如图 4-10、图 4-11 所示。注意：王成银行卡中需要有 5 万以上的存款。

图 4-10

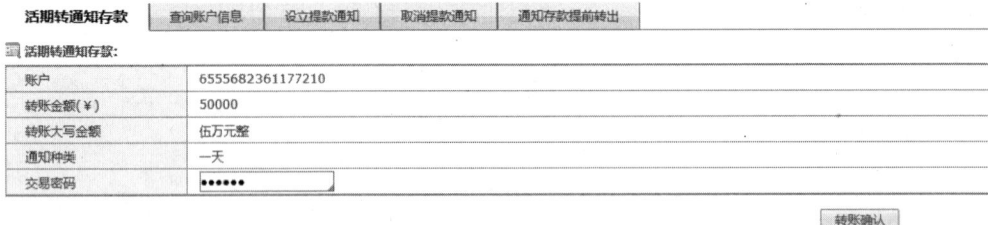

图 4-11

切换到【设立提款通知】选项卡，设立提款通知，如图 4-12 所示。选择账户，单击【下一步】按钮。

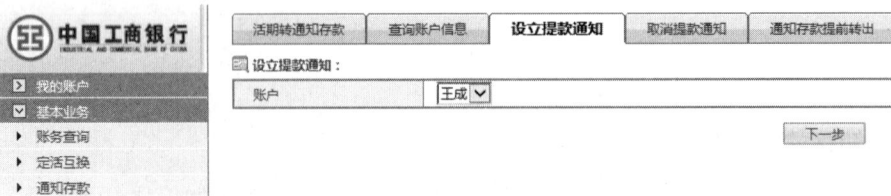

图 4-12

输入金额，单击【确定】按钮，如图 4-13 所示。

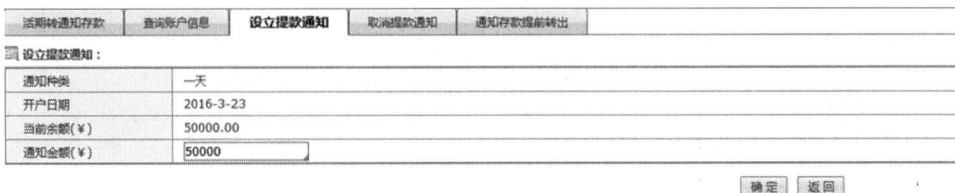

图 4-13

切换到【取消提款通知】选项卡，选择【取消通知】链接，提款通知可以取消，如图 4-14 所示。

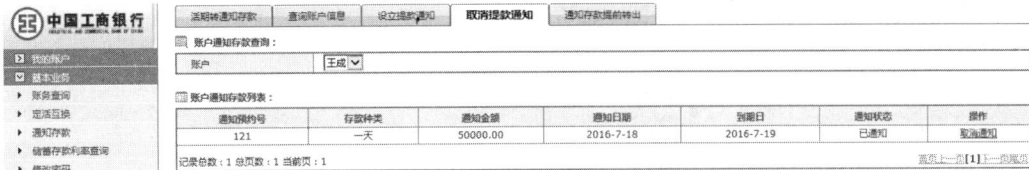

图 4-14

切换到【通知存款提前转出】选项卡，填写转出金额及交易密码，通知存款提前转出，如图 4-15 所示。

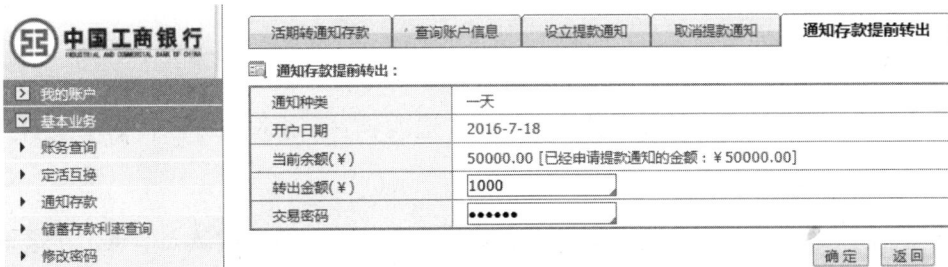

图 4-15

4. 储蓄存款利率查询

选择【基本业务】下拉列表中的【储蓄存款利率查询】选项。在这里，可以查询到各个币种的储蓄利率，如图 4-16 所示。

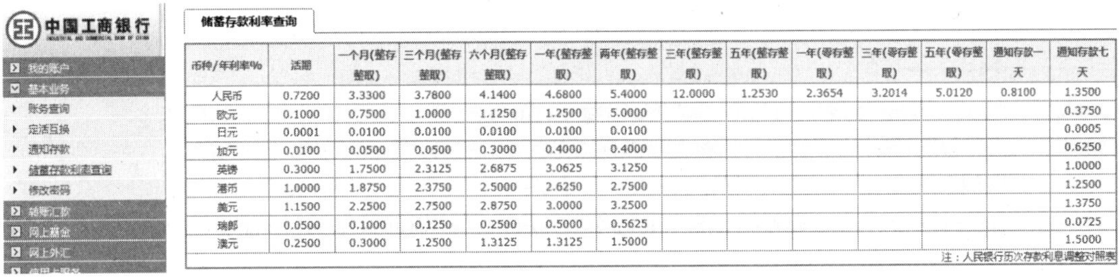

储蓄存款利率查询

币种/年利率%	活期	一个月(整存整取)	三个月(整存整取)	六个月(整存整取)	一年(整存整取)	两年(整存整取)	三年(整存整取)	五年(整存整取)	一年(零存整取)	三年(零存整取)	五年(零存整取)	通知存款一天	通知存款七天
人民币	0.7200	3.3300	3.7800	4.1400	4.6800	5.4000	12.0000	1.2530	2.3654	3.2014	5.0120	0.8100	1.3500
欧元	0.1000	0.7500	1.0000	1.1250	1.2500	5.0000							0.3750
日元	0.0001	0.0100	0.0100	0.0100	0.0100	0.0100							0.0005
加元	0.0100	0.0500	0.0500	0.3000	0.4000	0.4000							0.6250
英镑	0.3000	1.7500	2.3125	2.6875	3.0625	3.1250							1.0000
港币	1.0000	1.8750	2.3750	2.5000	2.6250	2.7500							1.2500
美元	1.1500	2.2500	2.7500	2.8750	3.0000	3.2500							1.3750
瑞郎	0.0500	0.1000	0.1250	0.2500	0.5000	0.5625							0.0725
澳元	0.2500	0.3000	1.2500	1.3125	1.3125	1.5000							1.5000

注：人民银行历次存款利息调整对照表

图 4-16

5. 修改密码

出于安全考虑，密码应定期修改。选择【基本业务】下拉列表中的【修改密码】选项，在右侧页面中修改密码，如图 4-17 所示。

图 4-17

4.1.2 转账汇款

在【电子支付实践】模块中的【网上银行】选项卡下，进入李想的个人网上银行。

1. 设置我的收款人

选择【转账汇款】下拉列表中的【我的收款人】选项，设置收款人信息。在这里，李想可以添加与自己资金联系密切的银行账号，以方便以后转账的时候可以不再输入账号，直接选择收款人即可，单击【添加】按钮，如图 4-18 所示。

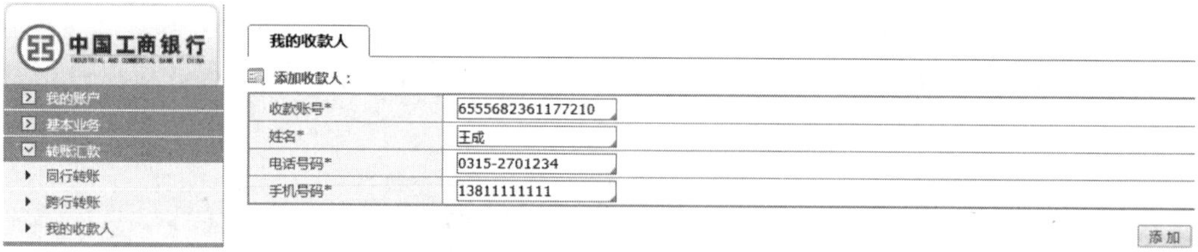

图 4-18

2. 同行转账

王成和李想是同一银行的，可以进行同行转账。李想要转账给王成，输入自己的密码，确认同行转账操作。

(1) 单笔转账汇款操作。选择【转账汇款】下拉列表中的【同行转账】选项，在右侧页面中切换到【单笔转账汇款】选项卡，填写汇款信息，单击【提交】按钮，在弹出的页面中单击【确定】按钮，如图 4-19、图 4-20 所示。

(2) 批量转账汇款。选择【转账汇款】下拉列表中的【同行转账】选项，在右侧页面中切换到【批量转账汇款】选项卡，单击【下一步】按钮，如图 4-21 所示。如果同时要给几个同行账号转账，可以选定账号，批量转账。王成和张菲都需要李想转给他们 1000 元，李想可以选择批量转账汇款。

图 4-19

图 4-20

单击【自动选择收款人】链接，添加多个工商银行的账号。如图 4-22 所示。

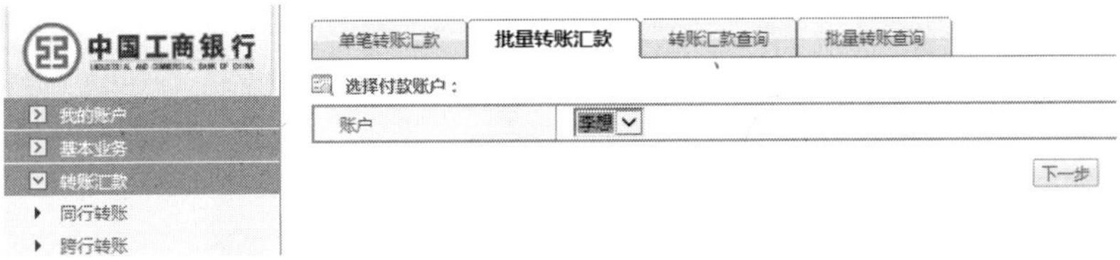

图 4-21

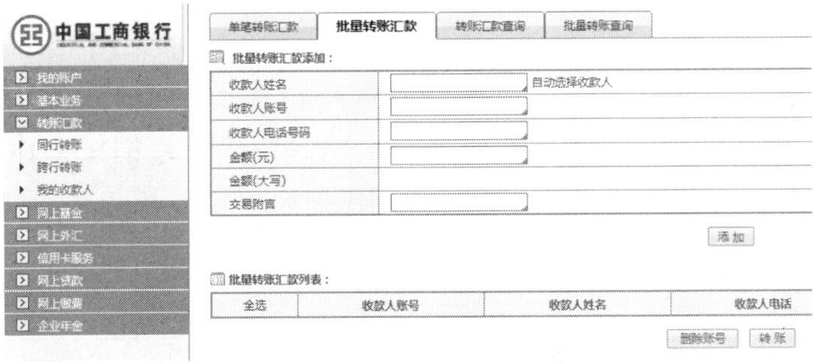

图 4-22

在弹出的我的收款人列表中选择王成，如图 4-23 所示。

我的收款人列表：

选择	编号	收款账号	姓名	电话号码
○	97	6555682361177210	王成	0315-2701234

选择

图 4-23

输入转账金额和交易附言，单击【添加】按钮，如图 4-24 所示。

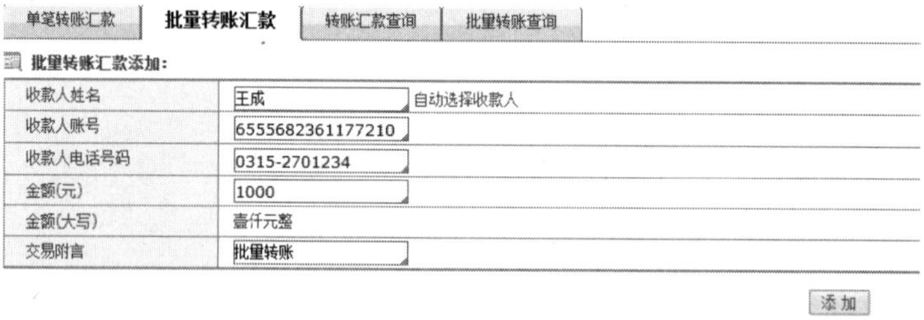

单笔转账汇款	**批量转账汇款**	转账汇款查询	批量转账查询

批量转账汇款添加：

收款人姓名	王成	自动选择收款人
收款人账号	6555682361177210	
收款人电话号码	0315-2701234	
金额(元)	1000	
金额(大写)	壹仟元整	
交易附言	批量转账	

添加

图 4-24

同样的操作再添加一个收款人，如图 4-25 所示。

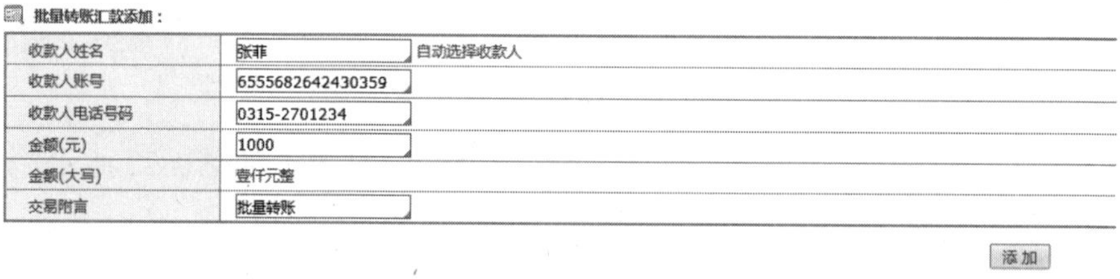

批量转账汇款添加：

收款人姓名	张菲	自动选择收款人
收款人账号	6555682842430359	
收款人电话号码	0315-2701234	
金额(元)	1000	
金额(大写)	壹仟元整	
交易附言	批量转账	

添加

图 4-25

添加完毕，选定账号，单击【转账】按钮，如图 4-26 所示。

批量转账汇款列表：

全选	收款人账号	收款人姓名	收款人电话	金额(元)	交易附言	修改
☑	6555682361177210	王成	0315-2701234	1000		修改
☑	6555682842430359	张菲	0315-2701234	1000		修改

删除账号　转账

图 4-26

李想需要输入密码，单击【确定】按钮，确认转账操作，如图 4-27 所示。

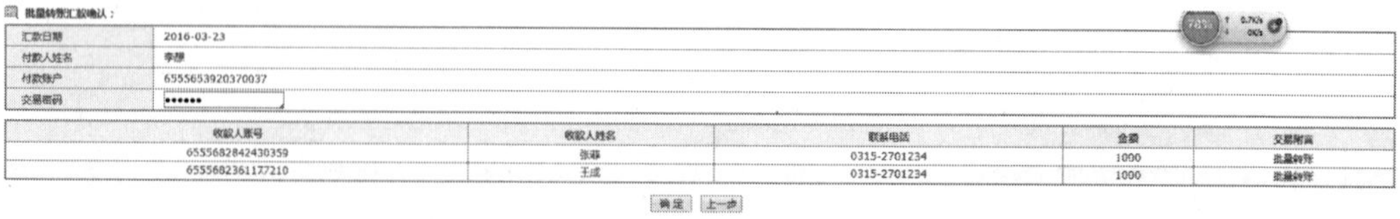

批量转账汇款确认：

汇款日期	2016-03-23
付款人姓名	李想
付款账户	6555653920370037
交易密码	●●●●●●

收款人账号	收款人姓名	联系电话	金额	交易附言
6555682842430359	张菲	0315-2701234	1000	批量转账
6555682361177210	王成	0315-2701234	1000	批量转账

确定　上一步

图 4-27

经过这样的操作，李想就同时转账 1000 元给王成和张菲了。如果要转账给多人，这项操作显得十分快捷简便。

李想所有的同行转账记录，在【转账汇款查询】选项卡下都可以看到，包括批量转账，如图 4-28 所示。这里还提供了按日期查询的方式。

图 4-28

批量转账的记录可以在【批量转账查询】选项卡下单独查看，如图 4-29 示。

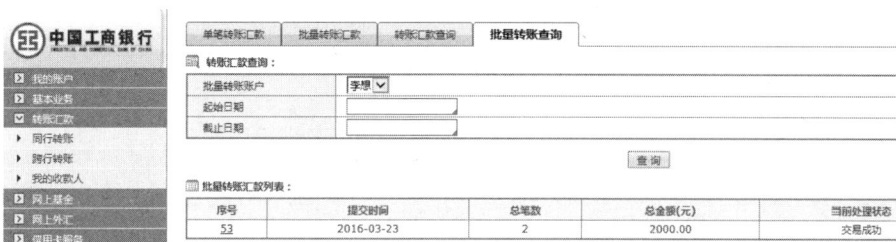

图 4-29

3. 跨行转账

李想要转账给在招商银行开户的吴冰 1000 元，可以这样操作。注意：做这项操作之前需要在招商银行下为吴冰注册一个账号。

选择【转账汇款】下拉列表中的【跨行转账】选项，在右侧页面中切换到【跨行转账汇款】选项卡，填写转账信息，如图 4-30 所示。

图 4-30

输入交易密码，确认转账，如图 4-31 所示。

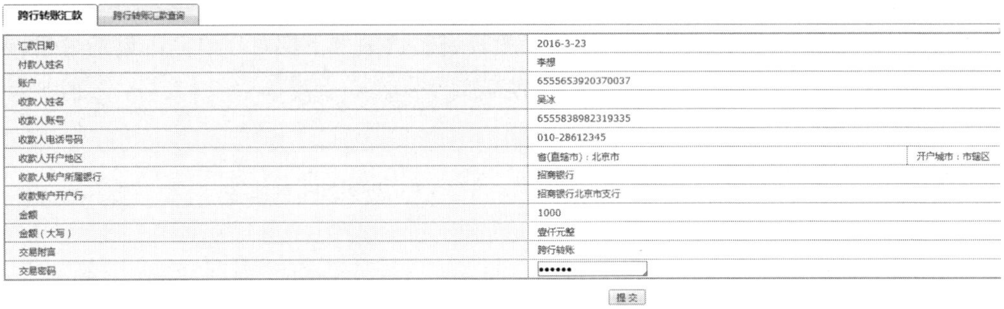
跨行转账汇款
跨行转账汇款查询
汇款日期
2016-3-23
付款人姓名
李想
账户
6555653920370037
收款人姓名
吴冰
收款人账号
6555838982319335
收款人电话号码
010-28612345
收款人开户地区
省(直辖市)：北京市
开户城市：市辖区
收款人账户所属银行
招商银行
收款账户开户行
招商银行北京市支行
金额
1000
金额（大写）
壹仟元整
交易附言
跨行转账
交易密码
提交

图 4-31

李想所进行的跨行转账操作，在【跨行转账汇款查询】选项卡下都可以查询记录，如图 4-32 所示。

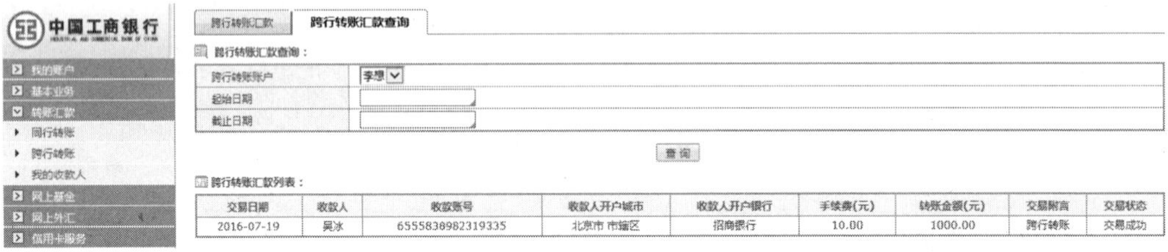
中国工商银行
我的账户
基本业务
转账汇款
同行转账
跨行转账
我的收款人
网上基金
网上外汇
信用卡服务
跨行转账汇款
跨行转账汇款查询
跨行转账汇款查询：
跨行转账账户
李想
起始日期
截止日期
查询
跨行转账汇款列表：
交易日期
收款人
收款账号
收款人开户城市
收款人开户银行
手续费(元)
转账金额(元)
交易附言
交易状态
2016-07-19
吴冰
6555838982319335
北京市 市辖区
招商银行
10.00
1000.00
跨行转账
交易成功

图 4-32

4.1.3 网上基金

1. 自行添加基金公司

在【电子支付实践】模块下的【网上银行】选项卡下，单击管理员后的【进入】链接，如图 4-33 所示。

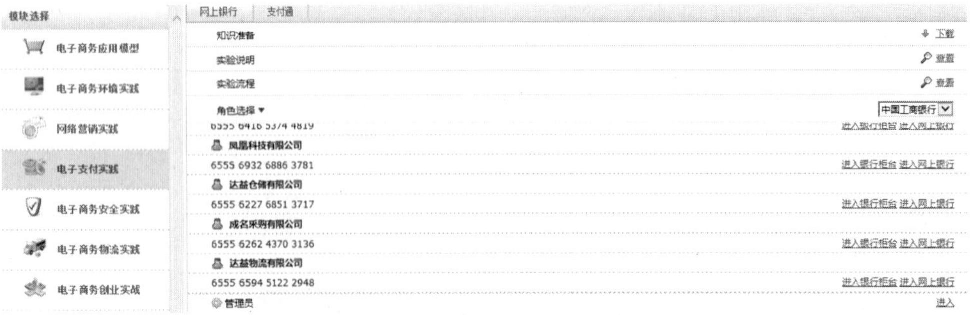
模块选择
电子商务应用模型
电子商务环境实践
网络营销实践
电子支付实践
电子商务安全实践
电子商务物流实践
电子商务创业实战
网上银行
支付通
知识准备
下载
实验说明
查看
实验流程
查看
角色选择
中国工商银行
凤凰科技有限公司
6555 6932 6886 3781
进入银行柜台 进入网上银行
达益仓储有限公司
6555 6227 6851 3717
进入银行柜台 进入网上银行
成名采购有限公司
6555 6262 4370 3136
进入银行柜台 进入网上银行
达益物流有限公司
6555 6594 5122 2948
进入银行柜台 进入网上银行
管理员
进入

图 4-33

选择【基金公司管理】下拉列表下的【基金公司添加】选项，填写基金公司的相关信息，单击【添加】按钮，如图 4-34 所示。

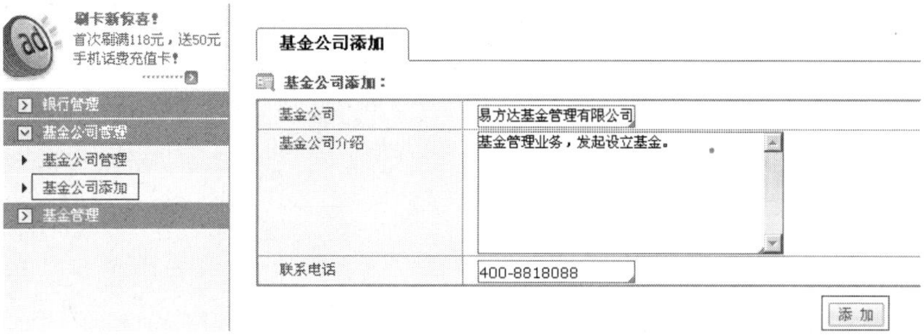

图 4-34

选择【基金公司管理】选项，可以查看所有基金公司列表，如图 4-35 所示。

图 4-35

还可以继续添加基金。选择【基金管理】下拉列表下的【基金添加】选项，填写基金的相关信息，单击【添加】按钮，如图 4-36 所示。

图 4-36

2. 添加代理基金公司

在【电子支付实践】模块下切换到【网上银行】选项卡，单击【银行柜台】后的【进入】链接，进入银行柜台，如图 4-37 所示。

图 4-37

选择【银行柜台业务操作】下拉列表下的【代理基金公司管理】选项，在右侧页面中，单击【添加】按钮，可以添加代理基金公司，系统中默认的有 5 个基金公司以及用户添加的 1 个基金公司，如图 4-38 所示。

图 4-38

3. 基金申购

进入李想的网上银行平台，选择【网上基金】下拉列表下的【银行端基金交易账户开户】选项，绑定李想的账户，如图 4-39 和图 4-40 所示。

(1) 基金申购。选择【网上基金】下拉列表下的【基金申购】选项，选择基金公司或者基金类型，查询基金。选择要申购的基金，单击【操作】下方的【申购】链接，如图 4-41 所示。

选择收费模式。收费模式分为前端和后端，前端收费是在购买时收取费用，后端收费则是赎回时再支付费用，这里我们选择前端收费模式。分红方式分为现金分红和红利转投，两者的不同之处主要在于如果李想选择红利再投资形式，则所得基金收益将按红利发放日的基金份额净值自动转基金单位，且不收取任何申购费用。这里我们选择红利转投，购买金额为 1000 元。填写好信息后，单击【购买】按钮，如图 4-42 所示。

图 4-39

图 4-40

图 4-41

图 4-42

(2) 基金赎回和转换。赎回就是拿份额赎回钱款(卖出)，也是根据未知价进行交易。转换是指在同一个基金公司中，有些基金是可以互相转换的。选择【网上基金】下拉列表下的【我的基金】选项，在【基金份额】选项卡中可以查询到已申购的基金，并且可以对基金执行赎回和转换操作，如图 4-43 所示。

图 4-43

李想现在将基金中的 500 元转换为华安现金。单击图 4-43 中兴业可转债混合型证券投资基金后的【转换】链接，在【基金转换】选项卡下，可以进行基金转换操作，输入转换份额，选择目标基金，完成单击【转换】按钮，如图 4-44 所示。

图 4-44

如果李想不想申购这款基金了，可以选择赎回。单击【网上基金】下拉列表下的【我的基金】选项，在右侧页面中，切换到【基金份额】选项卡，单击【赎回】链接，如图 4-43 所示。

在弹出的页面中填写赎回的份额，单击【赎回】按钮，如图 4-45 所示。

(3) 基金账户注销。如果李想不打算再购买基金，可以将该账户注销。当账户中有基金的时候是不能注销的。选择【网上基金】下拉列表下的【注销银行端基金交易账户】选项，单击【确定】按钮，可进行此项操作，如图 4-46 所示。

基金赎回	
基金交易卡	6555653920370037
基金公司	东吴基金管理有限公司
基金名称	华安现金富利基金
基金类型	货币型
收费模式	前端收费
当前净值	0.95元
可用份额	505.21
赎回份额	400

赎回　返回

图 4-45

中国工商银行
INDUSTRIAL AND COMMERCIAL BANK OF CHINA

▶ 我的账户
▶ 基本业务
▶ 转账汇款
▼ 网上基金
▶ 银行端基金交易账户开户
▶ 基金申购
▶ 我的基金
▶ 注销银行端基金交易账户

注销银行端基金交易账户

注销银行端基金交易账户：

基金交易卡	6555653920370037

确定

图 4-46

4.1.4　网上外汇

1. 外汇业务绑定

在【电子支付实践】模块中的【网上银行】选项卡下，进入李想的个人网上银行平台。选择【网上外汇】下拉列表中的【外汇业务绑定】选项，绑定李想的账户，完成后单击【确定】按钮，如图 4-47、图 4-48 所示。

中国工商银行
INDUSTRIAL AND COMMERCIAL BANK OF CHINA

▶ 我的账户
▶ 基本业务
▶ 转账汇款
▶ 网上基金
▼ 网上外汇
▶ 外汇业务绑定
▶ 账户管理
▶ 即时交易
▶ 挂盘交易
▶ 成交明细查询
▶ 撤销外汇业务绑定
▶ 外汇汇率

图 4-47

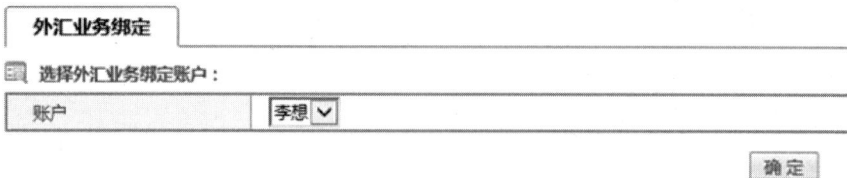

图 4-48

2. 个人购汇申请

在【电子支付实践】模块中的【网上银行】选项卡下，进入李想的个人银行柜台，单击【进入银行柜台】链接，如图 4-49 所示。

图 4-49

选择【客户柜台业务操作】下拉列表中的【个人购汇申请】选项，设置账户交易密码，给该账户购入外汇，单击【申请】按钮，如图 4-50 所示。

图 4-50

3. 账户管理

进入李想个人网上银行，选择【网上外汇】下拉列表中的【外汇业务绑定】选项，可在右侧页面中查询外汇活期和定期账户，并进行活期转定期以及定期转活期的操作，如图 4-51 所示。

图 4-51

(1) 活期转定期操作。切换到图 4-51 中【活期转定期】选项卡，单击【转存】链接，如图 4-52 所示。

序号	币种	钞汇	账户余额(元)	转存
2072	美元	钞	1000.00	链接

外币活期账户明细列表：

图 4-52

选择存期，输入转存金额和交易密码，确认进行活期转定期的操作，如图 4-53 所示。

| 活期查询 | 定期查询 | **活期转定期** | 定期转活期 |

活期转定期：

币种	美元
钞汇	钞
账户余额	1000.00
存期	一个月
相应利率	2.2500%
转存金额(元)	500
金额(大写)	伍佰元整
交易密码	●●●●●●

确定　上一步

图 4-53

(2) 定期转活期操作。切换到【定期转活期】选项卡，如图 4-54 所示。

| 活期查询 | 定期查询 | 活期转定期 | **定期转活期** |

外币活期账户明细列表：

序号	币种	钞汇	账户金额(元)	开户日期	存期	利率	转存
2073	美元	钞	500.00	2016-03-23	一个月(整存整取)	2.2500%	链接

图 4-54

选择存期，输入转存金额和交易密码，确认进行定期转活期的操作，如图 4-55 所示。

| 活期查询 | 定期查询 | 活期转定期 | **定期转活期** |

定期转活期：

币种	美元
钞汇	钞
账户余额	500.00
存期	一个月(整存整取)
开户日期	2016-03-23
利率	2.2500%
转存金额(元)	200
金额(大写)	贰佰元整
交易密码	●●●●●●

确定　上一步

图 4-55

4. 即时交易

即时交易是指客户按银行交易系统的报价当即完成的交易方式。在即时交易中，可以卖出和买入币种。选择【网上外汇】下拉列表中的【即时交易】选项，输入卖出金额和交易密码，进行询价或者确定交易，如图 4-56 所示。

图 4-56

5. 挂盘交易

个人外汇买卖的挂盘委托是指客户通过银行交易系统指定买卖币种、交易金额以及成交价格。银行一旦受理客户指令即按客户指定价格执行客户指令，电脑自动完成交易。挂盘委托包括收益委托、止损委托和组合委托。预留指令未成交前，客户可通过银行的多种交易方式主动撤销，在未取消前，客户不得对该笔存款再进行即时或挂盘交易。

(1) 盈利挂盘是指客户指定买卖币种、卖出金额及盈利挂盘价格，根据国际市场汇率变动情况，一旦银行即时报价达到或优于盈利挂盘价格，即受理客户的盈利挂盘申请。实际成交价格为客户指定的盈利挂盘价格。

选择【网上外汇】下拉列表中的【挂盘交易】选项，在右侧页面中切换到【盈利挂盘】选项卡，单击【确定】按钮，如图 4-57 所示。

图 4-57

在弹出的页面中输入交易密码，单击【确定】按钮，如图 4-58 所示。

| 盈利挂盘 | 止损挂盘 | 双向挂盘 | 组合挂盘 | 挂盘维护 |

盈利挂盘：

卖出币种	欧元
账户余额	128.10
可用余额	28.10
买入币种	日元
卖出金额	20
盈利汇率	50.5
挂盘天数	1天
交易密码	•••••

确定

图 4-58

(2) 止损挂盘是指由客户指定买卖币种、卖出金额及止损挂盘价格，根据国际市场汇率变动情况，一旦银行即时报价达到或劣于止损挂盘价格，即受理客户的止损挂盘申请。实际成交价格为客户指定的止损挂盘价格。切换到【止损挂盘】选项卡，输入卖出金额和止损汇率，单击【确定】按钮，如图 4-59 所示。

| 盈利挂盘 | 止损挂盘 | 双向挂盘 | 组合挂盘 | 挂盘维护 |

止损挂盘：

卖出币种	美元 ∨
账户余额	500.00
可用余额	500.00
买入币种	欧元 ∨
卖出金额	100
止损汇率	100.6
挂盘天数	1天 ∨

确定

图 4-59

在弹出的页面中输入交易密码，单击【确定】按钮，如图 4-60 所示。

(3) 双向挂盘是指客户可以对一笔交易金额同时设定盈利挂盘价格和止损挂盘价格，根据国际市场汇率变动情况，一旦银行即时报价先达到盈利挂盘价格，即受理客户的盈利挂盘申请。实际成交价格为客户指定的盈利挂盘价格，其止损挂盘申请同时撤销。一旦银行即时报价先达到止损挂盘价格，即受理客户的止损挂盘申请。实际成交价格为客户指定的止损挂盘价格，其盈利挂盘申请同时撤销。切换到【双向挂盘】选项卡，分别输入卖出金额、盈利汇率和止损汇率，完成后单击【确定】按钮，如图 4-61 所示。

| 盈利挂盘 | 止损挂盘 | 双向挂盘 | 组合挂盘 | 挂盘维护 |

止损挂盘：

卖出币种	美元
账户余额	500.00
可用余额	500.00
买入币种	欧元
卖出金额	100
止损汇率	100.6
挂盘天数	1天
交易密码	●●●●●

确定

图 4-60

| 盈利挂盘 | 止损挂盘 | 双向挂盘 | 组合挂盘 | 挂盘维护 |

双向挂盘：

卖出币种	美元
账户余额	500.00
可用余额	400.00
买入币种	欧元
卖出金额	100
盈利汇率	100.6
止损汇率	100.5
挂盘天数	1天

确定

图 4-61

在弹出的页面中输入交易密码，单击【确定】按钮，如图 4-62 所示。

(4) 组合挂盘是指在单向盈利或止损挂盘的基础上，再增加一笔同币种反方向的双向挂盘的挂盘方式。即若该笔组合挂盘中，先一笔单向盈利或止损挂盘成交，则后一笔反方向的双向挂盘申请才能生效。在设定交易价格时，组合挂盘后一笔双向止损挂盘价格与首次单向挂盘价格的差价必须为该组交易货币的买卖双边点差。切换到【组合挂盘】选项卡，输入相应信息完成后单击【确定】按钮，如图 4-63 所示。

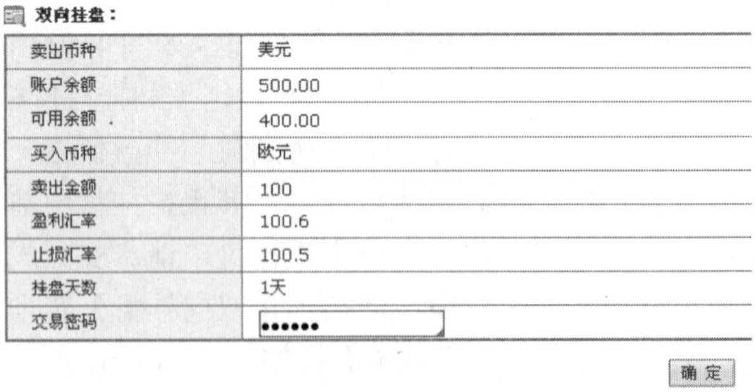

双向挂盘：

卖出币种	美元
账户余额	500.00
可用余额	400.00
买入币种	欧元
卖出金额	100
盈利汇率	100.6
止损汇率	100.5
挂盘天数	1天
交易密码	●●●●●

确定

图 4-62

图 4-63

在弹出的页面中输入交易密码，单击【确定】按钮，如图 4-64 所示。

图 4-64

(5) 挂盘维护。在【挂盘维护】选项卡下可以对挂盘进行维护或者撤销，如图 4-65 所示。

全选	状态	挂盘类型	卖出币种	买入币种	卖出金额	盈利汇率	止损汇率	维护
□	未交易	盈利挂盘	欧元	日元	100.00	50.5000		维护
□	未交易	止损挂盘	美元	欧元	100.00		100.6000	维护
□	未交易	双向挂盘	美元	欧元	100.00	100.6000	100.5000	维护
□	未交易	组合挂盘	美元	欧元	100.00	100.6000	100.5000	维护

撤 销

图 4-65

单击需要修改的挂盘后的【维护】链接，进行修改，完成后单击【确定】按钮，如图 4-66 所示。

挂盘维护：	
挂盘方式	盈利挂盘
卖出币种	欧元
买入币种	日元
卖出金额	100.00
盈利汇率	50.5000

确定

图 4-66

需要撤销挂盘，就选定它，单击下面的【撤销】按钮，如图 4-67 所示。

挂盘维护：

全选	状态	挂盘类型	卖出币种	买入币种	卖出金额	盈利汇率	止损汇率	维护
☑	未交易	盈利挂盘	欧元	日元	100.00	50.5000		维护
☐	未交易	止损挂盘	美元	欧元	100.00		100.6000	维护
☐	未交易	双向挂盘	美元	欧元	100.00	100.6000	100.5000	维护
☐	未交易	组合挂盘	美元	欧元	100.00	100.6000	100.5000	维护

撤销

图 4-67

6. 撤销外汇业务绑定

如果李想不想再接触外汇业务，可以选择注销账户。选择【网上外汇】下拉列表中的【撤销外汇业务绑定】选项，在右侧页面中单击【确定】按钮，如图 4-68 所示。

中国工商银行
INDUSTRIAL AND COMMERCIAL BANK OF CHINA

- ▶ 我的账户
- ▶ 基本业务
- ▶ 转账汇款
- ▶ 网上基金
- ☑ 网上外汇
  - ▶ 外汇业务绑定
  - ▶ 账户管理
  - ▶ 即时交易
  - ▶ 挂盘交易
  - ▶ 成交明细查询
  - ▶ 撤销外汇业务绑定

注销外汇交易账户

注销外汇交易账户：

外汇交易账户	6555653920370037

确定

图 4-68

7. 个人结汇申请

结汇是指外汇收入所有者将其外汇收入出售给外汇指定银行，外汇指定银行按一定汇率付给等值的本币的行为。

李想进入个人银行柜台，选择【客户柜台业务操作】下拉列表中的【个人结汇申请】选项，在右侧页面中输入申请信息，单击【申请】按钮，如图 4-69 所示。

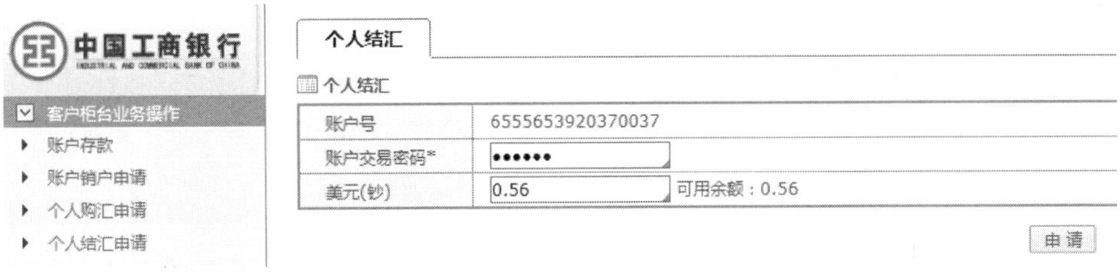

图 4-69

4.1.5 信用卡服务

李想申请信用卡。本节介绍信用卡账户的申请，以及信用卡的功能。

1. 设置信用卡参数

在【电子支付实践】模块中的【网上银行】选项卡下，单击管理员后的【进入】链接，进入管理员平台，如图 4-70 所示。

图 4-70

选择【银行管理】下拉列表中的【信用卡参数管理】选项，设置信用卡参数，单击【修改】按钮，如图 4-71 所示。

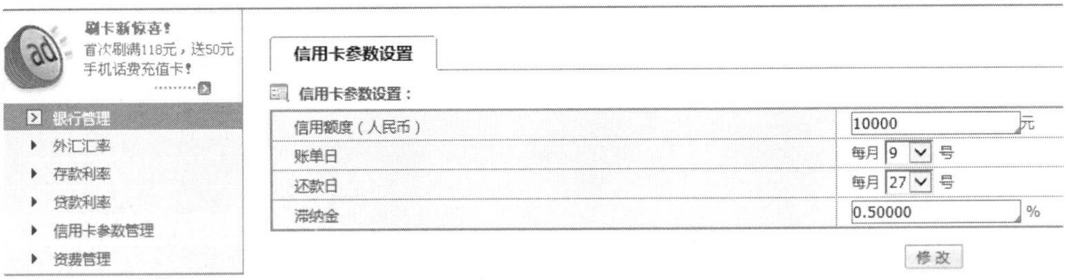

图 4-71

2. 申请信用卡账户

返回【电子支付实践】模块中的【网上银行】选项卡首页，单击【个人账户】后的【个人账户申请】链接，如图 4-72 所示。

图 4-72

填写注册信息，完成后单击【申请】按钮，如图 4-73 所示。

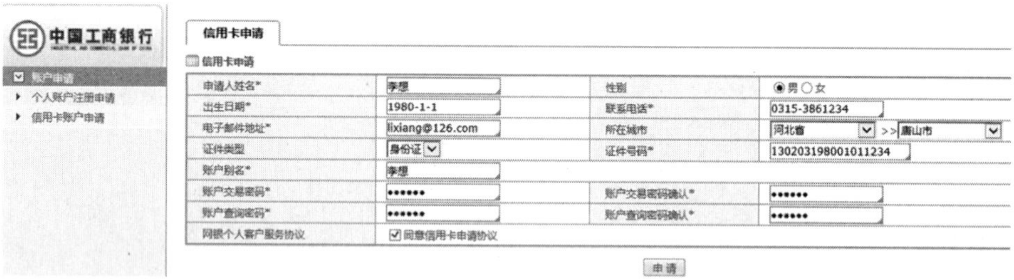

图 4-73

等待银行审核。单击【银行柜台】后的【进入】链接，进入银行柜台，如图 4-74 所示。

图 4-74

银行审批。选择【银行柜台业务操作】下拉列表中的【办理信用卡申请审批】选项，在右侧页面中单击【审批】链接，如图 4-75 所示。

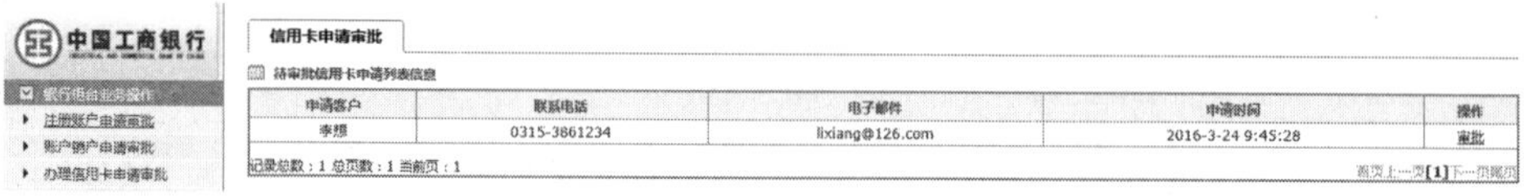

图 4-75

在弹出的页面中单击【审核通过】按钮，如图 4-76 所示。

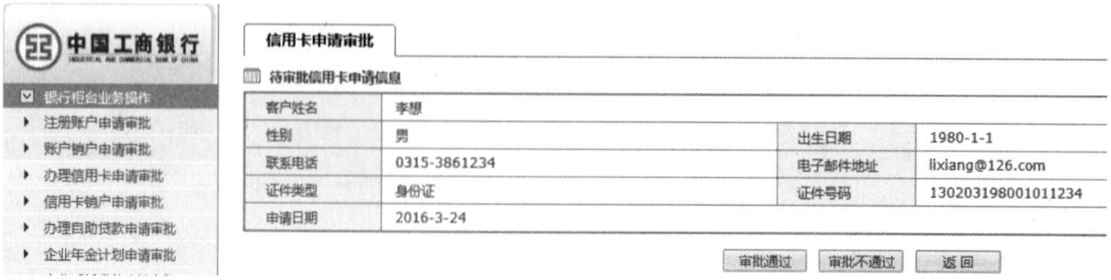

图 4-76

通过银行审批，会收到一封邮件，如图4-77所示。

记住这张信用卡的卡号，进入李想的借记卡个人网上银行平台，选择【我的账户】下拉列表下的【添加下挂卡及账户】选项，将此信用卡添加到下挂账户中，如图4-78所示。

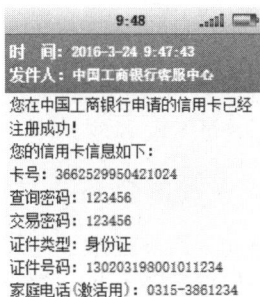

图4-77

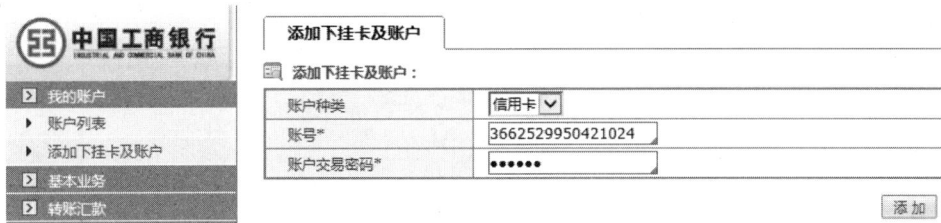

图4-78

切换到李想的信用卡网上银行平台，选择【信用卡服务】下拉列表中的【信用卡激活】选项，填写激活信息，单击【激活】按钮，如图4-79、图4-80所示。这里的信息要和注册时所填的相同。

图4-79

图4-80

3. 信用卡还款

(1) 网上还款。如果李想使用这张信用卡透支了，就需要用到还款功能。进入李想的信用卡网上银行平台，选择【网上还款】选项，填写信息，单击【还款】按钮，如图4-81所示。

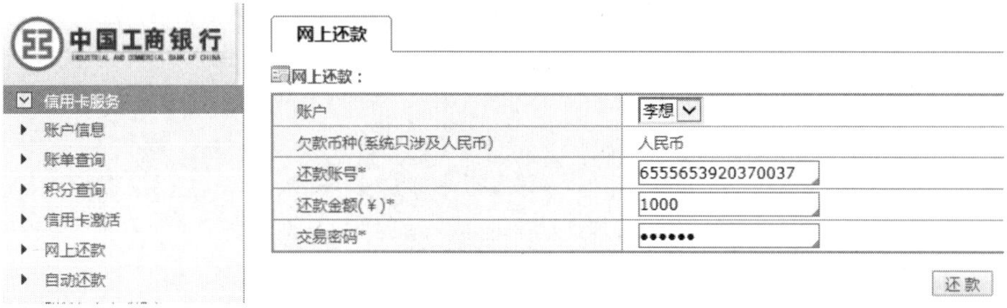

图 4-81

(2) 自动还款。网上银行可以自动为用户还款。进入李想的信用卡网上银行平台，选择【信用卡服务】下拉列表中的【自动还款】选项，填写信息，单击【绑定】按钮，绑定还款账户，如图 4-82 所示。

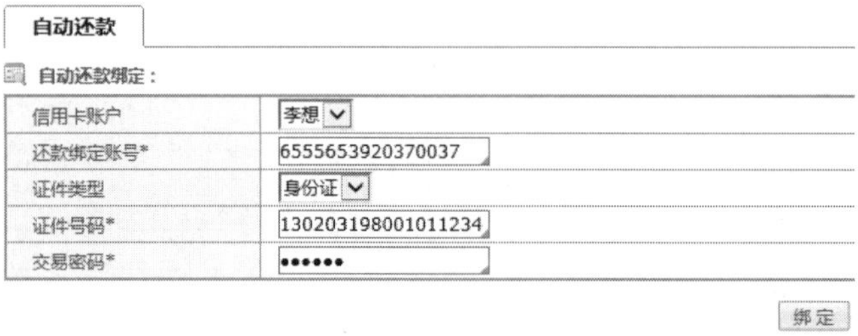

图 4-82

4. 其他功能

李想可以查看账户信息、账单信息和积分，银行还可以提供邮寄账单的服务。

在李想的信用卡个人网上银行平台里，选择【信用卡服务】下拉列表中的【账单邮寄方式设定】选项，账单的邮寄方式分为纸质账单和电子账单，选择其中一个，也可以都选，完成后单击【确定】按钮，如图 4-83 所示。

图 4-83

4.1.6　网上贷款

李想想要购车，但是他的存款不够，所以最终选择网上贷款。

1. 自助贷款办理申请

李想进入借记卡个人银行柜台。选择【客户柜台业务操作】下拉列表中的【自助贷款办理申请】选项，填写贷款信息，完成后单击【申请】按钮，如图 4-84 所示。

图 4-84

等待银行审核。进入银行柜台，选择【银行柜台业务操作】下拉列表中的【办理自助贷款申请审批】选项，单击【审批】链接，如图 4-85 所示。

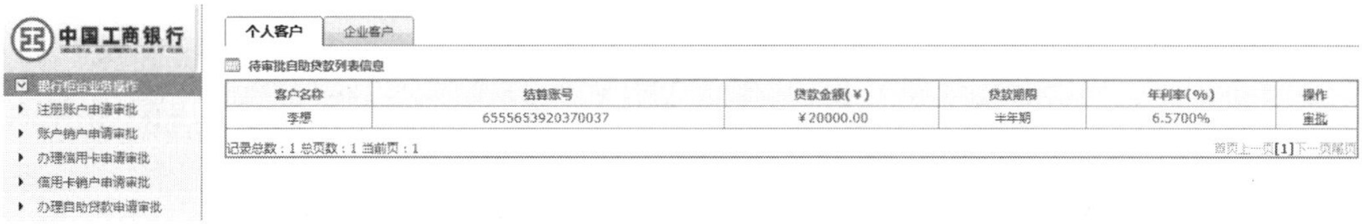

图 4-85

在弹出的页面中，单击【审批通过】按钮，如图 4-86 所示。

图 4-86

2. 查询贷款利率和贷款信息

进入李想借记卡个人网上银行，李想选择网上贷款。选择【网上贷款】下拉列表中的【贷款利率的查询】选项，查询贷款利率，如图 4-87 所示。

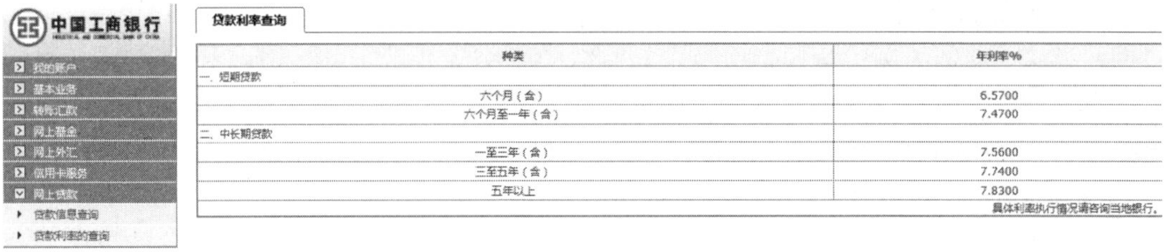

图 4-87

贷款信息查询。假设过了一段时间，李想手头的存款够还贷了，他可以这样操作。首先查询自己的贷款信息，看看需要还款多少。选择图 4-87 中【网上贷款】下拉列表中的【贷款信息查询】选项，在右侧页面中，单击【还款】链接，如图 4-88 所示。

在弹出的页面中，单击【确定】按钮，如图 4-89 所示。

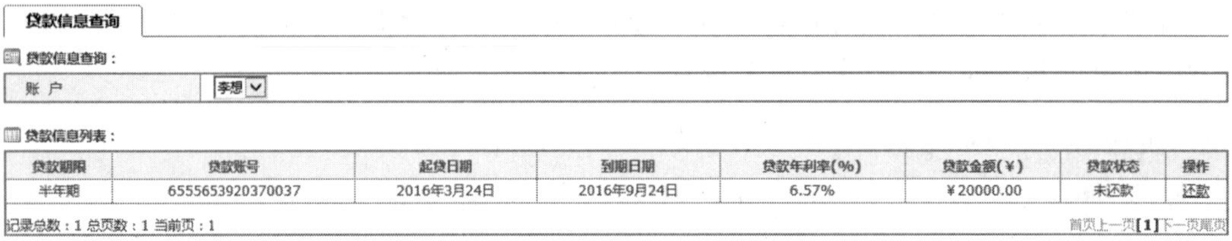

图 4-88

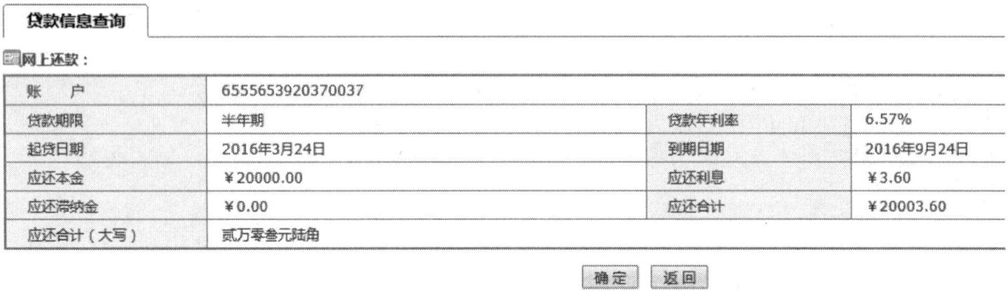

图 4-89

4.1.7 网上缴费

1. 自助缴费商户管理

添加自助缴费商户。在【电子支付实践】模块中的【网上银行】选项卡下，进入银行

柜台，选择【银行柜台业务操作】下拉列表下的【自助缴费商户管理】选项，在右侧页面
中添加商户信息，单击【添加】按钮，如图 4-90 所示。

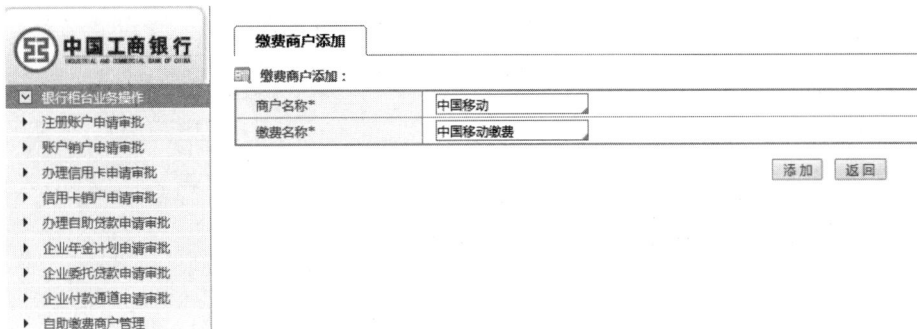

图 4-90

2. 缴费申请

李想进入借记卡个人网上银行，选择【网上缴费】下拉列表下的【缴费申请】选项，
在右侧页面中选择要申请的商户，单击【申请】链接，如图 4-91 所示。

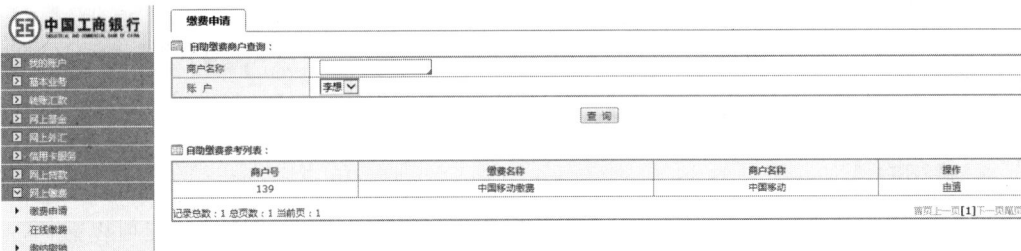

图 4-91

在弹出的缴费申请页面中，输入缴费号码，单击【申请】按钮，如图 4-92 所示。

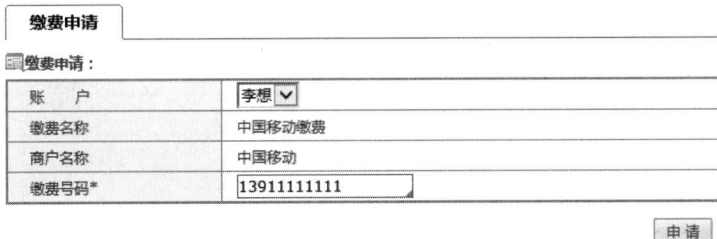

图 4-92

3. 在线缴费

选择【网上缴费】下拉列表中的【在线缴费】选项，单击【缴费】链接，输入缴费金额以及交易密码，单击【缴费】按钮，如图 4-93、图 4-94 所示。

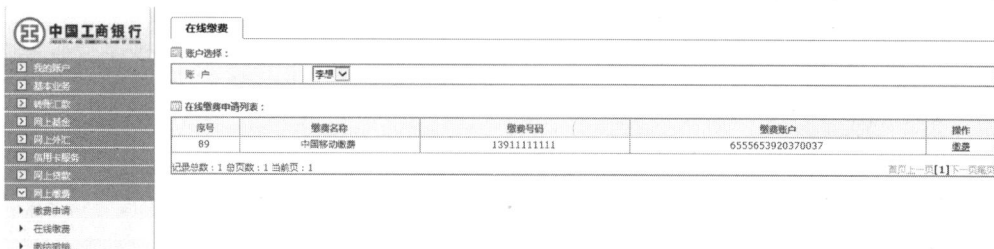

图 4-93

图 4-94

4. 缴纳撤销

选择【网上缴费】下拉列表中的【缴纳撤销】选项，对于缴费申请，也可以撤销，单击【撤销】链接，在弹出的页面中单击【撤销】按钮，确定撤销缴费申请，如图 4-95、图 4-96 所示。

图 4-95

图 4-96

4.1.8　企业年金

企业年金是指企业及其职工在依法参加基本养老保险的基础上，自愿建立的补充养老保险制度。它是多层次养老保险体系的组成部分，由国家宏观指导、企业内部决策执行。

进入李想借记卡个人网上银行平台。

1. 基本信息查询

选择【企业年金】下拉列表下的【基本信息查询】选项，可以查询相关信息，如图 4-97所示。

图 4-97

2. 基本信息修改

选择【企业年金】下拉列表下的【基本信息修改】选项，可以修改相关信息，如图 4-98所示。

3. 缴费信息查询

如果企业为职工缴纳了企业年金，在【企业年金】下拉列表下的【缴费信息查询】选项里可以查询到，如图 4-99 所示。

图 4-98

图 4-99

4.1.9　申请企业账户

在【电子支付实践】模块下，切换到【网上银行】选项卡，在右侧页面中单击【企业账户申请】链接，如图 4-100 所示。

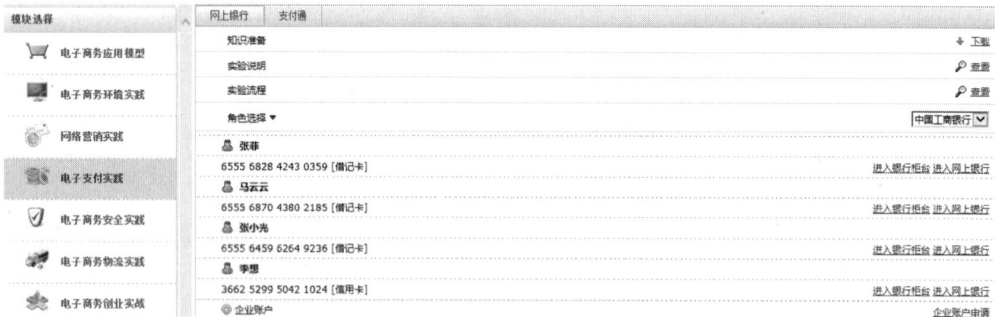

图 4-100

进入后，选择【账户申请】下拉列表中【企业账户注册申请】选项，按照申请要求，填写申请表。填写完成后，单击表格下方的【申请】按钮，等待银行柜台审核，如图4-101所示。

图 4-101

回到【电子支付实践】模块主页面，单击银行柜台后面的【进入】链接，进入银行柜台，如图4-102所示。

图 4-102

选择【注册账户申请审批】选项，在右侧页面中切换到【企业客户】选项卡，如图4-103所示。

单击【操作】下方的【审批】链接，审批通过，账户申请成功。

按照以上方法，申请成名科技有限公司的银行账户。

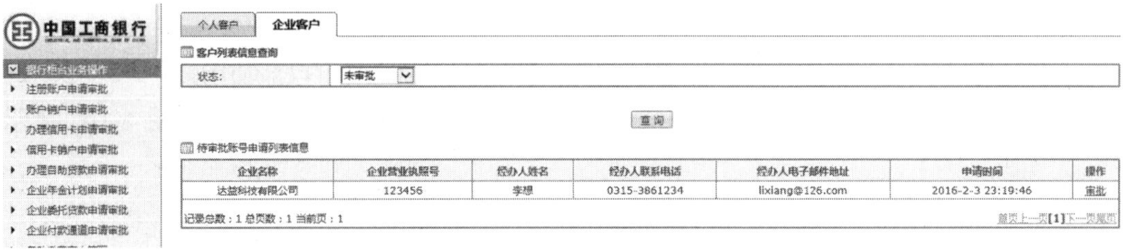

图 4-103

4.1.10 企业网上银行基本设置

1. 登录企业网上银行平台

进入企业网上银行，在弹出的页面中输入用户名和密码，单击【登录】按钮，如图 4-104 所示。

图 4-104

在完成注册企业账户的时候，会收到一封发自系统的邮件。阅读过后可以在邮箱已读文件中查找，里面就有企业网上银行账户的用户名和密码，如图 4-105 所示。

中国工商银行企业账户(6555625841143544)注册成功

您在中国工商银行申请的企业银行账户已经注册成功！
您的账户信息如下：
账户号为6555625841143544
账户用户名为：marlsd
账户密码为：62rl6d

图 4-105

2. 用户管理

选择【用户管理】下拉列表下的【用户设置】选项，在这里可以添加用户，单击【添加】按钮，在弹出的页面中输入信息，完成后单击【添加】按钮，如图 4-106、图 4-107 所示。

图 4-106

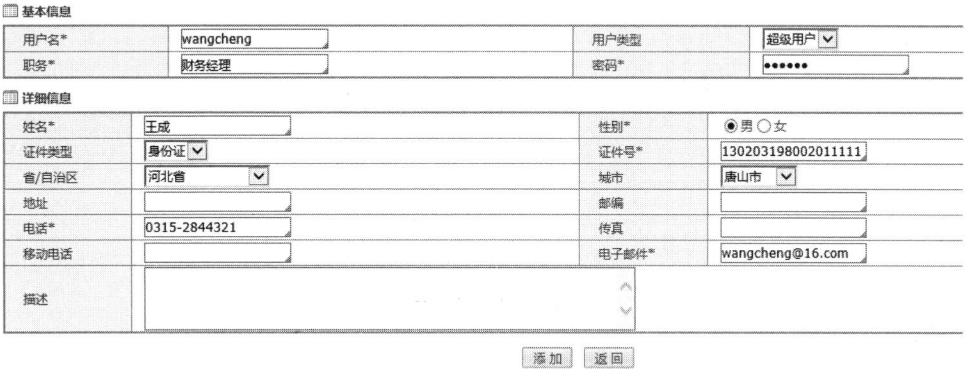

图 4-107

　　权限设置就是对用户类型进行设置。对于添加的用户,选择【用户管理】下拉列表下的【权限设置】选项,在右侧页面中可以进行权限设置和密码重置。单击【权限设置】链接,在弹出的页面中选择用户类型,单击【设置】按钮,如图 4-108、图 4-109 所示。

图 4-108

图 4-109

　　在图 4-108 所示页面中,单击【密码重置】链接,在弹出的页面中输入旧密码以及新密码后,单击【修改】按钮,如图 4-110 所示。

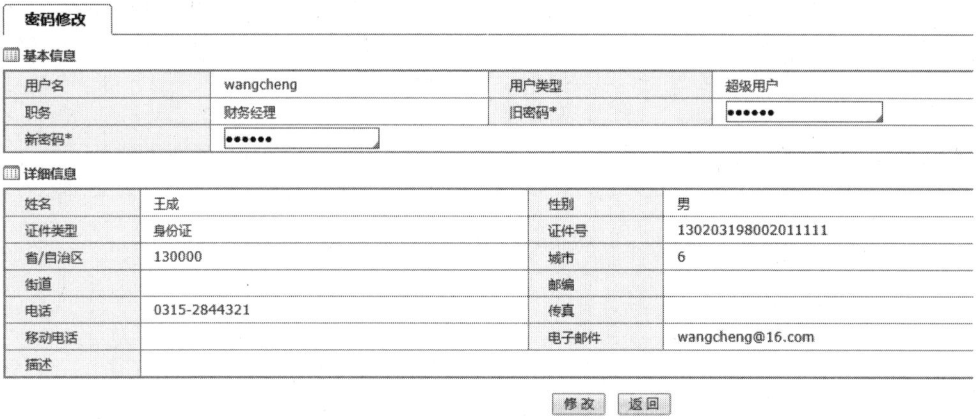

密码修改

▦ 基本信息

用户名	wangcheng	用户类型	超级用户
职务	财务经理	旧密码*	●●●●●●
新密码*	●●●●●●		

▦ 详细信息

姓名	王成	性别	男
证件类型	身份证	证件号	130203198002011111
省/自治区	130000	城市	6
街道		邮编	
电话	0315-2844321	传真	
移动电话		电子邮件	wangcheng@16.com
描述			

修改   返回

图 4-110

3. 授权管理

选择【授权管理】下拉列表中的【授权模式维护】选项，在右侧【授权模式维护】选项卡下选择要维护的业务类型，单击【维护】链接，如图 4-111 所示。

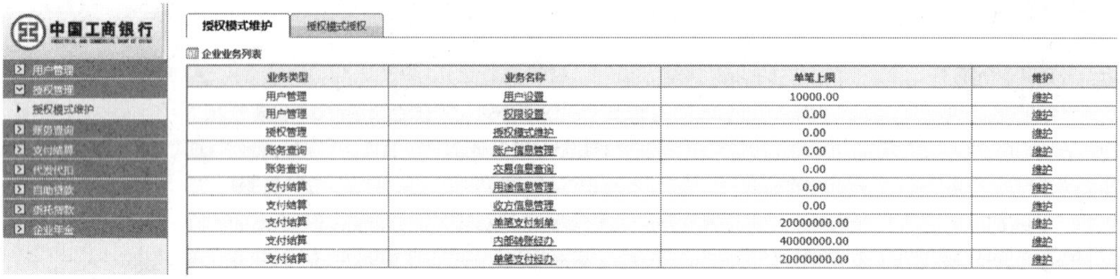

图 4-111

输入修改的数值，单击【修改】按钮，如图 4-112 所示。

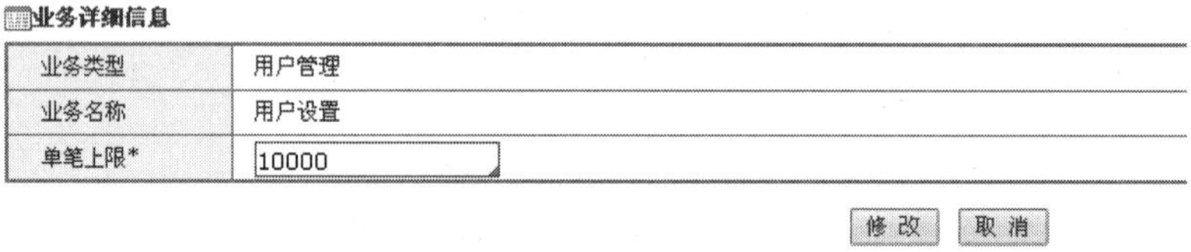

▦ 业务详细信息

业务类型	用户管理
业务名称	用户设置
单笔上限*	10000

修改   取消

图 4-112

4. 账务查询

选择【账务查询】下拉列表下的【账户信息管理】选项，在这里可以查询到账户的信息，如图 4-113 所示。

图 4-113

选择【交易信息查询】选项，可以查询交易记录，包括当天的和历史的，如图 4-114 所示。

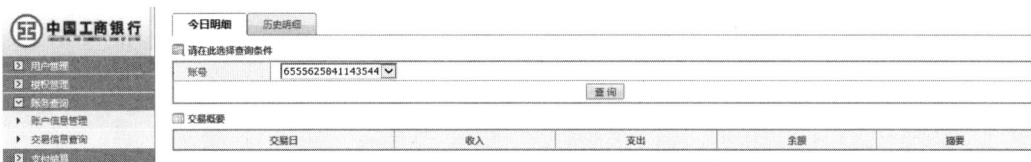

图 4-114

4.1.11   支付结算

进入企业网上银行平台。

1. 用途信息管理

选择【支付结算】下拉列表下的【用途信息管理】选项，单击【添加】按钮，如图 4-115 所示，选择使用的类型，可以是支付、集团支付和商务支付，也可以选择全部，然后填写对应的用途。这里达益科技有限公司选择支付，用途为奖金，如图 4-116 所示。

图 4-115

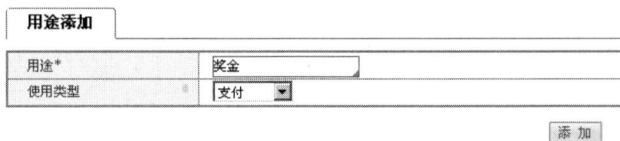

图 4-116

2. 收方信息管理

选择【收方信息添加】选项，单击【添加】按钮，填写相关信息，完成后单击【添加】按钮，如图 4-117、图 4-118 所示。

图 4-117

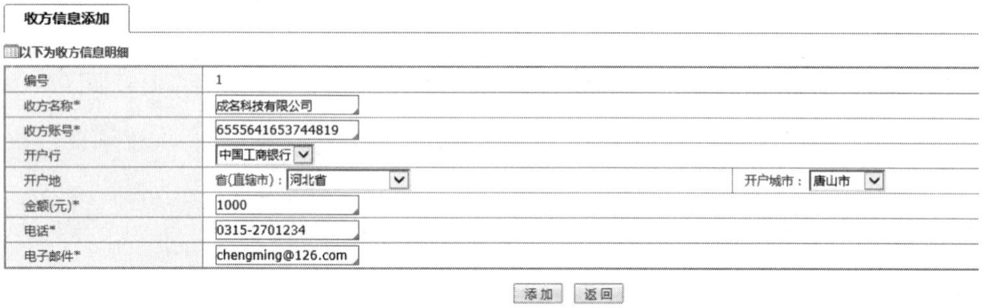

图 4-118

添加分组，单击图 4-117 中的【添加分组】按钮。

输入分组名称，单击【添加】按钮，如图 4-119 所示。

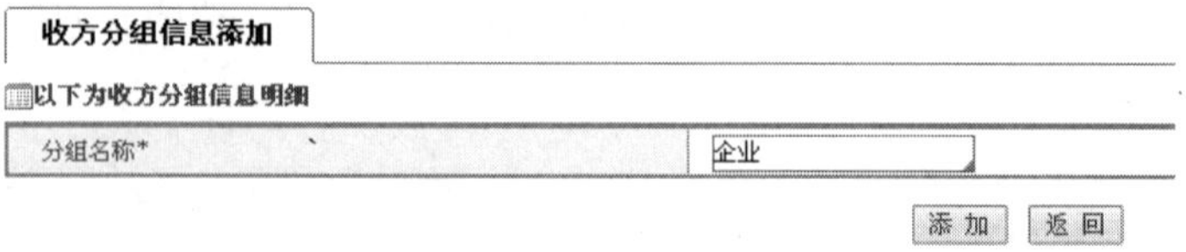

图 4-119

将收方转移到刚刚添加的分组中，选中收方公司，选择【企业】分组，单击【转移到分组】按钮，如图 4-120 所示。

图 4-120

3. 单笔支付制单

选择【支付结算】下拉列表中的【单笔支付制单】选项，填写单笔支付信息，单击【添加】按钮，在弹出的页面中输入信息，完成后单击【添加】按钮，如图 4-121、图 1-122 所示。

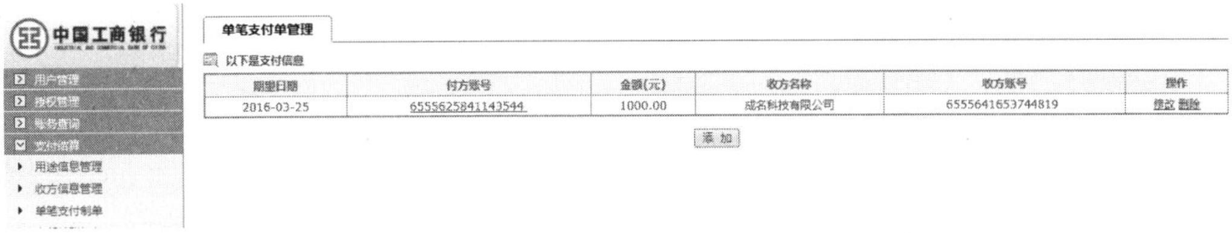

图 4-121

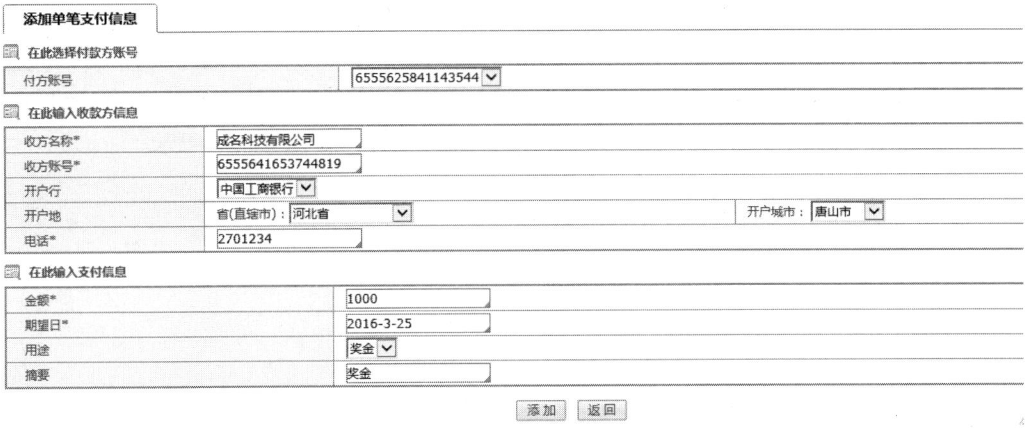

图 4-122

4. 内部转账经办

内部转账经办是指同一企业的子公司之间进行转账。用达益科技有限公司的名字再申请一个企业账号。注册完成后会收到邮件，如图 4-123 所示。

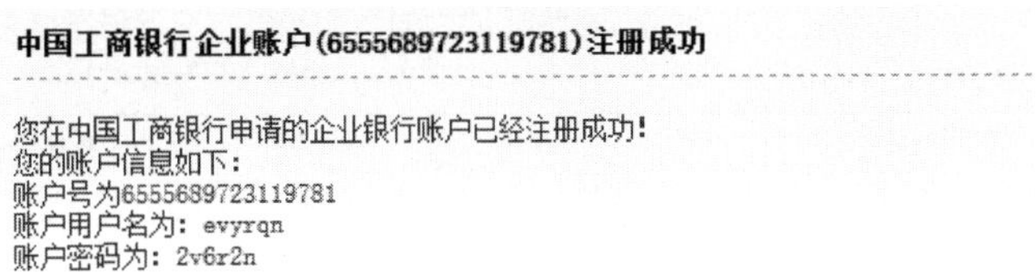

图 4-123

登录企业网上银行平台，选择【支付结算】下拉列表下的【内部转账经办】选项，在右侧页面中填写信息。这样就可以进行内部转账操作了，如图 4-124 所示。

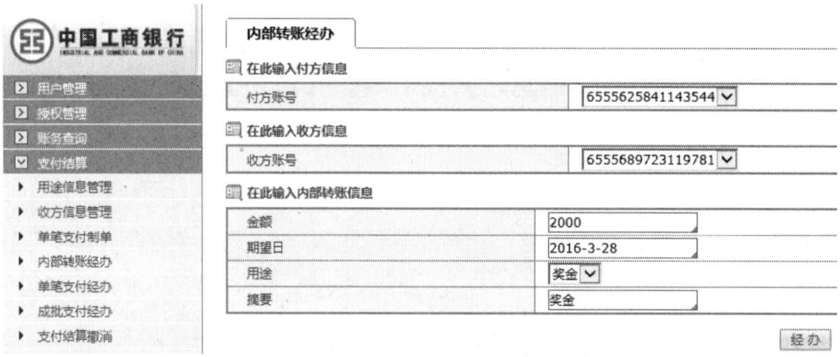

图 4-124

5. 单笔支付经办

选择【支付结算】下拉列表下的【单笔支付经办】选项，因为在第 3 步中我们已经做了单笔支付制单，所以现在可以直接选择支付单，单击【选择支付单】按钮，如图 4-125 所示。在弹出的页面中选择收方账户，单击【添加】按钮，如图 4-126 所示。

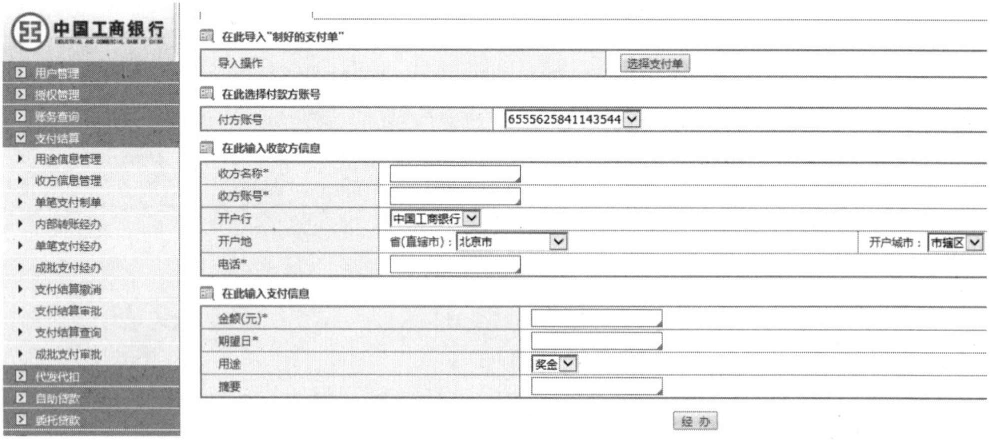

图 4-125

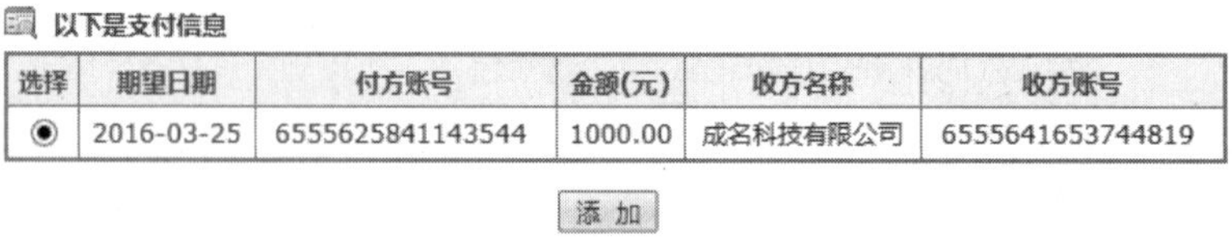
以下是支付信息

选择	期望日期	付方账号	金额(元)	收方名称	收方账号
◉	2016-03-25	6555625841143544	1000.00	成名科技有限公司	6555641653744819

添 加

图 4-126

选择了支付单之后，所有的付方、收方信息就都已经填好，单击【经办】按钮，如图 4-127
所示。

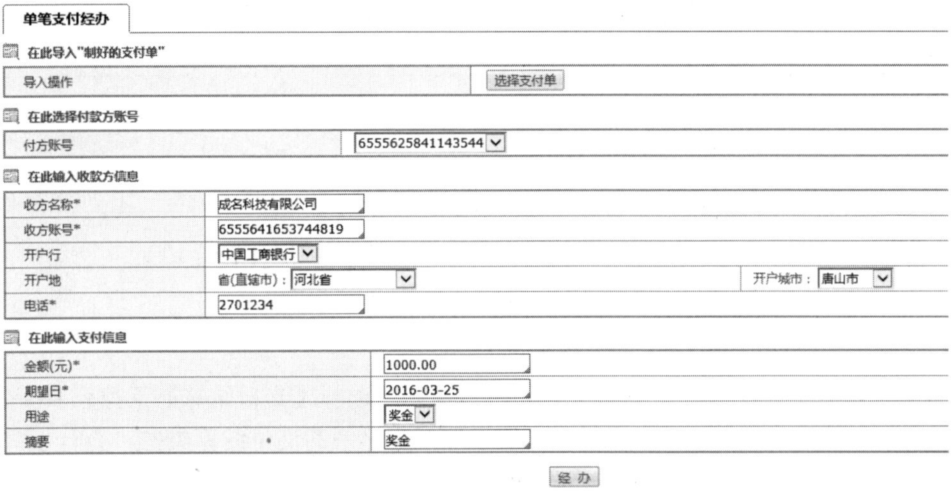

图 4-127

6. 成批支付经办

选择【支付结算】下拉列表下的【成批支付经办】选项，在右侧页面中单击【导入收
方信息】按钮，如图 4-128 所示。在弹出的页面中选择收方账户，单击【添加】按钮，如
图 4-129 所示。成批支付经办适用于有多个收方的情况。

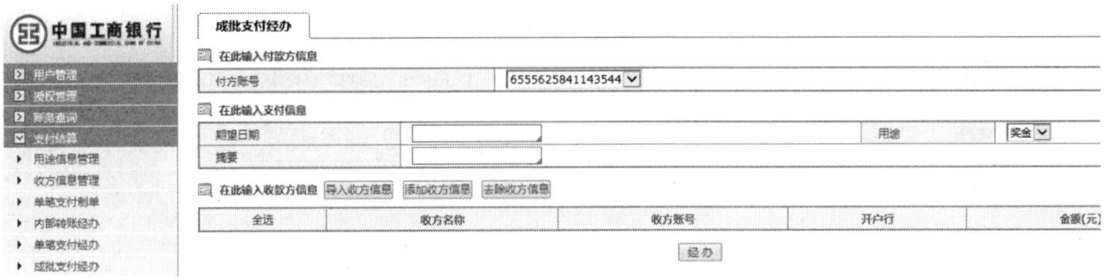

图 4-128

图 4-129

添加好收方以及支付信息后，单击【经办】按钮，如图 4-130 所示。

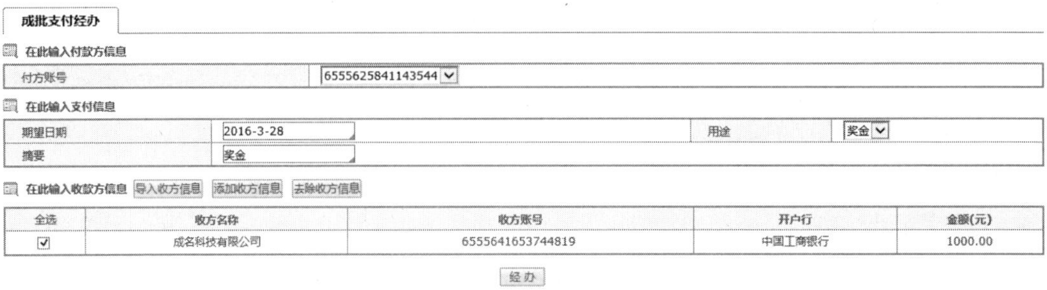

图 4-130

7. 支付结算撤销

如果要取消支付，可以执行支付结算撤销操作。选择【支付结算】下拉列表下的【支付结算撤销】选项，如图 4-131 所示。在这里选择要撤销的支付结算类型。

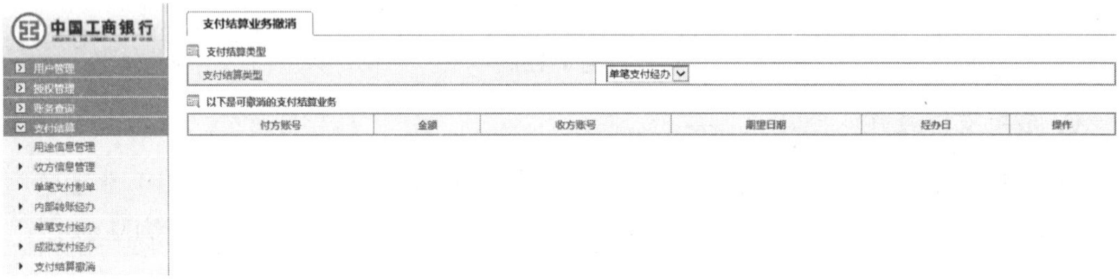

图 4-131

选择要撤销的支付结算，单击后面的【撤销】链接，如图 4-132 所示。

付方账号	金额	收方账号	期望日期	经办日	操作
6555625841143544	2000.00	6555689723119781	2016-03-28	2016-03-24	撤销

图 4-132

在弹出的确认撤销页面中，单击【撤销】按钮，如图 4-133 所示。

8. 支付结算审批

这里只审批内部转账经办和单笔支付结算。

选择【支付结算】下拉列表下的【支付结算审批】选项，按期望日期查询支付结算业务，确认要支付结算的业务。在这里进行审批，如图 4-134 所示。

支付结算业务撤消

支付结算业务撤消详细

付方账户名	达益科技有限公司		付方账号	6555625841143544
付方公司名	达益科技有限公司			
付方开户行	中国工商银行		付方开户地	唐山市
收方账户名	达益科技有限公司		收方账号	6555689723119781
收方开户行	中国工商银行		收方开户地	唐山市
电话	0315-3861234		电子邮件	lixiang@126.com
金额	2000.00		币种	人民币
期望日期	2016-03-28			

撤销　　返回

图 4-133

中国工商银行

支付结算业务审批

请在此输入查询条件

支付结算类型	内部转账经办 ∨			
日期	2016-1-1 至 2016-7-1		日期类型	按期望日查询 ∨

查询

以下是待审批的支付结算业务

付方账号	金额	收方账号	期望日期	经办日	操作
6555625841143544	2000.00	6555689723119781	2016-03-25	2016-03-24	审批

（左侧菜单）
- 用户管理
- 授权管理
- 账务查询
- 支付结算
  - 用途信息管理
  - 收方信息管理
  - 单笔支付制单
  - 内部转账经办
  - 单笔支付经办
  - 成批支付经办
  - 支付结算撤消
  - 支付结算审批

图 4-134

在弹出的页面中，单击【同意】按钮，如图 4-135 所示。

支付结算业务审批

支付结算业务审批详细

付方账户名	达益科技有限公司		付方账号	6555625841143544
付方公司名	达益科技有限公司			
付方开户行	中国工商银行		付方开户地	唐山市
收方账户名	达益科技有限公司		收方账号	6555689723119781
收方开户行	中国工商银行		收方开户地	唐山市
电话	0315-3861234		电子邮件	lixiang@126.com
金额	2000.00		币种	人民币
期望日期	2016-03-25			

同意　　不同意　　返回

图 4-135

9. 成批支付审批

选择【支付结算】下拉列表下的【成批支付审批】选项，右侧页面中的查询条件也可以是按经办日查询，如图 4-136 所示。

图 4-136

4.1.12　代发代扣

1. 代发表和代扣表管理

(1) 代发表管理。选择【代发代扣】下拉列表中的【代发表管理】选项，在右侧页面中单击【添加】按钮，在弹出的页面中填写代发表信息，填写代发账号、姓名、金额和备注，如图 4-137 至图 4-139 所示。注意：需要填写个人银行信息。

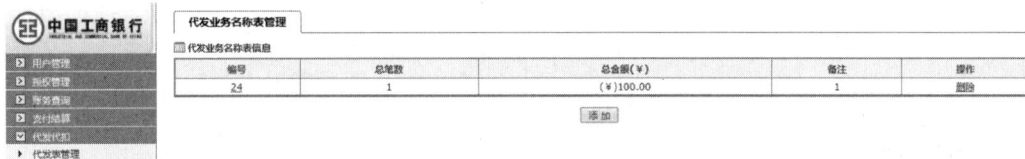

图 4-137

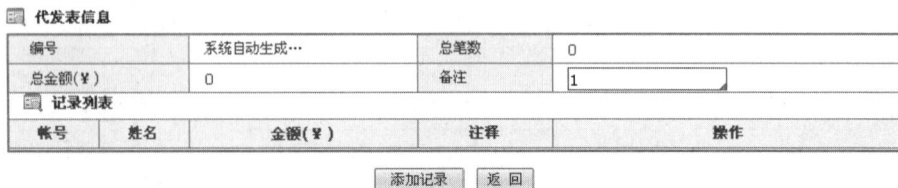

图 4-138

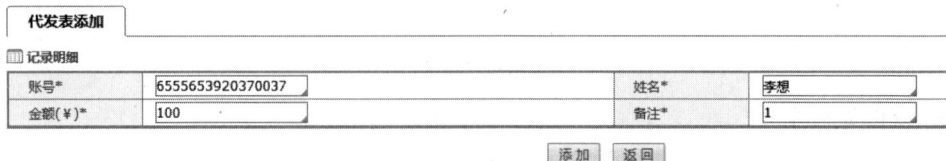

图 4-139

(2) 代扣表管理。选择【代发代扣】下拉列表下的【代扣表管理】选项，代扣表的管理和代发表的管理操作是相似的，不再赘述，如图 4-140、图 4-141 所示。

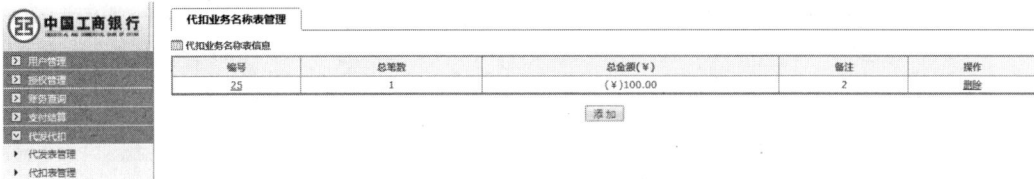

图 4-140

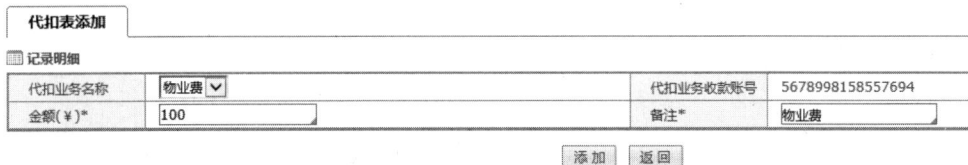

图 4-141

2. 代发业务经办和代扣业务经办

(1) 代发业务经办。选择【代发代扣】下拉列表下的【代发业务经办】选项，填写代发信息。由于之前已经添加了代发表信息，所以直接导入即可，单击【导入信息】按钮，在弹出的页面中单击【导入】链接，填写期望日期，单击【代发经办】按钮，业务办理成功。如图 4-142 至图 4-144 所示。

(2) 代扣业务经办。选择【代发代扣】下拉列表下的【代扣业务经办】选项，如图 4-145 所示，代扣业务经办和代发业务经办的操作是相似的，不再赘述。

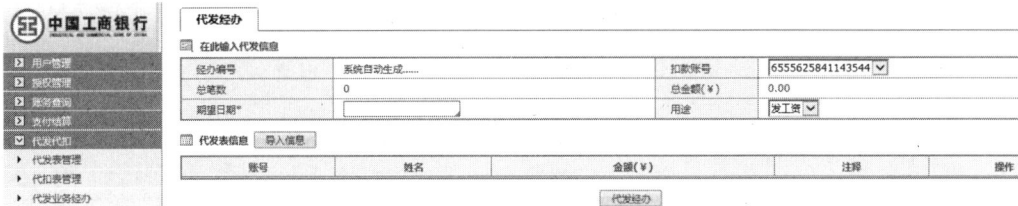

图 4-142

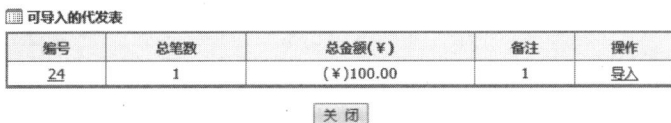

图 4-143

图 4-144

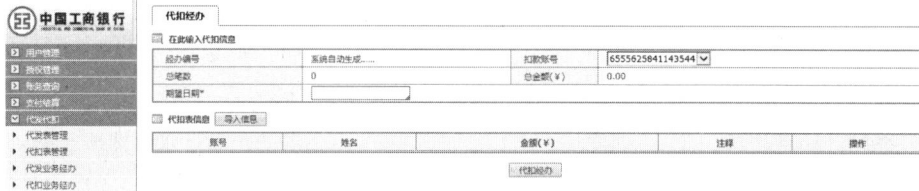

图 4-145

3. 代发经办撤销和代扣经办撤销

选择【代发代扣】下拉列表下的【代发经办撤销】选项，选择要执行操作的业务，单击后面的【撤销】链接，如图 4-146 所示，在弹出的页面中，单击【撤销】按钮，如图 4-147 所示。

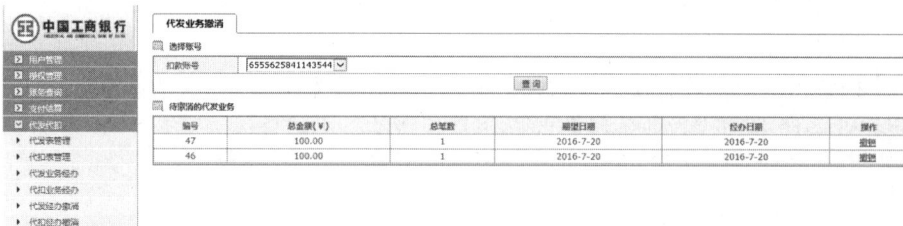

图 4-146

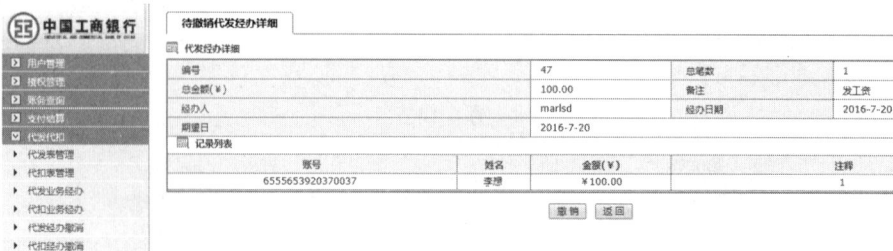

图 4-147

代扣经办撤销操作和代发经办撤销操作类似，不再赘述。

4. 代发经办审批和代扣经办审批

选择【代发代扣】下拉列表下的【代发经办审批】选项，选择要审批的业务，单击【审批】链接，如图 4-148 所示。在弹出的页面中单击【审批通过】按钮，审批通过，如图 4-149 所示。

图 4-148

图 4-149

代扣经办审批操作方法和代发经办审批操作方法类似，不再赘述。

5. 代发经办查询和代扣经办查询

选择【代发代扣】下拉列表下的【代发经办查询】选项，输入查询日期范围，单击【查看】链接，如图 4-150 所示。

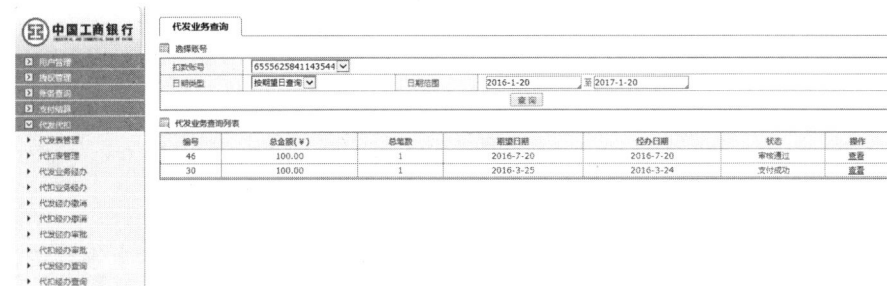

图 4-150

代扣经办查询和代发经办查询操作方法类似，不再赘述。

4.1.13　自助贷款

1. 自助贷款申请以及审批

达益科技有限公司目前接到一个项目，需要向银行贷款 10 万元。进入企业银行柜台，单击【进入银行柜台】链接，如图 4-151 所示。

图 4-151

选择【客户柜台业务操作】下拉列表中的【自助贷款办理申请】选项，填写贷款信息，完成后单击【申请】按钮，如图 4-152 所示。

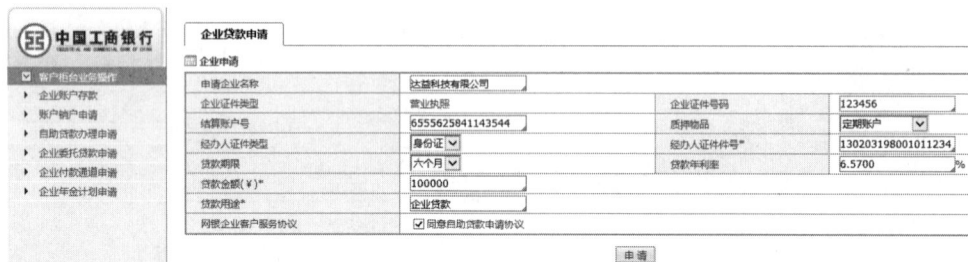

图 4-152

进入银行柜台，进行审批。选择【银行柜台业务操作】下拉列表下的【办理自助贷款申请审批】选项，在右侧页面中切换到【企业客户】选项卡，单击【审批】链接，如图 4-153 所示。

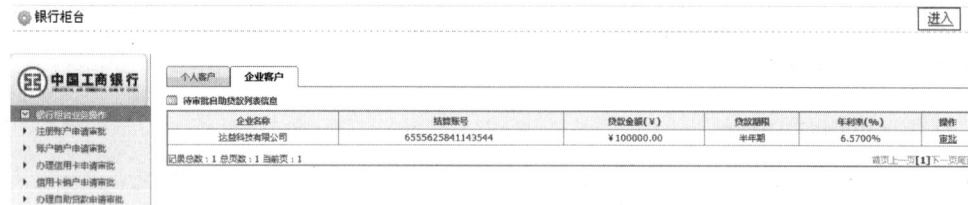

图 4-153

2. 还款经办

当达益科技有限公司有了资金后，就需要向银行还款。进入企业网上银行选择【自助贷款】下拉列表下的【还款经办】选项，单击【还款经办】链接，如图 4-154 所示。

设置还款日期，单击【还款】按钮，如图 4-155 所示。

图 4-154

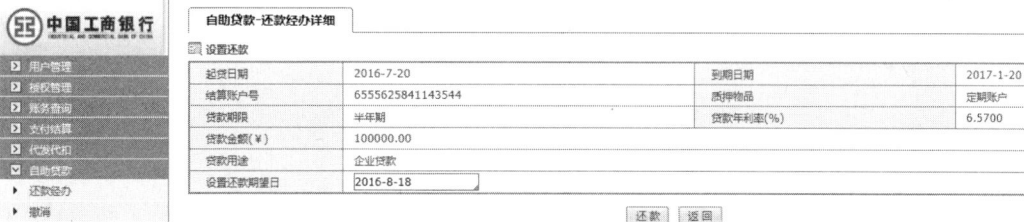

图 4-155

3. 还款撤销

选择【自助贷款】下拉列表下的【撤销】选项，可以进行还款经办撤销操作，单击【撤销经办】链接，在弹出的页面中单击【撤销】按钮，如图 4-156、图 4-157 所示。

图 4-156

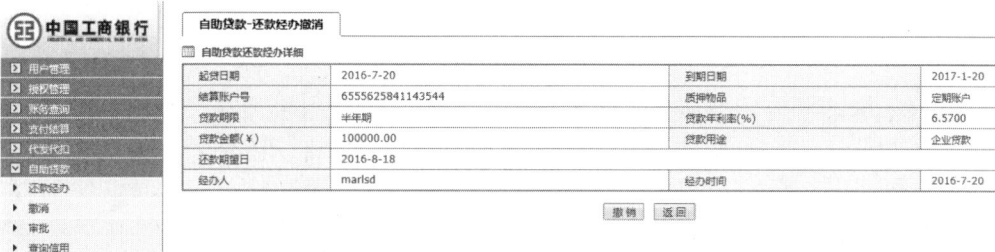

图 4-157

4. 还款审批

单击【自助贷款】下拉列表下的【审批】链接，进行还款经办审批操作，单击右侧页面的【审批经办】链接，审批通过，如图 4-158 所示。

图 4-158

4.1.14 委托贷款

由于资金周转问题，达益科技有限公司需要贷款给成名科技有限公司 10 万元。

1. 申请以及审批

达益科技有限公司进入银行柜台，填写企业委托贷款申请表。选择【客户柜台业务操作】下拉列表下的【企业委托贷款申请】选项，在右侧页面中填写相关信息，单击【申请】按钮，如图 4-159 所示。

图 4-159

进入银行柜台，进行审批。选择【银行柜台业务操作】下拉列表下的【企业委托贷款申请审批】选项，在右侧页面中单击【审批】链接，审批通过，如图 4-160 所示。

2. 放款经办、撤销和审批

(1) 放款经办。达益科技有限公司进入网上银行。选择【委托贷款】下拉列表下的【放款经办】选项，操作放款经办，单击【放款经办】链接，填写放款的期望日和到期日，完成后单击【放款经办】按钮，如图 4-161、图 4-162 所示。

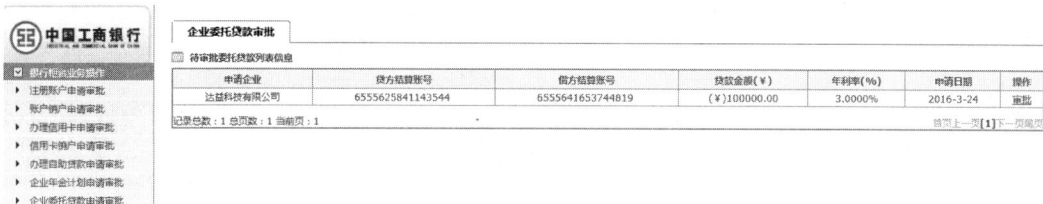

图 4-160

图 4-161

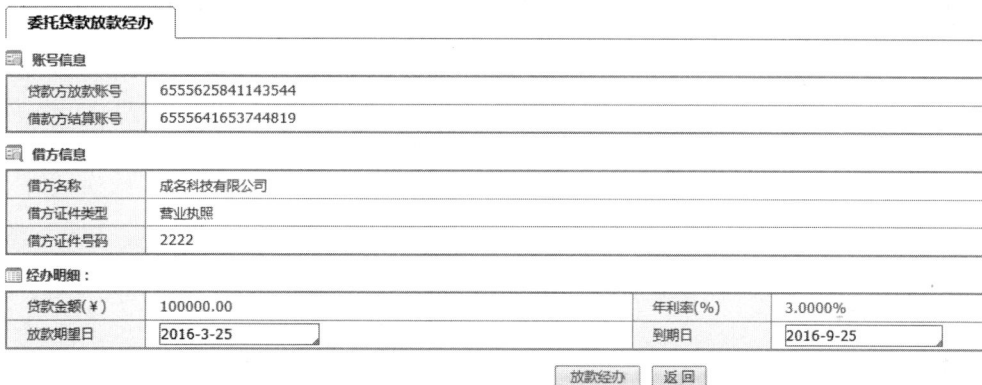

图 4-162

(2) 撤销。如果这笔放款业务日期上有不妥，可以撤销。选择【委托贷款】下拉列表下的【放款经办撤销】选项，在右侧页面中单击【撤销】链接，确定撤销，如图 4-163 所示。

图 4-163

(3) 审批。如果这笔放款经过核查，没有问题了，就可以审批通过了。选择【委托贷款】下拉列表下的【放款经办审批】选项，在右侧页面中单击【审批】链接，如图 4-164 所示。

图 4-164

3. 还款经办、撤销和审批

还款经办的操作和放款经办的操作方法相似。成名科技有限公司进入企业网上银行，选择【委托贷款】下拉列表下的【还款经办】选项，单击【还款经办】链接，在弹出的页面中输入还款期望日，单击【经办】按钮，如图 4-165、图 4-166 所示。

图 4-165

图 4-166

进行审批。选择【委托贷款】下拉列表下的【还款经办审批】选项，单击【审批】链接，审批通过，如图 4-167 所示。

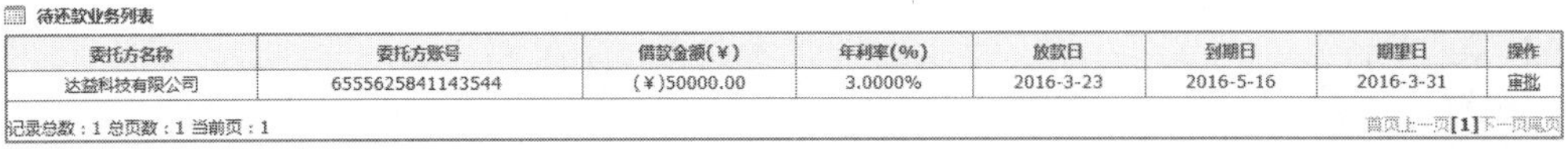

委托方名称	委托方账号	借款金额(¥)	年利率(%)	放款日	到期日	期里日	操作
达益科技有限公司	6555625841143544	(¥)50000.00	3.0000%	2016-3-23	2016-5-16	2016-3-31	审批

记录总数：1 总页数：1 当前页：1   首页上一页[1]下一页尾页

图 4-167

4.1.15 企业年金

1. 企业年金计划申请以及审批

进入达益科技有限公司企业银行柜台，审批企业年金计划。选择【客户柜台业务操作】下拉列表下的【企业年金计划申请】选项，在右侧页面中填写信息，单击【申请】按钮，如图 4-168 所示。

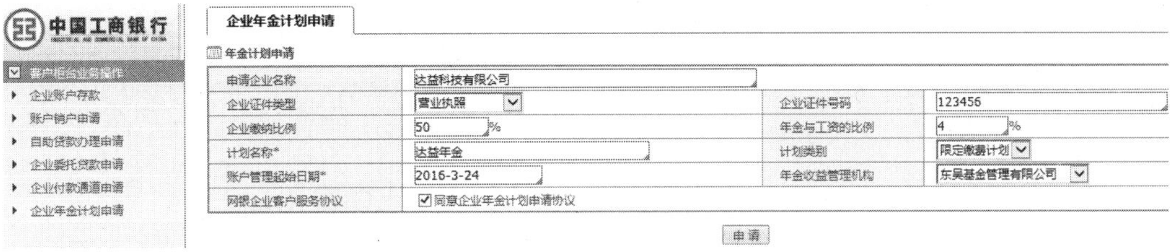

图 4-168

进入银行柜台，进行审批。选择【银行柜台业务操作】下拉列表下的【企业年金计划申请审批】选项，单击右侧页面中的【审批】链接，审批通过，如图 4-169 所示。

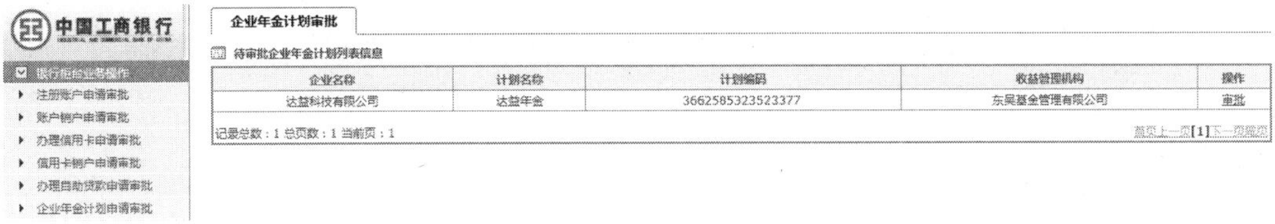

图 4-169

2. 企业年金计划信息查询、企业信息查询及员工信息管理

进入达益科技有限公司企业网上银行，在【企业年金】下拉列表下的【计划信息查询】选项、【企业信息查询】选项及【员工信息管理】选项下，可以分别执行企业年金计划信息查询、企业信息查询及员工信息管理的操作，如图 4-170 至图 4-172 所示。

图 4-170

图 4-171

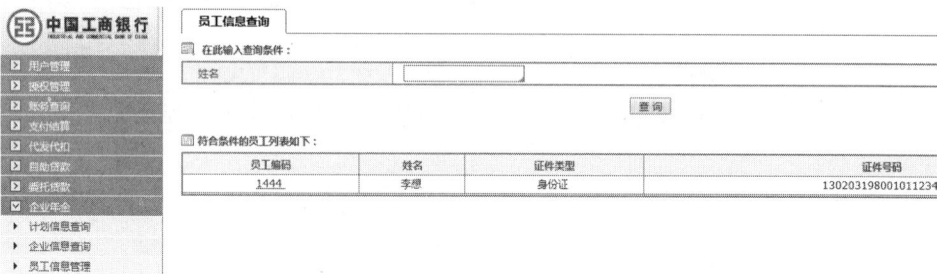

图 4-172

4.1.16　账户的注销申请及审批

1. 信用卡销户申请及审批

进入李想的信用卡银行柜台，选择【客户柜台业务操作】下拉列表下的【信用卡销户申请】选项，申请信用卡销户，填写个人信息，单击【申请】按钮，如图 4-173 所示。

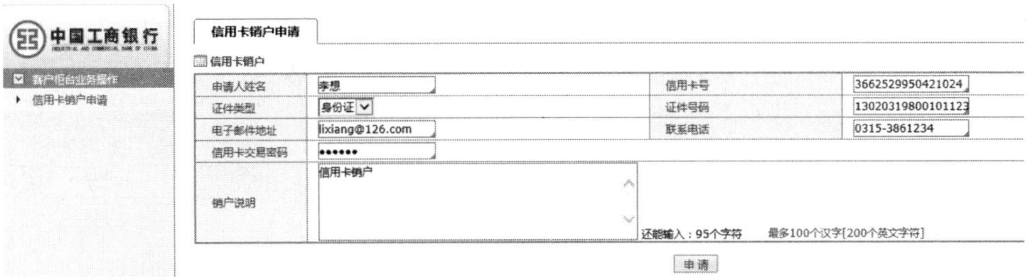

图 4-173

进入银行柜台，进行审核。选择【银行柜台业务操作】下拉列表下的【信用卡销户申请审批】选项，在右侧页面中单击【审批】链接，在弹出的页面中单击【审批通过】按钮，如图 4-174、图 4-175 所示。

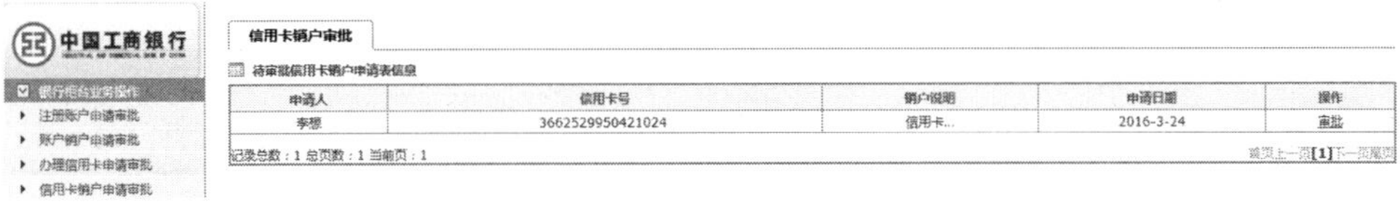

图 4-174

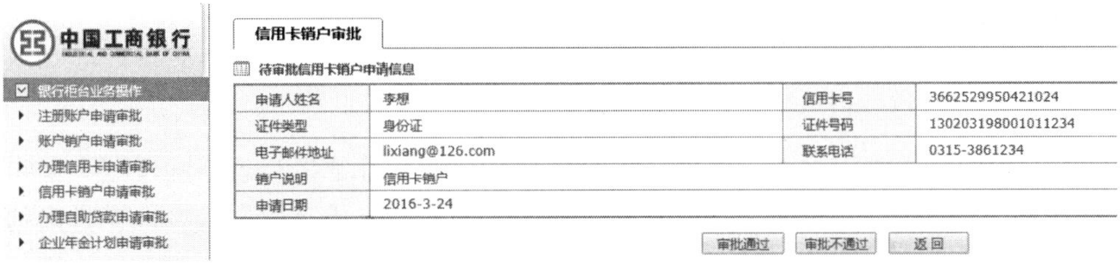

图 4-175

2. 个人账户销户申请及审批

进入王成的个人银行柜台，选择【客户柜台业务操作】下拉列表下的【账户销户申请】选项，在右侧页面中填写销户信息，单击【申请】按钮，如图 4-176 所示。

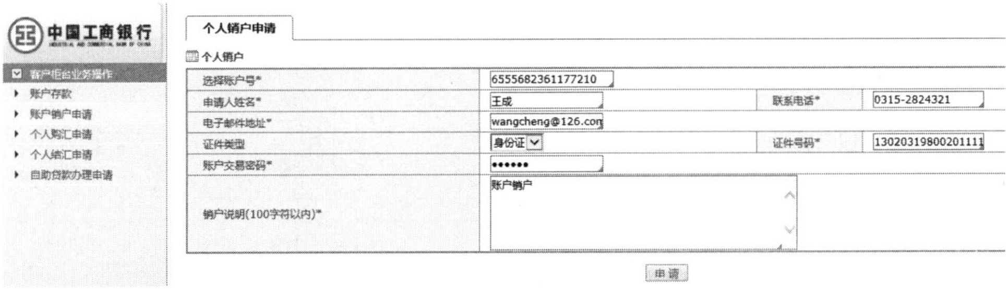

图 4-176

进入银行柜台，进行审批。选择【银行柜台业务操作】下拉列表下的【账户销户申请审批】选项，在【个人客户】选项卡下，单击【审批】链接，如图 4-177 所示。

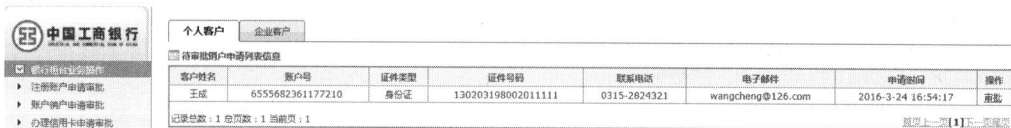

图 4-177

3. 企业账户的销户申请及审批

进入达益科技有限公司的企业银行柜台，选择【客户柜台业务操作】下拉列表下的【账户销户申请】选项，填写申请信息，单击【申请】按钮，如图 4-178 所示。

图 4-178

进入银行柜台，进行审批。选择【银行柜台业务操作】下拉列表下的【账户销户申请审批】选项，在右侧页面中的【企业客户】选项卡下，单击【审批】链接，在弹出的页面中单击【审批通过】按钮，如图 4-179、图 4-180 所示。

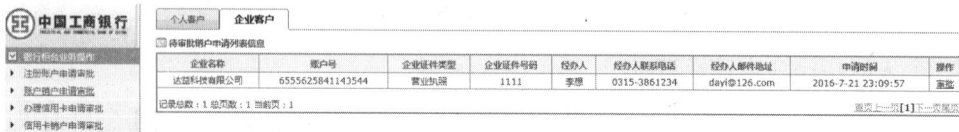

图 4-179

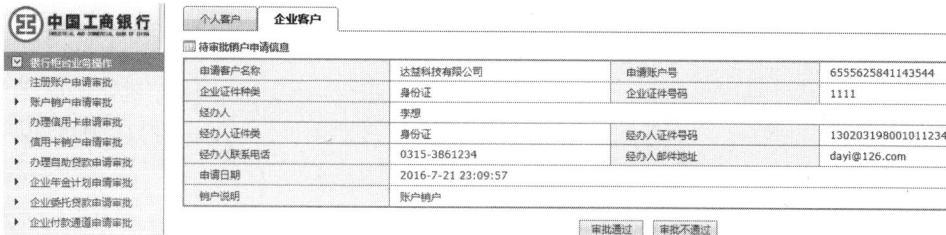

图 4-180

4.1.17　银行管理

在【电子支付实践】模块中的【网上银行】选项卡下，进入管理员平台。

1. 外汇汇率

选择【银行管理】下拉列表下的【外汇汇率】选项，可查看外汇的实时行情，如图 4-181 所示。

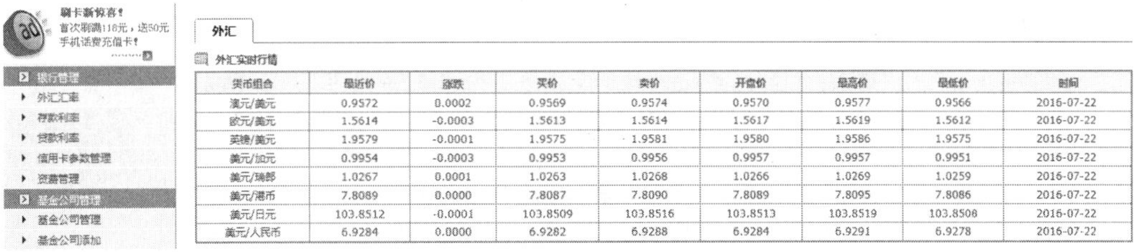

货币组合	最近价	涨跌	买价	卖价	开盘价	最高价	最低价	时间
澳元/美元	0.9572	0.0002	0.9569	0.9574	0.9570	0.9577	0.9566	2016-07-22
欧元/美元	1.5614	-0.0003	1.5613	1.5614	1.5617	1.5619	1.5612	2016-07-22
英镑/美元	1.9579	-0.0001	1.9575	1.9581	1.9580	1.9586	1.9575	2016-07-22
美元/加元	0.9954	-0.0003	0.9953	0.9956	0.9957	0.9957	0.9951	2016-07-22
美元/瑞郎	1.0267	0.0001	1.0263	1.0268	1.0266	1.0269	1.0259	2016-07-22
美元/港币	7.8089	0.0000	7.8087	7.8090	7.8089	7.8095	7.8086	2016-07-22
美元/日元	103.8512	-0.0001	103.8509	103.8516	103.8513	103.8519	103.8508	2016-07-22
美元/人民币	6.9284	0.0000	6.9282	6.9288	6.9284	6.9291	6.9278	2016-07-22

图 4-181

2. 存款利率

选择【银行管理】下拉列表下的【存款利率】选项，查看各个币种的利率，单击币种名称可对存款利率进行修改，如图 4-182 所示。

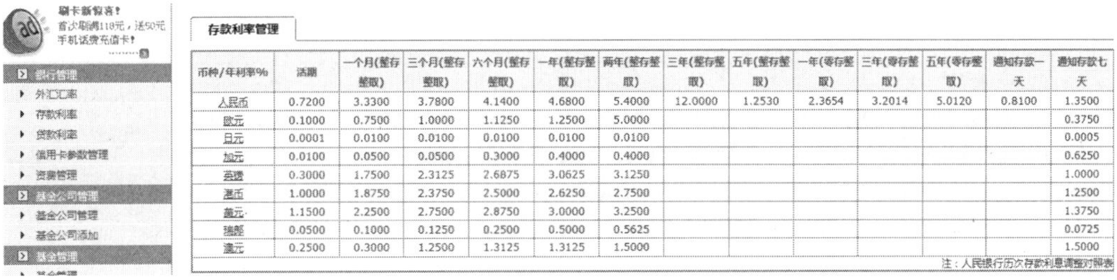

币种/年利率%	活期	一个月(整存整取)	三个月(整存整取)	六个月(整存整取)	一年(整存整取)	两年(整存整取)	三年(整存整取)	五年(整存整取)	一年(零存整取)	三年(零存整取)	五年(零存整取)	通知存款一天	通知存款七天
人民币	0.7200	3.3300	3.7800	4.1400	4.6800	5.4000	12.0000	1.2530	2.3654	3.2014	5.0120	0.8100	1.3500
欧元	0.1000	0.7500	1.0000	1.1250	1.2500	5.0000							0.3750
日元	0.0001	0.0100	0.0100	0.0100	0.0100	0.0100							0.0005
加元	0.0100	0.0500	0.0500	0.3000	0.4000	0.4000							0.6250
英镑	0.3000	1.7500	2.3125	2.6875	3.0625	3.1250							1.0000
港币	1.0000	1.8750	2.3750	2.5000	2.6250	2.7500							1.2500
美元	1.1500	2.2500	2.7500	2.8750	3.0000	3.2500							1.3750
瑞郎	0.0500	0.1000	0.1250	0.2500	0.5000	0.5625							0.0725
澳元	0.2500	0.3000	1.2500	1.3125	1.3125	1.5000							1.5000

注：人民银行历次存款利息调整对照表

图 4-182

修改完成后，单击【修改】按钮，如图 4-183 所示。

3. 贷款利率

选择【银行管理】下拉列表下的【贷款利率】选项，查看各个币种的利率，单击币种名称可对贷款利率进行修改，如图 4-184 所示。

修改完成后，单击【修改】按钮，如图 4-185 所示。

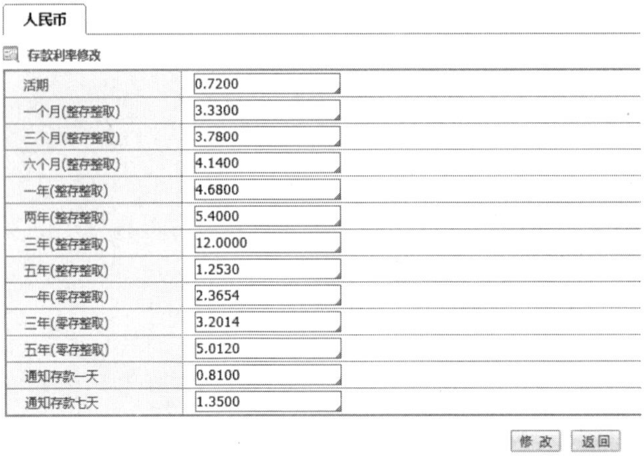

图 4-183

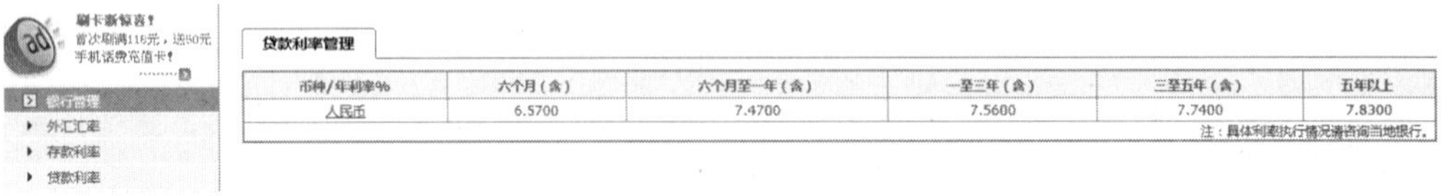

图 4-184

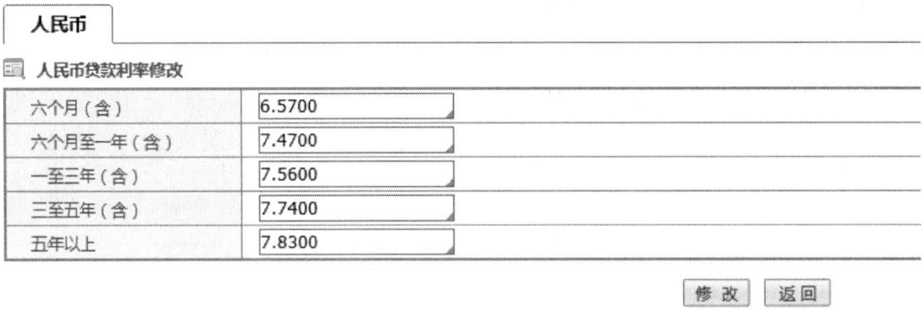

图 4-185

4.2 支付通实践

【实践情景】

李想以及他所代表的达益科技有限公司要接触 B2B、B2C 以及 C2C 业务，为了交易安全，有必要用到支付通。本节将进行相关的支付通操作介绍。

4.2.1　支付通账户管理

1. 个人信息管理

在【电子支付实践】模块中的【支付通】选项卡下，进入李想用手机注册的支付通账户(13911111111)，单击【进入】链接，如图 4-186 所示。

图 4-186

进入后切换到【我的 ZFT】选项卡下的【我的账户】选项，如图 4-187 所示。

图 4-187

在个人信息中可以看到详细的信息，并且可以修改和设置，如图 4-188 所示。

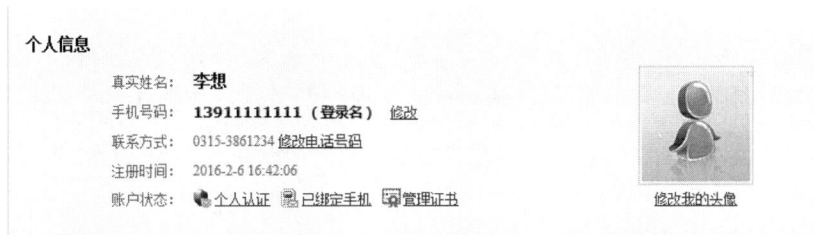

图 4-188

单击图 4-188 中的【修改电话号码】链接，修改联系方式。如果联系方式有了变化，是可以修改的。注意电话号码的输入格式，修改完毕单击【确定】按钮，如图 4-189 所示。

个人头像也是可以修改的，单击图 4-188 中的【修改我的头像】链接，在弹出的页面中上传头像，如图 4-190 所示。

2. 个人认证申请

(1) 个人认证就是一个实名认证的过程，需填写真实身份信息。单击图 4-188 中的【个人认证】链接，填写相关信息，完成后单击【提交】按钮，如图 4-191 所示。

真实姓名：李想

账户名：13911111111

性别：⦿男 ○女

电话号码：[0315-3861234]
例如"0571-85022088-1650"。

详细地址：[唐山市建设北路9号]
例如"江苏省南京市福建路31号华富大厦905室"。

▶ 确认

图 4-189

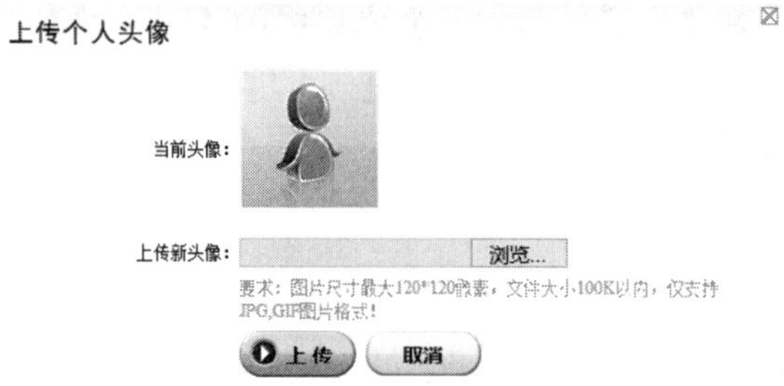

上传个人头像 ☒

当前头像：

上传新头像：[   ] [浏览...]
要求：图片尺寸最大120*120像素，文件大小100K以内，仅支持JPG,GIF图片格式！

▶ 上传   取消

图 4-190

支付通实名认证

您的身份证件信息

身份证号码：[130203198001011234]
请填写您的证件号，目前支付通认证不支持军官证。

身份证真实姓名：[李想]
请填写身份证上的姓名，如果姓名中含有生僻字，请点此通过"复制粘贴"来填写。

▶ 提交

图 4-191

在弹出的页面中填写认证信息，最后单击【提交】按钮，如图 4-192、图 4-193 所示。

您的个人信息

支付通账号：13911111111

真实姓名：李想

证件号码：130203198001011234(修改身份信息)

详细地址：[唐山市建设北路9号]

固定电话：[0315-3861234]

手机号码：[13911111111]

图 4-192

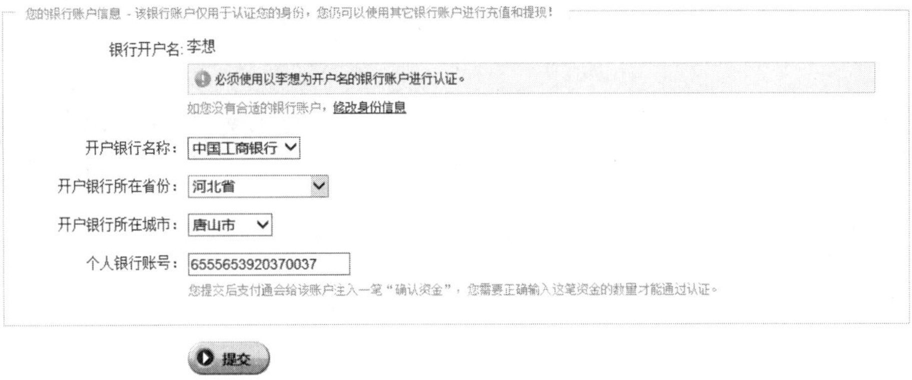
您的银行账户信息 - 该银行账户仅用于认证您的身份，您仍可以使用其它银行账户进行充值和提现！
银行开户名: 李想
必须使用以李想为开户名的银行账户进行认证。
如您没有合适的银行账户，修改身份信息
开户银行名称： 中国工商银行
开户银行所在省份： 河北省
开户银行所在城市： 唐山市
个人银行账号： 6555653920370037
您提交后支付通会给该账户注入一笔“确认资金”，您需要正确输入这笔资金的数量才能通过认证。
提交

图 4-193

(2) 在【支付通】选项卡下进入服务商平台，给该账户汇款。选择【实名认证】下拉列表下的【实名认证申请】选项进行此项操作，单击【汇款确认】链接，如图 4-194 所示。

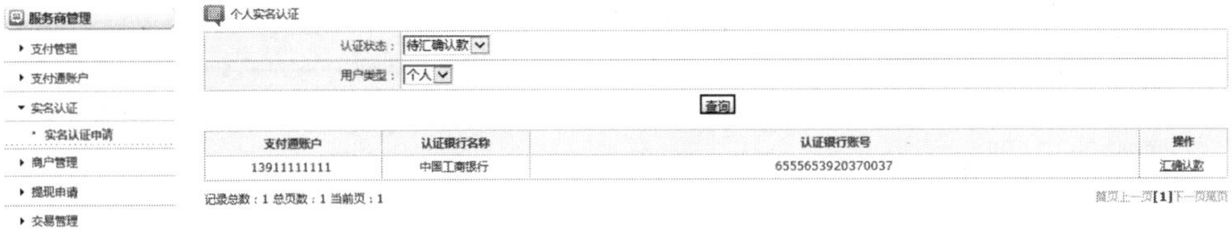
服务商管理
支付管理
支付通账户
实名认证
实名认证申请
商户管理
提现申请
交易管理
个人实名认证
认证状态： 待汇确认款
用户类型： 个人
查询
支付通账户
认证银行名称
认证银行账号
操作
13911111111
中国工商银行
6555653920370037
汇确认款
记录总数：1 总页数：1 当前页：1

图 4-194

单击【随机生成确认款】按钮，再单击【确认已汇】按钮，确认汇款，如图 4-195 所示。

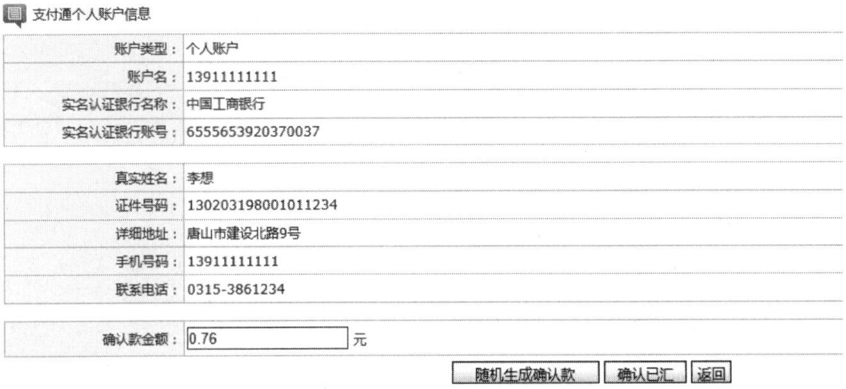
支付通个人账户信息
账户类型： 个人账户
账户名： 13911111111
实名认证银行名称： 中国工商银行
实名认证银行账号： 6555653920370037
真实姓名： 李想
证件号码： 130203198001011234
详细地址： 唐山市建设北路9号
手机号码： 13911111111
联系电话： 0315-3861234
确认款金额： 0.76 元
随机生成确认款
确认已汇
返回

图 4-195

(3) 此时，记录下金额。再进入李想的支付通平台，单击图 4-196 中的【个人认证】链接，确认汇款金额。单击【输入汇款金额】按钮，在弹出的页面中输入金额，单击【确定】按钮，如图 4-197、图 4-198 所示。注意：一定要记住此金额。如果忘记，请进入服务商平台，在图 4-194 中【实名认证申请】选项中使用查询功能进行查询，查询内容为"确认款已汇"。

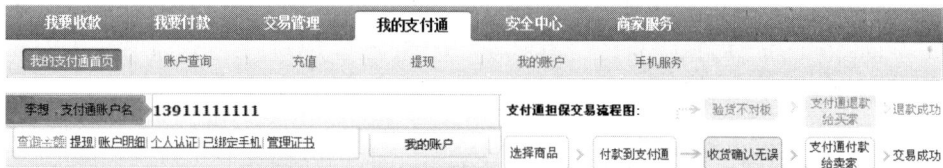

图 4-196

图 4-197

图 4-198

当输入金额正确时，实名认证才能成功，如图 4-199 所示。

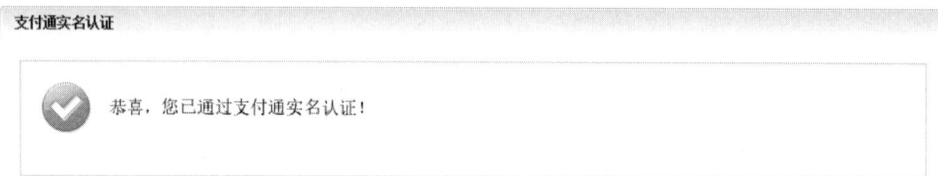

图 4-199

3. 支付通绑定手机号码

(1) 绑定手机。申请手机绑定账户后，可以通过手机找回遗忘的密码，还可以管理数字证书。选择【我的支付通】选项卡下的【手机服务】选项，再单击【申请手机绑定】链接，如图 4-200 所示。

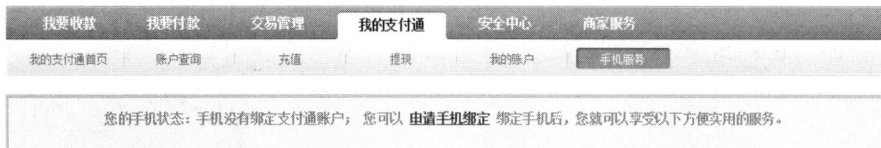

图 4-200

在弹出的页面中输入要绑定的手机号，单击【下一步】按钮，如图 4-201 所示，在弹出的页面中输入校验码。

图 4-201

校验码包含在系统自动发给手机的短信中，如图 4-202 所示。

图 4-202

(2) 输入校验码之后，手机绑定就成功了。接下来，申请开通手机自助服务。单击【申请开通】链接，如图 4-203 所示。

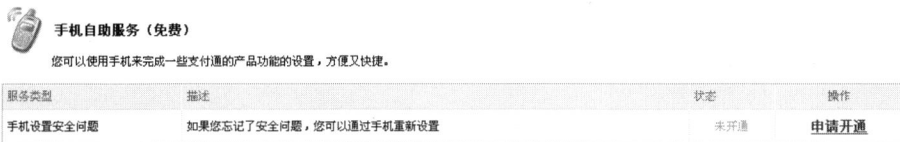

图 4-203

在弹出的页面中输入校验码和手机支付密码，单击【确定】按钮，如图 4-204 所示。同样校验码包含在系统自动发给手机的一封邮件中，如图 4-205 所示。

输入校验码：922593

输入支付密码：●●●●●●●●

▶ 确 定

图 4-204

图 4-205

到此，手机绑定和手机自助服务就申请成功了。

4. 证书管理

(1) 申请数字证书。进入李想支付通账户，切换到【安全中心】选项卡下的【数字证书】选项，单击【点此申请数字证书】按钮，如图 4-206、图 4-207 所示。

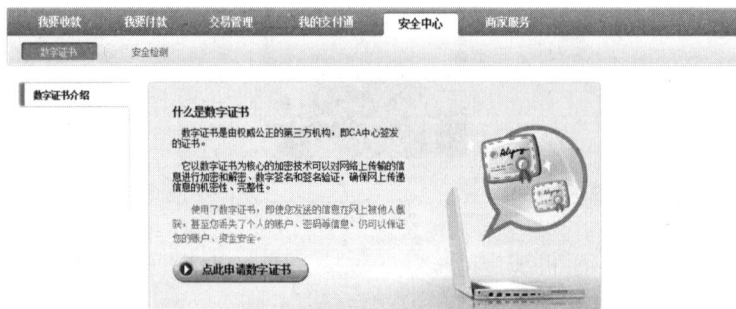

图 4-206

项目	说明		建议开通设置
登录密码	最好使用一个包含数字和字母，并且超过6位字符以上的密码。		修改
支付密码	最好使用一个包含数字和字母，并且超过6位字符以上的密码。 支付密码必须与登录密码不一样。		修改
支付通实名认证	支付通实名认证会员拥有更多的ZFT功能权限。		已通过实名认证
支付通数字证书	安装了数字证书，即使密码被盗，也不用担心账户安全。		申请数字证书

图 4-207

单击【申请数字证书】链接，输入证件号码以校验，单击【确定】按钮，如图 4-208 所示。

安全校验

请输入您认证时的证件号码

证件号码：130203198001011234

▶ 确 定

图 4-208

在弹出的页面中填写证书使用地点，单击【确定】按钮，如图 4-209 所示。

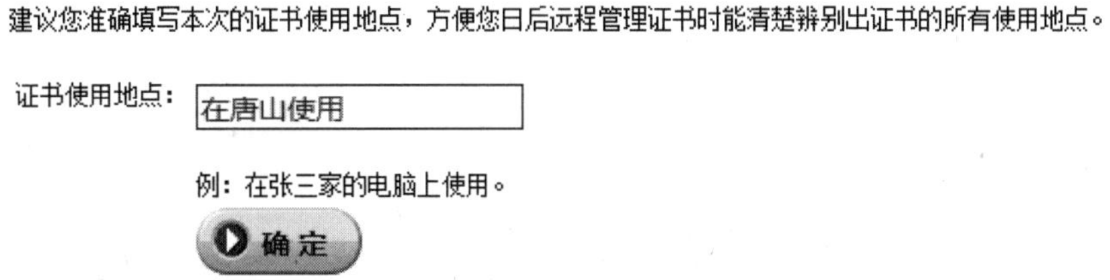

建议您准确填写本次的证书使用地点，方便您日后远程管理证书时能清楚辨别出证书的所有使用地点。

证书使用地点：在唐山使用

例：在张三家的电脑上使用。

▶ 确 定

图 4-209

确认个人信息，单击【确定】按钮，如图 4-210 所示。

确认个人信息

| 您的支付通账户： | 13911111111 |
| 您的姓名： | 李想 |

▶ 确 定

图 4-210

(2) 备份数字证书。申请成功之后，要记得备份，单击【备份】按钮，如图 4-211 所示。

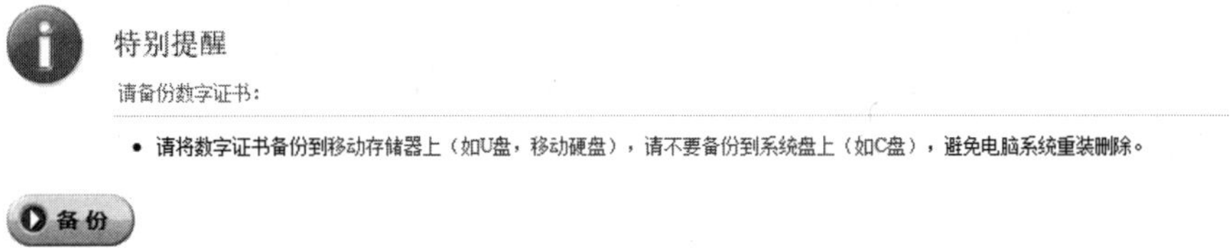

ⓘ 特别提醒

请备份数字证书：

• 请将数字证书备份到移动存储器上（如U盘，移动硬盘），请不要备份到系统盘上（如C盘），避免电脑系统重装删除。

▶ 备 份

图 4-211

设置备份密码，单击【备份】按钮，如图 4-212 所示。

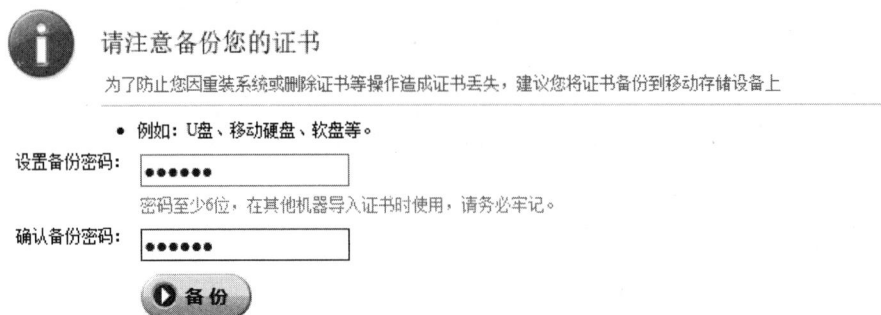

请注意备份您的证书

为了防止您因重装系统或删除证书等操作造成证书丢失，建议您将证书备份到移动存储设备上

- 例如：U盘、移动硬盘、软盘等。

设置备份密码：　●●●●●●

密码至少6位，在其他机器导入证书时使用，请务必牢记。

确认备份密码：　●●●●●●

▶ 备份

图 4-212

备份之后，将证书下载到本地电脑里，单击【下载】链接，如图 4-213 所示。

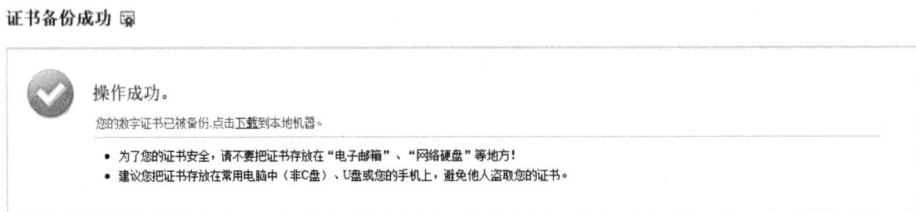

证书备份成功

✔　操作成功。

您的数字证书已被备份,点击下载到本地机器。

- 为了您的证书安全，请不要把证书存放在"电子邮箱"、"网络硬盘"等地方!
- 建议您把证书存放在常用电脑中（非C盘）、U盘或您的手机上，避免他人盗取您的证书。

图 4-213

(3) 数字证书管理。对申请的数字证书进行管理，可以查看、备份、删除，也可以申请注销，如图 4-214 所示。

数字证书管理

➔ 查看证书

➔ 备份证书
  ○ 需要在另外一台电脑上使用支付通的用户，请做备份
  ○ 为防止因重装系统、意外删除造成证书丢失，我们建议你备份证书

➔ 删除本地证书
  ○ 删除前请确保已经备份。删除后您在这台电脑上登录账户仅能查询
  ○ 在不常用的电脑上，安装了证书使用完毕后，我们建议您删除证书，并带走您的备份文件

➔ 申请注销证书
  ○ 注销后，您的账户将失去证书保护，建议在注销后及时申请新证书。

图 4-214

将证书删除之后，可以再次导入。切换到【安全中心】选项卡下的【数字证书】选项，单击【点此管理数字证书】按钮，如图 4-215 所示。在弹出的页面中单击【导入证书】链接，

如图 4-216 所示。单击【浏览】按钮，输入备份密码，单击【导入】按钮，如图 4-217 所示。

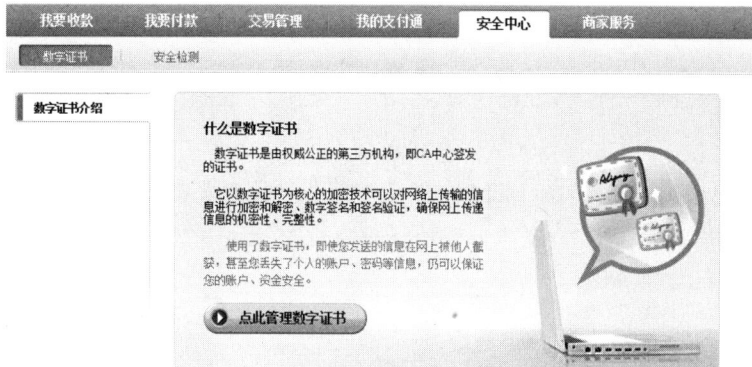

图 4-215

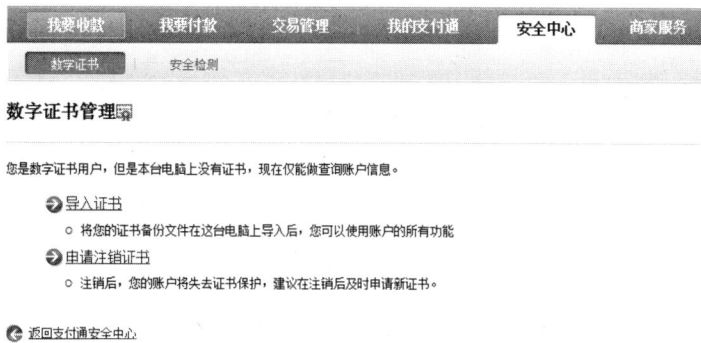

图 4-216

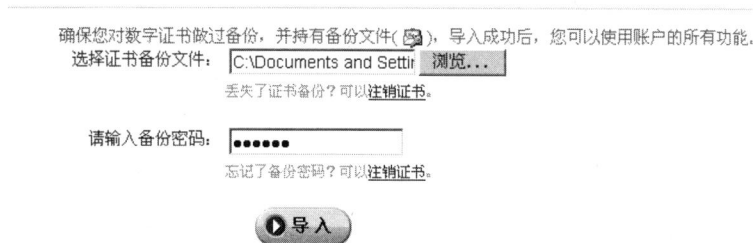

图 4-217

填写证书使用地点，单击【确定】按钮，如图 4-218 所示。

图 4-218

申请注销电子证书。单击图 4-214 中的【申请注销证书】链接，在弹出的页面中，单击【确定】按钮，如图 4-219 所示。

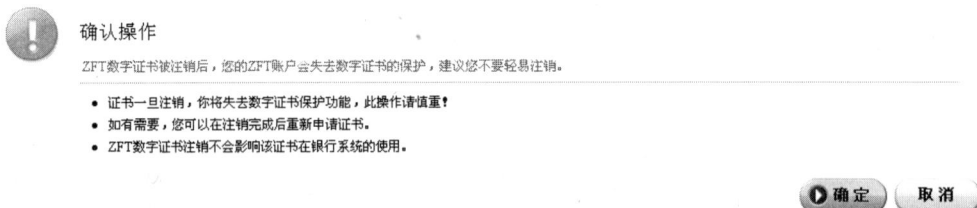

图 4-219

5. 交易信息管理

(1) 联系人管理。添加联系人分组，添加成功的组别可以再修改或者删除。切换到【我的支付通】选项卡中的【我的账户】选项，如图 4-220 所示。在页面底端【交易信息】一栏中，单击【交易联系人管理】链接，如图 4-221 所示。在弹出的页面中，单击页面左下角的【添加组别】按钮，如图 4-222 所示。

图 4-220

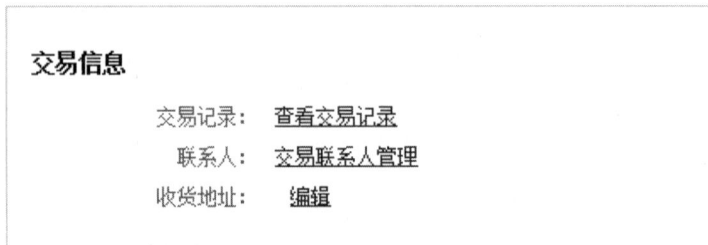

图 4-221

管理联系人
组别
姓名
ZFT账户
付款给我的人(0)
向我收款的人(0)
添加组别
添加联系人

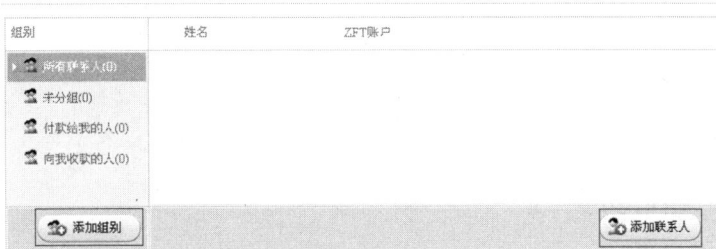

图 4-222

在光标处，填写组别名称，单击【确定】按钮，如图 4-223 所示。

单击图 4-222 中右下角的【添加联系人】按钮，添加联系人。填写联系人姓名和支付通账户，选择分组，单击【确定】按钮，如图 4-224 所示。

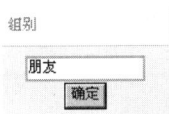

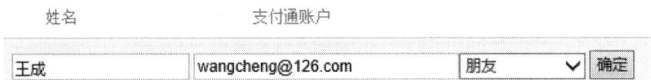

组别
朋友
确定

图 4-223

姓名
支付通账户
王成
wangcheng@126.com
朋友
确定

图 4-224

对联系人可以执行复制、移动或者删除的操作，如图 4-225 所示。

王成
wangcheng@126.com
复制
移动
删除

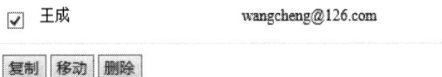

图 4-225

(2) 添加收货地址。切换到图 4-220 中【我的支付通】选项卡中的【我的账户】选项，在底端的【交易信息】一栏中，单击收货地址后面的【编辑】链接，如图 4-221 所示。在弹出的页面中填写相应信息，完成后单击【确定】按钮，如图 4-226 所示。

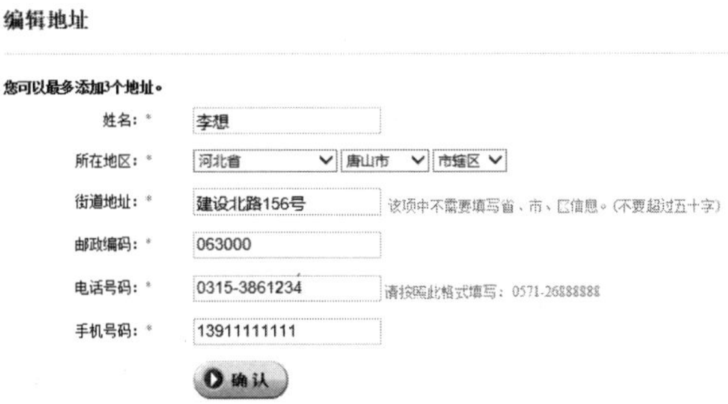

编辑地址
您可以最多添加3个地址。
姓名：*
李想
所在地区：*
河北省
唐山市
市辖区
街道地址：*
建设北路156号
该项中不需要填写省、市、区信息。(不要超过五十字)
邮政编码：*
063000
电话号码：*
0315-3861234
请按照此格式填写：0571-26888888
手机号码：*
13911111111
确认

图 4-226

可以将该地址设为默认地址，单击【设为默认】按钮，如图 4-227 所示。

是否默认地址	姓名	所在地区	街道地址	邮政编码	电话号码	手机号码	操作
⚪	李想	河北省 唐山市 市辖区	建设北路156号	063000	0315-3861234	13911111111	设为默认 修改 删除

图 4-227

4.2.2 支付通交易实践

1. 担保交易流程

王成从李想处购买了一台电脑，价值 3000 元，他们使用支付通进行付款和收款。李想使用担保交易收款。注意：以下操作的前提是需要买卖双方均开通"个人认证"。

（1）李想填写收款信息。进入李想支付通账号，操作担保交易收款，填写交易信息。选择【我要收款】选项卡下的【我要收款首页】选项，单击【担保交易收款】一栏中的【立即使用】按钮，如图 4-228 所示。在弹出的页面中填写信息，单击【确定】按钮，如图 4-229、图 4-230 所示。

图 4-228

图 4-229

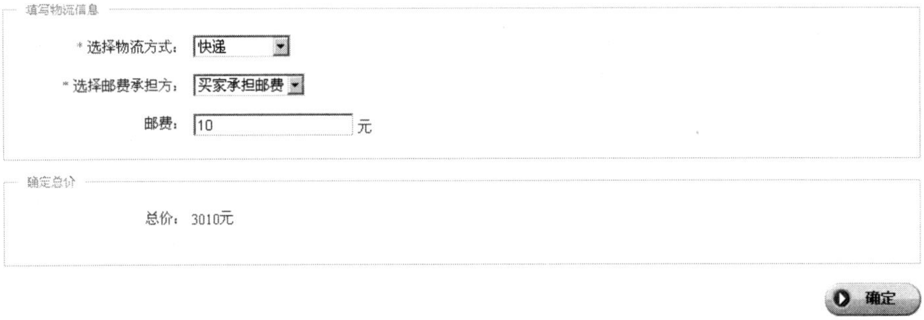

填写物流信息

* 选择物流方式： 快递
* 选择邮费承担方： 买家承担邮费
邮费： 10 元

确定总价

总价： 3010元

〔 确定 〕

图 4-230

(2) 王成付款。进入王成的支付通账户，在【我要付款】选项下可以看到需要付款的项目。执行付款操作，如图 4-231 所示。

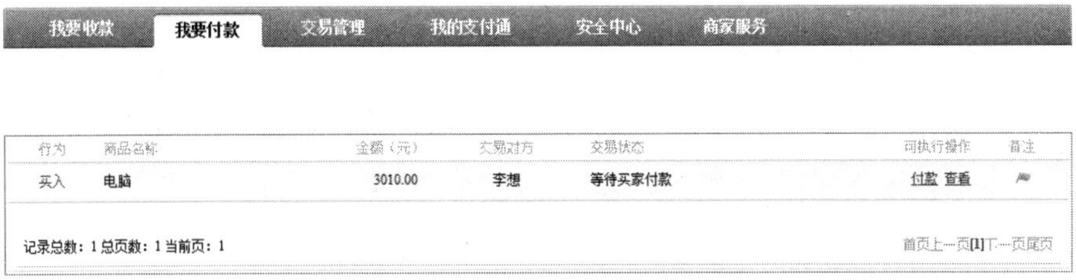

| 我要收款 | 我要付款 | 交易管理 | 我的支付通 | 安全中心 | 商家服务 |

行为	商品名称	金额（元）	交易对方	交易状态	可执行操作	备注
买入	电脑	3010.00	李想	等待买家付款	付款 查看	⚑

记录总数：1 总页数：1 当前页：1

首页 上一页【1】下一页 尾页

图 4-231

单击【付款】链接，在弹出的页面中，选择付款方式，单击【下一步】按钮，如图 4-232 所示。

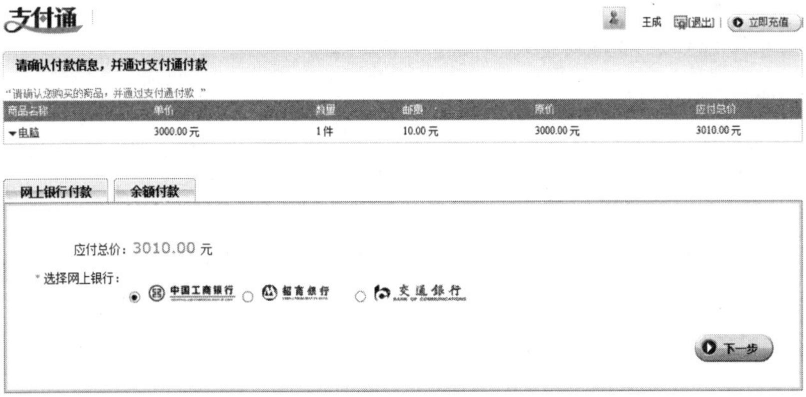

支付通

王成 ✉[退出] 〔 立即充值 〕

请确认付款信息，并通过支付通付款

"请确认您购买的商品，并通过支付通付款 "

商品名称	单价	数量	邮费	原价	应付总价
▼电脑	3000.00元	1件	10.00元	3000.00元	3010.00元

| 网上银行付款 | 余额付款 |

应付总价： 3010.00 元

* 选择网上银行： ⊙ 中国工商银行 ○ 招商银行 ○ 交通银行

〔 下一步 〕

图 4-232

单击【去网上银行付款】按钮，如图 4-233 所示。

图 4-233

在弹出的页面中输入卡号、密码等信息，如图 4-234 所示。

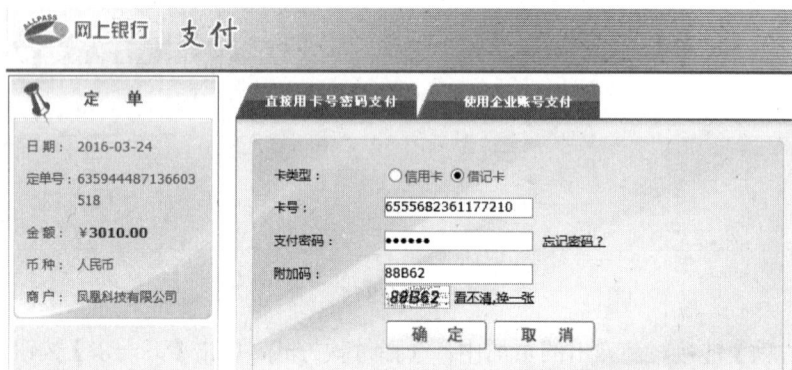

图 4-234

单击【确定】按钮，付款成功，如图 4-235 所示。

图 4-235

(3) 李想发货。进入李想支付通账号，切换到图 4-231 中的【交易管理】选项卡，在相应的交易后单击【发货】链接，如图 4-236 所示。

交易管理								
当前显示： 买入/卖出交易 ∨		所有的交易	进行中的交易	成功的交易	失败的交易	退款的交易		
创建时间	类型 交易号	行为	交易对方	商品名称	金额（元）	交易状态	可执行操作	备注
2016-3-24 18:41:53	2016032418415302286	卖出	王成	电脑	3010.00	买家已付款,等待卖家发货	关闭交易 发货 查看	

图 4-236

填写快递信息，单击【确定】按钮，如图 4-237 所示。

支付通　　　　　　　　　　　　　　　李想　退出　立即充值

请确认发货信息，以此更新交易状态

商品名称	单价	数量	邮费	原价	应付总价
▼ 电脑	3000.00 元	1件	10.00 元	3000.00 元	3010.00 元

选择物流

物流方式： 平邮 ∨

注意：请选择实际发货的物流方式

确认发货

*承运公司名称： 申通快递

*承运单号码： 12311123

确定

图 4-237

发货成功。

(4) 王成收货。进入王成支付通，在【交易管理】选项卡下，单击该笔交易后面的【收货】链接，如图 4-238 所示。

交易管理								
当前显示： 买入/卖出交易 ∨		所有的交易	进行中的交易	成功的交易	失败的交易	退款的交易		
创建时间	类型 交易号	行为	交易对方	商品名称	金额（元）	交易状态	可执行操作	备注
2016-3-24 18:41:53	2016032418415302286	买入	李想	电脑	3010.00	卖家已发货,等待买家确认收货	退款 收货 查看	

图 4-238

在弹出的页面中输入支付通的支付密码，单击【确认收货】按钮，如图 4-239 所示。

收货成功，此单交易成功。类似操作如及时到账收款、AA 制付款的流程与以上流程一致。

支付通　　　　　　　　　　　　　　　　　　　王成 [退出] | ▶ 立即充值

请确认发货信息，以此更新交易状态

商品名称	单价	数量	邮费	原价	应付总价
▼ 电脑	3000.00 元	1 件	10.00 元	3000.00 元	3010.00 元

重要提示

这是一笔支付通担保交易，根据支付通交易规则，请在15内确认收货，否则交易将自动关闭。

注意：请在确认收货时注意核对卖家送达的商品是否与购买的一致，如果不一致可申请退款。

确认收货

承运公司名称：申通快递

承运单号码：12311123

*输入支付密码：●●●●●

▶ 确认收货

图 4-239

2. 买家退货

李想卖给王成一些书籍，采用担保交易收款。填写相关信息。

(1) 李想填写收款信息。进入李想支付通账号，担保交易收款，填写交易信息，操作方法同前，不再赘述，具体信息见图 4-240、图 4-241 所示。

填写买家信息

您的支付通账户：13911111111

*付款方支付通账户：wangcheng@126.com

账户名为Email地址或手机号码

填写商品信息

*商品或服务名称：书籍

*单价：90 元

*数量：10

商品展示网址：

*商品说明：书籍购买

图 4-240

图 4-241

(2) 王成付款。进入王成的支付通账户，在【我要付款】选项卡下可以看到需要付款的项目。执行付款操作，如图 4-242 所示。

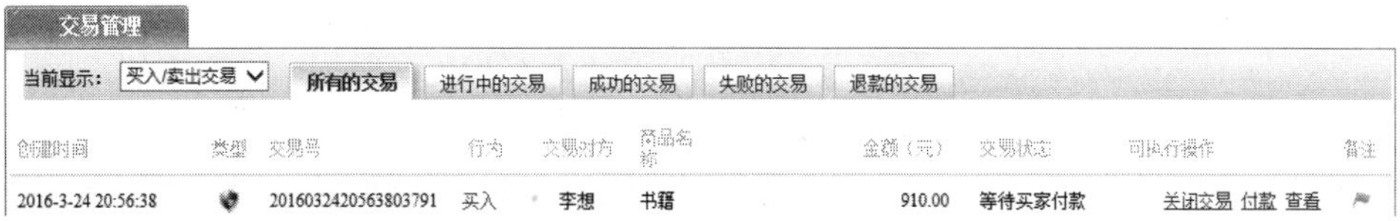

图 4-242

(3) 李想发货。王成付款后李想正常发货了，如图 4-243、图 4-244 所示。

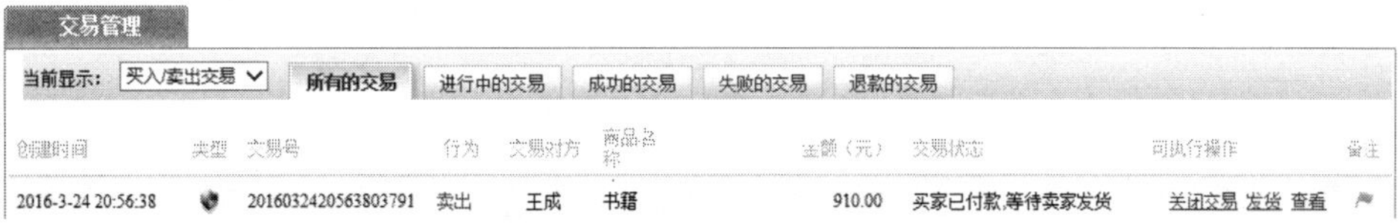

图 4-243

图 4-244

(4) 买家没有收到货物的退款操作。王成在付款之后，由于长时间没有收到货物就改变主意不想再交易了，在【交易管理】选项卡下，单击【退款】链接，如图 4-245 所示。

图 4-245

选择退款理由，单击【下一步】按钮，填写退款协议，完成后单击【立即申请退款】按钮，如图 4-246、图 4-247 所示。

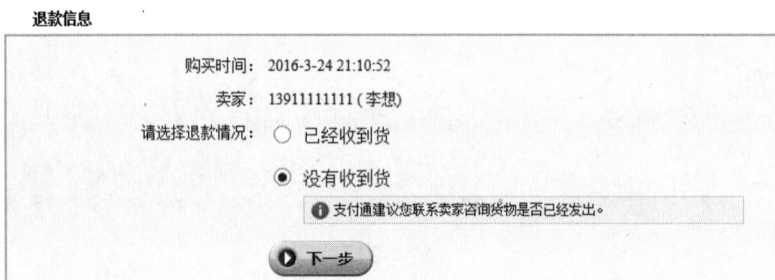

图 4-246

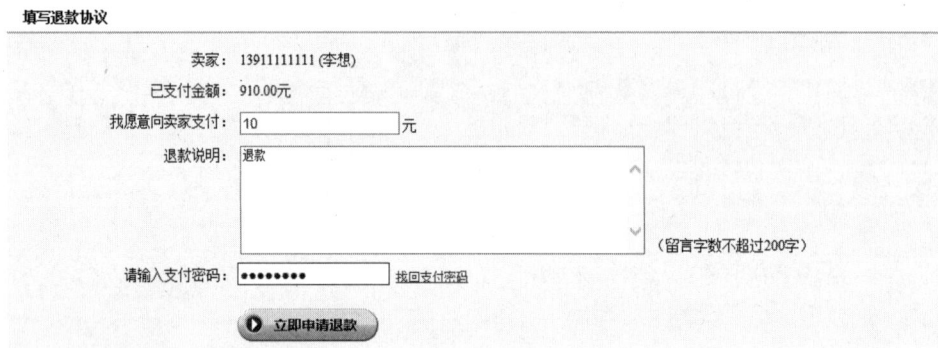

图 4-247

(5) 李想同意退款。登录李想的支付通账户，选择【交易管理】选项卡下的【退款管理】选项，如图 4-248 所示。

单击【处理退款协议】链接，输入支付密码，完成后单击【同意买家的退款申请协议】按钮，如图 4-249 所示。

(6) 买家王成已经收到货的退款操作。在【交易管理】选项卡下，在填写退款信息时，选择【已经收到货】选项，单击【下一步】按钮，如图 4-250 所示。

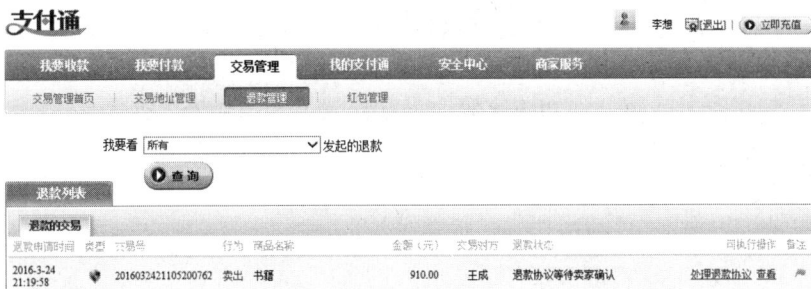

图 4-248

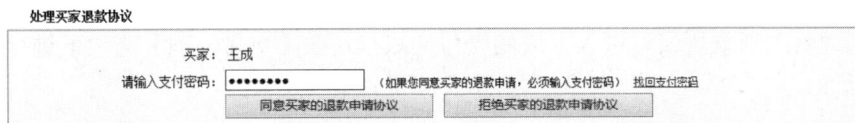

图 4-249

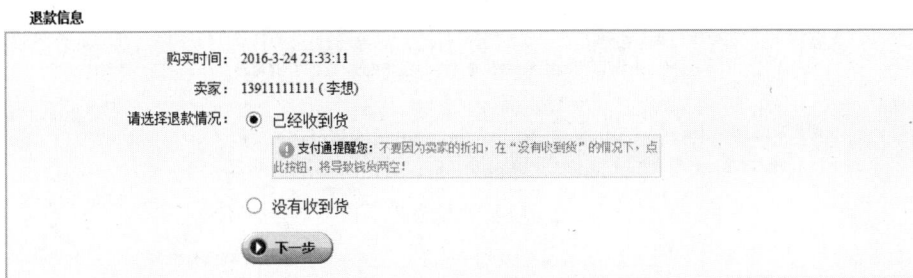

图 4-250

填写退款协议，选择【我要退货】选项，单击【立即申请退款】按钮，如图 4-251 所示。

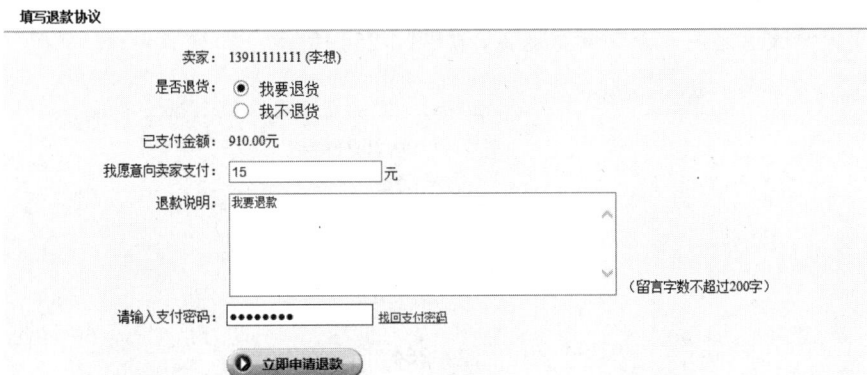

图 4-251

(7) 如果李想同意退款协议，在处理退款操作时输入支付密码，这样退款就结束了。如果退款协议中李想认为对卖家的补偿不够，选择拒绝退款，则选择【拒绝退款】选项，单击【保存并通知买家】按钮，通知买家修改退款协议，如图 4-252 所示。

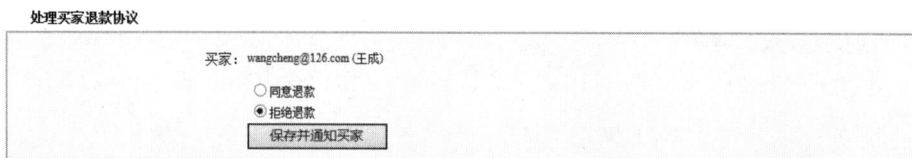

图 4-252

(8) 王成修改退款协议，进入王成的支付通账户，在【交易管理】选项下进行修改，如图 4-253 所示。

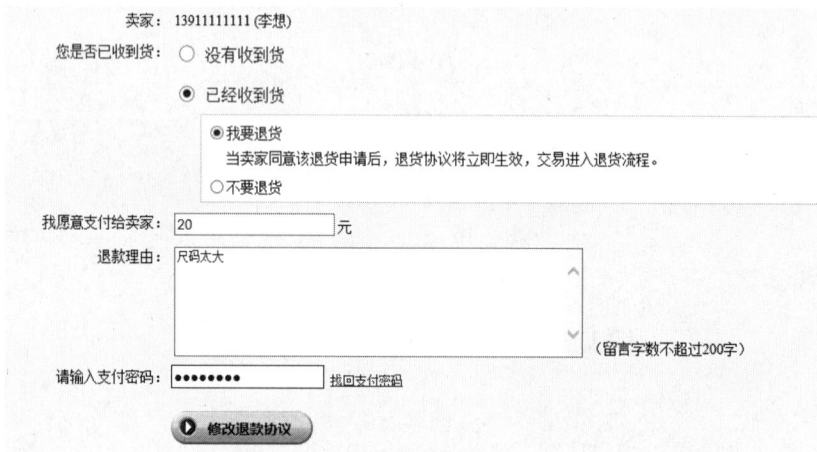

图 4-253

(9) 买家修改过之后，李想同意退款，如图 4-254 所示。

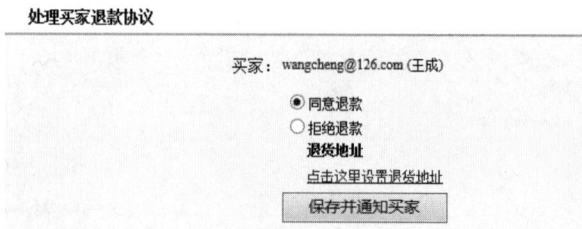

图 4-254

(10) 关闭交易。如果有特殊原因，卖家可以关闭交易。

在【交易管理】选项卡中选择要关闭的交易，单击【关闭交易】链接，如图 4-255 所示。

| 2016-3-24 21:33:11 | 🌐 | 2016032421331102483 | 卖出 | 王成 | 书籍 | 910.00 | 买家已付款,等待卖家发货 | 关闭交易 发货 查看 🏳 |

图 4-255

(11) 即时交易付款。如果要给自己的亲朋好友汇款，可以使用即时到账付款方式。选择【我要付款】选项卡下的【即时到账付款】选项，选择【直接给"亲朋好友"付钱】选项，单击【下一步】按钮，如图 4-256 所示。

在弹出的页面中填写支付信息，单击【下一步】按钮，如图 4-257 所示。

图 4-256

图 4-257

在弹出的页面中输入密码确认汇款，单击【下一步】按钮，如图 4-258 所示。

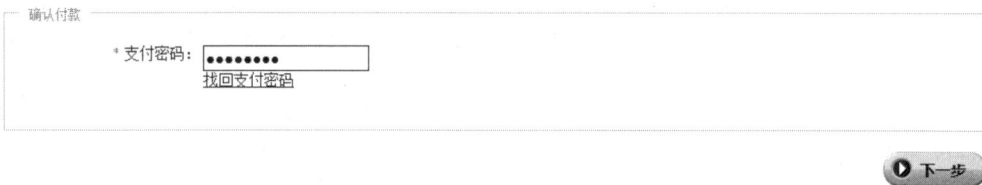

确认付款

*支付密码：●●●●●●●
找回支付密码

▶ 下一步

图 4-258

之后的付款操作方法同之前的网上银行付款操作方法相同，按照系统提示操作即可，不再赘述。

4.2.3　红包管理

电子商务交易双方可以利用红包作为促进交易的手段。进入李想支付通账户，选择【交易管理】选项卡下的【红包管理】选项，如图 4-259 所示。

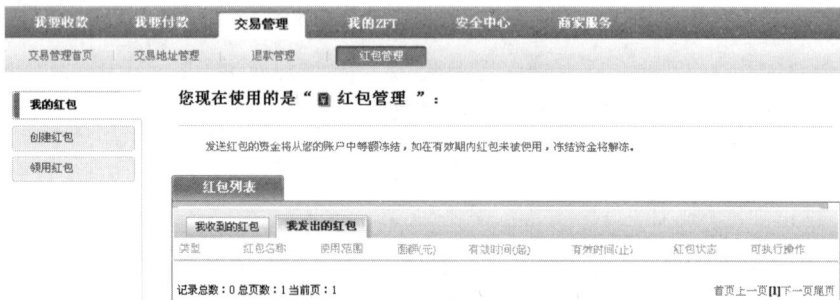

图 4-259

(1) 创建红包。红包分为礼仪红包和促销红包，这里创建促销红包。选择图 4-259 左侧的【创建红包】选项，在右侧页面中单击【创建促销红包】选项，单击【下一步】按钮，如图 4-260 所示。

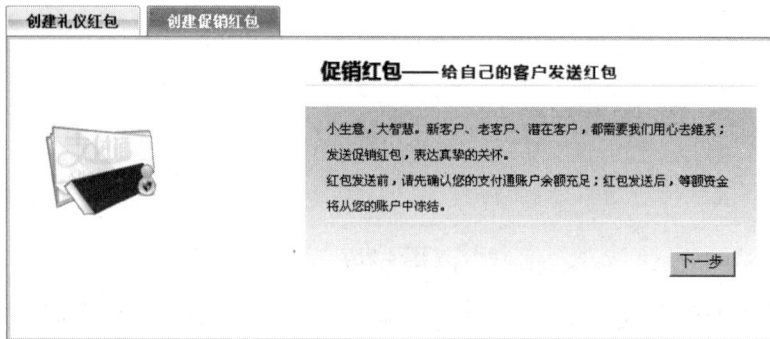

图 4-260

在弹出的页面中填写红包信息，单击【保存】按钮，如图 4-261 所示。

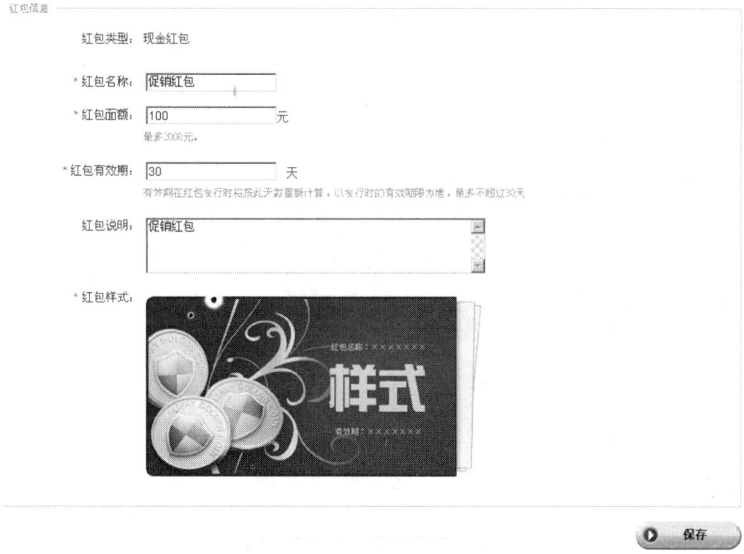

图 4-261

(2) 发行红包。红包的发行方式分为两种，分别是给指定人发送红包和生成红包获取码，这里选择生成红包获取码。单击图 4-262 中的【点此】链接。

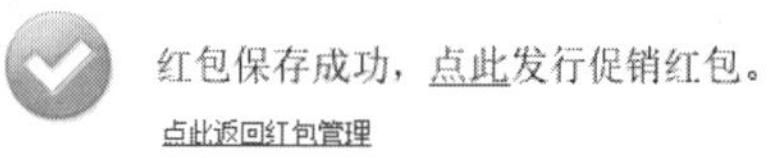

在弹出的页面中填写信息，完成后单击【发送】按钮，如图 4-263 所示。红包发送成功。

红包保存成功，<u>点此</u>发行促销红包。
<u>点此返回红包管理</u>

图 4-262

图 4-263

(3) 领用红包。进入王成的支付通账户，查看红包。切换到【交易管理】选项卡下的【红包管理】选项，在左侧页面中选择【领用红包】选项。在右侧页面中，输入红包卡号和激活码，单击【领取】按钮，领用成功，如图 4-264 所示。

图 4-264

💡 **注意：** 这里红包卡号和激活码需要在短信中获取，如图 4-265 所示。

图 4-265

第 5 章　电子商务安全实践

5.1　CA 认证

【实践情景】

达益科技有限公司想申请 CA 证书，在 CA 认证平台中，申请了 3 个 CA 证书。服务商(CA 证书颁发机构)颁发了其中的 2 个，吊销了其中的 1 个。

5.1.1　CA 证书实现的流程

进入 CA 证书申请页面，达益科技有限公司提出 CA 证书的申请，并查看其挂起的申请证书。

(1) 进入 CA 认证平台。切换到【电子商务安全实践】模块中的【CA 认证】选项卡，单击 CA 认证平台后面的【进入】链接，进入 CA 认证平台，如图 5-1 所示。

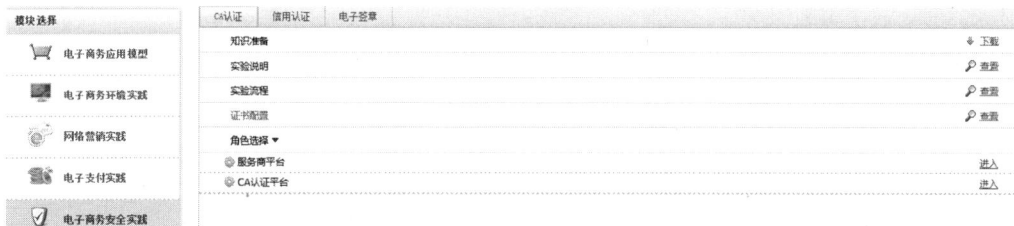

图 5-1

(2) 申请证书。进入系统后，单击页面上方的【申请一个证书】链接，如图 5-2 所示。

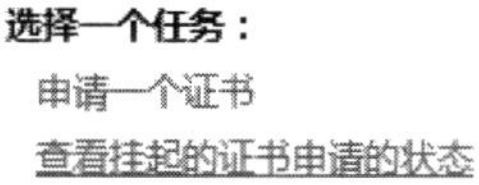

选择一个任务：

申请一个证书

查看挂起的证书申请的状态

图 5-2

进入证书申请页面，在证书申请页面中填写证书识别信息，单击【提交】按钮，如图 5-3 所示。

证书申请

识别信息

姓名：*	达益
电子邮件：	dayi@163.com
公司：	达益科技有限公司
部门：	市场
市/县：	唐山
省：	河北
国家（地区）：	CN （两位的英文大写字母，如：国家是 '中国' 则填写 'CN'）

提交

图 5-3

在这里，同样的步骤，我们操作 4 次，申请 4 个证书(之后删除一个挂起的申请)。

提交后，可查看到已经申请的证书如图 5-4 所示。单击证书标题，查看证书申请的状态详情。系统提示"您的证书申请仍然挂起。您必须等待管理员颁发您申请的证书"。单击此处的【删除】按钮，则删除挂起的申请，如图 5-5 所示。

查看挂起的证书申请的状态

请选择您要查看的证书申请：

Web 浏览器证书 (2016年3月25日 18:27:12)

Web 浏览器证书 (2016年3月25日 18:28:04)

Web 浏览器证书 (2016年3月25日 18:28:46)

Web 浏览器证书 (2016年3月25日 18:29:30)

图 5-4

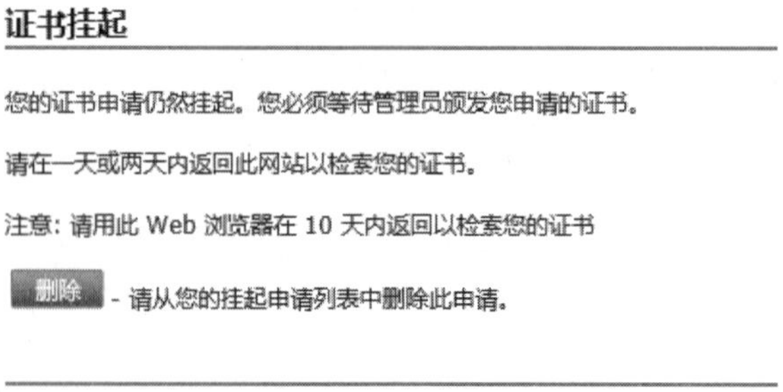

证书挂起

您的证书申请仍然挂起。您必须等待管理员颁发您申请的证书。

请在一天或两天内返回此网站以检索您的证书。

注意：请用此 Web 浏览器在 10 天内返回以检索您的证书

删除 - 请从您的挂起申请列表中删除此申请。

图 5-5

5.1.2　CA 颁发机构功能

进入 CA 证书颁发机构平台。先在挂起的申请中颁发两个证书，拒绝一个证书；再在颁发的两个证书中吊销一个证书。客户端查看证书状态，下载证书。

(1) 进入 CA 证书颁发机构平台。在【CA 认证】选项卡下单击服务商平台后面的【进入】链接，进入 CA 证书颁发机构平台，如图 5-6 所示。

图 5-6

CA 证书颁发机构颁发证书。选择【挂起的申请】选项，可查看到客户端申请的所有证书记录。鼠标放在记录上右击，选择【颁发】命令，如图 5-7 所示。此时在【颁发的证书】选项中可看到该记录。若右击后，选择【拒绝】命令，则在【失败的申请】选项中可看到该记录。

图 5-7

CA 证书颁发机构吊销证书。选择【颁发的证书】选项，可查看到所有已经颁发的证书。鼠标放在记录上，单击右键，选择【吊销证书】命令，如图 5-8 所示。

图 5-8

系统弹出吊销原因的对话框，选择吊销的原因，单击【是】按钮。这样证书就被吊销了。注意：只有在吊销证书时原因选择【证书待定】选项，接下来才能解除吊销，如图 5-9

所示。

(2) 用户端查看证书状态，并下载已颁发的证书。进入 CA 认证平台，单击【查看挂起的证书申请的状态】链接，如图 5-10 所示，进入查看挂起的证书申请的状态页面。

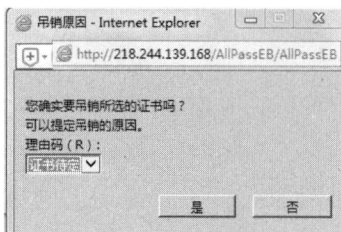

图 5-9

选择一个任务：

申请一个证书

查看挂起的证书申请的状态

图 5-10

单击证书标题，查看证书申请的状态详情，如图 5-11 所示。

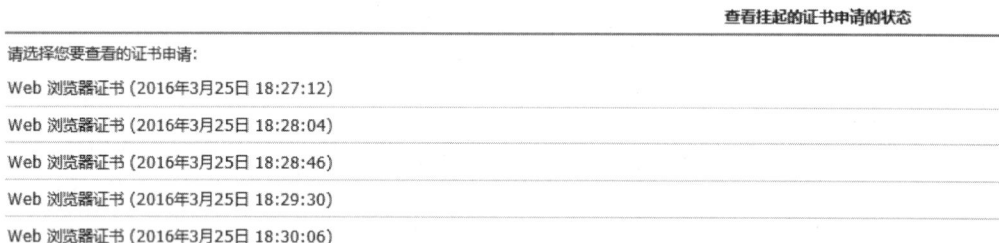

查看挂起的证书申请的状态

请选择您要查看的证书申请：

Web 浏览器证书 (2016年3月25日 18:27:12)

Web 浏览器证书 (2016年3月25日 18:28:04)

Web 浏览器证书 (2016年3月25日 18:28:46)

Web 浏览器证书 (2016年3月25日 18:29:30)

Web 浏览器证书 (2016年3月25日 18:30:06)

图 5-11

对于已颁发的证书，单击【下载证书】链接，如图 5-12 所示。

在弹出的下载页面中，设置证书密码，单击【下载】按钮，如图 5-13 所示。

证书已颁发

您申请的证书已颁发给您。

下载证书

图 5-12

证书已颁发

设置证书密码：●●●●●●（密码不超过10个字符）下载

图 5-13

(3) CA 证书颁发机构解除吊销的证书。进入 CA 证书颁发机构平台【CA 认证】选项卡下的服务商平台，在【吊销的证书】选项中，鼠标放在记录上，单击右键，选择【解除吊销证书】命令。证书解除吊销后，在【颁发的证书】选项中将看到该条记录。只有在吊销证书时原因选择【证书待定】选项才能解除吊销，如图 5-14 所示。

CA 证书颁发机构颁发失败的申请。进入 CA 证书颁发机构平台，选择【失败的申请】选项，鼠标放在记录上，单击右键，选择【颁发】命令。证书颁发后，在【颁发的证书】选项中将看到该条记录，如图 5-15 所示。

图 5-14

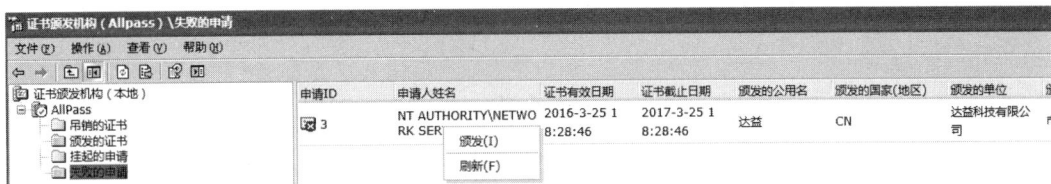

图 5-15

(4) 用户端下载 CA 证书、证书链或 CRL。进入 CA 认证平台，单击图 5-16 右上角的【证书下载】链接，单击页面中所要下载的证书，如图 5-17 所示。

图 5-16

下载 CA 证书、证书链或 CRL

要信任从这个证书颁发机构颁发的证书。

要下载一个 CA 证书、证书链或 CRL。

下载CA证书
下载CA证书链
下载最新的基 CRL
下载最新的增量 CRL

图 5-17

5.2 信 用 认 证

【实践情景】

凤凰科技有限公司是信用认证平台的服务商，会员李想想在该平台中申请个人信用和企业信用，服务商进行信用认证。审核之后，李想要对成名科技有限公司就招商信息夸大的问题，提出投诉，服务商处理相关投诉。

5.2.1 企业申请信用认证过程

1. 服务商绑定银行账号，后台管理

1) 服务商绑定银行账户

切换到【电子商务安全实践】模块中的【信用认证】选项卡，单击【服务商平台】后

面的【进入】链接，进入服务商平台，如图 5-18 所示。

图 5-18

切换到【支付管理】选项卡，选择左侧【支付管理】下拉列表中的【银行账户管理】选项，右侧页面中单击【新增账户】按钮，如图 5-19 所示。

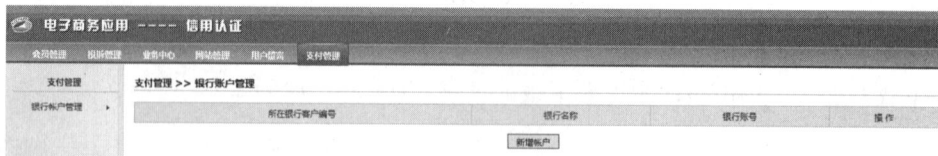

图 5-19

进入银行账户管理页面，输入正确的银行账号、企业名称，单击【提交】按钮，则服务商银行账户绑定成功，如图 5-20 所示。

图 5-20

若需要修改银行账户的信息，单击【操作】下方的【编辑】链接即可，如图 5-21 所示。

图 5-21

2) 服务商进行网站管理

(1) 服务商发布新闻信息，进入服务商平台，选择【网站管理】下拉列表中的【新闻管理】选项，单击【发布】按钮，如图 5-22 所示。

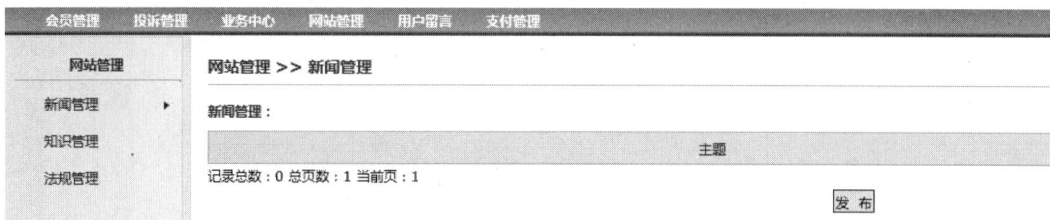

图 5-22

在弹出的发布新闻信息页面中，输入新闻的主题和内容，单击【发布】按钮，如图 5-23 所示。

图 5-23

(2) 服务商发布知识信息。进入服务商平台，切换到【网站管理】选项卡，在【网站管理】下拉列表中选择【知识管理】选项，单击【发布】按钮，如图 5-24 所示。

在弹出的发布知识信息页面中，输入知识的主题和内容，单击【发布】按钮，如图 5-25 所示。

(3) 服务商发布法规信息。进入服务商平台，切换到【网站管理】选项卡，在【网站管理】下拉列表中选择【法规管理】选项，单击【发布】按钮，如图 5-26 所示。

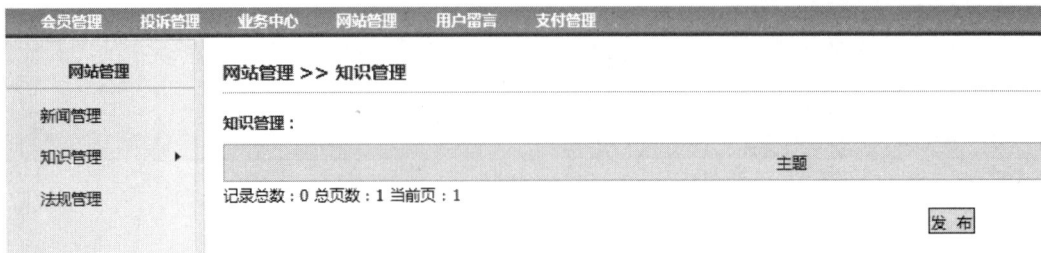

图 5-24

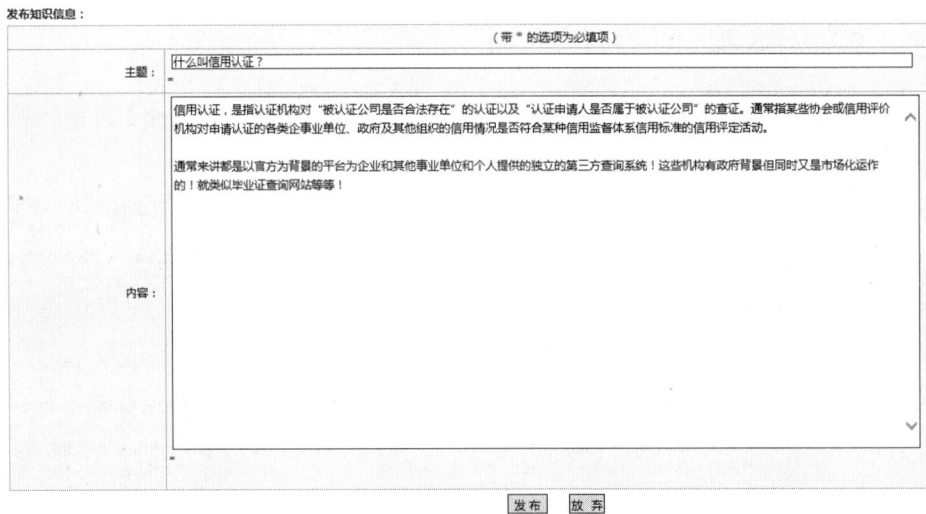

图 5-25

图 5-26

在弹出的发布法规信息页面中，输入法规的主题和内容，单击【发布】按钮，如图 5-27 所示。

如需对发布的新闻信息、知识信息、法规信息进行修改，单击各个选项下右侧页面中【操作】下方的【编辑】链接；如需删除已发布的新闻信息、知识信息、法规信息，单击【操作】下方的【删除】链接，如图 5-28 所示。

发布法规信息：

（带 * 的选项为必填项）

主题：　中央军委：军队武警3年内全面停止一切有偿服务

*

内容：

本报北京3月27日电 徐国华、记者徐叶青报道：中央军委近日印发《关于军队和武警部队全面停止有偿服务活动的通知》，军队和武警部队全面停止有偿服务工作正式启动。

《通知》指出，中央军委计划用3年左右时间，分步骤停止军队和武警部队一切有偿服务活动。对于承担国家赋予的社会保障任务，纳入军民融合发展体系。自《通知》下发之日起，所有单位一律不得新上项目、新签合同开展对外有偿服务活动，凡已到期的对外有偿服务合同不得再续签，能够协商解除军地合同协议的项目立即停止。

《通知》还提出了全面停止有偿服务活动的主要原则和配套措施，对改革经费收支管理办法、研究建立相关岗位津贴制度、各类遗留问题处理办法等进行明确。

《通知》强调，全面停止军队和武警部队有偿服务活动，是一项事关军队建设发展全局的重大政治任务。各级必须强化政治意识、看齐意识、号令意识，严守政治纪律和政治规矩，以高度的政治自觉和强烈的责任担当，闻令而动，大事大抓，确保中央军委的决策指示落到实处。

*

发布　　放弃

图 5-27

法规管理：

主题	发布时间	操作
中央军委：军队武警3年内全面停止一切有偿服务	2016-03-27 21:00:21	查看 编辑 删除

记录总数：1 总页数：1 当前页：1　　　　　　　　　　　　　　　　　　　　　　　　　　<< < 1 > >>

发布

图 5-28

2. 会员注册，申请个人、企业信用档案

1）会员注册

注册为信用认证用户并修改其个人信息。在【电子商务安全实践】模块中的【信用认证】选项卡下，单击【信用认证平台】后面的【进入】链接，进入信用认证平台，如图 5-29 所示。

角色选择 ▼

◎ 服务商平台　　　　　　　　　　　　　　　　　　　　　　　　　　　　　　　　　进入
◎ 信用认证平台　　　　　　　　　　　　　　　　　　　　　　　　　　　　　　　　进入
◎ 用户

图 5-29

在左上角的【用户登录】对话框中，单击【注册】按钮，如图 5-30 所示。

进入用户注册页面，填写注册信息，完成后单击【看过并同意服务条款，确认提交】按钮完成注册。如需查看服务条款，单击【点此阅读"服务条款"】链接，如图 5-31 所示。注意：填写的用户名

用户登录

用户名：
密　码：

登录　　注册
找回密码

图 5-30

应该在 4～16 个字符之间。

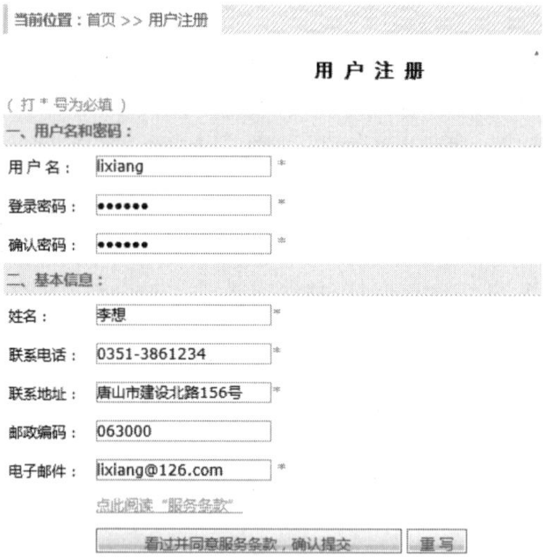

图 5-31

2) 信用认证用户个人信息修改

注册完成之后，系统自动导航到 lixiang 的页面，如图 5-32 所示。单击个人资料旁的【查看】链接，可以查看并修改个人资料。

在弹出的个人信息修改页面中，修改个人信息，单击【确认提交】按钮。如需修改密码，单击密码修改后面的【修改】链接，在弹出的页面中输入原始密码和新密码，单击【确认提交】按钮，如图 5-33、图 5-34 所示。

图 5-32

图 5-33

图 5-34

3) 认证用户申请个人、企业信用档案

进入信用认证用户平台，选择首页上方的【认证中心】选项，进入认证中心页面，如图 5-35 所示。

图 5-35

选择页面上方的【认证流程】选项，了解信用认证的实施流程，如图 5-36 所示。

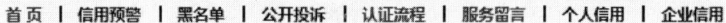

图 5-36

(1) 申请个人信用档案。选择页面左边的【个人信息申报系统】选项，进入个人申报信息填写页面，如图 5-37 所示。

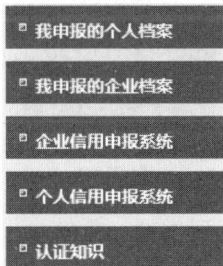

图 5-37

按照要求填写相关内容，单击【保存信用档案】按钮，如图 5-38 所示。完成后系统会提示："恭喜，申报成功，请耐心等待审核！"

(2) 申请企业信用档案。申请企业信用档案和申请个人信用档案的操作类似，选择页面左边的【企业信息申报系统】选项，进入企业申报信息填写页面，如图 5-39 所示。

当前位置：首页 >> 个人申报

个人基本信用信息（打＊号为必填）

姓名：李想 ＊	性别：◉男 ○女	
证件类型：身份证	出生日期：1980-01-01 ＊	
证件号码：130203198001011234 ＊	民族：汉	
户口所在地：河北 唐山	现居住城市：河北 唐山	
政治面貌：党员	婚姻状况：已婚	
身高：178 cm(例：180cm)	毕业学校：唐山师范学院	
最高学历：本科	专业：电子商务	
特长爱好：	掌握语种：英语	
电子邮件：	个人主页：	
工作单位：达益科技有限公司	现职务：	
联系电话：0315-3861234 ＊	移动电话：	
通信地址：唐山市建设北路156号 ＊	邮编：	

自我介绍：本人热情，喜欢音乐、围棋、运动

保存信用档案

图 5-38

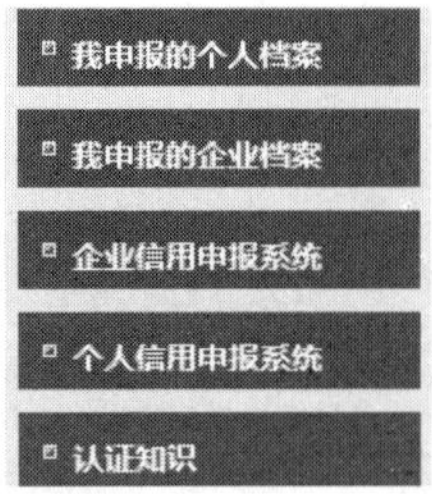

- 我申报的个人档案
- 我申报的企业档案
- 企业信用申报系统
- 个人信用申报系统
- 认证知识

图 5-39

进入企业信用申请页面。选择认证类型，系统中提供的类型有：E-315:9000 国际信用管理体系认证、AAA 级信用企业、AA 级信用企业、A 级信用企业、诚信经营示范单位以及重合同守信用企业。单击各个【认证标准及收费】文字链接，查看认证要求。正确填写联系人信息以及企业信息，确认无误之后，单击【看过并同意服务条款，确认提交】按钮。系统导航到认证合同页面，如图 5-40 至图 5-42 所示。

信 用 档 案 注 册

（ 打 * 号为必填 ）

一、选择认证类型：

○ E-315:9000国际信用管理体系认证 >>认证标准及收费

● AAA级信用企业 >>认证标准及收费

○ AA级信用企业 >>认证标准及收费

○ A级信用企业 >>认证标准及收费

○ 诚信经营示范单位 >>认证标准及收费

○ 重合同守信用企业 >>认证标准及收费

二、联系人及联系地址：

联系人：	李想	*
联系地址：	唐山市建设北路156号	*
邮政编码：		
电子邮箱：		
联系电话：	0315-3861234	*
传真号码：		
企业主页：		

图 5-40

三、企业基本资料：

公司名称：	达益科技有限公司	*
企业类型：	有限责任公司 ▽	*
注册号：		
法人代表：		
注册资金：	万元	
	● 不显示　○ 显示	
登录机关：		
注册地址：		
成立日期：	2016-01-08	*
所在地区：	河北 ▽　唐山 ▽	

图 5-41

将合同页面拖到底部，"认证机构(甲方)"已经盖章，单击"申办单位(乙方)"下方的【盖章】图标，进行盖章操作，如图 5-43、图 5-44 所示。

所属行业：　专业服务策划 ☑　咨询、调查研究 ☑

标题信息：　[　　　　　　　　]

主营产品：　各种专业服务策划、电子商务网站建设、运营　　　　　　　∧　　* 每个产品用 "," 分隔；
　　　　　　　　　　　　　　　　　　　　　　　　　　　　　∨

公司简介：　各种专业服务策划、电子商务网站建设、运营　　　　　　　∧
　　　　　　　　　　　　　　　　　　　　　　　　　　　　　∨　*

点此阅读"信用认证服务条款"

[　看过并同意服务条款，确认提交　]　[　重写　]

图 5-42

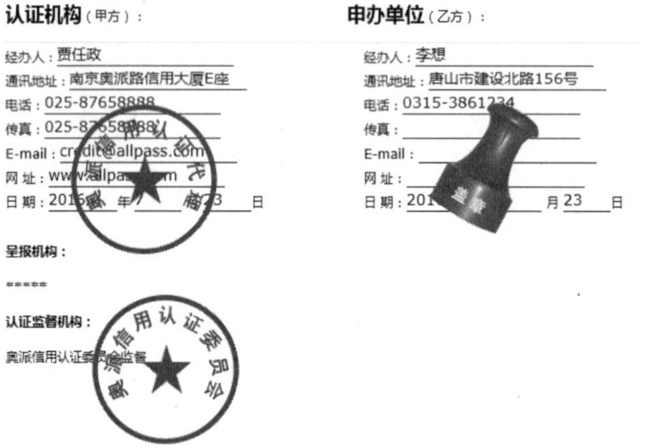

认证机构（甲方）：　　　　　　　　　　　**申办单位**（乙方）：

经办人：贾任政　　　　　　　　　　　　　　　经办人：李想
通讯地址：南京奥派路信用大厦E座　　　　　　通讯地址：唐山市建设北路156号
电话：025-87658888　　　　　　　　　　　　电话：0315-3861234
传真：025-87658888　　　　　　　　　　　　传真：
E-mail：credit@allpass.com　　　　　　　　E-mail：
网址：www.allpass.com　　　　　　　　　　　网址：
日期：2015 　年 　月23 　日　　　　　　　　日期：2015 　年 　月 23 　日

呈报机构：

＊＊＊＊＊

认证监督机构：

奥派信用认证委员会监督

图 5-43

认证机构（甲方）：　　　　　　　　　　　**申办单位**（乙方）：

经办人：贾任政　　　　　　　　　　　　　　　经办人：李想
通讯地址：南京奥派路信用大厦E座　　　　　　通讯地址：唐山市建设北路156号
电话：025-87658888　　　　　　　　　　　　电话：0315-3861234
传真：025-87658888　　　　　　　　　　　　传真：
E-mail：credit@allpass.com　　　　　　　　E-mail：
网址：www.allpass.com　　　　　　　　　　　网址：
日期：2015 　年 3 　月 7 　日　　　　　　　　日期：2015 　年 3 　月 7 　日

呈报机构：

＊＊＊＊＊

认证监督机构：

奥派信用认证委员会监督　　　　　　　　　　　[　确认并缴费　]

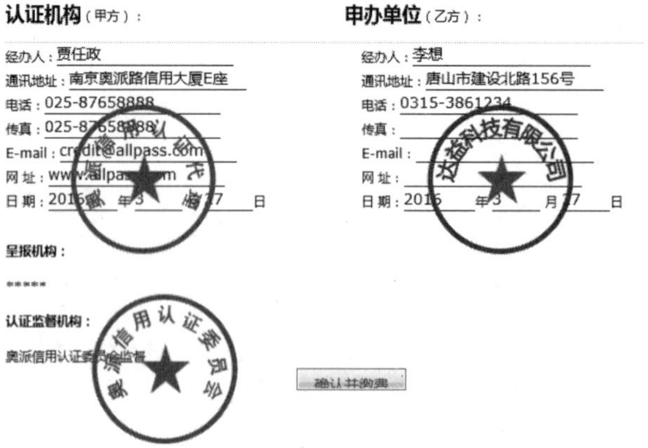

图 5-44

盖章后，单击图 5-44 中的【确认并缴费】按钮，进行网上银行缴费。缴费操作方法前文有所介绍，这里不再赘述。

付费后系统会提示："恭喜，申报成功，请等待审核！"注意：这里输入的网上银行账户是之前在【电子支付实践】模块中【网上银行】选项卡下申请并存钱的个人账户。

个人、企业信用档案申请成功之后。选择【我申报的个人档案】选项和【我申报的企业档案】选项，进入查询页面。单击【查看信用档案】链接，如图 5-45 所示，即可查询我申报的个人档案和企业档案的详细情况。

图 5-45

5.2.2　审核个人和企业信用认证，处理用户投诉

1. 审核个人信用认证和企业信用认证

(1) 服务商审核个人信用认证。进入服务商平台，选择【业务中心】选项卡下【业务中心】下拉列表中的【个人信用认证管理】选项，单击【操作】下方的【审核】链接，如图 5-46 所示。

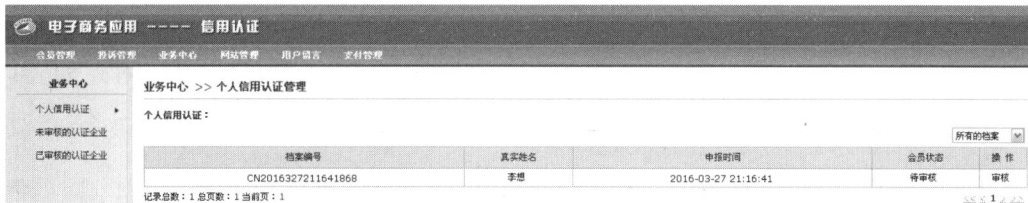

图 5-46

在弹出的申报信息中，选择【审核通过】选项，单击【审核】按钮，如图 5-47 所示。系统会提示"恭喜，个人信用审核成功"。

(2) 服务商审核企业信用认证。选择【业务中心】下拉列表中的【未审核的认证企业】

选项，单击【操作】下方的【审核】链接，如图 5-48 所示。

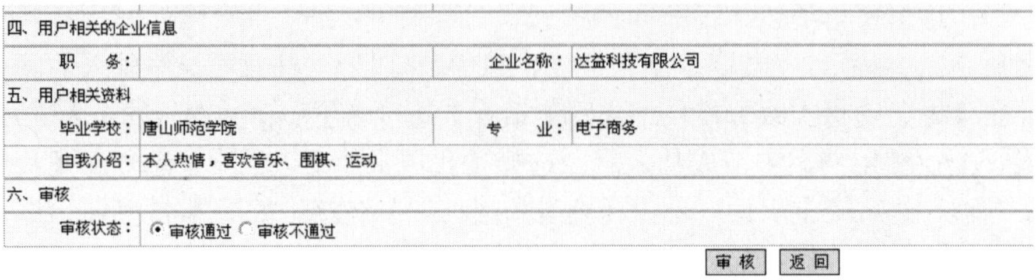

图 5-47

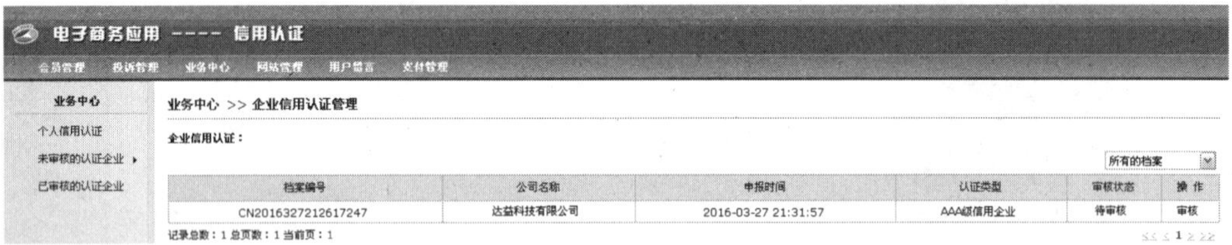

图 5-48

在弹出的企业信用认证管理页面中，填写信用审核指标信息，选择【审核通过】选项，单击【审核】按钮，如图 5-49 所示。系统会提示"企业信用审核成功"。

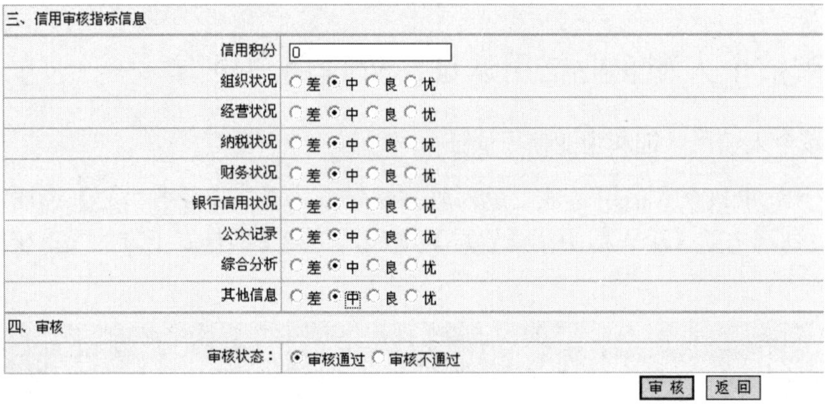

图 5-49

通过审核后，选择【业务中心】下拉列表中的【已审核的认证企业】选项，即可查看到该条记录。在这里还可进行重审的操作，单击【操作】下方的【重审】链接，可进行此项操作，如图 5-50 所示。

2. 处理用户投诉

(1) 会员进行投诉。在【电子商务安全实践】模块中的【信用认证】选项卡下，进入用户 lixiang 的平台，选择首页上方的【公开投诉】选项，系统提示"请选择您要投诉的企业，谢谢！"，单击【确定】按钮，如图 5-51 所示。

图 5-50

图 5-51

系统自动导航到中国企业信用档案查询中心页面，选择要投诉的企业，单击后面的【GO】按钮，单击下方的【认证中心】按钮，如图 5-52 所示。

图 5-52

在弹出的页面中查询到要投诉的企业后，单击【查看信用档案】链接，即可查看其档案详情，如图 5-53 所示。

企业名称	信用档案编号	信用类型	创建日期	审核状态	查看信用档案
成名科技有限公司	CN2016330185849565	E-315:9000认证	2016年3月30日	通过审核	查看信用档案
达益科技有限公司	CN2016327212617247	AAA级信用企业	2016年3月27日	通过审核	查看信用档案

以上为查询结果

图 5-53

将弹出的页面拖到底部，我们可以看到"公开投诉"的文字链接。单击【公开投诉】链接即可进入【企业投诉曝光台】，如图 5-54 所示。

信用状况提示信息：

信用积分	0 分
信用等级	AAA级
组织状况	中
经营状况	中
纳税状况	中
财务状况	中
银行信用状况	中
公众记录	中
综合分析	中
失信信息记录	0
其他信息	中

失信行为投诉：公开投诉

图 5-54

选择投诉类型，填写投诉主题和投诉内容，单击【提交】按钮，系统提示"投诉成功！耐心等待调查核实！"，单击【确定】按钮，则会员投诉成功，如图 5-55、图 5-56 所示。

企业投诉曝光台

为了便于解决问题，请您反映情况要客观、公正，一定要留下您的真实姓名和联系方式。（打 * 号为必填）

被投诉方名称： 成名科技有限公司

被投诉方联系方式： 0315-2824321

* 投诉类型： 社会服务 招商/加盟

* 投诉主题： 招商

* 投诉内容： 招商信息有点夸大

投诉人姓名： 李想

联系电话： 0351-3861234

联系地址： 唐山市建设北路156号

邮政编码： 063000

电子邮件： lixiang@126.com

提交 重置

图 5-55

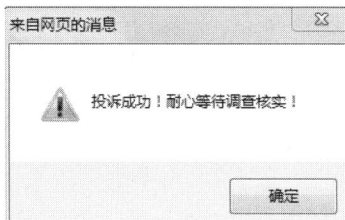

图 5-56

(2) 服务商处理投诉。进入服务商平台。切换到【投诉管理】选项卡，在【投诉管理】下拉列表下的【投诉管理】选项中查看投诉记录，单击记录后的【处理】链接，进入投诉处理页面，如图 5-57 所示。

图 5-57

单击【投诉情况属实，被投诉企业将接受重新审核】按钮或者【删除该条投诉】按钮，进行投诉处理，如图 5-58 所示。

图 5-58

(3) 服务商发布信用预警。进入服务商平台，选择【投诉管理】选项卡下【投诉管理】下拉列表中的【信用预警】选项，单击【发布】按钮，发布信用预警信息，如图 5-59 所示。

在弹出的发布预警信息页面中，输入预警信息的主题和内容，单击【发布】按钮，则预警信息发布成功，如图 5-60 所示。

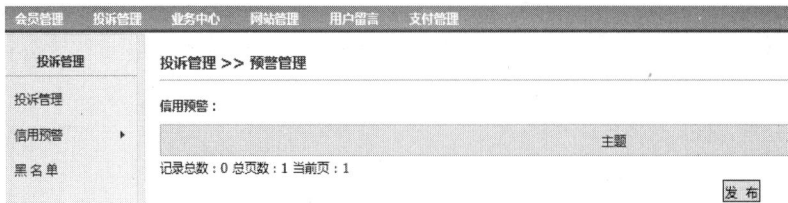

图 5-59

图 5-60

（4）服务商发布黑名单。进入服务商平台，选择【投诉管理】选项卡下【投诉管理】下拉列表中的【黑名单】选项，单击【发布】按钮，发布黑名单信息，如图 5-61 所示。

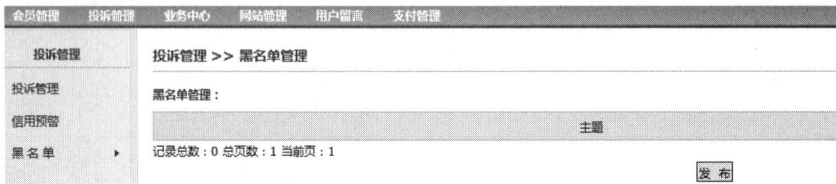

图 5-61

在弹出的发布黑名单页面中，输入黑名单信息的主题和内容，完成后单击【发布】按钮，黑名单发布成功，如图 5-62 所示。

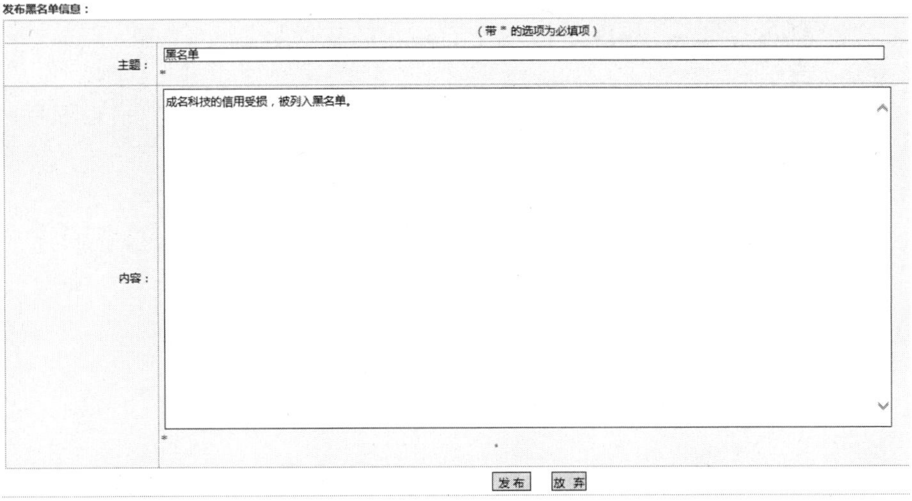

发布黑名单信息：

（带 * 的选项为必填项）

主题：　黑名单

内容：　成名科技的信用受损，被列入黑名单。

发 布　　放 弃

图 5-62

如需重新编辑黑名单信息，在【黑名单】选项下单击【操作】下方的【编辑】链接；如需删除黑名单信息，单击【操作】下方的【删除】链接，如图 5-63 所示。

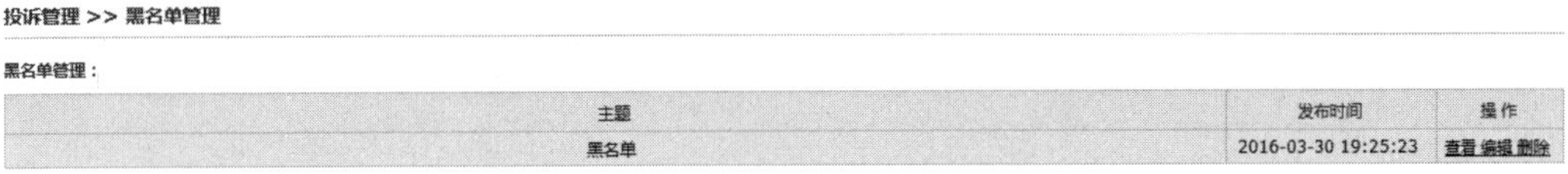

投诉管理 >> 黑名单管理

黑名单管理：

主题	发布时间	操作
黑名单	2016-03-30 19:25:23	查看 编辑 删除

图 5-63

(5) 会员相关内容查看。会员查看信用法规、认证知识、新闻信息、信用预警以及黑名单。在【信用认证】选项卡下进入用户 lixiang 平台，选择右上角的【信用法规】选项，即可查看信用法规；选择【认证知识】选项，即可查看认证知识；选择【新闻中心】选项，即可查看新闻内容；选择【信用预警】选项，即可查看信用预警信息；选择【黑名单】选项，即可查看黑名单信息，如图 5-64 所示。

首页 ┃ 信用预警 ┃ 黑名单 ┃ 公开投诉 ┃ 认证中心 ┃ 新闻中心 ┃ 认证知识 ┃ 信用法规

图 5-64

(6) 会员给服务商留言。进入用户 lixiang 信用认证平台首页，选择图 5-64 中【认证中心】选项，进入认证中心页面。选择右上角的【服务留言】选项，进入【给服务商留言】页面(如图 5-65 所示)，填写留言主题以及内容，单击【发送留言】按钮，如图 5-66 所示，系统会提示"发送留言成功"。

首页 | 信用预警 | 黑名单 | 公开投诉 | 认证流程 | 服务留言 | 个人信用 | 企业信用

图 5-65

给服务商留言

（ 打 * 号为必填 ）

留言主题：收费问题　　　　　　　　　　　　　　　 *

留言类型：业务咨询

留言内容：你好，请问企业信用认证是怎么收费的？　　　 *

发送留言　放弃

图 5-66

(7) 服务商留言管理。进入服务商平台。选择【用户留言】选项卡下【用户留言】下拉列表中的【用户留言管理】选项，单击【操作】下方的【回复】链接，如图 5-67 所示。

| 会员管理 | 投诉管理 | 业务中心 | 网站管理 | 用户留言 | 支付管理 |

用户留言　　　留言管理 >> 留言信息维护

用户留言管理 ▶　留言信息维护：

所有的留言

	留言标题	状态	留言时间	操作
□	收费问题	未回复	2016-03-30 19:36:47	回复

图 5-67

在弹出的留言信息维护页面中，查看留言的详细内容，输入回复的内容，单击【回复】按钮，如图 5-68 所示，系统会提示：回复成功！

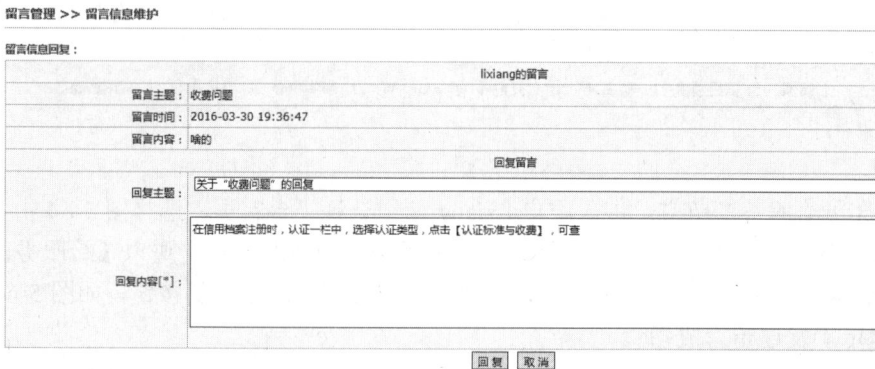

留言管理 >> 留言信息维护

留言信息回复：

lixiang的留言

留言主题：收费问题

留言时间：2016-03-30 19:36:47

留言内容：嗯的

回复留言

回复主题：关于"收费问题"的回复

回复内容[*]：在信用档案注册时，认证一栏中，选择认证类型，点击【认证标准与收费】，可查

回复　取消

图 5-68

服务商如需删除留言信息，选择所要删除的留言，单击【删除】按钮，如图 5-69 所示。

留言信息维护:

□	留言标题	状态	留言时间	操作
☑	收费问题	已回复	2016-03-30 19:31:28	查看

记录总数: 1 总页数: 1 当前页: 1

[删除]

图 5-69

5.3 电 子 签 章

【实践情景】

乙方(成名科技有限公司)向甲方(达益科技有限公司)购买了 100 台电脑，现通过电子签章平台，双方签订购销合同。

5.3.1 电子签章的实现

进入电子签章平台，甲方(李想)和乙方(王成)注册相关信息，双方申请并安装 CA 证书，进行电子印章管理。甲方设计合同，并在合同上签字发送给乙方，乙方接受合同，并在合同上签字，使得合同生效。

1. 用户李想申请安装证书并设计电子签章

(1) 切换到【电子商务安全实践】模块中的【电子签章】选项卡，单击【电子签章平台】后面的【进入】链接，进入电子签章平台，如图 5-70 所示。

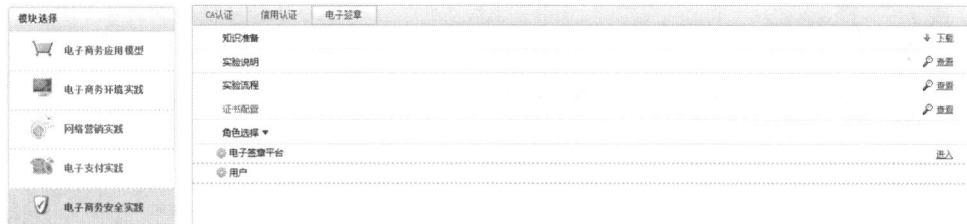

图 5-70

在【用户登录】窗口中，单击【注册】按钮，进入用户注册页面，如图 5-71 所示。

在用户注册页面中，填写账号、密码、Email 等信息，完成后单击【提交】按钮，如图 5-72 所示。注册成功后系统将自动进入"我的操作台"。

图 5-71

图 5-72

(2) 申请并安装 CA 证书。选择【数字证书】下拉列表中的【证书申请】选项，填写相关信息之后，单击【申请】按钮即可，如图 5-73 所示。

图 5-73

提交证书申请后，选择图 5-73 中【证书申请的状态】选项，可查看已经申请的证书。单击证书标题，查看证书申请的状态详情，如图 5-74 所示。系统提示："您的证书申请仍然挂起。您必须等待管理员颁发您申请的证书。"注意：证书申请后，必须到"CA 认证"模块服务商平台【颁发申请的证书】进行操作处理。

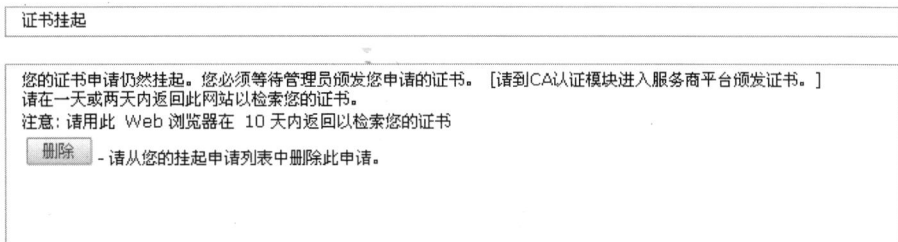

证书挂起

您的证书申请仍然挂起。您必须等待管理员颁发您申请的证书。[请到CA认证模块进入服务商平台颁发证书。]
请在一天或两天内返回此网站以检索您的证书。
注意：请用此 Web 浏览器在 10 天内返回以检索您的证书

删除　-请从您的挂起申请列表中删除此申请。

图 5-74

(3) 设计电子印章。选择图 5-73 中【电子印章】下拉列表中的【设计电子印章】选项，在印章设计的页面中，输入印章的名字和印章使用单位，单击【保存】按钮。如需预览印章，单击【预览】按钮，如图 5-75 所示。

图 5-75

(4) 电子印章管理(绑定证书)。选择图 5-75 中【电子印章】下拉列表中的【电子印章管理】选项，进入电子印章管理页面。单击【操作】下方的【绑定证书】链接，将印章与数字证书绑定，如图 5-76 所示。

图 5-76

在弹出的证书绑定页面中，选择要绑定的数字证书，单击【绑定】按钮，如图 5-77 所示。

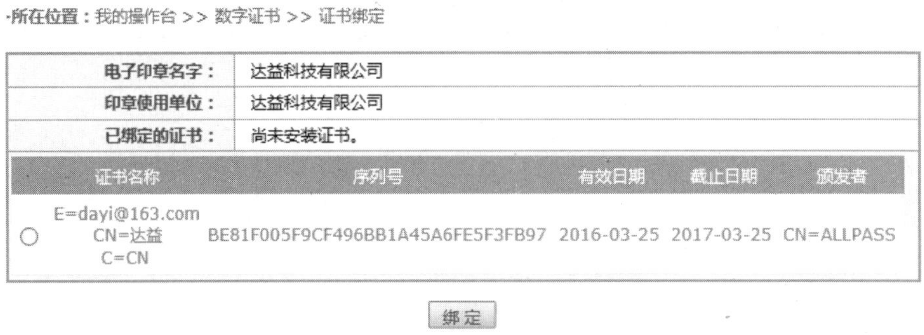
所在位置：我的操作台 >> 数字证书 >> 证书绑定
电子印章名字：
达益科技有限公司
印章使用单位：
达益科技有限公司
已绑定的证书：
尚未安装证书。
证书名称
序列号
有效日期
截止日期
颁发者
E=dayi@163.com
CN=达益
C=CN
BE81F005F9CF496BB1A45A6FE5F3FB97
2016-03-25
2017-03-25
CN=ALLPASS
绑定

图 5-77

2. 用户王成申请安装证书并设计电子签章

王成注册为电子签章平台用户，填写相关信息之后，单击【提交】按钮，如图 5-78 所示。

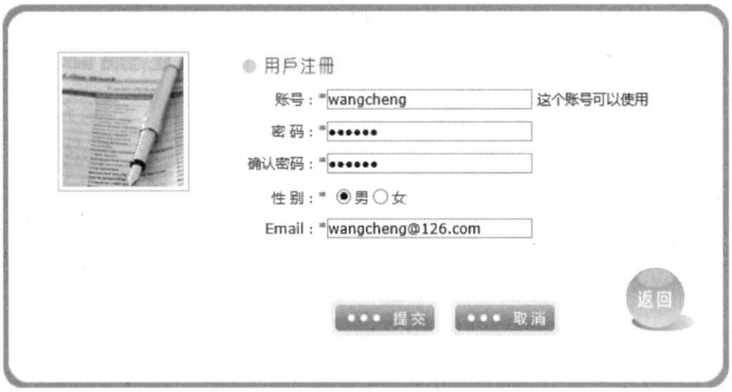
用户注册
账号：*
wangcheng
这个账号可以使用
密码：*
确认密码：*
性别：*
男
女
Email：*
wangcheng@126.com
提交
取消
返回

图 5-78

进入王成的电子签章管理系统选择【数字证书】下拉列表中的【证书申请】选项，填写相关信息之后，单击【申请】按钮，即可申请 CA 证书，如图 5-79 所示。证书申请后，必须到“CA 认证”模块服务商平台颁发申请的证书。

设计电子印章。选择【电子印章】下拉列表中的【设计电子印章】选项，在印章设计的页面中，输入印章的名字和印章使用单位，单击【保存】按钮。如需预览印章，单击【预览】按钮，如图 5-80 所示。

接下来，选择【电子印章】下拉列表中的【电子印章管理】选项，进入电子印章管理页面。单击【操作】下方的【绑定证书】链接，将电子印章绑定证书，如图 5-81 所示。

图 5-79

图 5-80

图 5-81

在弹出的证书绑定页面中，选择要绑定的数字证书，单击【绑定】按钮，绑定成功，如图 5-82 所示。

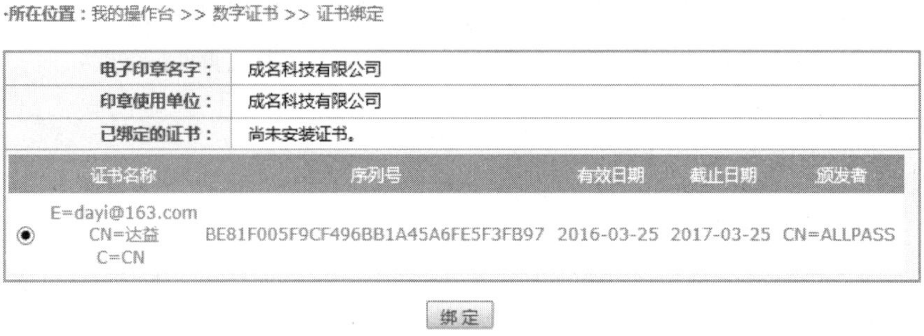
·所在位置：我的操作台 >> 数字证书 >> 证书绑定
电子印章名字：
成名科技有限公司
印章使用单位：
成名科技有限公司
已绑定的证书：
尚未安装证书。
证书名称
序列号
有效日期
截止日期
颁发者
E=dayi@163.com
CN=达益
C=CN
BE81F005F9CF496BB1A45A6FE5F3FB97
2016-03-25
2017-03-25
CN=ALLPASS
绑定

图 5-82

5.3.2 电子签章的实现流程

1. 甲方设计合同、签章和签字，并发送给乙方

1) 设计合同

进入李想的电子签章管理系统，选择【合同维护】下拉列表中的【合同设计】选项，进入合同设计页面。按照提示输入合同相关内容，单击【保存】按钮，如图 5-83 所示，完成后系统会提示：“合同设计成功！”

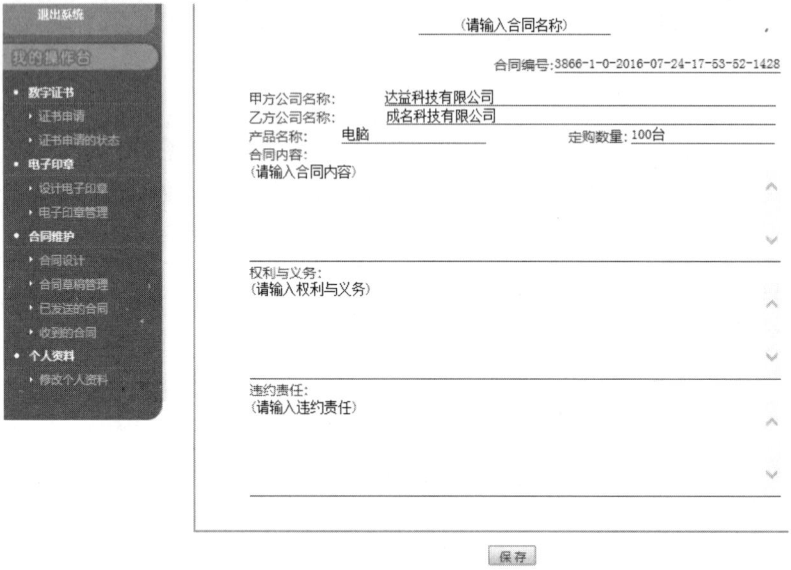
退出系统
我的操作台
数字证书
证书申请
证书申请的状态
电子印章
设计电子印章
电子印章管理
合同维护
合同设计
合同草稿管理
已发送的合同
收到的合同
个人资料
修改个人资料
(请输入合同名称)
合同编号:3866-1-0-2016-07-24-17-53-52-1428
甲方公司名称:
达益科技有限公司
乙方公司名称:
成名科技有限公司
产品名称:
电脑
定购数量:
100台
合同内容:
(请输入合同内容)
权利与义务:
(请输入权利与义务)
违约责任:
(请输入违约责任)
保存

图 5-83

2) 在合同上盖章

选择【合同维护】下拉列表中的【合同草稿管理】选项，进入合同草稿管理页面。单

击【操作】下方的【盖章签字】链接，进入盖章/签字页面，如图 5-84 所示。

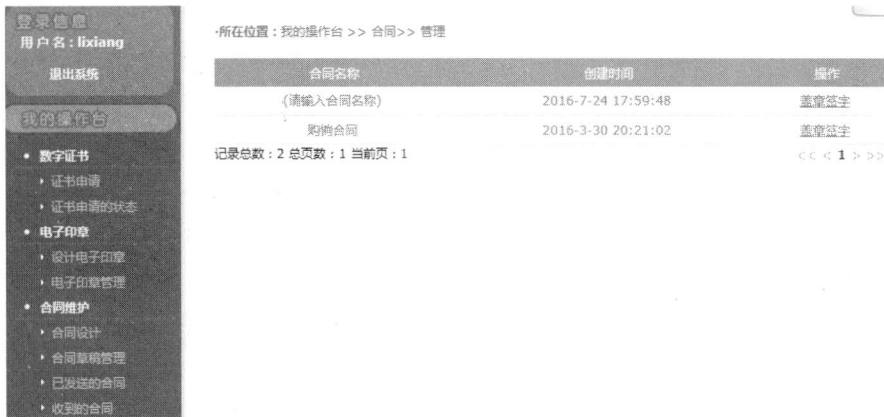

图 5-84

在弹出的页面中单击【盖章】按钮，选择已经设计好并绑定证书的印章，如图 5-85 所示。

图 5-85

选择印章后，单击【确定】按钮。在合同上会看到印章，将该印章拖放在"甲方盖章或签字"的位置，如图 5-86 所示。

在该印章上右击，可进行文档验证、数字证书、查看证书、禁止移动以及撤销签章的操作，如图 5-87 所示。

(1) 选择图 5-87 中的【文档验证】选项，可查看文件信息，如图 5-88 所示。

图 5-86

图 5-87

图 5-88

(2) 选择图 5-87 中的【数字证书】选项，查看印章所绑定的证书详情，如图 5-89 所示。若该印章尚未绑定数字证书，应该进行绑定数字证书的操作。

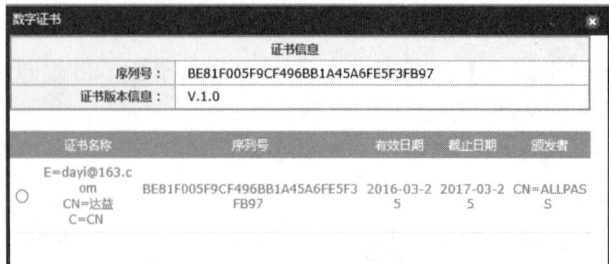

图 5-89

(3) 选择图 5-87 中的【查看证书】选项，即可查看证书详细信息，如图 5-90 所示。

证书信息	
证书版本：	V.1.0
证书序列号：	BE81F005F9CF496BB1A45A6FE5F3FB97
密钥算法：	1.2.840.113549.1.1.1
证书使用者：	E=dayi@163.com,CN=达益,C=CN
证书颁发者：	CN=ALLPASS
有效起始日期：	2016-3-25 18:28:04
有效终止日期：	2017-3-25 18:28:04

图 5-90

(4) 选择图 5-87 中的【禁止移动】选项，该证书将不能被拖动。

(5) 选择图 5-87 中的【撤销签章】选项，该签章被撤销。

3) 在合同上签字

单击【签字】按钮进行签字操作，拖动鼠标在空白处签字，完成后单击【保存】按钮，将所签的字拖放到"甲方盖章或签字"的位置，如图 5-91、图 5-92 所示。

图 5-91

图 5-92

4) 发送合同

单击【发送】按钮，在弹出的页面中选择合同的接受者，单击【确定】按钮，如图 5-93 所示。注意：若没有合同接受者，需要注册其他账户作为合同接受者。

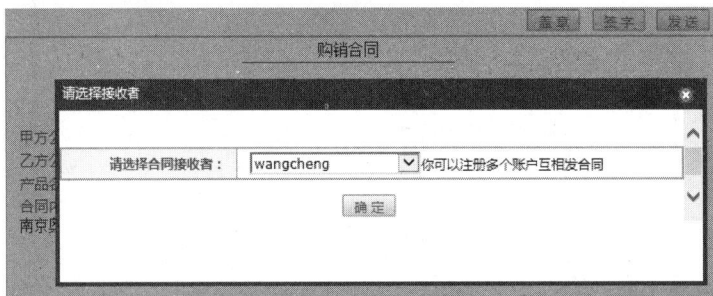

图 5-93

合同发送成功后，在【合同维护】下拉列表下的【已发送的合同】选项中可查看到该记录，但此时合同尚未生效。单击【查看详细】链接，可查看合同详细内容，如图 5-94 所示。

图 5-94

2. 乙方查阅合同，并在合同上签章和签字

乙方接受合同，并在合同上签字，使合同生效。进入王成的电子签章管理系统，选择【合同维护】下拉列表中的【收到的合同】选项，查看已收到的合同。单击【操作】下方的【盖章签字】链接，进入盖章/签字页面，如图 5-95 所示。

在盖章/签字页面中，进行盖章和签字操作后，单击右上角【合同生效】按钮，合同随即生效，如图 5-96、图 5-97 所示。

这时在【已收到的合同】选项中可查看已生效的合同。单击【查看详细】链接即可查看合同详情，如图 5-98 所示。

图 5-95

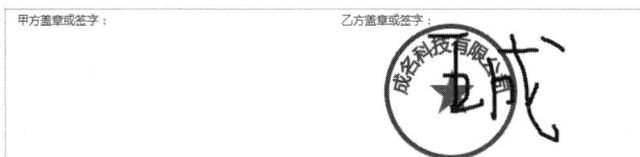

图 5-96

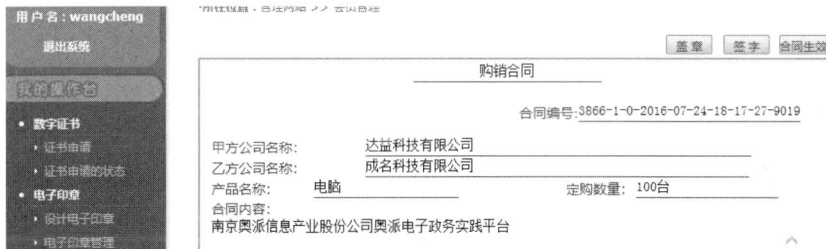

图 5-97

图 5-98

注意： 合同接受者与发送者都需进行证书申请、印章设计、证书绑定的操作，在接收合同前请做好准备。

第6章 电子商务物流实践

6.1 仓 储 实 践

【实践情景】

达益仓储有限公司是一家仓储企业，该公司想建立自己的仓储系统平台，在该平台中对自己的仓库和业务进行管理。

6.1.1 仓储公司运作的基础环境

注册仓储公司——提供达益仓储有限公司的基本信息，并设置该公司的基础数据信息，包括：产品信息、出入库方式、库区的设置以及费用的设置，并对客户进行管理。

1. 实验基础信息设置

(1) 切换到【电子商务物流实践】模块中的【仓储实践】选项卡，单击【仓储管理员】后面的【进入】链接，进入仓储实践平台，如图6-1所示。

图 6-1

首次登录要先设置仓储公司的基本信息，这也是进入仓储管理系统的第一步。填写完毕单击【保存】按钮，提交仓储公司设置信息，如图6-2所示。

如需修改仓储公司信息，选择左侧页面中【系统设置】下拉列表中的【公司信息】选项，进入仓储公司基本信息维护页面。在右侧页面中显示已经设置的公司信息，修改相关信息后，单击【保存】按钮，提交修改设置，如图6-3所示。

图 6-2

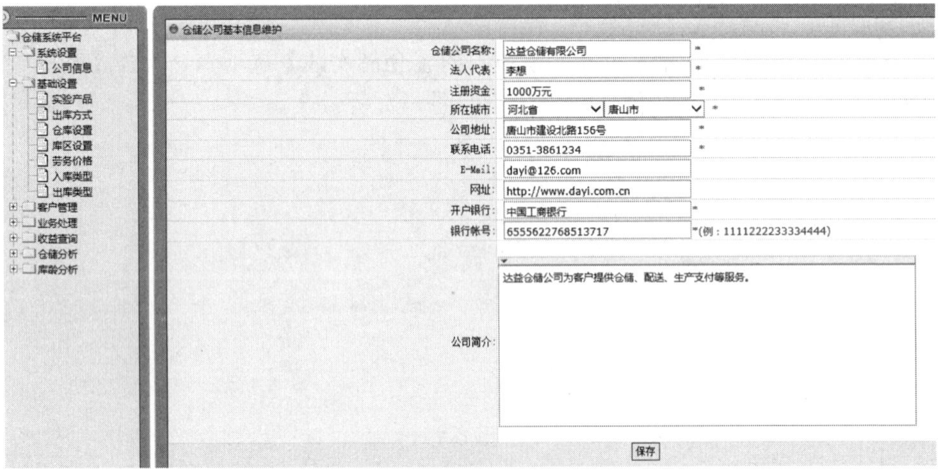

图 6-3

　　(2) 设置实验产品。选择左侧页面中【基础设置】下拉列表中的【实验产品】选项，进入实验产品信息设置页面。首先要进行产品行业管理，输入行业名称、行业编码前缀以及行业介绍后单击【添加】按钮，提交行业信息设置，如图 6-4 所示。

　　添加完行业信息之后，还要添加该行业的下属产品。单击行业信息记录中【下属产品】选项下方的图标，进入下属产品管理页面。如需查看行业说明，单击【行业说明】下方的图标；如需修改行业信息，单击【修改】下方的图标，如图 6-5 所示。

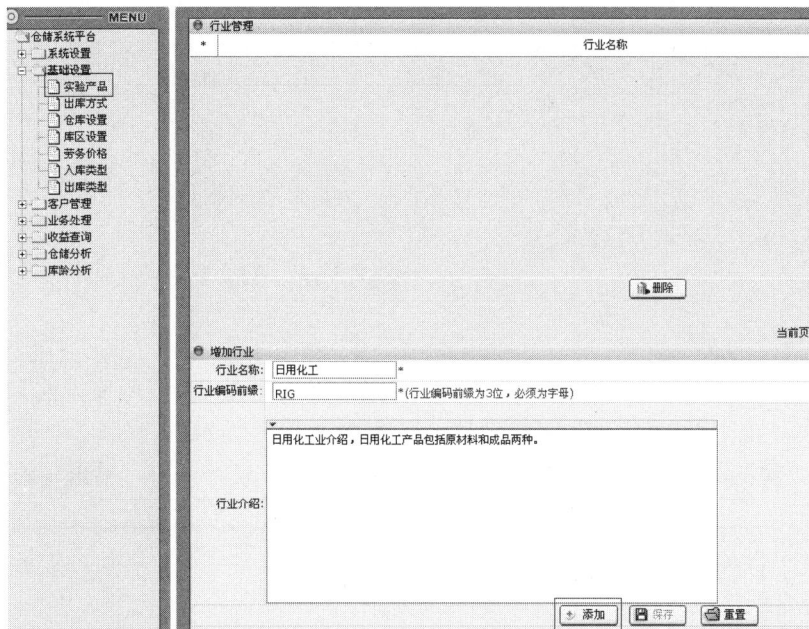

图 6-4

图 6-5

在弹出的页面中，单击下方的【添加】按钮，添加下属产品，如图 6-6 所示。输入下属产品的相关信息，单击【保存】按钮，提交产品信息，如图 6-7 所示。

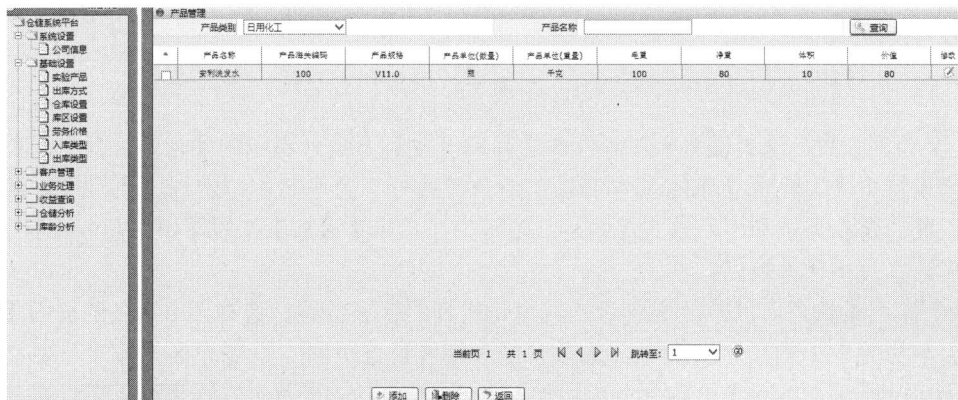

图 6-6

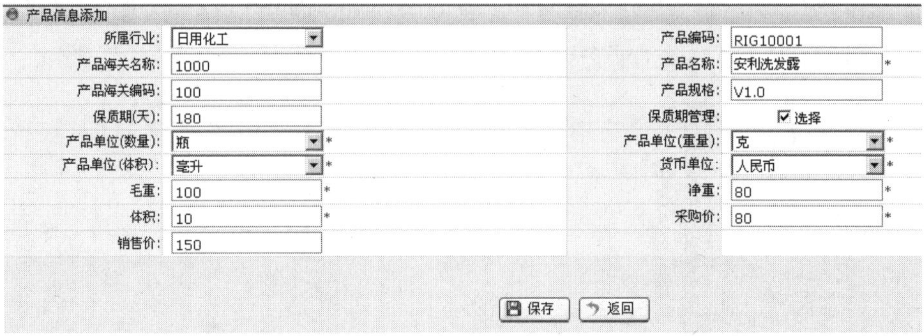

图 6-7

(3) 添加出库方式。选择左侧页面【基础设置】下拉列表中的【出库方式】选项，进入出库设置页面。出库方式是货物在出库时可选择的方式，如自提、送货、代运等，也可根据不同仓储公司的具体情况设置对应的其他出库方式。填写完毕后，单击【添加】按钮，如图 6-8 所示。

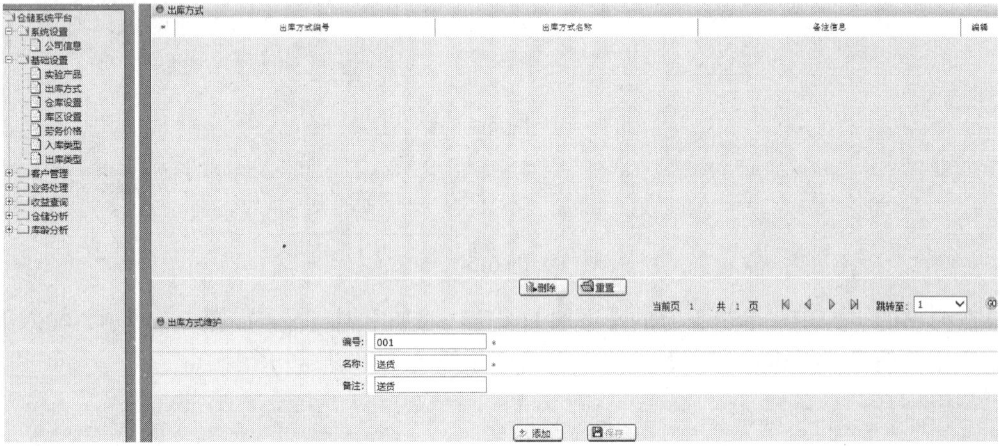

图 6-8

(4) 仓库设置。选择图 6-8 左侧页面【基础设置】下拉列表中的【仓库设置】选项，进入仓库设置页面。输入仓库的基本信息，如仓库编号、仓库名称、地址、负责人以及选择前面设置的仓库类型和出库方式等内容，填写完毕单击【添加】按钮，如图 6-9 所示。这里可以多设置几个仓库信息。

(5) 库区设置。库区是从属仓库的，也是货物的存放位置。选择图 6-8 左侧页面【基础设置】下拉列表中的【库区设置】选项，进入库区设置页面。设置库区的编号、名称、容积、出租价格等。填写完毕后单击【添加】按钮，如图 6-10 所示。这里可以多设置几个库区信息。

图 6-9

图 6-10

(6) 劳务价格设置。劳务价格即是在仓库管理中产生的与人员活动相关的费用，如包装费、上货架费等。在此系统中计价类别一般以质量计算，当货物的体积(立方米)/重量(千克) > 50 时以体积计。选择图 6-8 左侧页面【基础设置】下拉列表中的【劳务价格】选项，进入劳务费率信息维护页面，填写相关信息之后，单击【添加】按钮，如图 6-11 所示。

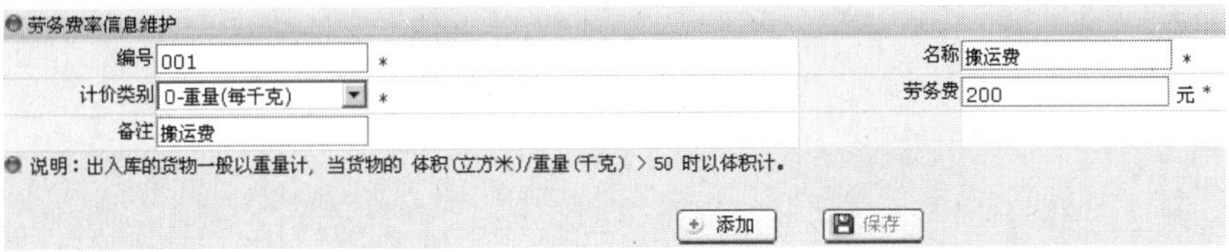

图 6-11

(7) 入库类型设置。入库类型就是货物在入库时所采取的入库方式，如预定入库、调整入库、盘点入库、包装入库、报废入库等内容。选择图 6-8 左侧页面【基础设置】下拉列表中的【入库类型】选项，进入入库类型维护页面。填写相关信息之后，单击【添加】按钮，如图 6-12 所示。

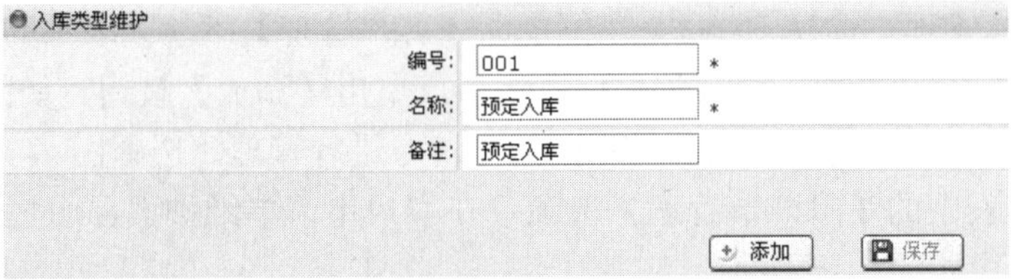

图 6-12

(8) 出库类型设置。出库类型是与入库类型相对应的，也是类似的设置。选择图 6-8 左侧页面【基础设置】下拉列表中的【出库类型】选项，进入出库类型维护页面。填写相关信息之后，单击【添加】按钮，如图 6-13 所示。

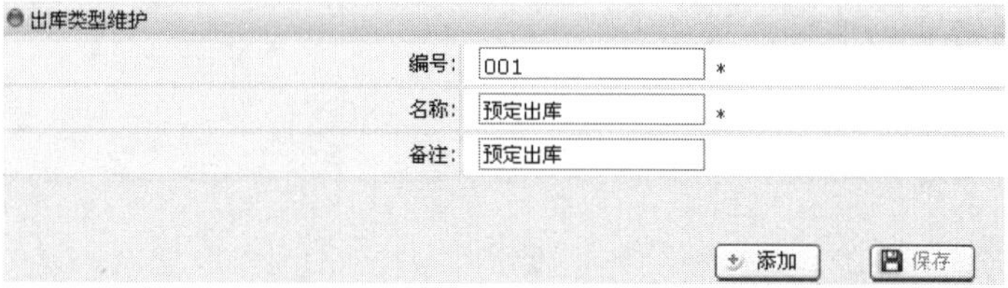

图 6-13

2. 客户管理

(1) 发布库区。选择左侧页面【客户管理】下拉列表中的【发布库区】选项，进入库区发布管理页面。这里的库区即是在基础设置中所添加的所有库区，其中蓝色的表示已经发布的库区，灰色的表示还没有发布的库区；库区只有发布出去才能被客户使用。选择未发布的库区，单击【发布】按钮，发布库区；选择已经发布的库区，单击【收回】按钮，取消库区发布，如图 6-14 所示。

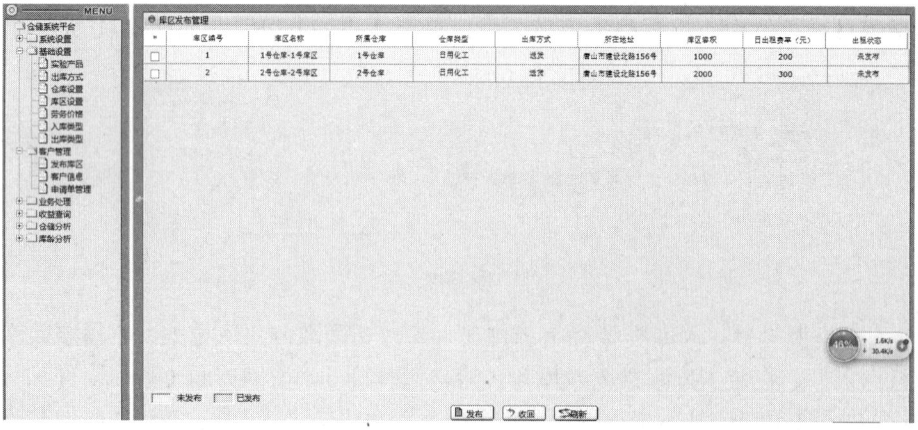

图 6-14

(2) 客户信息管理。选择图 6-14 左侧页面【客户管理】下拉列表中的【客户信息】选项，进入客户信息管理页面。填写相关信息之后，单击【添加】按钮，如图 6-15 所示。

(3) 申请单管理。申请单管理是对库区的申请方进行管理，选择图 6-14 左侧页面【客户管理】下拉列表中的【申请单管理】选项，在客户申请单维护页面中填写相关信息，单击【添加】按钮，如图 6-16 所示。

对于要处理的单据，先选择【通过】或【拒绝】选项，然后单击【审批】按钮，如图 6-17 所示。注意：审批后的单据是可以修改的，即可以重新审批并进行状态更新，但是审核后的单据是不能修改的。审核通过的库区可以给需方用来存储货物。注意：库区首先要进行审批，再进行审核，不同的颜色对应相应的状态，变成黄色后库区才算审核成功。

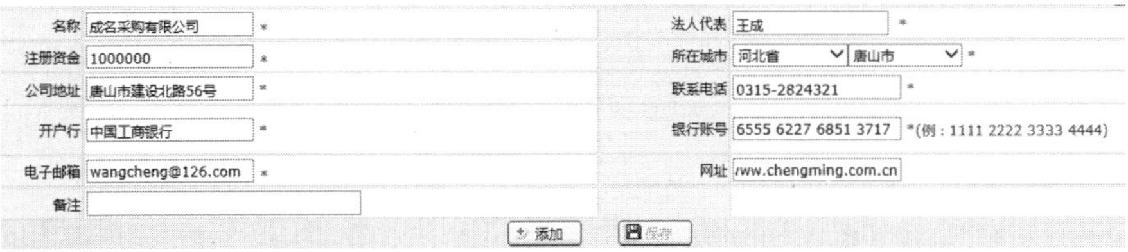

图 6-15

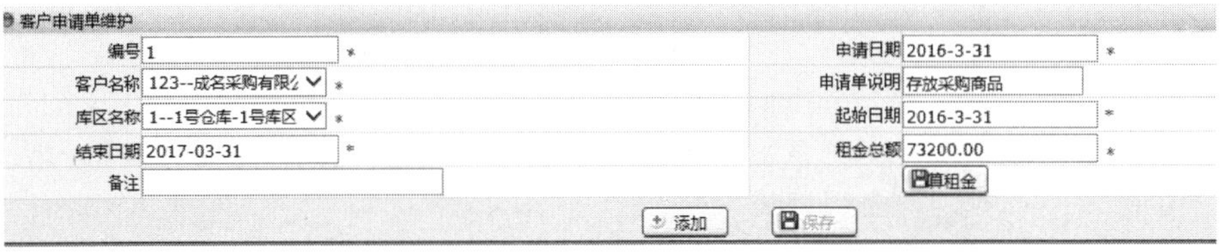

图 6-16

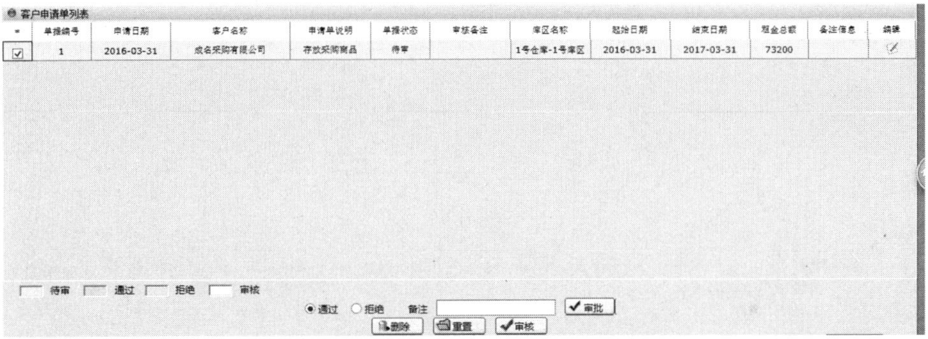

图 6-17

6.1.2　仓储公司出入库流程和其他仓库功能

1. 产品出入库管理

(1) 产品入库处理。在左侧页面【业务处理】下拉列表下，选择【出入库】下拉列表中的【入库单】选项，进入入库单管理页面。单击下方的【添加】按钮，如图 6-18 所示。

进入入库单编辑页面，单击备注信息后面的图标，然后在备注信息下拉列表中选择入库类型，单击【保存】按钮，如图 6-19 所示。

单击下方的【添行】按钮，进入入库产品设置页面，如图 6-20 所示。

在弹出的页面中设置产品入库信息。选择货物名称以及入库库区，单击【确定】按钮，提交入库产品的信息设置，如图 6-21 所示。注意：当仓库类型不符或者仓库空间不够时，在入库库区中将没有可选库区。

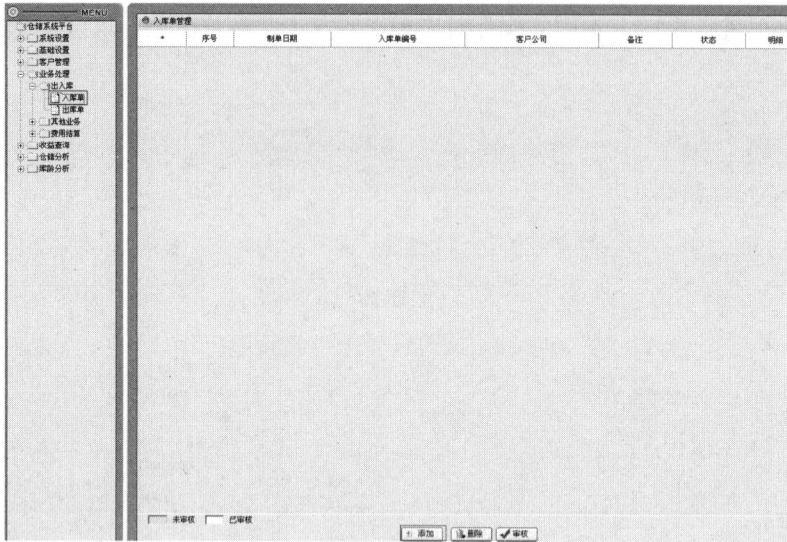

图 6-18

图 6-19

图 6-20

图 6-21

再次选择图 6-18 中【出入库】下拉列表中的【入库单】选项，单击【审核】按钮，对入库单进行审核处理，但是已经审核的单据是不能编辑的，如图 6-22 所示。

(2) 产品出库处理。产品出库处理操作相似于入库处理的操作，在左侧页面【业务处理】下拉列表下，选择【出入库】下拉列表中的【出库单】选项，进入出库单管理页面，单击下方的【添加】按钮。进入出库单编辑页面，单击备注图标，然后在备注信息下拉列表中选择出库类型，单击【保存】按钮，如图 6-23 所示。

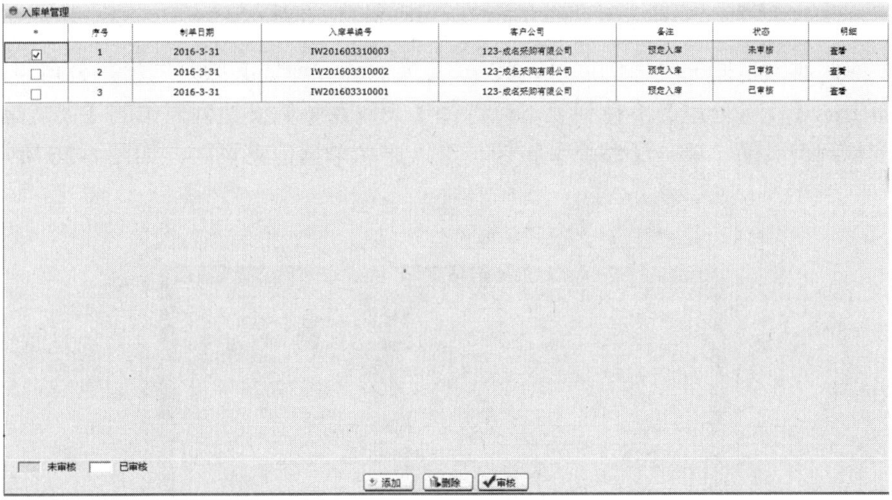

图 6-22

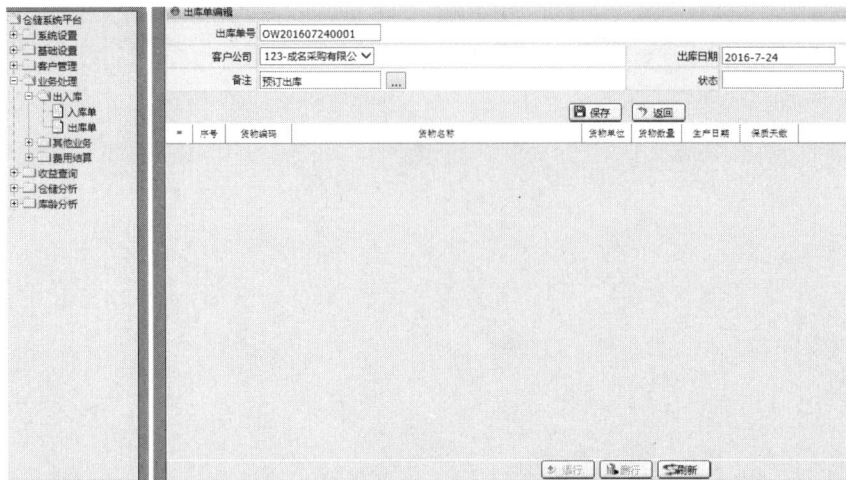

图 6-23

这时，图 6-23 中下方的【添行】按钮变成黑色，单击【添行】按钮，进入出库产品设置页面，填写发货的数量(发货的数量不能大于库存数量)，单击【确定】按钮；再选择图 6-18 中【出库单】选项，选定需要审核的出库单，单击【审核】按钮，出库单审核成功，如图 6-24、图 6-25 所示。

2. 其他业务

1) 调拨单处理

调拨单是将库区中的货物调配的单据。如将 a 库区中的部分货物调到 b 库区。首先，a 库区和 b 库区必须是同一类型的库区，其次，a 库区和 b 库区必须是同一家公司申请的。在左侧页面中的【业务处理】下拉列表下，选择【其他业务】下拉列表中的【调拨单】选项，进入调拨单列表页面。单击【添加】按钮，进入产品单据信息页面，如图 6-26 所示。

图 6-24

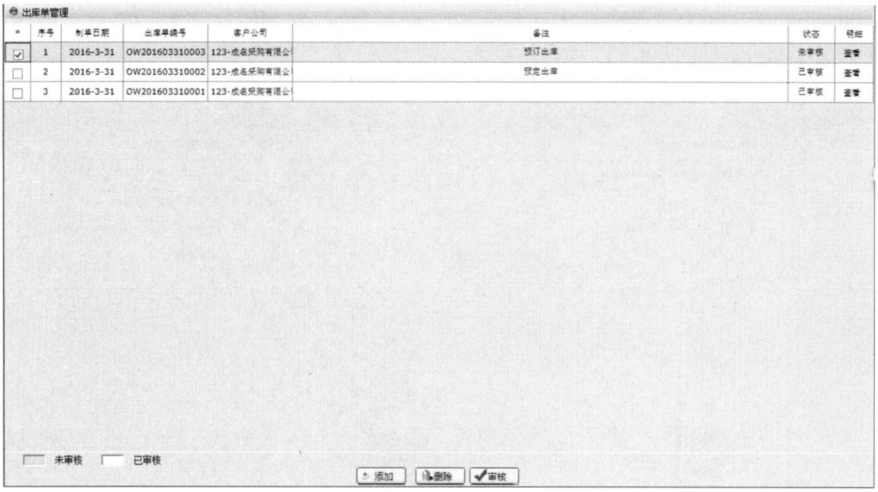

图 6-25

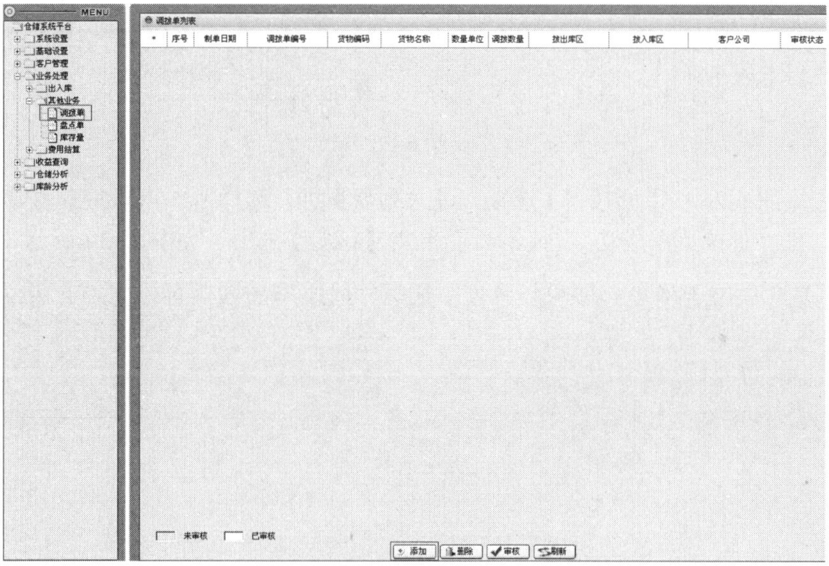

图 6-26

进入产品单据信息后，单击记录信息后【调拨】下方的图标，进入调拨设置页面，如图 6-27 所示。

图 6-27

进入调拨设置页面后，选择调拨入库区，输入调拨数量和备注信息后，单击【保存】按钮，提交调拨设置，如图 6-28 所示。

调拨单号	MG201607250001	调拨日期	2016-7-25
库存编号	XC201603310004	客户公司	123-成名采购有限公司
货物编号	RIG10001	货物名称	安利洗发水
库存位置	2-2号仓库-2号库区	拨入库区	1-1号仓库-1号库区
库存数量	2	调拨数量	2
数量单位	瓶	备注信息	调拨2

图 6-28

再次选择图 6-26 中【调拨单】选项，进入列表页面。选择所要审核的调拨单，单击【审核】按钮，在"审核单据成功！"提示页面单击【确定】按钮，如图 6-29 所示。

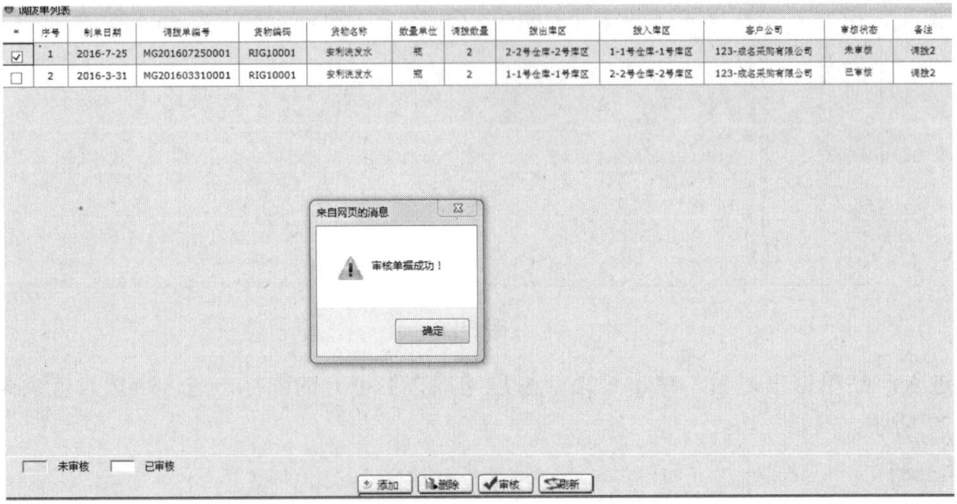

*	序号	制单日期	调拨单编号	货物编码	货物名称	数量单位	调拨数量	拨出库区	拨入库区	客户公司	审核状态	备注
☑	1	2016-7-25	MG201607250001	RIG10001	安利洗发水	瓶	2	2-2号仓库-2号库区	1-1号仓库-1号库区	123-成名采购有限公司	未审核	调拨2
☐	2	2016-3-31	MG201603310001	RIG10001	安利洗发水	瓶	2	1-1号仓库-1号库区	2-2号仓库-2号库区	123-成名采购有限公司	已审核	调拨2

来自网页的消息

⚠ 审核单据成功！

确定

未审核　　已审核

图 6-29

2) 盘点单处理

盘点单主要是盘点库存数量的，即看盘点后的数量比库存显示的数量是多了还是少了。在左侧页面中的【业务处理】下拉列表下，选择【其他业务】下拉列表中的【盘点单】选项，进入盘点单列表页面。单击【添加】按钮，进入产品单据信息页面，如图 6-30 所示。

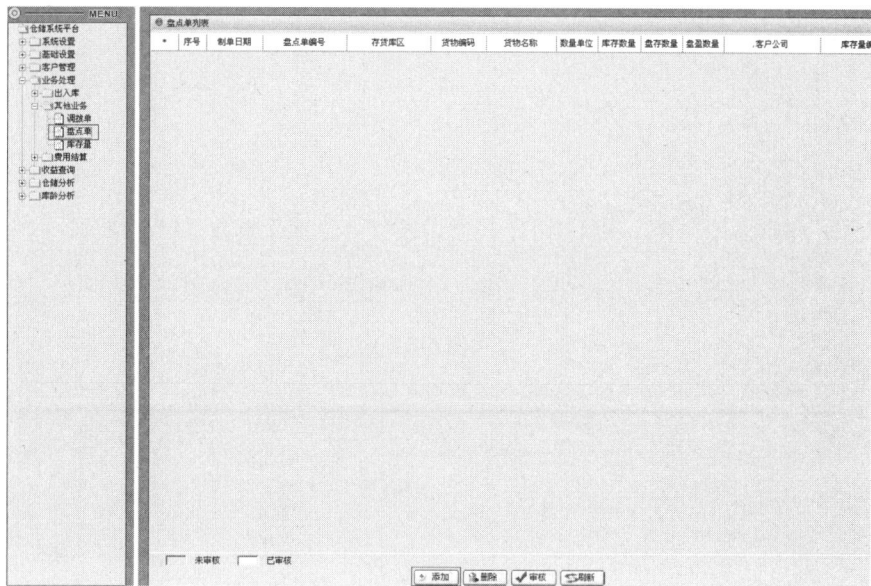

图 6-30

单击记录信息后的【盘点】下方的图标，进入盘点设置页面，如图 6-31 所示。

图 6-31

在盘点设置页面中，输入盘存数量和备注信息后，单击【保存】按钮，提交盘点设置，如图 6-32 所示。

再次选择【盘点单】选项，进入盘点单列表。在盘点单列表中，选择盘点单，单击【审核】按钮，提交审核处理，如图 6-33 所示。

3) 库存量整理

库存量是对库存的查询和整理操作。在左侧页面中的【业务处理】下拉列表下，选择【其他业务】下拉列表中的【库存量】选项，进入库存量整理页面。单击【整理】按钮，可把已经发完货的单据自动删除掉，如图 6-34 所示。

图 6-32

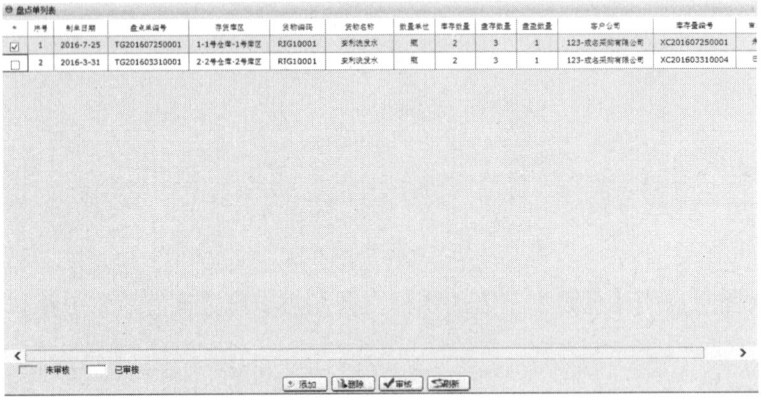

图 6-33

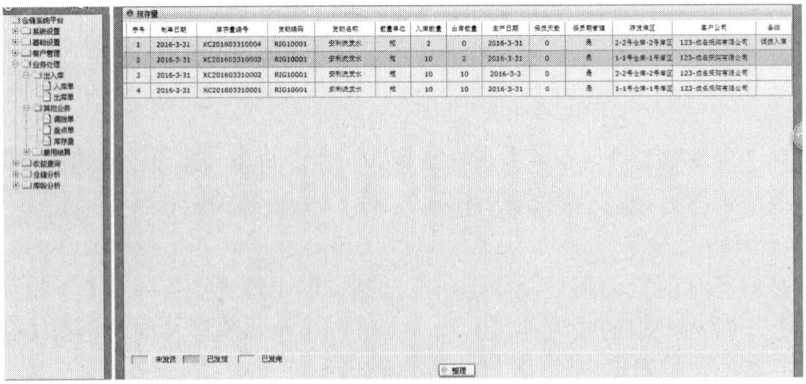

图 6-34

3. 费用结算

费用单据显示的是出库、入库、出租的相关费用单据。在左侧页面中的【业务处理】下拉列表下，选择【费用结算】下拉列表中的【费用单据】选项，进入费用结算页面。对未交费的单据可做催费操作，即可向客户催收费用。单击【催费】链接，如图 6-35 所示。

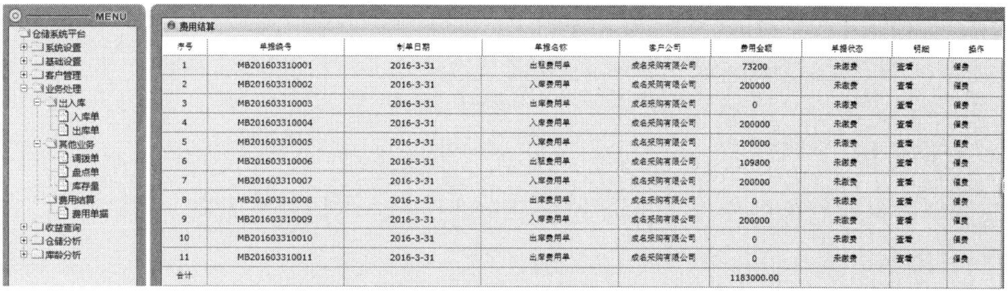

序号	单据编号	制单日期	单据名称	客户公司	费用金额	单据状态	明细	操作
1	MB201603310001	2016-3-31	出租费用单	成名采购有限公司	73200	未缴费	查看	催费
2	MB201603310002	2016-3-31	入库费用单	成名采购有限公司	200000	未缴费	查看	催费
3	MB201603310003	2016-3-31	出库费用单	成名采购有限公司	0	未缴费	查看	催费
4	MB201603310004	2016-3-31	入库费用单	成名采购有限公司	200000	未缴费	查看	催费
5	MB201603310005	2016-3-31	入库费用单	成名采购有限公司	200000	未缴费	查看	催费
6	MB201603310006	2016-3-31	出租费用单	成名采购有限公司	109800	未缴费	查看	催费
7	MB201603310007	2016-3-31	入库费用单	成名采购有限公司	200000	未缴费	查看	催费
8	MB201603310008	2016-3-31	出库费用单	成名采购有限公司	0	未缴费	查看	催费
9	MB201603310009	2016-3-31	入库费用单	成名采购有限公司	200000	未缴费	查看	催费
10	MB201603310010	2016-3-31	出库费用单	成名采购有限公司	0	未缴费	查看	催费
11	MB201603310011	2016-3-31	出库费用单	成名采购有限公司	0	未缴费	查看	催费
合计					1183000.00			

图 6-35

6.1.3　仓储公司财务类型和财务管理

仓储公司收益查询，包括对出租收益和劳务收益两部分的查询。仓储公司进行仓储分析，包括安全库存、超储预警、低储预警和统计分析四部分的分析。另外，仓储公司还可以进行库龄分析，有两种类型：一是按年分析，另一个是按月分析。

1. 收益查询

出租收益查询。选择左侧页面中【收益查询】下拉列表中的【出租收益】选项，在右侧页面中即可查看到出租收益，如图 6-36 所示。

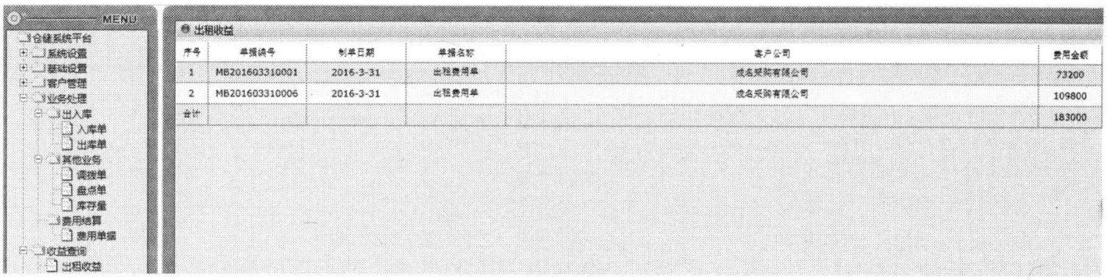

序号	单据编号	制单日期	单据名称	客户公司	费用金额
1	MB201603310001	2016-3-31	出租费用单	成名采购有限公司	73200
2	MB201603310006	2016-3-31	出租费用单	成名采购有限公司	109800
合计					183000

图 6-36

同样，要查看入库劳务收益，就在【收益查询】下拉列表下选择【劳务收益】下拉列表中的【入库劳务收益】选项；要查看出库劳务收益，就选择【劳务收益】下拉列表中的【出库劳务收益】选项，图 6-37 显示的是入库收益。

图 6-37

2. 仓储分析

仓储分析是对仓库的库存安全方面进行统计分析，包括安全库存、超储预警、低储预警及统计分析。

1) 安全库存

安全库存是查询库区使用比例在 10%～60%的库区情况。在左侧页面中，选择【仓储分析】下拉列表中的【安全库存】选项，即可查看安全库存信息，如图 6-38 所示。

图 6-38

2) 超储预警

超储预警是查询库区使用比例在 60%以上的库区情况，在左侧页面中，选择【仓储分析】下拉列表中的【超储预警】选项，即可查看超储预警信息(这里没有超储的库区)，如图 6-39 所示。

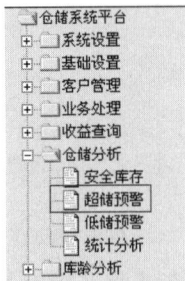

图 6-39

3) 低储预警

低储预警是查询库区使用比例在 10%以下的库区情况。在左侧页面中，选择【仓储分析】下拉列表中的【低储预警】选项，即可查看低储预警信息，如图 6-40 所示。

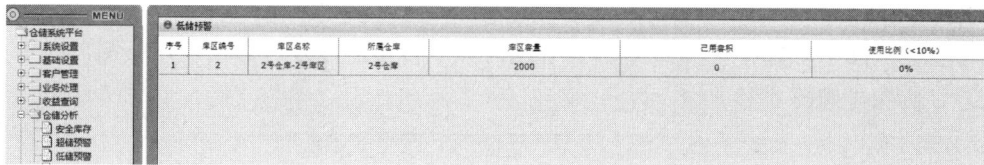

图 6-40

4) 统计分析

统计分析是对以上三种情况的柱状图显示。在左侧页面中，选择【仓储分析】下拉列表中的【统计分析】选项，即可查看统计信息，如图 6-41 所示。

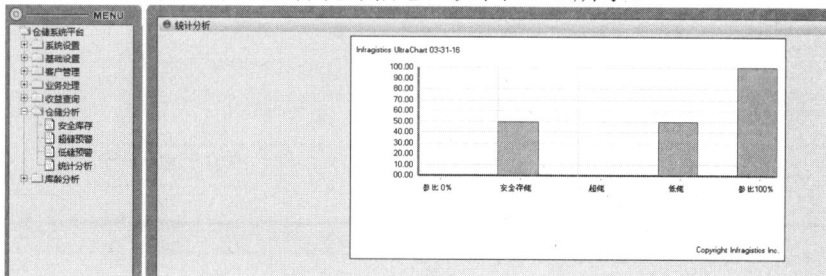

图 6-41

3. 库龄分析

库龄分析主要查询仓库库区的年限，主要分按年分析和按月分析两种。

1) 按年分析

在左侧页面中，选择【库龄分析】下拉列表中的【按年分析】选项，右侧页面中将显示按年分析表，如图 6-42 所示。

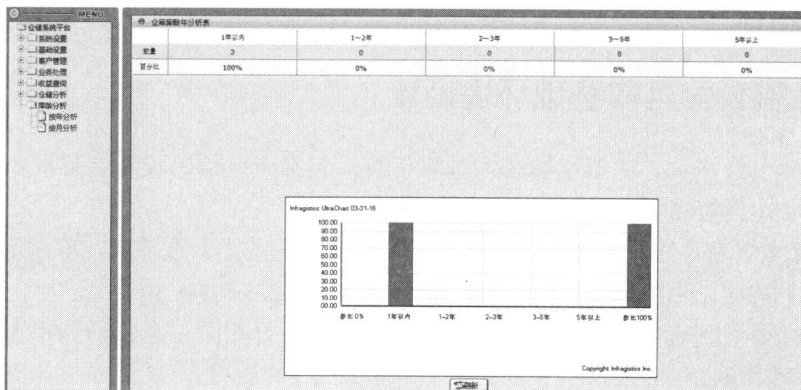

图 6-42

2) 按月分析

在左侧页面中，选择【库龄分析】下拉列表中的【按月分析】选项，右侧页面中将显示按月分析表，如图 6-43 所示。

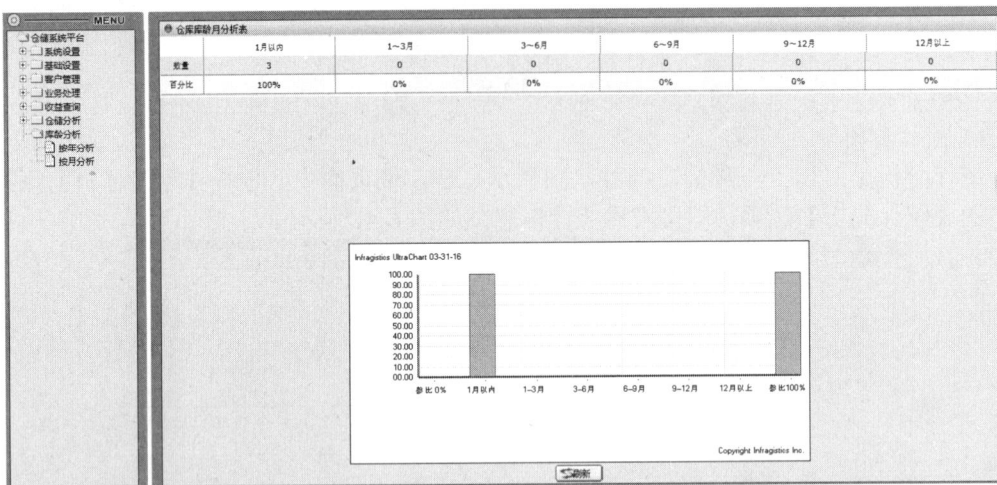

图 6-43

6.2 运 输 实 践

【实践情景】

达益物流是一家大型的物流公司，该公司想建立自己的运输平台，在该平台里，可以对自己公司的车辆、员工、运输和收益等进行系统的管理。

6.2.1 运输公司运作基础环境设置

进入运输实践平台，注册运输公司基本信息，包括企业信息设置、驾驶员设置、车辆设置、途中状态设置和费用名称五个部分。

(1) 在【电子商务物流实践】模块下，切换到【运输实践】选项卡，单击运输管理员后面的【进入】链接，进入运输实践平台，如图 6-44 所示。

系统自动导航到运输公司基本信息维护页面，填写好相关信息之后，单击【保存】按钮，如图 6-45 所示。

图 6-44

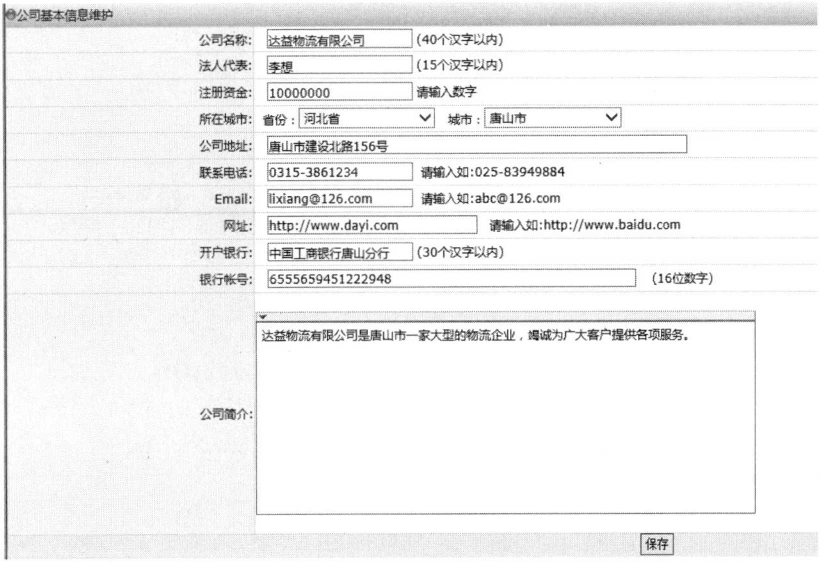

图 6-45

　　(2) 驾驶员设置。选择左侧页面【基础设置】下拉列表中的【驾驶员设置】选项，进入驾驶员设置页面。输入驾驶员姓名，选择性别，输入驾龄、联系电话，填写好后单击【保存】按钮，如图 6-46 所示。根据需要可添加其他驾驶员。

　　(3) 车辆设置。选择左侧页面【基础设置】下拉列表中的【车辆设置】选项，进入车辆设置页面。车辆设置包括车型的设置和该车辆相关线路的设置。输入车牌，选择车辆型号、车辆吨位、车辆体积及运输类型。这里，"定时发车"是用于零担运输的车辆，"即时发车"用于整车运输的车辆、定点时间。输入基本费用，设置好后单击【保存】按钮，如图 6-47所示。

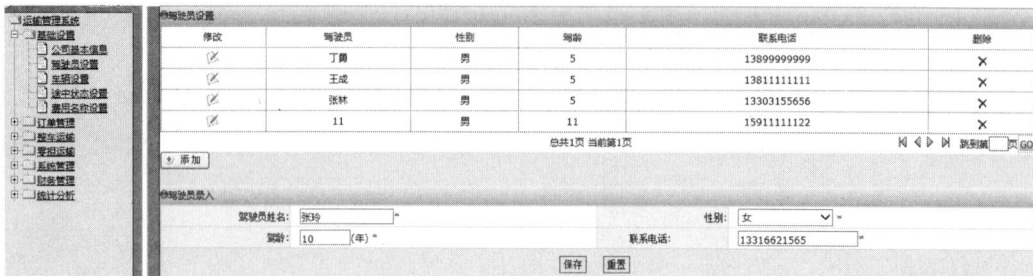

图 6-46

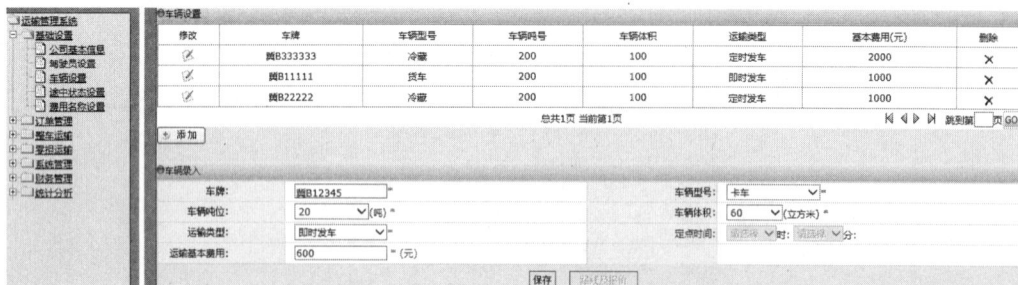

图 6-47

在【车辆设置】选项下，选择车辆，单击【修改】下方的图标，在弹出的页面中单击
【路线及报价】按钮，进入车辆路线设置页面，如图 6-48 所示。

图 6-48

在路线节点录入栏中，选择起点城市和终点城市，输入运输路程、时间和报价，设置
好之后，单击【保存】按钮，如图 6-49 所示。

同样，也可以增加一辆定时发车的冷藏车，填写相关信息之后，单击【保存】按钮，
如图 6-50 所示。

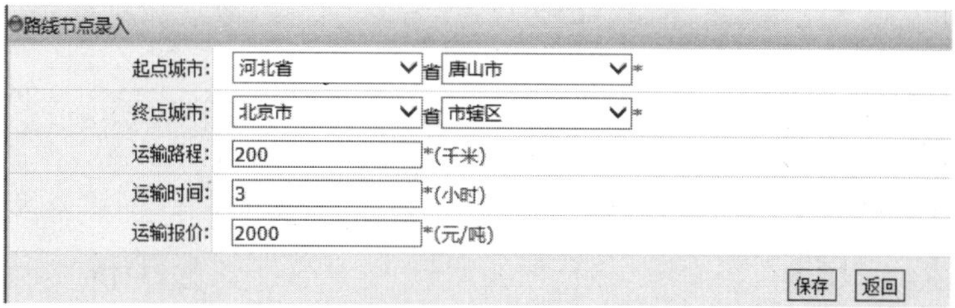

图 6-49

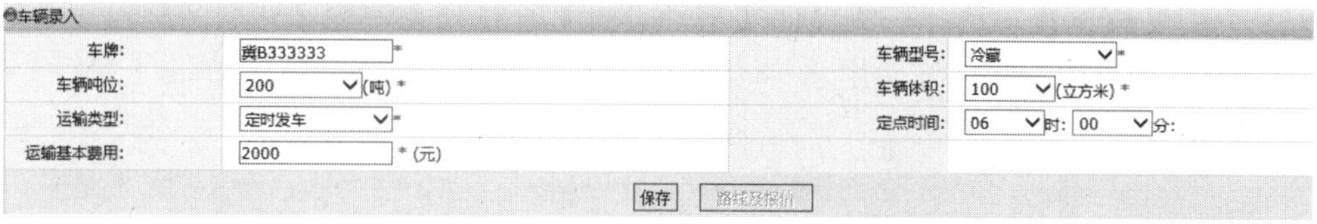

图 6-50

再选择该车辆，单击【修改】下方的图标，单击【路线及报价】按钮，进入车辆路线设置页面。在路线节点录入栏，选择节点城市，输入运输距离、运输时间和运输报价。设置好后，单击【保存】按钮，如图 6-51、图 6-52 所示。注意：这里要设置两个节点，距离短的是起点，距离最长的是终点。

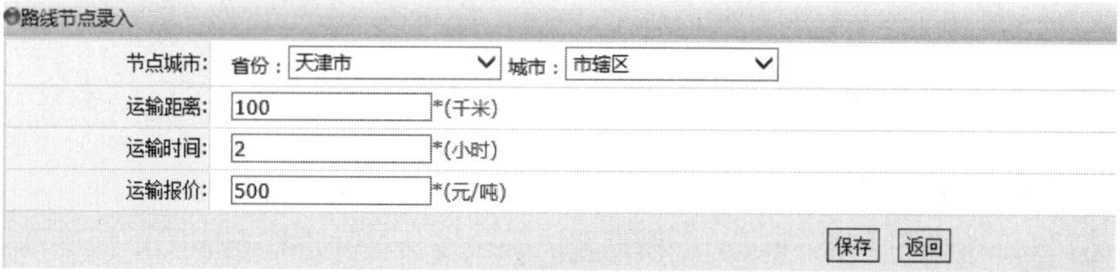

图 6-51

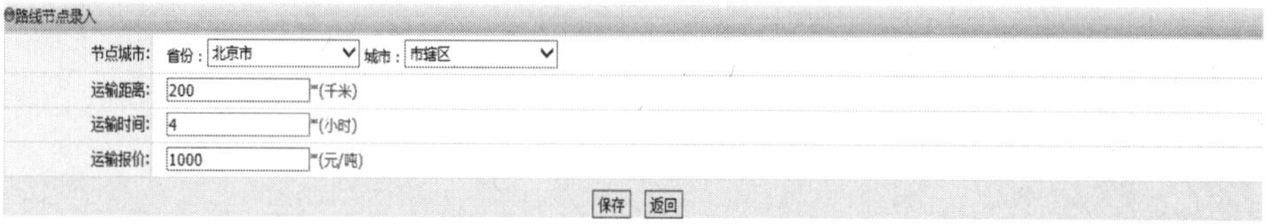

图 6-52

(4) 途中状态设置。途中状态设置是车辆运输在途管理中的状态选择。选择左侧页面【基础设置】下拉列表中的【途中状态设置】选项，进入车辆途中状态设置页面。填好状态名称(如加油、吃饭、休息等)后单击【保存】按钮，如图 6-53 所示。

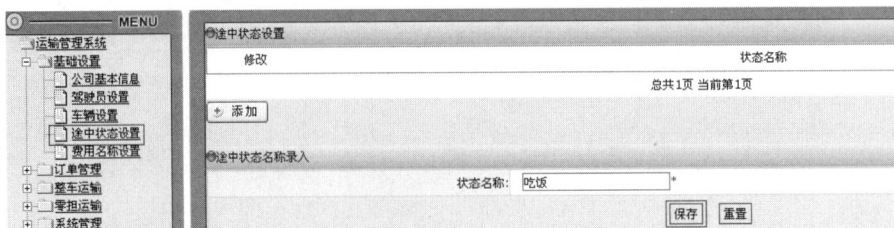

图 6-53

(5) 费用名称设置。选择左侧页面【基础设置】下拉列表中的【费用名称设置】选项，进入费用名称设置页面。填好费用名称(如加油费、过路费、过桥费等)后单击【保存】按钮，如图 6-54 所示。

图 6-54

6.2.2　运输公司订单的处理流程和处理方式

1. 订单管理

运输公司对发货单进行管理以及货物设置，确认发货单并进行相应的车辆路程信息设置。

新增发货单。选择左侧页面【订单管理】下拉列表中的【新增发货单】选项，进入发货单管理页面。单击【新增】按钮，如图 6-55 所示。

图 6-55

进入发货单明细设置页面，设置托运方信息、收货方信息及运输方式，单击【确定】按钮。下方自动弹出该发货单的货物明细设置页面。在此页面输入货物名称、货物数量、货物总重量和货物总体积，单击【保存】按钮，如图 6-56 所示。

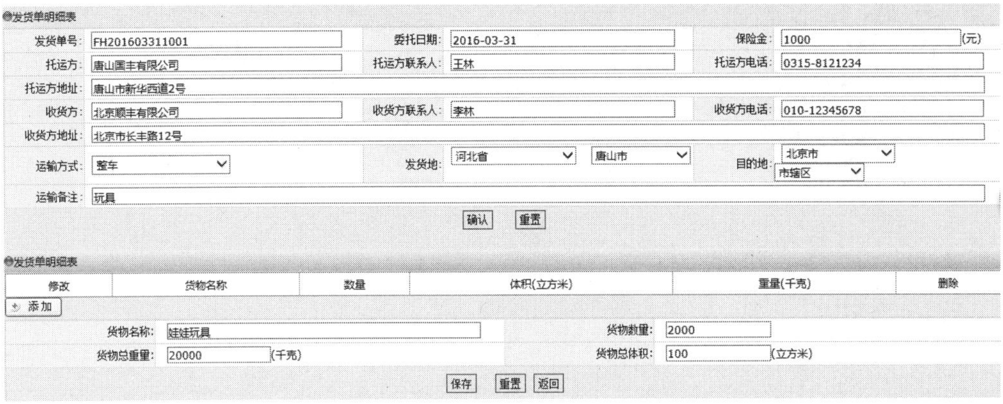

图 6-56

同样，也可以增加一些零担运输的发货单。填写相关信息后，单击【保存】按钮，如图 6-57 所示。

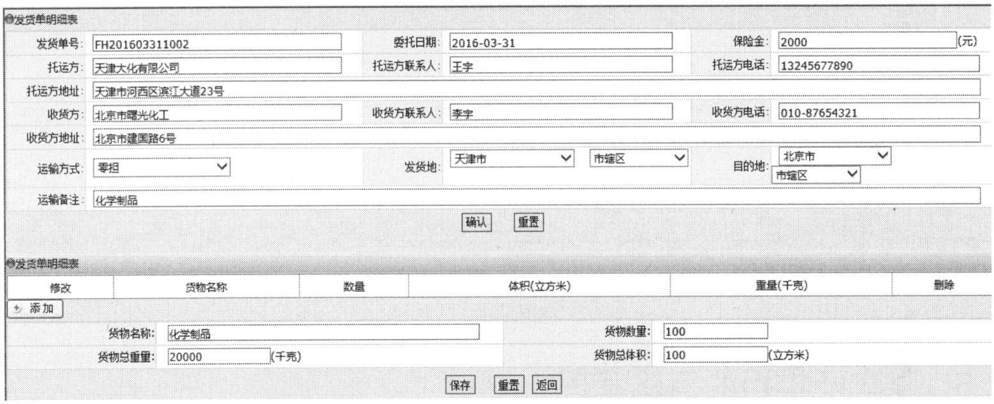

图 6-57

2. 审核发货单

选择左侧页面【订单管理】下拉列表中的【发货单管理】选项，进入发货单管理页面。单击发货单后面的【查看】链接，进入发货单明细查看页面，如图 6-58 所示。

在发货单审核页面中，单击【确认】按钮或【拒绝】按钮，进行发货单审核，如图 6-59 所示。

3. 查询发货单

选择左侧页面【订单管理】下拉列表中的【发货单查询】选项，进入发货单查询页面。单击发货单后面的【查看】链接，如图 6-60 所示。

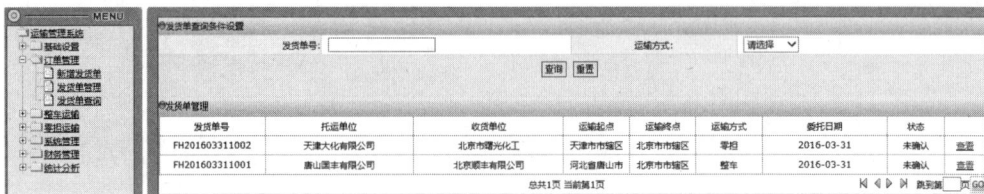

图 6-58

图 6-59

图 6-60

6.2.3　整车及零担的运输管理

1. 整车运输管理

运输公司配送货物，包括整车运输和零担运输。查看车辆调度信息、运输配车信息，对车辆发车、途中状态、到达目的地进行管理。

1) 查看车辆调度信息

选择左侧页面【整车运输】下拉列表中的【车辆调度信息】选项，在车辆调度信息下可以查看即时发车的车辆状态，如图 6-61 所示。注意：如果没有看到信息，那就需要在车辆管理中添加车辆信息，并且车辆运输类型为"即时发车"。

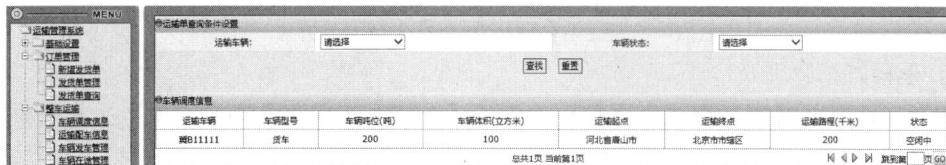

图 6-61

2) 运输配车信息

选择左侧页面【整车运输】下拉列表中的【运输配车信息】选项，进入运输单管理页面。如果是未发车的运输单，在货物配车下会提示"未发车"。单击【未发车】链接，进入配车设置页面，如图 6-62、图 6-63 所示。

图 6-62

图 6-63

单击图 6-63 中的【配车优化】链接，选择合适的车辆，系统列出满足运输条件的车辆，如图 6-64 所示，选择该车辆。注意：软件中配车是有优化设置的，货物的重量和体积需要和车辆接近，如果没有合适的车辆，那就需要到车辆管理中添加适合的车辆。

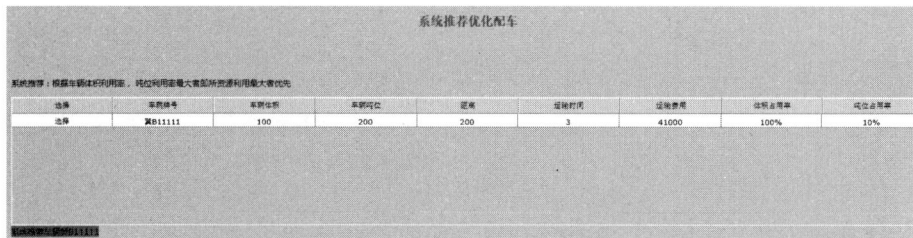

图 6-64

选择驾驶员后，单击图 6-63 中的【确定配车】按钮即可。

3）车辆发车管理

选择左侧页面【整车运输】下拉列表中的【车辆发车管理】选项，进入发车管理页面。对于配好车的发货单。进行发车。单击发货单后面的【发车】链接，系统将会自动记录发车时间，如图 6-65 所示。如果运输车辆显示"未配车"则不能发车，只能是先配车，后发车。

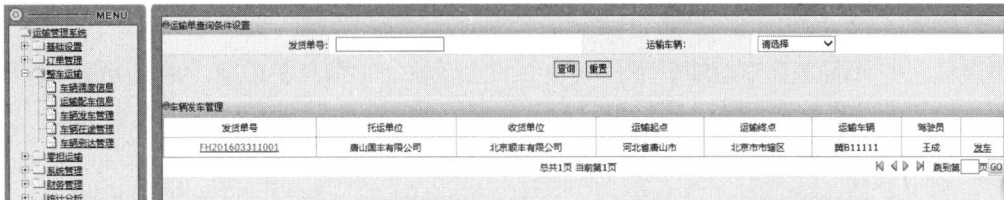

图 6-65

4）车辆在途管理

选择左侧页面【整车运输】下拉列表中的【车辆在途管理】选项，进入途中管理页面。单击【管理】链接，进入运输状态设置页面，如图 6-66 所示。

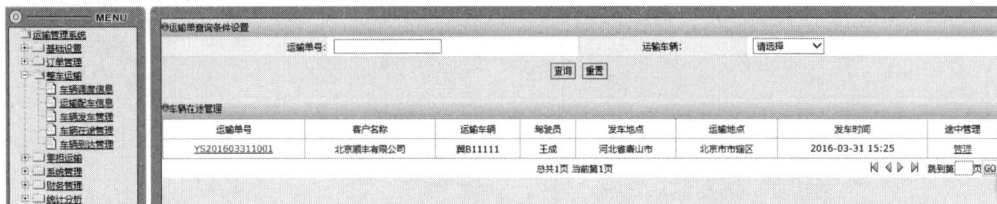

图 6-66

选择车辆的到达城市，设置到达时间并选择车辆目前的状态。当设置是运输的终点城市，系统要求输入产品的损害率，单击【保存】按钮，如图 6-67 所示。

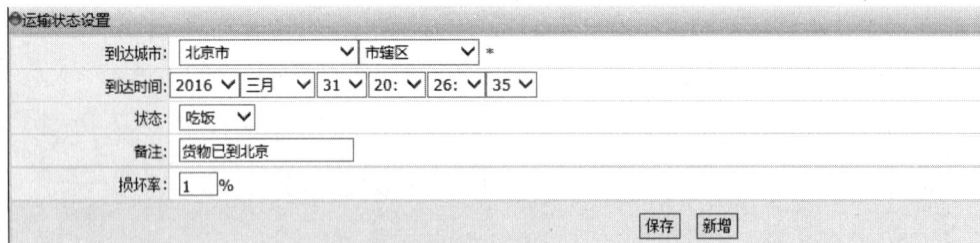

图 6-67

单击【费用管理】链接，添加费用信息，如图 6-68 所示。

图 6-68

在费用设置页面，选择费用名称，输入费用金额，单击【保存】按钮，如图 6-69 所示。

图 6-69

5) 车辆到达管理

选择左侧页面【整车运输】下拉列表中的【车辆到达管理】选项，单击【到达】链接，如图 6-70 所示。系统会提示"货物已经到达"，并显示到达时间。

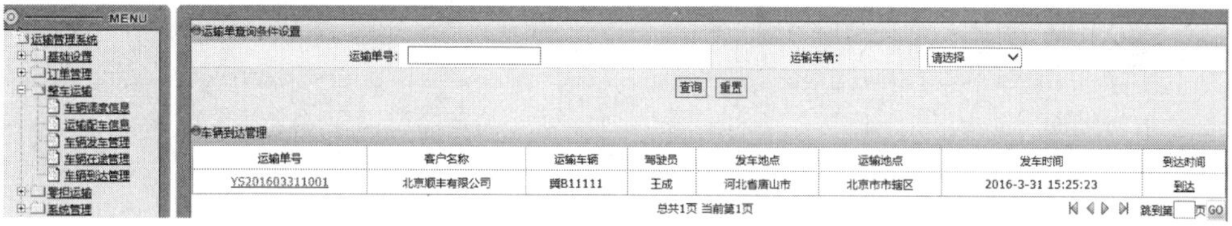

图 6-70

2. 零担运输管理

1) 查看车辆调度信息

选择左侧页面【零担运输】下拉列表中的【车辆调度信息】选项，在车辆调度信息下可以查看定时发车的车辆状态，如图 6-71 所示。

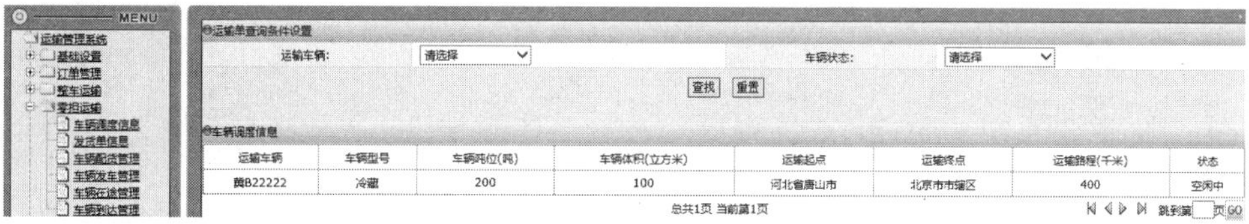

图 6-71

2) 查看发货单信息

选择左侧页面【零担运输】下拉列表中的【发货单信息】选项，可以在发货单下查看有没有运输的单据，如图 6-72 所示。

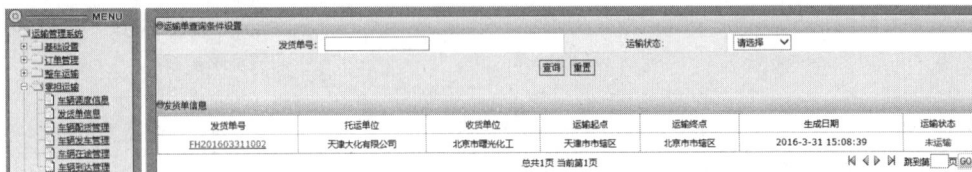

图 6-72

3) 车辆配货管理

选择左侧页面【零担运输】下拉列表中的【车辆配货管理】选项，进入车辆配货管理页面。单击【配车信息】下方的【选择】链接，进入配货窗口，如图 6-73 所示。

💡 **注意**：添加车辆时，车辆运输类型是"定时发车"，设置的路线中需要有发车地点以及货物所需目的地点。

图 6-73

根据发货单颜色不同提示是否适合该辆车。选择符合发货的货单，选择驾驶员，单击【确定】按钮，如图 6-74 所示。

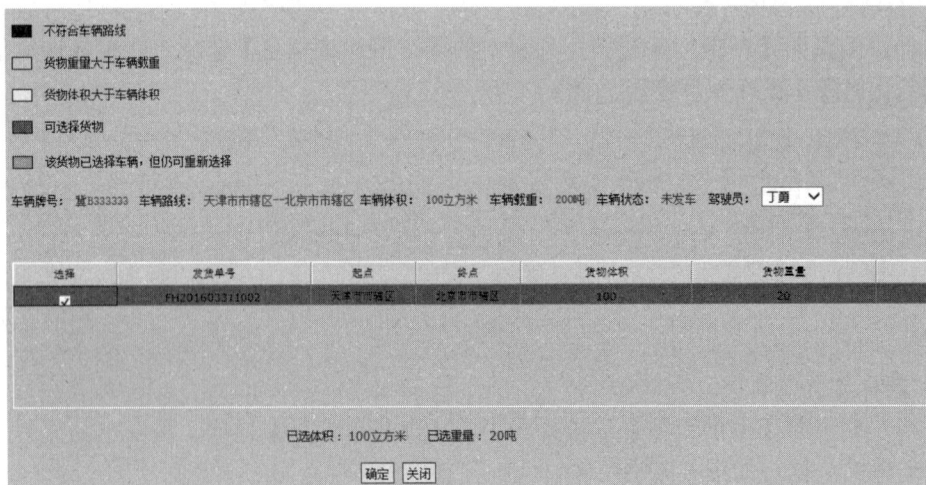

图 6-74

4) 车辆发车管理

选择左侧页面【零担运输】下拉列表中的【车辆发车管理】选项，进入零担运输发车管理页面。单击【发车】链接，系统将显示该车辆发车的时间，如图 6-75 所示。

图 6-75

5) 车辆在途管理

选择左侧页面【零担运输】下拉列表中的【车辆在途管理】选项，进入车辆途中管理页面，单击【车辆管理】链接，如图 6-76 所示。

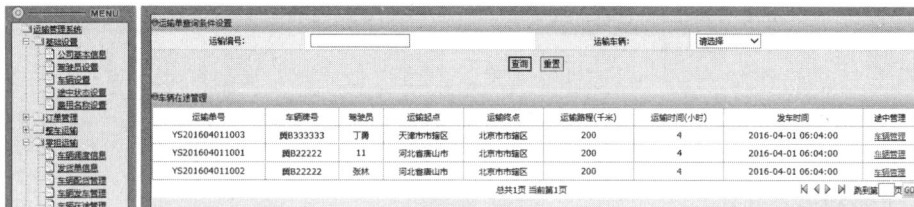

图 6-76

选择途中节点城市，设置节点运输状态，单击【保存】按钮，如图 6-77 所示。

图 6-77

(1) 途中货物管理。单击图 6-77 中【货物管理】按钮，到货的发货单将变成红色提示下货，下货时填写物品损坏率，到底站时，先下货，然后再设置到达时间，如图 6-78 所示。

(2) 途中费用管理。对于该节点可以记录相关费用，记录费用时选择节点城市并单击图 6-77 中的【费用管理】按钮，在弹出的页面中选择费用名称，输入费用金额，单击【保存】按钮，如图 6-79 所示。

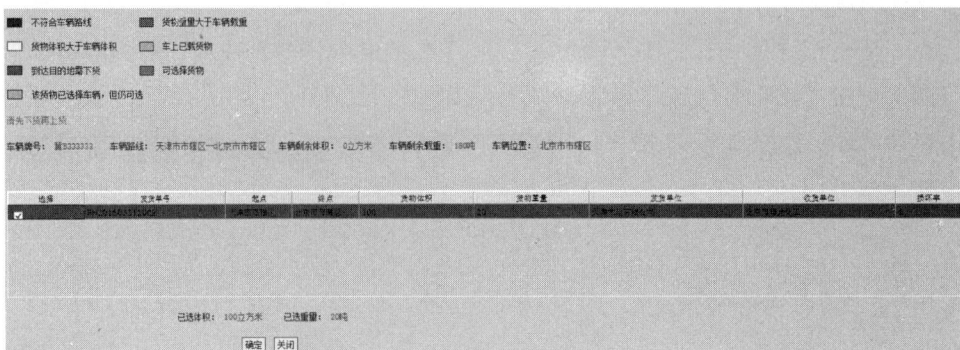

图 6-78

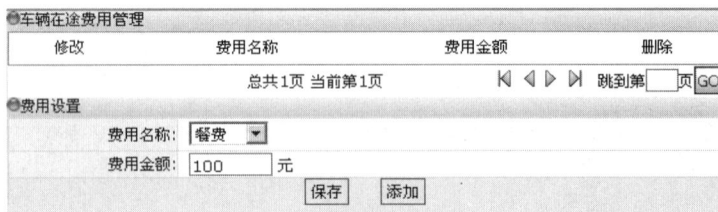

图 6-79

6) 车辆到达管理

选择左侧页面【零担运输】下拉列表中的【车辆到达管理】选项，进入车辆到达管理页面。单击【到达】链接，提示"货物已经到达"，显示到达时间，如图 6-80、图 6-81 所示。

图 6-80

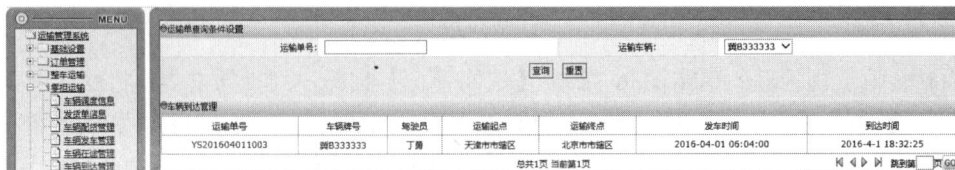

图 6-81

6.2.4　日常工作中运输公司对员工和车辆的管理

1. 员工事务管理

在【运输实践】选项卡下进入运输管理员平台，运输公司对员工和车辆进行系统的管理，包括设置员工事务、维护车辆、查看车辆信息等。

1) 设置员工事务名称

选择左侧页面【系统管理】下拉列表中的【员工事务名称】选项，进入员工事务名称设置页面。在右框架中输入员工事务名称，单击【保存】按钮，如图 6-82 所示。

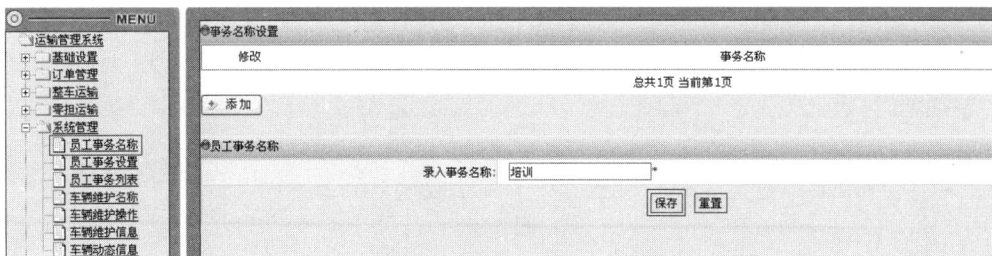

图 6-82

2) 设置员工事务

选择左侧页面【系统管理】下拉列表中的【员工事务设置】选项，进入员工事务设置页面。选择员工，单击【开始】链接进行设置，如图 6-83 所示。注意：只有空闲中的员工，才能进行此操作。

图 6-83

在弹出的页面中，选择事务名称、开始时间和结束时间，单击【开始】按钮，如图 6-84 所示。

若要结束员工事务，单击操作下方的【结束】链接，如图 6-85 所示。注意：只有到结束日期，才能结束员工事务。

3) 查看员工事务列表

选择左侧页面【系统管理】下拉列表中的【员工事务列表】选项，进入员工事务列表查看页面，如图 6-86 所示。

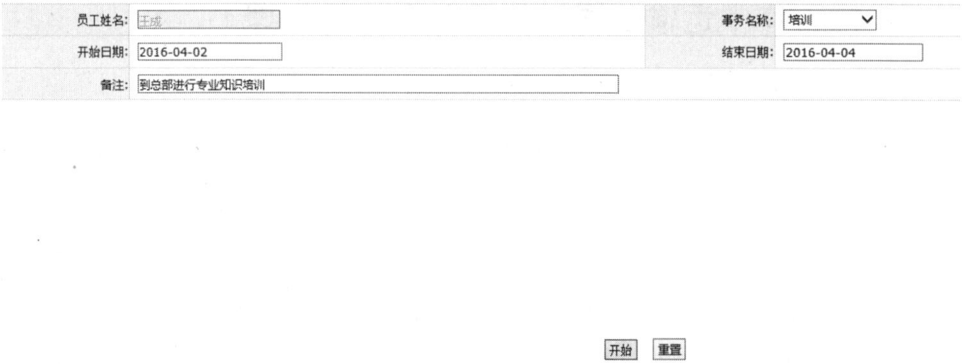

员工姓名:	王成			事务名称:	培训 ∨
开始日期:	2016-04-02			结束日期:	2016-04-04
备注:	到总部进行专业知识培训				

开始　重置

图 6-84

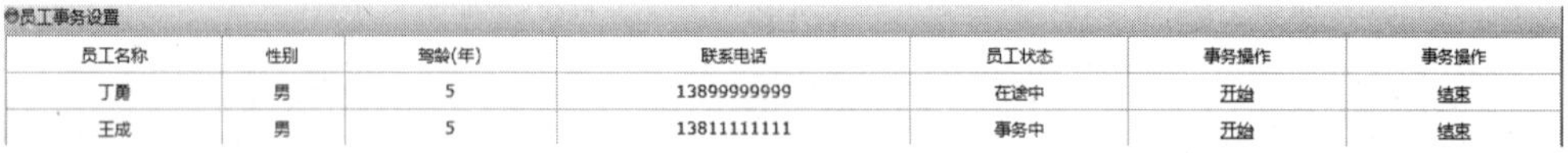

员工事务设置						
员工名称	性别	驾龄(年)	联系电话	员工状态	事务操作	事务操作
丁勇	男	5	13899999999	在途中	开始	结束
王成	男	5	13811111111	事务中	开始	结束

图 6-85

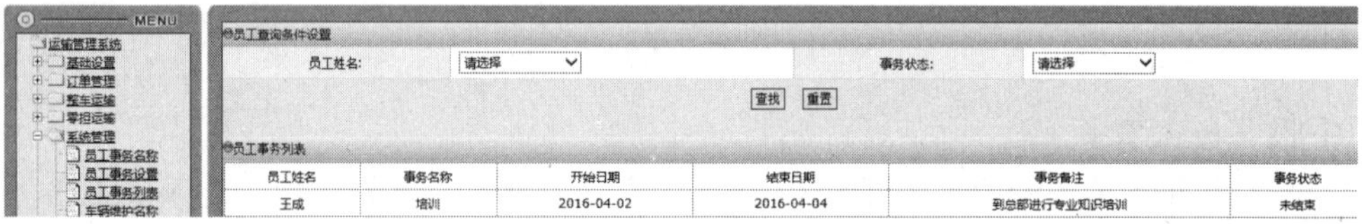

图 6-86

2. 车辆维护管理

1) 设置车辆维护名称

选择左侧页面【系统管理】下拉列表中的【车辆维护名称】选项，进入车辆维护名称设置页面。在右侧页面中输入车辆维护名称，单击【保存】按钮，如图 6-87 所示。

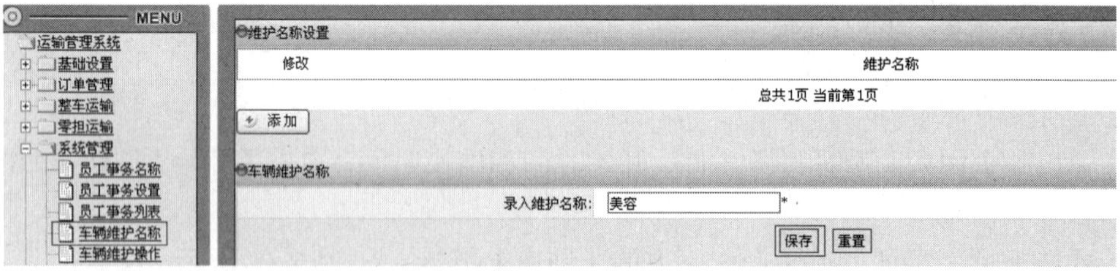

图 6-87

2) 车辆维护操作

选择左侧页面【系统管理】下拉列表中的【车辆维护操作】选项，进入车辆维护操作页面。选择车辆，单击【维护操作】下方的【维护】链接，如图 6-88 所示。注意：只有空闲中的车辆，才能进行此操作。

图 6-88

在弹出的页面中，选择保养的项目，以及开始时间和结束时间，输入维护费用等信息，单击【开始】按钮，如图 6-89 所示。

图 6-89

如需结束车辆维护，单击【维护操作】下方的【结束】链接，如图 6-90 所示。注意：只有到结束日期，才能结束车辆维护操作。

图 6-90

3) 车辆维护信息查询

选择左侧页面【系统管理】下拉列表中的【车辆维护信息】选项，右侧页面中将显示车辆维护信息列表，如图 6-91 所示。

4) 查看车辆动态信息

通过车辆动态信息可以查看车辆的行驶记录。选择左侧页面【系统管理】下拉列表中的【车辆动态信息】选项，在右侧页面中查看车辆的行驶记录，单击【详细信息】链接，即可浏览车辆的动态运输信息，如图 6-92 所示。

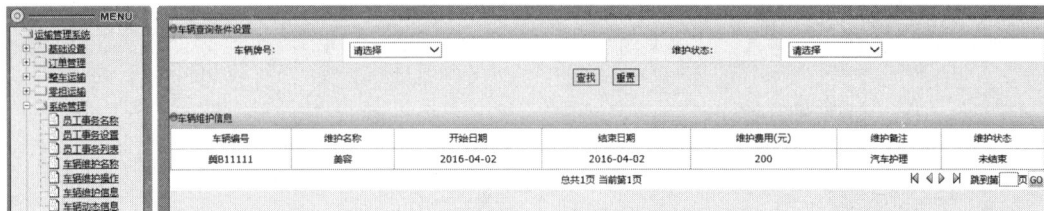

图 6-91

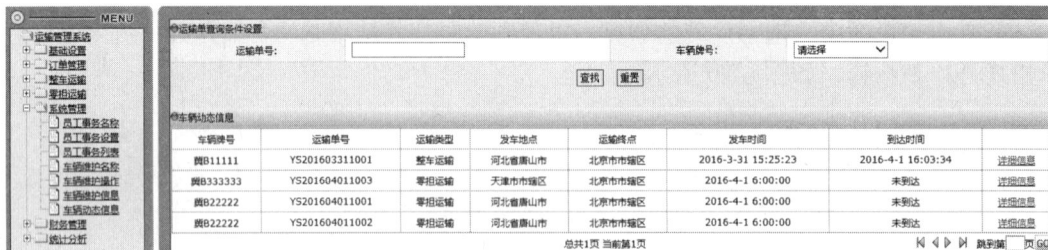

图 6-92

6.2.5 运输公司的财务管理及统计分析

1. 财务管理

运输公司进行财务管理，查看运输费用。运输费用包括运输收入和运输成本。另外，运输公司还可以查看收益报表。

财务管理，包括运输催费、查看运输收入和运输成本三个部分。

(1) 运输催费。选择左侧页面中【财务管理】下拉列表中的【运输催费】选项，在右框架中对运输中心已经完成的运输，单击【未催费】链接，进行催费，如图 6-93 所示。

图 6-93

在弹出的运输缴费单中，单击【发送缴费单】按钮，如图 6-94 所示。

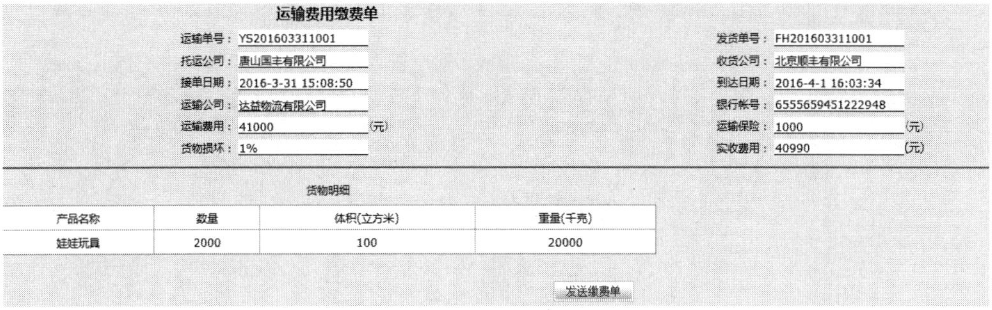

图 6-94

（2）运输收入查询。对于已催费的运输单，同时转化为运输收入。选择左侧页面中【财务管理】下拉列表中的【运输收入】选项，在右侧页面中即可查看运输收入情况，如图 6-95所示。

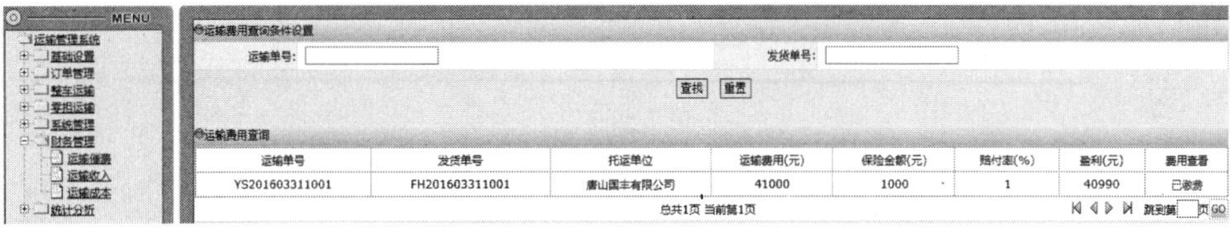

图 6-95

（3）运输成本查询。选择左侧页面中【财务管理】下拉列表中的【运输成本】选项，进入运输成本查询页面。单击【费用详情】下方的【查看】链接，即可查看到具体的费用情况，如图 6-96 所示。

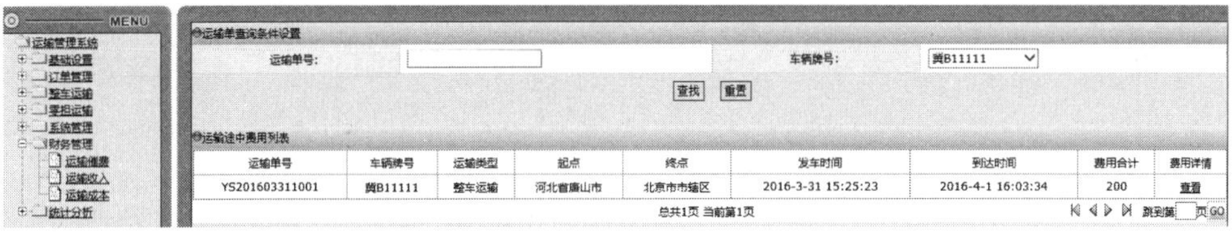

图 6-96

2. 查看运输额度表

选择左侧页面中【统计分析】下拉列表中的【运输额度表】选项，进入运输额度表查询页面。在右侧页面中输入起始日期和终止日期，单击【查找】按钮，即可查看该段时间内的运输状况，如图 6-97 所示。

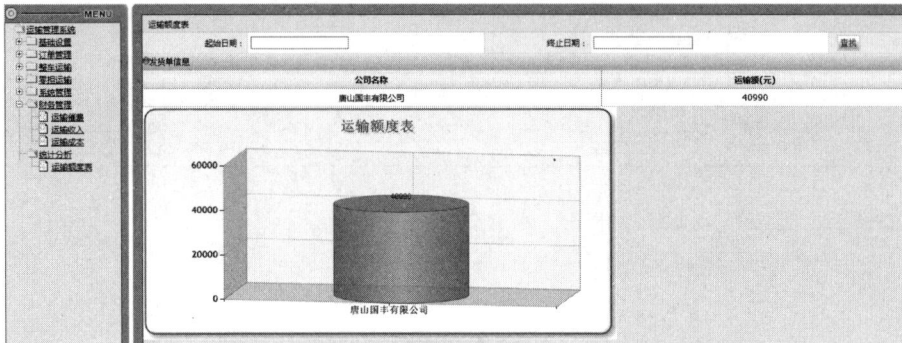

图 6-97

参 考 文 献

[1] 董良辰. 电子商务概论[M]. 北京：清华大学出版社，2014.

[2] 吴健. 电子商务物流管理(第2版)[M]. 北京：清华大学出版社，2013.

[3] 白东蕊，岳云康. 电子商务概述(第二版)[M]. 北京：人民邮电出版社，2013.